세계사톡

⑤ 현대 이야기

무적핑크·핑크잼 지음 ─ YLAB 기획 ─ 모지현 해설

위즈덤하우스

현대 이야기

초판 1쇄 발행 2020년 12월 10일 **초판 7쇄 발행** 2023년 8월 15일

지은이 무적핑크·핑크잼
기획 YLAB
해설 모지현
펴낸이 이승현

기획팀 오유미
디자인 bigwave

펴낸곳 ㈜위즈덤하우스 **출판등록** 2000년 5월 23일 제13-1071호
주소 서울특별시 마포구 양화로 19 합정오피스빌딩 17층
전화 02) 2179-5600 **홈페이지** www.wisdomhouse.co.kr

ISBN 979-11-91119-56-5 04900
　　　979-11-6220-571-6 (세트)

그때, 그들은 어떤 사람들이었을까

-모지현

바야흐로 지식과 정보가 넘쳐난다. 어떤 사건이 발생하면 그 사건의 배경과 진행 과정, 관련 인물들의 소소한 일화와 결과 예측까지 수많은 정보가 내 일상으로 들어온다. 외국인들이 한국에 와서 가장 놀라는 무수한 와이파이존과 데이터 전송 속도 때문일까. 매일 교실 수업으로 배운 것보다 많은 데이터들이 쏟아진다. 그러다 보니 방대한 정보 속에서 길을 잃지 않고 잘 판단하는 것이 무척 중요해지고 있다.

지식은 사건 자체를 다뤄 시간이 지나면 잊히지만 지혜는 사건이 남긴 메시지를 사람들이 각자의 삶에 녹여 시간이 묵을수록 빛을 발한다. 역사를 배운 사람들의 삶에 지식만이 아닌 그 모든 지혜들이 스며들어 때로는 개인의 작은 삶을 통해서도 역사의 흐름이 이어지거나 바뀌기도 한다. 현재 우리의 '삶'에 과거 그들의 '역사'가 중요한 의미인 이유이다.

『세계사톡』에서는 세계 역사 속에서 익숙한 장면들은 더욱 실감나게, 그동안 희미하게 보였던 모습들은 잡을 수 있을 만큼 가깝게 느껴질 것이다. 『세계사톡』은 지금껏 시험 성적 때문에 외워야 하던 내용이 아닌, 그 세계와 친해지고 싶고 그를 통해 내 우주가 넓어지는 것이 즐거워 저절로 기억되는 이야기들이다. 게임에서 아군 혹은 적군으로 만난 아메리카와 유럽의 하드 캐리Hard Carry하는 게이머들의 이야기이며, 한국에서 많이 만날 수 있는 중국인들에 관한 이야기이기도 하다. 고대 이집트의 오벨리스크가 스물아홉 개 중 아홉 개만 이집트에 남아있는 이유에 대한 이야기이며 대영 박물관, 루브르 박물관 전시물 자체가 보여주는 그들의 침략에 관한 이야기이다. 일본, 베트남 사람들에 대한 우리의 시선에 관한 이야기이고, 인디언이나 에스키모보다 아메리카 원주민, 이누이트나 유피크라고 부르는 것이 더 아름답다는 이야기이다. 이 지구상 우리와 같은 공간을 예전에 이용했던 사람들이 먹고 자고 울고 웃고 나누던 이야기이다. 농사를 짓고 도시를 만들고 문자를 사용하며 길을 이어 서로 오가고, 예술품과 사상을 만들며 업적을 쌓기도 하고, 전쟁을 벌이고 빼앗기도 했지만 화해하고 협력하기도 한 사람들의 이야기이다.

내가 배운 것은 내 삶의 변화를 통해 확증된다. 그저 알고 기억만 하는 것은 내 삶에 흔적을 남기지 못한다. 정당성을 기반으로 하지 못한 최고의 권력이 얼마나 허무한지, 무고한 희생 위에 쌓은 업적은 그 의미가 얼마나 뼈아픈지, 느리게 가도 같이 가는 것이 멀리 보면 얼마나 빨리 가는 것인지, 눈앞의 이익만 바라보다 결국 더 큰 것을 놓치는 일들이 얼마나 가슴을 시리게 하는지. 그리스와 로마, 페르시아의 흥망성쇠를 통해, 종교의 발흥들과 십자군전쟁을 통해, 신항로 개척과 절대왕정, 아시아 국가들의 근대사를 통해, 시민혁명들과 아메리카, 아프리카, 오세아니아의 숨겨진 역사, 공황과 세계 대전 등을 통해 인간이 얼마나 한계가 많은 존재인지, 그럼에도 함께하고자 하는 인간의 모습이 얼마나 위대하고 아름다운지, 새로운 길을 내기 위해 희생하는 사람과 그로 인한 사회 변화의 물줄기는 얼마나 세차고 빛나는지. 이들을 느끼는 것이 그 변화의 시작이 되길 바란다.

누군가를 이해하고 사랑하게 되면 그 사람과 같은 공간을 나누는 것이 불편하지 않고 더 풍요로워졌다고 생각하게 된다. 우리나라를 찾아오는 많은 세계인들의 역사를 알고 이해한다면 그들과 함께하는 우리의 현재와 미래는 더욱 가치 있고 풍요로울 것이다.

"사람이 만든 책보다 책이 만든 사람이 더 많다"고 한다. 세계사를 공부한 사람과 만화를 사랑하는 사람들이 만나서 유쾌하게 그려간 『세계사톡』이, 그 여정에서 더욱 넓고 단단하고 아름다운 사람들을 책보다 많이 만들어낼 수 있길 소망한다.

현대, 수십억 개 혹은 단 하나의 이야기

-모지현

역사는 결코 정해져 있지 않고 누군가를 일방적으로 편애하지도 않는다. 힘이 영원히 허락된 이들은 없으며 끝까지 부당한 대우를 받아야만 하는 이들은 더더욱 없다. 20세기 이래 '현대'에는 역사의 공평함이 더욱 절실해 보인다. 근대 이후 연결되기 시작한 세계는 씨줄과 날줄이 얽히듯 더욱 촘촘한 결로 이어졌고 결국 서로 깊이 의존하게 되었다. 불평등의 골이 깊을수록 세계가 다 함께 고통 받을 가능성은 커진다.

현대의 시작을 담은 『세계사톡』 5권에는 1880~2000년 전후의 세계인들이 본격적으로 하나가 되는 수많은 이야기가 담겨 있다. 유럽 제국의 야만스러운 경쟁과 착취, 식민지의 독립을 향한 투쟁과 저항, 그리고 전쟁과 무기 경쟁들이 드러낸 근대성의 추악함, 그 속에서도 정의와 평화, 화해와 협력 앞에 삶을 던진 이들의 헌신. 모두가 현재를 비출 거울이다.

18~19세기 세계를 질주했던 유럽은 풍요를 위해 다른 대륙을 고통 속에 몰아넣었고 결과는 20세기 초, 그들끼리의 참혹한 전쟁으로 나타났다. 그 영향력은 식민지에까지 미쳐 유럽 내전은 세계대전이 되었다. 제1차 세계대전 중의 러시아제국 붕괴는 20세기 중반까지 이어질 제국 해체의 신호탄이었다. 전후 보통선거 실시 등 민주주의 실현을 맛보기도 했지만, 극복되지 못한 사회 갈등과 경제 붕괴가 전체주의의 흥기를 낳으며 유럽은 다시 전쟁으로 향했다. 그 결과 폐허 속 빚더미 위에 앉아 허덕이게 된 유럽인은 자신들이 더 이상 세계의 중심일 수 없음을 인정해야 했다. 영국의 영향력에서 벗어난 오세아니아, 탈脫식민지화에 성공한 아시아와 아프리카, 그리고 미국의 부상으로 새로운 국면에 접어든 아메리카는 비록 험난한 과정이 될지라도 스스로의 비상飛上을 준비할 터였다.

전후 유럽 대신 세계의 축이 된 미국과 소련은 냉전을 시작했다. 인류 공멸의 가능성이 높아지면서 중심부에서는 평화가 유지된 반면 주변부에서는 미·소에 의해 조장된 전쟁과 내란이 오랜 기간 잔인하게 벌어졌다. 그러나 영원할 것 같았던 그들의 대결도 20세기 말 소련이 동유럽의 민주화와 함께 스스로 붕괴하며 종말을 고했다. 미국은 세계 유일의 초강대국이 되었지만 쿠바와 베트남, 이란 등에 의해 대외적 위신에 타격을 입었다. 인종 문제를 포함한 많은 내적 불씨들은 언제라도 발화해 미국 전체를 삼킬 준비가 되어 있다.

동아시아가 감당해온 현대사의 무게도 만만치 않다. 한국은 광복의 기쁨을 누릴 새도 없이 한국전쟁의 비극을 경험하며 분단을 맞아야 했다. 경제 발전과 민주화를 넘어 문화 강국이 된 남한에게 북한 문제는 해결해야 할 큰 과제다. 청을 이은 중화민국은 공산당과의 내전 끝에 패배했다. 중국은 미국의 패권을 위협할 정도로 급부상했지만 은폐된 수많은 문제는 세계에 위험 신호를 보낸다. 청일전쟁 승리 후 일본은 주로 전쟁을 이용해 발전을 거듭했다. 경제 성장이 멈춘 상태가 오래되자 일본에서는 다시금 전쟁으로 위기를 타개하려는 움직임이 나타나고 있다.

현대는 한 치 앞도 알 수 없는 찰나들의 모임처럼 보인다. 세계인은 매일 테러, 기아, 자연재해와 전염병 등 수많은 문제를 안은 채 내일을 맞는다. 하지만 각자의 자리를 지키고 서로 존중하며 격려하는 우리일 수 있다면 현재의 상황을 감당하고 극복할 수 있지 않을까. 개개인이 펼쳐내는 수십억 개 이야기들의 다채로움은 상상을 초월한다. 그것들이 구석구석 연결된 네트워크를 통해 공유되고 서로의 공감을 얻으며 하나의 이야기로 세계를 덮을 때 인류는 또 한 발자국 큰 걸음을 내딛을 수 있을 것이다.

『세계사톡』의 마지막 여정에서는 평화보다 전쟁을 더 자주 만난다. 그러나 이것이 끝이 아닌 '지금' '여기' '우리'의 선택으로 만드는 선한 결말의 시작일 수 있음을 꿈꾸며 씩씩하게 출발해보자.

무적핑크(변지민)

작가의 말

무적핑크(변지민)

안녕하세요, 무적핑크입니다.

조선시대를 다룬 『조선왕조실톡』에 이어 세계를 무대로 한 『세계사톡』 시리즈로 여러분을 뵙게 되어 정말 기쁩니다. 1권 〈고대 세계의 탄생〉, 2권 〈중세의 빛과 그림자〉, 3권 〈근대, 새로운 만남의 시대〉, 4권 〈근대의 질주〉 편에 이어 대망의 마지막 5권 〈현대 이야기〉를 선보입니다.

책 한 권이 나온 뒤, 다음 책이 나오기까지 걸리는 시간은 고작해야 몇 개월에서 일 년 남짓이죠. 그러나 세상은 그 짧은 시간에도 바뀌더군요. 세계 인류는 'COVID19코로나19'라는 큰 재난을 함께 겪고 있습니다. 마스크를 써야만 외출할 수 있고, 결혼식과 장례식 등 관혼상제 행사가 금지되고, 학교에 가도 친구들과 이야기를 하지 못하는 등 우리 삶은 너무나 크게 달라졌습니다. 이제 이전의 삶으로는 돌아가지 못하니, 새 일상에 적응해야 한다지요.

변한 일상과 더불어, 세상을 바라보는 우리 시각도 변했습니다. BC Before Covid, 코로나19가 유행하기 이전의 시대에 '글로벌'이라 하면 무얼 떠올리셨나요? 올림픽, 푸드덕 날아오르는 하얀비둘기, 손을 잡은 지구촌 어린이들(?)……. 그러나 지금은 다르죠. 코로나를 겪으며 우리는 '세계화'를 실감했습니다. 쉼 없이 국경을 넘어 오가는 사람들, 온라인에서 실시간으로 전해듣는 세계의 크고 작은 소식들. 국가와 국가가 서로에게 얼마나 큰 영향을 끼치고 있었는지 피부에 와닿아 전 소름이 끼쳤답니다. 또한 걱정도 됐고요. 원래 멀리 사는 남보다 가까이 사는 이웃과 더 자주 싸우는 법이잖아요. 타국인을 향한 혐오, 경멸, 차별 발언을 일상에서 듣는 일이 늘었습니다. 전쟁, 기근, 전염병과 같은 위기가 닥치면 민족주의가 급부상하는 경향이 있어요. 우리끼리 똘똘 뭉쳐 살아남아야 하니까요.

그러나 여러분, 『세계사톡』 시리즈와 함께하며 배우셨지요? 친구는 많을수록 좋고, 마음의 문을 넓게 열수록 강해짐을! 한 치 앞이 보이지 않는 혼란스러운 세상이지만 우리는 나아가야 합니다. 밖으로 모험을 떠날 땐 나침반이 필요하죠. "지금까지 나라와 나라가 어떤 관계를 맺어왔고, 거기서 우리나라는 어떤 역할을 했는지?" "세상에는 어떠한 문화들이 있으며, 나는 어디에 속한 사람인지?" 이러한 질문들을 『세계사톡』과 함께 해결하세요. 그러면, 세계를 향해 힘차게 한 발 내딛을 용기가 생길 겁니다.

많은 친구들을 사귈수록 내 세계는 넓어집니다. 그래서 수많은 세계인들을 단톡방에 초대했습니다. 그분들과 우리, 한바탕 수다를 떨어보도록 하지요. 함께해요!

  feat. 무적민트, 무적그린, 무적퍼플, 무적블랙

차례

1부 제국주의와 식민지의 확산

2부 첫 번째 세계대전

3부

두 번째
세계대전

세계사 속 그분들의 기나긴 이야기

궁금하지 않아?

우리가 사는

이 지구 어딘가에

머물렀을

그때

그 시절

그 사람들의

기~나긴 이야기.

『조선왕조실톡』에 이은
역사톡 블록버스터!

이제 세계인과 톡한다!

11:55

세계사톡 💬
카이사르 : ㅎㅇ
카이사르 : 자니...?

세계사톡 출발합니다.

제국주의와 식민지의 확산

1880전후 》 1910전후

벨기에론

식민지 건설에 돈 많이 드시죠?
＊아프리카대출지원＊
$콩고&탐ㅅr후$원해드립니다%
%넓은땅&튼튼한노예$손에넣으세요~

 니콜라이

아 지긋지긋 대출광고스키——
스트레스로 머리아플 땐?

닥터 라스푸틴 만나고 내 인생이 달라졌다~♫

 명의 라스푸틴 파티중
의술뿐만 아니라 정치/
외교/각종 연애상담 가능

 서태후

뭔데ㅋㅋ광고타임임? 이 누님도 한 정치한다ㅋ
@west_taihu 인수다 팔로 고고씽~?

 위안스카이

훌륭하신 태후마마 짤랑짤랑~:D

광서제

10년째 강제 거리두기 중..
아오 답답하다 답답해...

 벤츠

답답할 땐 드라이브죠!
벤츠와 함께 근교 나들이 어떠세요~?

 +   전송

talk 1
그랜마가 쏘리해

> 빅토리아 　　　　건강이 최고야

I
마마걸

나, 빅토리아ㅎ
형제 없이 혼자 큰 외동딸ㅋㅋ

우리 집안이 손이 모자라서
내가 좀 곱게 자란 편이지ㅎㅎ

엄마가 우쭈쭈 베이비~
하면서 자란
애지중지 딸랑구야ㅋㅋ

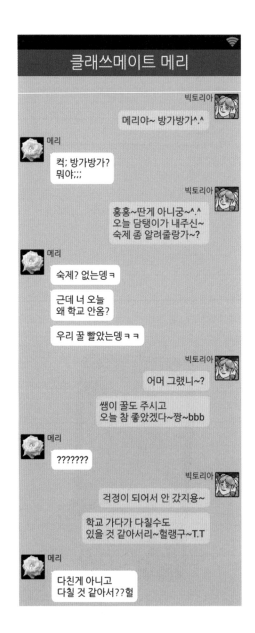

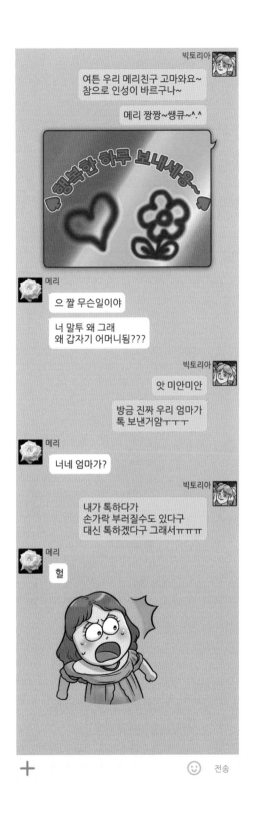

II

두 유 워 너 빌 더

아무래도 내가 장차 나라를 이끌
#퀸이 될 몸이니까
하나부터 열까지 챙겨주시지ㅋ

이렇게 크다 보니까
내가 좀 나밖에 몰라;;;;

그래도 나 좋다는 사람
만나서 결혼을 하긴 했는데

성격 때문에 맨날 싸우고 그래ㅠ
신혼생활이 쉽지 않네ㅜㅜ

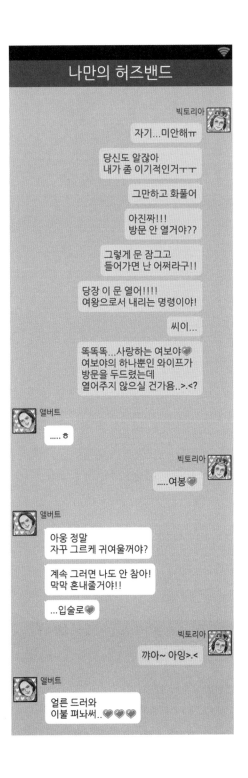

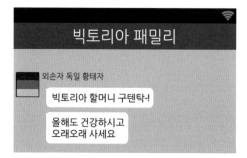

III 유럽의 할머니

우리 부부 금실 좋은 거
다 남편 덕분이야ㅎㅎ

나 성격 나쁜 거
남편이 다 받아주니까ㅋㅋㅋ

그러다 보니 명절 때마다
아들딸손자손녀로
북적북적하다니까!

빅토리아

전송

빅토리아 패밀리

외손자 독일 황태자

빅토리아 할머니 구텐탁-!

올해도 건강하시고
오래오래 사세요

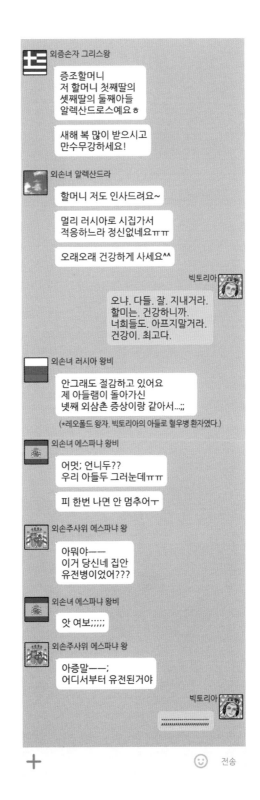

외증손자 그리스왕

증조할머니
저 할머니 첫째딸의
셋째딸의 둘째아들
알렉산드로스예요ㅎ

새해 복 많이 받으시고
만수무강하세요!

외손녀 알렉산드라

할머니 저도 인사드려요~

멀리 러시아로 시집가서
적응하느라 정신없네요ㅠㅠ

오래오래 건강하게 사세요^^

빅토리아

오냐. 다들. 잘. 지내거라.
할미는. 건강하니까.
너희들도. 아프지말거라.
건강이. 최고다.

외손녀 러시아 왕비

안그래도 절감하고 있어요
제 아들램이 돌아가신
넷째 외삼촌 증상이랑 같아서...;;

(*레오폴드 왕자, 빅토리아의 아들로 혈우병 환자였다.)

외손녀 에스파냐 왕비

어멋; 언니두??
우리 아들두 그러는데ㅠㅠ

피 한번 나면 안 멈추어ㅜ

외손주사위 에스파냐 왕

아뭐야——
이거 당신네 집안
유전병이었어???

외손녀 에스파냐 왕비

앗 여보;;;;;

외손주사위 에스파냐 왕

아증말——;
어디서부터 유전된거야

빅토리아

,,,,,,,,,,,,,,,,,,,,,,,,,

전송

그랬다고 합니다.

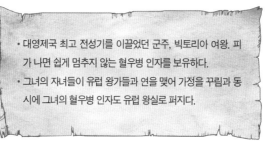

- 대영제국 최고 전성기를 이끌었던 군주, 빅토리아 여왕. 피가 나면 쉽게 멈추지 않는 혈우병 인자를 보유하다.
- 그녀의 자녀들이 유럽 왕가들과 연을 맺어 가정을 꾸림과 동시에 그녀의 혈우병 인자도 유럽 왕실로 퍼지다.

19세기 영국

| 1300년 | 1400 | 1500 | 1600 | 1700 | 1800 | 1900 | 2000 |

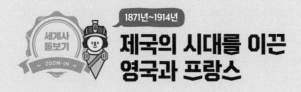

1871년~1914년
제국의 시대를 이끈 영국과 프랑스

빅토리아 여왕1837~1901재위의 골든 주빌리즉위 50주년 축하식를 3년 앞둔 1884년 성탄절, 주간지 「더 그래픽The Graphic」에 비누 광고가 실렸다. 앤드류 페어스가 1807년부터 런던 공장에서 생산하기 시작한 페어스 비누 광고였는데, 한 백인 아이가 흑인 아이를 비누로 목욕시키자 몸이 백인처럼 변하는 삽화가 실려 있었다.

19세기 중반까지도 유럽에서 목욕은 연중 행사였다. 목욕을 자주했던 것으로 유명한 여왕 엘리자베스 1세1558~1603재위가 "굳이 할 필요가 없어도 한 달에 한 번은 목욕을 했다"라고 할 정도였다. 그러나 원료인 야자유가 식민지 농장에서 대량으로 생산되고 기술이 발달해 많은 사람들이 비누를 사용하게 되면서 상황은 달라졌다. 비누가 청결하고 위생적인 백인 중산층 가정을 상징하는 상품으로 홍보됨에 따라, 심지어 식민지에서조차도 비누 사용이 늘었다. 비누를 사용함으로써 유럽 국가의 일원이 된 것 같은 환상까지 구매한 것이다. 역사학자 에릭 홉스봄1917~2012이 명명한 이른바 '제국의 시대The Age of Empire1875~1914' 그 한복판을 보여주는 모습이었다.

제국주의Imperialism의 탄생

1860~1870년대 국민국가들이 세워졌다. 영국과 프랑스에 이어 이탈리아와 독

일, 미국 등 대체로 치열한 정쟁과 전쟁을 거쳐 탄생한 국가들은 근대 기술과 관료제를 통해 국민을 동원할 수 있었다. 내적으로는 부국강병을 추구하고 외적으로는 전쟁도 불사하며 식민지 확장으로 나아간 이들의 정책에 '제국주의'라는 이름이 붙었다.

당시 대세였던 '제국'은 돌연 나타난 것이 아니었다. 고대 로마 이래 '문화·언어·인종적으로 다른 집단에 대해 자국의 지배력을 확장해간 국가'를 의미하는 제국은 유럽 역사에서는 익숙한 개념이었다. 그러나 19세기 후반에 등장한 제국주의는 좀 달랐다. 영국은 이집트 점령1882부터 자국의 정책을 제국주의로 부르기 시작했다. 제국주의는 '해외로의 팽창과 식민지 정복을 통해 국가 이익을 도모하고 위신을 세우는 정책'을 의미하게 되었고, 당대인들은 제국주의를 자기 시대의 주요한 특징 중 하나로 꼽았다. 본토에서 다수 인구가 이주해 건설한 지역이든 큰 인구 이동 없이 지배체제를 형성한 곳이든 식민지 건설은 제국에게 필수적이었다. 바로 이것이 1800년 육지의 35퍼센트만을 차지하고 있던 유럽이 1914년 84.4퍼센트까지 차지하게 된 이유였다.

제국의 시대 선두에 있던 영국과 프랑스, 이를 추격한 독일, 미국, 일본을 추동한 근본적인 배경은 자본주의 경제의 발달이었다. 값싼 원료 공급지와 제품 판매 시장, 국내 잉여 자본의 투자처로서 식민지를 확보해 본국의 사회 경제적 문제를 해결하고자 한 것이다. 군사력은 제국주의의 수단이자 동기였다. 스웨덴의 과학자 알프레드 노벨1833~1896은 1867년 다이너마이트 특허를 받았다. 그리고 근대적 공장을 갖춘 유럽과 미국에서만 만들 수 있는 신형 무기들이 속속 개발되었다. 제국주의자들은 우월한 무기를 가진 이들이 열등한 무기를 가진 이들을 지배할 권리가 있다고 여겼다.

이런 사고방식은 제국주의의 공식적이고 대외적인 명분인 '식민지에 기독교를 전파하고 문명화한다'는 사명과 맞닿아 있었다. 당시 자신들을 문명인으로 자부했던 유럽인들은 식민지인들을 어린아이처럼 미숙하고 가르쳐야 하는 대상인 야만인으로 간주했다. 실제로 많은 선교사와 교사, 의사, 관료들이 사명감을 갖고 식민지로 향했다. 『정글북』으로 1907년 노벨문학상을 수상한 작가 러디어드 키플링1865~1936이 발표했던 「백인의 짐-미국과 필리핀 제도諸島」1899는 반은 악마, 반은 어린애인 필리핀인을 미국인이 지배하는 것은 정당하다고 주장하면서 백인의 우월감을 표현한 대표적 시다.

이러한 이분법은 제국 내부를 향한 시각에도 영향을 주었다. 1884년 영국 자유당 내각이 3차 선거법 개정을 통해 10파운드 이상 집세를 내는 농민까지 선거권을 확대하면서 전체 성인 남성의 4분의 3인 280만 명이 선거권을 가지게 되었다. 그러나 기업가를 비롯한 남성 엘리트들은 중하층 서민과 여성을 미성숙하고 무지하며 충동적이라고 평가하고, 자신들만이 성숙하고 이성적이며 합리적인 존재라고 자부했다. 이는 나머지 성인 남성 4분의 1과 여성들이 참정권을 획득하는 데 수십 년이 더 걸리도록 했다.

과학적 용어도 제국주의를 합리화하는 데 사용되었다. 찰스 다윈1809~1882은 젊은 시절 해군측량선 비글호에 동승해 5년 가까이 세계 동식물을 관찰하고 표본을 수집했다. 이런 경험에 기초해 생물들은 일정한 계통을 가지고 있으며 따로 창조된 것이 아니라고 주장했다. 그는 환경에 가장 잘 적응하는 특질을 가진 개체가 후손을 많이 남기는 과정을 '자연선택'이라고 표현했다. 『종의 기원』 초판이 발행1859된 뒤 10년이 지나 나온 5판까지도 '진화'라는 용어 자체가 사용되진 않았지만 그의 이론은 진화론으로 불렸다. 그리고 이는 허버트 스펜서1820~1903에 의해 사회진화론으로 적용되며 서유럽 국가의 제국주의적 침략을 정당화시켰다.

영국 제국주의와 도전

1870년대 영국은 이미 광대한 해상 제국을 자랑했다. 북아메리카 상실 후 대영제국 식민지의 심장이 된 인도를 비롯해 버마미얀마, 스리랑카, 말라야와 해협식민지, 홍콩, 오스트레일리아, 뉴질랜드, 캐나다, 트리니다드, 토바고, 윈드워드 제도, 리워드 제도, 영국령 온두라스, 자메이카, 바하마 제도, 바베이도스, 시에라리온, 영국령 골드코스트, 영국령 기아나, 포클랜드 제도, 남아프리카 일부가 식민지였다.

1900년까지 아프리카에서 감비아, 영국령 소말릴란드, 앵글로-이집트 수단, 중앙아프리카 보호령, 나이지리아, 영국령 동아프리카, 로디지아가 제국체제에 포함되었다. 19세기 후반 아시아와 태평양에서 브루나이와 북보르네오, 사라왁, 피지, 길버트 엘리스 제도를, 1900년 통가 왕국을 보호령으로 추가하며 제국은 확대되었다. 제1차 세계대전 이후 팔레스타인과 트란스요르단이 위임통치령이 된 뒤 서아시아에서도 세력권을 형성했다. 1921년 영국은 세계 인구의 4분의 1이 넘는 4억 5,000여 명의 인구를 포괄하고 세계 영토의 약 4분의 1을 차지하며 해가 지지 않는 제국의 위용을 떨쳤다.

그러나 영국은 제국을 유지하기 위해, 당시 직면한 많은 저항과 도전을 해결해야 했다. 이미 인도에서 세포이 항쟁으로 반영운동의 불길이 타올랐고1857, 아프리카 남부 나탈 지방에서 야만인으로 여기던 줄루족이 대영제국군에게 참패를 안겼으며1879. 이집트에서도 오라비 대령이 이끄는 민족주의운동이 일어났다1882. 이집트의 일부로 편입돼 있던 수단에서는 무함마드 아흐마드1844~1885를 지도자로 하는 민족주의적인 마흐디구세주 봉기가 일어나 찰스 조지 고든1833~1885 장군이 살해1885되는 사건이 벌어졌다. 고든은 청에서 태평천국운동을 진압하는 데 공헌했던 인물로 당시 수단의 총독이었다. 마흐디 봉기군은 수도 하르툼을 점령하고 수단의 독립과 자유, 이슬람으로의 회귀를 주장하며 14년간 제국주의 침략에 맞섰다.

영국은 인도제국을 수립1877하고 이집트의 민족주의 세력을 누르는 정책으로부터 본격적인 제국주의를 추진하면서 식민지와의 전쟁들에서 승리했다. 허버트 키치너1850~1916 장군이 이끈 영국-이집트 연합군은 옴두르만 전투에서 마흐디 정권을 대패시키며 하르툼을 점령1898했다. 줄루족과 아프리카너보어인들에 대해서도 영국은 남아프리카전쟁제2차 보어전쟁1899~1902을 통해 승리를 확정지었다.

제2차 세계대전을 승리로 이끌어 '위대한 영국인 100인'에서 뉴턴과 셰익스피어를 제치고 1위를 차지하기도 한 윈스턴 처칠1874~1965이 영국 역사에 등장한 시기도 이 무렵이다. 20대의 그는 옴두르만 전투에 기병대로 참가했고 첫 저서인 『강의 전쟁』1899에서 이를 영국 제국주의 최고점으로 평가했다. 이후 남아프리카전쟁에서 포로가 되었다 탈출한 그는 전쟁 영웅으로 인기를 얻었다. 1900년 보수당 후보로 출마, 하원에 당선되면서 정치에 입문하게 된다.

후발 제국주의 국가들의 영국에 대한 도전 또한 만만치 않았다. 새로 대두한 제국들은 '유일하게 진실로 전 세계적' 제국인 영국과 부딪치곤 했다. 독일 및 프랑스, 러시아의 정책들은 인도의 장기적 안전을 중시한 영국이 희망봉 항로와 수에즈 운하를 경유하는 신항로를 방어하기 위해 아프리카 영토를 획득아프리카 종단 정책하고, 인도의 북서부 및 서부 지역에 대한 위협에 경고를 하곤 한그레이트 게임 정책들과 종종 충돌했다.

완고하고 고집이 셌던 빅토리아 여왕은 남편 앨버트공과 애정이 깊었고 그 사이에서 4남 5녀를 낳으며 영국의 19세기 대부분을 이끌었다. 앨버트공은 자유분방한 큰아들의 행실을 책망하러 다니다 얻은 병으로 42세에 사망했다. 이 때문에 빅토리아가 미워했던 장남 앨버트 에드워드는 60년을 왕세자로 있다가 에드워드 7세1901~1910재위로 즉위했다. 특별히 총명해 왕세자 열등감의 근원이었던 그의 누나이자 장녀인 빅토리아가 독일 프리드리히 3세와의 사이에서 낳은 아들은 후에 빌헬름 2세1888~1918재위가 되었다. 빅토리아 여왕의 손녀 알렉산드라는 러시아 니콜라이 2세1894~1917재위의 황후가 되었고, 에드워드 7세의 부인인 덴마크 왕녀 알렉산드라와 니콜라이 2세의 모후 마리아는 자매지간이기도 했다.

19세기 말에서 20세기 초 유럽의 왕실은 유럽의 할머니 빅토리아를 중심으로 서로 끈끈하게 연결되었다. 특히 니콜라이 2세와 에드워드 7세의 계승자인 조지 5세1910~1936재위는 외모마저 닮아서 전쟁이 일어나기 전까지 돈독한 사이를 자랑했다. 그러나 러시아를 싫어한 반면, 자신이 가장 좋아한 조부 빌헬름 1세1861~1888재위 같은 위대한 업적을 성취하고자 했던 빌헬름 2세는 적극적인 대외 팽창 정책을 실시하며 영국에 도전했다. 거기에다 빅토리아 여왕이 혈우병 보인자였던 탓에 4세대 만에 유럽 왕실에서 11명의 혈우병 환자와 6명의 보인자 여성이 태어나며 예상치 못한 비극을 초래했다.

제국의 시대 군주들은 유럽 내에서는 독일 재상 오토 폰 비스마르크1862~1890재임가 주도면밀하게 조정한 평화에 협조하며 서로를 주시했다. 반면 유럽 밖에서는 최신식 무기와 전술로 식민지를 정복하는 전쟁을 벌였다. 결국 1914년 유럽 본토에서 전쟁이 일어나 조지 5세, 빌헬름 2세, 니콜라이 2세 등이 휘말리게 되었을 때 혈연은 이미 중요한 문제가 아니었다.

프랑스의 아름다운 시절, 벨 에포크

1871년은 프랑스에게 뼈아픈 해였다. 프로이센-프랑스전쟁에서 승리한 독일은 알자스-로렌을 병합했고 50억 프랑의 배상금을 요구했다. 이 틈을 타 북아프리카 식민지인 알제리의 카비리아 지방에서 반反 프랑스 항쟁도 일어났다. 알제리는 오스만제국의 지배력이 약해진 북아프리카에서 샤를 10세1824~1830재위 시기 프랑스가 해적 기지 제압을 빌미로 정복1830한 식민지였다.

프랑스는 즉시 복구에 나섰다. 액수가 상당해 상환에 몇 년이 걸릴 것으로 예상했지만, 자존심이 상했던 프랑스는 전쟁 배상을 즉시 완결했다. 그리고 1873년까지 전 국토에서 독일군을 완전히 철수시켜버렸다. 프랑스의 신속하고 성공적인 복구에 비스마르크도 놀라서 당시 프랑스 대통령 루이 아돌프 티에르1871~1873재임에게 호감을 가질 정도였다. 알제리의 저항도 강력하게 진압하며 식민 작업을 본격화했다. 저항을 구실로 몰수한 토착 세력의 토지를 알자스-로렌 난민을 비롯한 유럽계 이민자들에게 불하하며 이 지역의 유럽 인구를 증가시켰다.

이후 프랑스 제3공화국은 아프리카와 인도차이나 식민지를 기반으로 중흥기를 맞이했고, 러시아와 손을 잡으면서1894 외교적 고립에서 빠져나와 독일이 주도하는 '삼국동맹'에 맞섰다. 영국에게 인도를 빼앗긴 뒤 동쪽으로 향한 프랑스는 제1차 사이공조약으로 베트남 남쪽의 3분의 1을 지배1862하고 있었다. 이후 제2차 사이공조약으로 프랑스령 코친차이나가 세워졌고1874, 통킹과 안남도 보호령이 되었다1883. 종주권 상실을 막으려던 청과의 전쟁이 벌어지기도 했으나청프전쟁1884~1885 승리를 거머쥔 뒤 캄보디아의 크메르 왕조와 샴 왕국 지배하의 라오스까지 획득한 프랑스는 프랑스령 인도차이나 연방을 결성1887했다. '인도차이나'는 인도와 중국의 사이에 위치해 있다고 하여 유럽에서 붙인 명칭이다. 1885년 주권을 상실한 베트남은 1954년까지 이어질 프랑스에 대한 독립운동의 여정에 본격적으로 돌입했다.

1900년 무렵 프랑스는 아프리카 북부와 서부, 중부에서 특히 강한 영향력을 행사했다. 알제리를 비롯해 튀지니와 모로코, 프랑스령 서아프리카, 프랑스령 적도 아프리카, 프랑스령 소말릴란드, 마다가스카르를 보유했다. 태평양에서는 누벨칼레도니와 프랑스령 폴리네시아를 지배했고, 뉴헤브리디스 제도는 영국과의 공동 통치령이었다. 독일의 카메룬, 토고와 오스만의 시리아와 레바논까지 획득한 1920년대, 프랑스는 전 세계 영토의 10분의 1을 지배하고 있었다.

　계몽사상의 중심지 프랑스는 유럽의 앞선 문명을 다른 야만인에게 전해야 한다는 소명을 강조했다. 문명화 사명에 입각한 '동화' 정책은 프랑스 제국주의의 특징이었다. 당시 프랑스의 발전하던 과학기술과 제국주의는 1889년 프랑스혁명 100주년을 기념해 열린 파리 세계박람회에서 한껏 그 위용을 드러냈다. 높이 324미터로 1930년까지 세계 최고最高의 건축물이었고 현재는 파리의 랜드마크지만, 당시에는 생경해 호불호가 갈렸던 에펠탑이 출입 관문으로 세워졌다. 가장 인기 있었던 식민지관에서는 프랑스가 세계 각국에 문명을 전파하는 위대한 제국으로 '광고'되었다. 특별히 이국적으로 지어진 궁에는 알제리와 튀니지의 전시물이 설치되어 영국의 인도와 경쟁했고, 원주민 400여 명의 실제 생활을 전시한 일명 '검둥이 촌'도 있었다. 1870년 무렵부터 유럽 각국 도시에 존재했던 '인간 동물원'의 결정판이었다.

　저온살균법을 개발했던 파스퇴르의 동물 질병을 막는 백신 개발의 성공1881, 뤼미에르 형제의 영화 발명1895, 파리 지하철 1호선 개통1900 등 19세기 말 프랑스의 과학기술 발전은 눈부셨고, 문명 전파 사명자로서의 위상도 벨 에포크에 걸맞아 보였다. 그러나 드레퓌스 사건1894처럼 왜곡된 민족주의적 시각으로 인해 발생한 사건들은 앞으로 펼쳐질 유럽의 20세기가 아름답지만은 않을 것이라 예고해주는 듯했다. ▩

마지막 수업이 찐이라면

 프랑스 쌤　　프랑스 뽀레버

 프란츠　프랑스인 아닙니다ㅡ.ㅡ

Ⅰ

마지막 수업

수업시간에
몰폰하면 안 되는 거 아는데
오늘은 안 꺼낼 수 없었어…

왜냐하면 오늘은
#마지막수업이니까….

프랑스 쌤 (프랑스어 선생님)
자, 이것으로 프랑스어 수업을 마친다.

프랑스 쌤 (프랑스어 선생님)
오늘로 마지막 수업인데, 다들 그동안 고생많았...크흡ㅇㅇㅇ

프랑스 쌤 (프랑스어 선생님)
자..잘있어라!! 프랑스 만세!

프랑스랑 독일이랑 싸웠는데
독일이 이겨버렸대…

그래서 앞으로 프랑스어 말고
독일어 배우게 됐어…

그래서 난…

얼마나 기쁜지 몰랑ㅋㅋㅋㅋ

ㅋㅋㅋㅋㅋㅋㅋㅋㅋㅋ

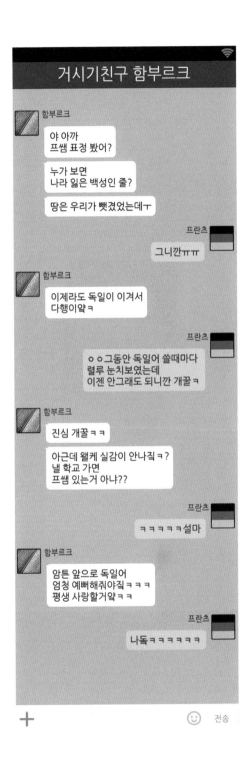

다시는

내가 독일인인데
남의 나라 말을 왜 배워?

이제 프랑스어 안 배워도 된다니까
프쌤 다신 볼 일 없겠지ㅋ

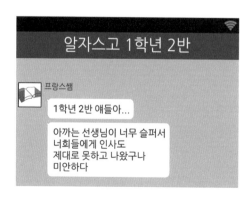

알자스고 1학년 2반

프랑스쌤

1학년 2반 애들아...

아까는 선생님이 너무 슬퍼서
너희들에게 인사도
제대로 못하고 나왔구나
미안하다

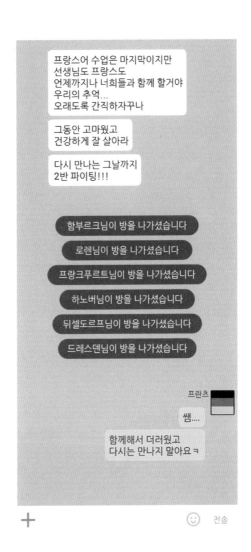

프랑스어 수업은 마지막이지만
선생님도 프랑스도
언제까지나 너희들과 함께 할거야
우리의 추억...
오래도록 간직하자꾸나

그동안 고마웠고
건강하게 잘 살아라

다시 만나는 그날까지
2반 파이팅!!!

함부르크님이 방을 나가셨습니다

로렌님이 방을 나가셨습니다

프랑크푸르트님이 방을 나가셨습니다

하노버님이 방을 나가셨습니다

뒤셀도르프님이 방을 나가셨습니다

드레스덴님이 방을 나가셨습니다

프란츠

쌤....

함께해서 더러웠고
다시는 만나지 말아요ㅋ

전송

그랬다고 합니다.

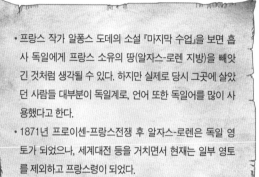

- 프랑스 작가 알퐁스 도데의 소설 『마지막 수업』을 보면 흡사 독일에게 프랑스 소유의 땅(알자스-로렌 지방)을 빼앗긴 것처럼 생각될 수 있다. 하지만 실제로 당시 그곳에 살았던 사람들 대부분이 독일계로, 언어 또한 독일어를 많이 사용했다고 한다.
- 1871년 프로이센-프랑스전쟁 후 알자스-로렌은 독일 영토가 되었으나, 세계대전 등을 거치면서 현재는 일부 영토를 제외하고 프랑스령이 되었다.

1871년 알자스-로렌

1300년 1400 1500 1600 1700 1800 1900 2000

talk 3

타요타요 붕붕이 타요

| 자동차 | 부릉부릉 |

I

붕붕이

사람의 두 발 대신
네 발로 어디든 가게 해주는
편리한 자동차ㅋㅋ

그치만 자동차도
첨부터 갓벽했던 건 아니라는데…ㅎ?

[클립영상] 〈검정상자로 본 세상〉 · 202화

운전자 : 와 머박머박헤헿ㅎㅎ 나 자동차 첨 타봄
근데 기분 탓인가? 걸어가는 게 더 빠른 것 같다?
동승자 : 네 걷는 게 더 빨라요… 지금 시속 5키로

안
타
요

최초의 붕붕이는
방향조절도 안 되고
최고 속도도 5km/h인 증기기관차ㅋ;

그마저도 사고가 나는 바람에
사람들은 자동차타기를 꺼려 했는데…

그래도 자동차를 개발하려는
노력은 끊이질 않았으니.

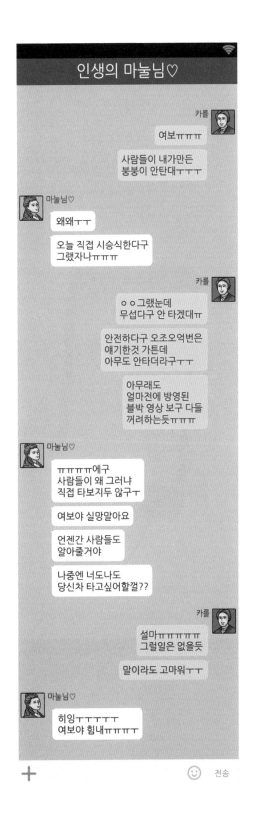

타요

사람들이 안 타려던 차는…
바로 #벤츠

발명가 #카를_벤츠만큼이나
그의 자동차를 널리 세상에
알리고 싶어 하는 사람이 있었는데.

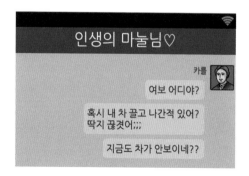

마눌님♡

ㅇㅇ내가 끌고나왔어
친정 다녀오려구ㅋ

카를

장인장모님댁에 다녀온다고?
내 차 끌고?

그러다 사고나면 어쩌려구~

마눌님♡

여보야가 만든건데
그럴리가ㅋㅋ

그보다 완전 씐난다!!

여보차 타구 다니니까
사람들이 신기한지
막 쳐다봄ㅋㅋ

카를

자동차 무서워서
쳐다보는거 아니고ㅠ?

마눌님♡

아냐아냐

다들 부러워서
쳐다보는거야ㅎㅎ

여보 걱정마ㅋㅋ
곧 너도나도 자기차
타게 될꺼야!ㅋㅋ

카를

아ㅜㅜ
여보 고마워ㅠ

전송

그랬다고 합니다.

- 1769년 프랑스의 공병 장교였던 조제프 퀴뇨, 무기 운반용으로 증기기관을 이용한 자동차를 발명하다. 시승식 중 브레이크가 없어 담벼락을 박는 사고가 발생하다. #최초의_교통사고
- 1885년 카를 벤츠가 가솔린 자동차를 발명했으나 사람들은 자동차에 관심을 갖지 않았다. 차의 편리함을 증명하려 카를 벤츠의 아내 베르타가 차를 직접 운전했다.

19세기 후반

1300년 1400 1500 1600 1700 1800 1900 2000

1871년~1914년

신흥 제국주의
제국들의 도전

[클립영상] 〈검정상자로 본 세상〉· 202화

독일, 현상유지Status Quo에서 팽창으로

1871년 1월에 탄생한 독일제국은 4개월 뒤 프
랑크푸르트조약에서 알자스-로렌 지역을 병합
했다. 독일인들은 알자스를 자신들의 영토라
고 생각하는데 이는 역사적으로 근거가 있다. 신
성로마제국의 일부였던 이 지역을 프랑스가 병합한 것은 베스트팔렌조약 이후
로 비교적 오래되지 않은 데다 주민도 대부분이 독일계이며 알자스어조차도 독
일어의 방언이다. 다만 독일의 민족의식이 뒤늦게 결정되었기 때문에 1871년까
지 알자스 주민들은 독일로부터의 병합을 '거부'당해왔다. 이에 비해 나폴레옹 시
기 프랑스는 알자스의 복속과 영토 의식을 더욱 강화했다. 프랑스는 이 때문에 배
상금보다 영토 분할로 더욱 상처 입었고 독일과의 화해 대신 복수를 선택했다. 유
럽 외교에서 비스마르크가 필사적으로 프랑스를 고립시키려고 했던 이유다.

　비스마르크는 철과 피로 통일을 이끌었지만 막상 통일이 완성된 뒤에는 유럽 제
국 간 전쟁을 최대한 억제하는 노련한 외교술을 발휘했다. 독일의 안전을 확보하
고 프랑스를 고립시키는 '현상유지'를 목표로 한 일명 비스마르크 체제는 독일, 오
스트리아, 러시아의 '삼제협상1873'에서 출발했다. 오스트리아와 비밀군사동맹
을 맺고1879, 1882년 프랑스와 대립하고 있던 이탈리아도 끌어들여 오스트리아
와 함께 '삼국동맹'도 체결했다. 오스트리아와의 불화로 삼제협상 갱신이 불발
한 1887년, 러시아가 프랑스와 가까워지는 것을 막고자 했던 비스마르크는 러시

아와 비밀협정인 '재보장조약'을 체결한다. 같은 해 영국과 삼국동맹 국가 간 '지중해협정'을 체결한 것은 비스마르크 외교의 극치로 평가되기도 한다.

한편 독일의 산업 자본은 비스마르크가 실시한 중앙은행 건립과 보호무역주의 정책, 간접세 위주의 세제를 기반으로 급속도로 성장했다. 1870년대 이후 독일의 산업은 모든 분야에서 괄목할 만한 발전을 이룩한다. 발명가 카를 프리드리히 벤츠1844~1929가 가솔린 엔진을 이용한 가솔린 자동차 1호 모토바겐 제작에 성공1885해 독일 자동차의 경량화와 고속화의 발판을 마련한 것도 이 시기였다. 특히 전기 분야에서의 놀라운 진전은 경제 기적의 열쇠로 불렸는데, 1890~1913년 연간 9.75퍼센트라는 경이로운 성장률을 보일 정도였다. 세계에서 가장 큰 전기 회사가 되는 아에게AEG가 세워졌고 지멘스Siemens가 해저 케이블과 전화 사업, 전력 생산도 시작했다. 제1차 세계대전 직전 독일은 영국과 프랑스, 이탈리아의 생산량을 합친 것보다 20퍼센트나 많은 전기를 생산하고 있었다.

비스마르크는 식민지 자체보다는 식민 활동의 결과로 인한 유럽 열강의 재편에 관심을 쏟아 아프리카에서도 영국과 프랑스의 세력 균형을 맞추고자 했다. 또한 발전하는 독일 산업의 해외 진출 요구도 후원했다. 그 결과 1884년경부터 아프리카에 독일 식민지가 세워지기 시작한다. 현 나미비아에 독일령 남서아프리카를 세웠고 부룬디, 르완다 및 탄자니아 지역에서는 독일령 동아프리카를, 훗날 토골란드와 카메룬으로 분할되는 독일령 서아프리카를 획득했다.

비스마르크가 그물망처럼 촘촘히 짠 동맹관계 속에서 서로 불편한 입장에 놓인 제국들도 있었지만 대체적으로 유럽에서는 평화가 유지되었다. 그러나 1888년 빌헬름 1세를 이은 프리드리히 3세가 99일 만에 사망한 뒤, 야심만만한 그의 아들 빌헬름 2세가 독일제국의 카이저로 즉위하면서 상황은 격변했다. 그는 비스마르크 체제에 안주하는 대신 동유럽에서 서아시아를 잇는 영역을 비롯한 세계 각지에서의 적극적인 팽창을 선택했다. 결국 1890년 비스마르크는 물러났고, 레오 폰 카프리비1890~1894재임가 그 자리를 이어 '신항로 정책'을 내세우며 빌헬름 2세의 야심을 선언했다.

자신만만했지만 미숙했으며 입이 가벼웠던 빌헬름 2세는 러시아와의 재보장조약을 갱신하지 않았다. 결국 독일의 숙적 프랑스와 러시아가 동맹을 맺으면서 비스마르크가 그토록 염려하던 양쪽에서 독일을 압박하는 구도가 초래되었다. 빌헬름 2세는 제국주의적 해외 진출 계획을 뒷받침하기 위한 해상 세력 건설 과정도 시작했다. 전함 순양함 건조 계획을 포함한 '함대법'이 입법화1898되고 함대 건설이 추진되었다. 이를 통해 세계 제2의 해군국으로 올라서는 과정은 영국과의 함대 건조 경쟁과 궤를 같이했다. 한편 태평양에서도 독일령 사모아, 마셜 제도, 마리아나 제도, 캐롤라인 제도, 독일령 뉴기니, 비스마르크 제도, 나우루 식민지를 확보했다. 이는 당시 자국과 비교적 가까운 카리브해와 태평양에서 독일의 세력 확대를 반대하던 신흥 제국주의 국가 미국과의 불편한 관계를 초래했다.

미국의 아이러니

남북전쟁1861~1865과 재건기를 지난 미국은 19세기 말 비약적인 발전을 이루었다. 1870년, 당시 경제 발달의 척도였던 철도의 미국 총연장 길이는 약 8만 5,000킬로미터에 달했다. 이는 영국과 독일, 프랑스 철도 길이를 모두 합친 것보다 50퍼센트가 더 긴 것이었다. 시카고에는 건축가 윌리엄 르 배런 제니가 설계한 높이 42미터, 10층에 달하는 최초의 철골구조 초고층 빌딩이 들어서며1885 마천루 건설이 시작되었다. 뉴욕시 입구 자유의 섬에는 높이 93.5미터 무게 225톤의 자유의 여신상이 안착1886했고, 애틀랜타 약제사 존 펨버턴은 코카 잎에서 추출한 음료수에 콜라 열매 추출물을 첨가해 코카콜라를 탄생1889시켰다.

영토가 넓어 해외에 관심이 적었던 미국 사회에서 처음으로 해외 진출에 눈을 돌린 것은 기업가 집단이었다. 농업·산업혁명을 통해 대량 생산 체제를 갖춘 그들은 국내 수요에만 만족할 수 없었다. 1870~1911년 미국의 석유 생산, 가공, 판매 및 운송을 거의 독점했던 존 록펠러1839~1937의 석유회사 스탠더드 오일이나 세계 최대의 재봉틀 회사가 될 싱어재봉회사는 적극적으로 해외마케팅에 나섰다. 사업적 이해관계의 영향력이 커져 있던 정부와 여론의 관심은 해외 특히 아시아로 향했고, 중앙아메리카를 가로지를 운하에 대한 논의 역시 전면에 대두되기 시작했다. 하와이 왕국에 대한 합병은 이런 모든 흐름이 한꺼번에 폭발한 미국 제국주의의 시작이었다.

1894년 하와이의 미국계 이주민들은 국민 대부분의 지지를 받는 릴리우오칼라니 여왕을 강제로 퇴위시키고 '하와이공화국' 수립을 선포했다. 공화제 혁명을 주도한 세력은 하와이에서 농장 경영과 무역 활동의 이익을 위해 미국과의 합병을 추진해오던 합병클럽이었다. 여왕과 민족주의 세력이 이런 시도에 저항하자, 미국 순양함 보스턴호가 호놀룰루만에서 무력시위를 하는 가운데 이올라니궁을 점령하며 하와이 왕국을 전복시킨 것이다. 파인애플 농장의 소유주로 혁명 정부를 이끈 돌Dole은 윌리엄 매킨리1897~1901재임 미국 대통령에게 신속한 합병을 간청했다. 친기업적 분위기의 행정부를 이끌며 대외적으로는 팽창 정책을 택한 매킨리 대통령은 의회의 비준도 거치지 않은 채 하와이를 합병1898한다.

다음 상대는 에스파냐였다. 에스파냐는 식민지 쿠바에서 미국과 사업적 이해 관계가 깊고 친미적 성향을 띤 혁명 세력과 오랜 교전 중이었다. 아바나 항구에서의 미국 전함 메인호의 폭발, "전체 인구의 4분의 1이 사망하고 나머지 쿠바 인구는 고통 속에 신음하고 있다"는 언론의 선동적인 보도는 미국 여론을 전쟁으로 몰고 갔다. 게다가 파나마 해협을 가로질러 건설 예정인 운하의 카리브해 쪽 접근로가 중요하게 부각되었다. 결국 100일간 에스파냐와 벌인 전쟁에서 승리한 미국은 쿠바의 독립을 선언하고 푸에르토리코, 필리핀, 괌 등 에스파냐의 식민지를 획득한다. 그러나 게릴라 전법으로 극렬하게 저항한 필리핀과의 전쟁은 1903년까지 계속되었고, 10만 명 이상의 필리핀인과 4,200여 명의 미국인의 목숨을 앗아 갔다.

파나마 운하의 건설은 미국 제국주의 물결 속에서 중요한 위치를 차지하는 사건이었다. 1903년 파나마를 통치하던 콜롬비아 정부가 운하 건설 관련 조약을 거부했다. 미국은 파나마의 독립혁명 세력을 지원했고, 새로 출범한 파나마공화국은 보답으로 미국에게 운하 지역의 치외법권과 내정 개입 권리를 부여했다. 총 4만 3,000여 명의 노동력이 투입된 공사 끝에 1914년 8월 15일 완성된 파나마 운하의 운항권은 1999년까지 85년 동안 미국이 독점했다. 이 지역은 서반구 해상 방어에 있어 중요한 거점이 되었고, 미국에게는 안정적 정부를 통해 이를 보호하고 카리브해 국가들의 지배권을 확보해야 할 당위성이 커졌다.

사실 미국인들은 아메리카 대륙 밖 제국주의를 불편한 눈길로 바라보고 있었다. 미국의 탄생 자체가 제국에 대한 반란에서 시작되었기 때문이다. 헌법은 식민지 지배에 관한 어떤 조항도 포함하고 있지 않았다. 제국주의의 흐름 속에서 '공화국이 식민지를 소유한다는 것이 정당한가?' 하는 문제의식은 끊임없이 제기되었다. 그러나 1890년 종결이 선언된 프론티어 과정은 제국주의와 거의 구분되지 않았다. '명백한 운명'이라 포장했지만, 원주민에 대한 탄압은 극도로 잔인했고 중남아메리카에 대한 먼로 독트린의 압력은 컸다.

결국 태평양 너머까지 확장될 영토 팽창은 미국 상품 판매와 연결되었고, 이는 심지어 미국의 우월한 문명 전파라는 신념으로 정당화되었다. 그 때문에 미국은 천연 자원이 풍부하거나 대규모 이주 가능 지역보다 주로 무역을 용이하게 해줄 곳을 식민지로 삼게 된다. 푸에르토리코와 쿠바는 중남아메리카로 가는 관문이었고 필리핀, 괌, 하와이는 중국, 일본 시장으로 진출하는 다리가 될 수 있는 곳이었다.

제국주의의 남은 이야기

1880년대 이탈리아는 아프리카의 에리트레아와 이탈리아령 소말릴란드를 식민지로 획득하며 제국주의 대열에 합류했다. 이들의 꿈은 에티오피아에 집중되었지만 1896년 에티오피아 군대에게 굴욕적으로 패배하며 그 꿈의 실현은 수십 년 뒤로 미루어졌다. 에스파냐는 1860년대 여러 차례 제국 확장을 시도했으나 성공하지 못했고 미국-에스파냐전쟁 후에는 누더기가 되었다. 포르투갈도 1822년 브라질 독립을 인정하면서 세계적 차원의 국력이 쇠퇴했다. 포르투갈령 서아프리카와 포르투갈령 동아프리카, 마카오와 포르투갈령 티모르에서 약간의 세력을 유지할 뿐이었다. 네덜란드제국은 1820년대 믈라카와 인도 식민지, 1871년 골드코스트를 영국에 매각하는 과정에서 대폭 축소되었고, 훗날 인도네시아가 되는 네덜란드령 동인도에서만 확고하게 세력을 유지했다. 이런 와중에 아시아 일본의 발흥은 두드러져 보였다.

제국주의 추진력 중 하나였던 19세기 말에서 20세기 초의 산업 발달은 18세기의 그것과 구분해 제2차 산업혁명이라고 불린다. 이 시기 석탄과 증기, 철은 여전히 중요했지만 석유, 전기, 강철이 새로 우위를 차지했고, 화학자들이 다이너마이트 및 비료와 탄약에 쓰이는 질산염을 만들며 기술자들만큼 중요해졌다. 과학 연구자가 전문적 직분을 가지게 되었고 교육과정에서도 과학이 중요한 자리를 차지했다. 빅토리아 여왕이 왕자와 공주들을 출산했을 때 마취약을 사용했을 정도로 과학은 신뢰받았다. 고무와 시멘트 같은 신재료, 무기, 타자기, 자전거와 자동차 같은 새로운 산업도 탄생했다. 비누를 포함해 상품들은 대량으로 생산되었다. 특히 음식과 의약품들은 세계 시장 정복을 위해 포장되고 상표가 붙었으며 광고되기 시작했다.

제국주의는 세계적 차원의 네트워크를 여러 면에서 강화시켜 세계를 연결시키는 데 일조했다. 증기선과 철도의 눈부신 발달은 세계를 공간적으로 가깝게 만들었고, 영국 해협을 가로지르며 최초로 설치1851된 이래 유럽을 중심으로 모든 대륙을 연결1902해 대양을 없앤 해저케이블, 마르코니에 의해 발명1901된 무선 전신과 같은 통신은 세계를 잇는 데 성공했다.

1884년 영국 그리니치 천문대를 축으로 한 표준시가 정해진 이래 19세기 말까지 미국을 비롯한 유럽 국가들이 이를 받아들였으며프랑스만 반대했다가 20년 뒤 합류했다. 20세기 거의 전 세계가 이를 기준으로 자국의 경도에 따라 시간을 맞췄다. 뿐만 아니라 유럽인의 헤어스타일과 의상, 건축 양식은 세계인의 의식주 생활을 변화시켰다. 외교 언어인 프랑스어, 학문 언어인 독일어, 사업 언어인 영어는 세계 전역에서 익명의 지식인들에 의해 사용되었다. 그리고 언어와 함께 전파되고 공유된 민족주의, 민주주의, 인권 등 유럽에서 형성된 정치사회제도와 사상은 종국에 제국주의의 지배를 무너뜨릴 식민지의 힘이 되었다.

식민지는 자유주의의 발달로 인해 제국주의 국가 지배층의 모든 특권들이 국내에서 허용되지 않게 된 이래, 그것을 여전히 행사할 수 있는 곳이었다. 그래서 식민지 저항에 대한 제국주의 국가들의 탄압은 매우 잔인한 형태를 띠었다. 파타고니아 원주민은 1880년대 절멸했고, 독일령 남서아프리카가 세워지면서 자행된 독일의 헤레로족과 나마족에 대한 탄압1904~1908은 학살 전쟁에 가까웠다. 제국주의 국가들은 서로 충돌하기도 했지만 식민지를 진보와 문명화를 저해하는 장애물로 인식하고 탄압할 때에는 연합에 주저함이 없었다.

비유럽 세계에서 대립했던 영국과 프랑스, 러시아는 제1차 세계대전에서는 한편이 되었다. 이를 볼 때 제국주의 국가들의 식민지를 둘러싼 충돌을 대전의 주요 원인으로 설명하는 것은 무리가 있다. 오히려 독일과 이탈리아가 경쟁에 뛰어들면서 고조된 유럽 국가 사이의 긴장에서 촉발될 전쟁을, 식민지에서의 대립이 늦춰주었다고 보는 설명이 더 적절해보인다. 오랜 유럽 역사가 보여주듯 결국 전쟁은 유럽에서 다시 발발했다. 그들은 식민지로부터 병사들을 동원하고 식민지를 향해 미래에 대한 약속들을 내놓으며 전장으로 손짓했다. 이 약속을 믿은 식민지들도 유럽의 전쟁에 말려들면서 유럽의 내전은 세계대전으로 변모해버리게 된다. [세계사록]

talk 4
콩고는 괴로워

콩고　　　　사기꾼 잡아요

레오폴드　　%24시 상담가능
벨기에론%

I

독촉인생

또 왔다… 또 와써ㅜㅜ
시도 때도 없이 독촉전화야ㅠ

하씨… 그때 내가 왜 그랬을까?

니들은 그러지 마라
계약할 때 잘 보고 싸인해
나처럼 속아서 지장 찍지 말고…ㅠ

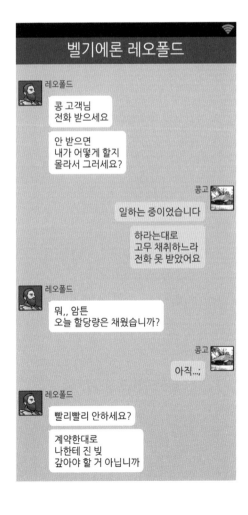

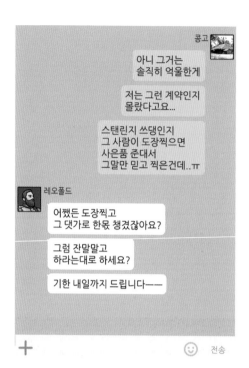

II

깡패

와ㅅㅂ 양아치들
내가 진짜 한몫 챙겼으면
억울하지라도 않지

깊콘이 웬 말이냐고!!!

벨기에 플레인 와플

※크림,잼 추가는 별도

레오폴드님이
선물과 메시지를 보냈습니다.

※ 잔액은 돌려주지 않소이다!

ㅂㄷㅂㄷ…

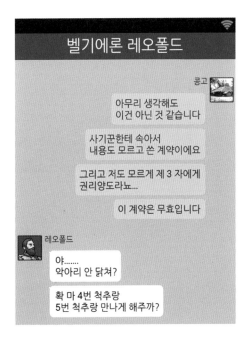

벨기에론 레오폴드

콩고

아무리 생각해도
이건 아닌 것 같습니다

사기꾼한테 속아서
내용도 모르고 쓴 계약이에요

그리고 저도 모르게 제 3 자에게
권리양도라뇨...

이 계약은 무효입니다

레오폴드

야.......
악아리 안 닦쳐?

확 마 4번 척추랑
5번 척추랑 만나게 해주까?

.....헐
무슨 그런 말씀을

레오폴드

겁도없이——
니가 지금 나랑
입배틀 뜰 처지가 아닐텐데?

||||||

레오폴드

일할 이유 충분하지?

그러니까 불만은
니 맘속에 고이 넣어둡시다?

특히 어디다
신고할 생각말고!
알았어?

신고하면
니 손목 컷팅해서
발목에 붙여버린다!

컥...
넵.....ㅠㅠㅠ

+ 🙂 전송

III
커링

가족을 인질로 잡고 있어서
꼼짝없이
노예처럼 일하고 있어ㅠㅠ

하… 벌써 전화올 때 됐네ㅜ
할당량 아직 못 채웠는데ㅠㅠ

오늘은 물리적 고통을
맛보게 해준다고
막 협박하고 그랬는데…ㅜ

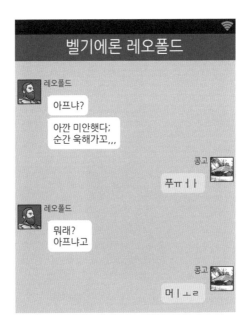

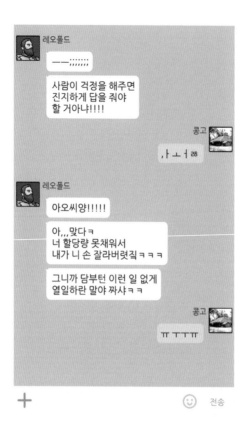

레오폴드
ㅡㅡ;;;;;;;
사람이 걱정을 해주면
진지하게 답을 줘야
할 거아나!!!!

콩고
,ㅏ ㅗ ㅓ 28

레오폴드
아오씨양!!!!!
아,,,맞다ㅋ
너 할당량 못채워서
내가 니 손 잘라버렷짘ㅋㅋㅋ

그니까 담부턴 이런 일 없게
열일하란 말야 짜샤ㅋㅋ

콩고
ㅠ ㅜ ㅠㅠ

전송

그랬다고 합니다.

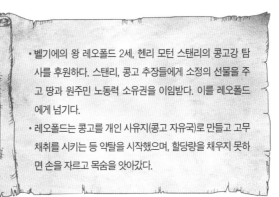

- 벨기에의 왕 레오폴드 2세, 헨리 모턴 스탠리의 콩고강 탐사를 후원하다. 스탠리, 콩고 추장들에게 소정의 선물을 주고 땅과 원주민 노동력 소유권을 이임받다. 이를 레오폴드에게 넘기다.
- 레오폴드는 콩고를 개인 사유지(콩고 자유국)로 만들고 고무 채취를 시키는 등 약탈을 시작했으며, 할당량을 채우지 못하면 손을 자르고 목숨을 앗아갔다.

19세기말~20세기 초 콩고

| 1300년 | 1400 | 1500 | 1600 | 1700 | 1800 | 1900 | 2000 |

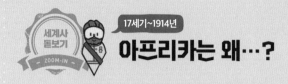

아프리카는 세계에서 가장 큰 사막인 사하라를 경계로 나뉜다. 사하라 사막의 북쪽 북아프리카는 지중해에 면해 있어 유럽 및 서아시아 역사와 밀접하게 연관되어왔다. 고대 이집트와 카르타고, 로마제국, 중세 이슬람 왕조 시기를 거쳐 오스만제국의 지배에 이르기까지 세계사의 주요 페이지에 등장하곤 했다. 근대 영국 및 프랑스 등 열강의 지배 후 독립한 리비아, 알제리, 튀니지 및 이집트 등은 현대사에서 아랍 세계의 일부로 지칭된다.

사하라 사막 이남의 일명 '블랙 아프리카' 역사는 북아프리카와 사뭇 다르다. 이들을 둘러싼 열대성 질병과 우림 등은 오랫동안 외부의 접근을 차단했다. 그러나 유럽인들은 근대 기술의 힘을 빌려 17세기 대서양 삼각무역을 확립했고, 제국의 시대에는 풍부한 자연자원들을 둘러싼 쟁탈전을 벌였다. 이로 인해 왜곡된 체제는 현대까지도 이어져 아프리카에 세계 최빈국들을 남겨놓았다.

노예무역

사하라 사막 이남에 위치한 서아프리카, 중앙아프리카, 동아프리카 지역들이 역사에 본격적으로 등장한 것은 노예무역과 관련해서다. 근대 이전까지 노예무역이 성행했던 곳은 주로 동아프리카현 수단, 케냐, 에티오피아, 탄자니아, 소말리아 등이 위치한 지역였다. 이슬람 상인들은 동방의 비단, 면화와 교환하기 위해 코끼리와 상아, 금, 그리고 노예를 수입했다. 이 때문에 노예가 사하라 사막을 건너 아라비아반도로 이송되었고 이슬람 세계로 팔려갔다. 서아프리카의 중세 왕국이었던 가나, 말리, 송가이에서도 군대와 농사 등에 노예가 동원되었다. 교역을 자주 했던 북아프리카 왕국의 이슬람교도에게서 배운 조직 형태였다.

그러나 노예무역이 국제적으로 급격하게 증가하고 아프리카 내륙에서도 노예제도가 중요해진 것은 17세기 초 카리브해 유역에서 사탕수수 대농장이 발달하면서부터다. 16세기 대서양 노예무역은 30만 명 정도였고 사하라 사막을 통한 노예무역의 규모가 55만여 명으로 훨씬 컸지만, 17세기에는 대서양 노예무역 규모가 135만 명, 18세기에는 약 600만 명에 달했다. 노예의 대부분은 전쟁에서 포로로 잡혀 해안으로 끌려와 아메리카로 보내졌다. 서아프리카현 모로코, 시에라리온, 라이베리아, 코트디부아르, 가나, 토고, 베냉, 나이지리아 등이 위치한 지역를 유럽인들이 특별히 눈독 들인 이유도 여기에 있었다. 유럽인들이 가나 해안을 '황금해안골드코스트', 코트디부아르 해안은 '상아 해안아이보리코스트', 나이지리아 해안은 '노예 해안슬레이브코스트'이라고 명명할 만큼 이곳은 대서양 삼각무역의 중심지가 되었다.

노예와 교환되어 들어온 막대한 총기류와 탄약으로 아프리카 내에서는 전쟁이 빈번해졌다. 부족민들을 노예로 전락시켜 유럽인에게 팔고 그를 통해 권력을 누린 절대주의적인 노예정권들도 나타났다. 이들은 전쟁뿐 아니라 납치와 소규모 공격, 법까지 악용해 노예를 창출했고, 질서도 정통성 있는 권력도 붕괴시켰다. 중앙아프리카현 중앙아프리카공화국, 콩고민주공화국, 콩고, 가봉, 카메룬, 앙골라 등이 위치한 지역에서 막강한 권력을 가졌던 콩고 왕국이 백성을 노예로 팔아넘긴 최초의 아프리카 정권이었을 것이다. 은징가 음벰바1456~1543는 포르투갈이 형제의 나라라고 한 것을 믿어 국가를 유럽식으로 바꾸고 매년 수천 명의 노예를 총과 교환했다. 귀족들에 이어 마지막에는 자신의 친척까지도 노예로 넘기고 회한 속에서 사망했다. 서아프리카에도 나이지리아의 오요, 베냉의 다호메이, 가나의 아샨티 같은 노예정권이 들어섰다.

19세기 유럽에서 노예무역이 점차 금지되면서 노예에 대한 외부 수요가 줄어들었다. 그러나 이미 노예제도를 기반으로 조직된 정권이 수두룩한 아프리카에서 그 영향이 순식간에 사라질 수는 없었다. 이후 유럽과의 무역에서 '불법적 노예'의 자리를 대신한 것은 아프리카에서 수출되는 팜유, 상아, 천연고무 등의 '합법적 상업 활동'이었다. 유럽인에게 팔리지 못하는 노예는 새로운 산물을 생산하는 아프리카 농장에서 강제 노동을 해야 했다. 일례로 아산티는 1807년 이전만 해도 노예사냥과 수출이 주 수입원이었지만, 노예무역 금지 후 금 채굴과 콜라 나무 열매 생산에 노예를 대거 동원했다. 당시에는 바퀴 운송수단을 쓰지 않았기 때문에 짐꾼으로도 부렸다. 다호메이도 노예의 강제 노동에 의존한 대규모 팜유 농장을 소유했다. 유럽의 노예제도 폐지는 아프리카에서 노예의 재배치로 이어졌다.

19세기 내내 아프리카의 노예제도는 더욱 확대되었다. 유럽인은 노예제도를 철폐시킨다는 명분으로 아프리카에 들어왔지만 실상은 달랐다. 제국의 시대 아프리카인들은 자유노동자라 명칭만 바뀌었을 뿐 식민지 노예와 전혀 다를 것이 없었다.

제국의 쟁탈전

대서양 노예무역에도 불구하고 서아프리카 해안을 제외한 대부분의 사하라 이남 아프리카는 유럽인들의 영역 밖이었다. 열대 우림뿐 아니라 급류와 폭포가 이동을 막았고, 유럽인에게 면역력이 없던 말라리아와 황열 등 풍토병이 그곳을 '백인의 묘지'로 만들어버렸기 때문이다.

그러나 1880년대부터 양상이 변했다. 중앙아프리카 콩고강 주변 계곡들을 둘러싼 비옥한 지역, 아프리카 대륙의 심장부가 그 시발점이었다. 당시 유럽의 제국주의자들은 벨기에 국왕 레오폴드 2세1865~1909재위에게 고용된 벨기에인들에게 재정을 지원했다. 그들은 행방불명된 데이비드 리빙스턴1813~1873을 구조1871한 것으로 유명해진 헨리 모턴 스탠리1841~1904의 길을 뒤따랐다. 스탠리는 영국 국민이 되어 기사 작위를 받은 미국의 신문 기자이자 아프리카 탐험가로, 나일강의 원천인 빅토리아호를 발견했고 아프리카 대륙을 횡단했다. 특히 그가 콩고 지방을 탐험1877~1884한 덕분에 레오폴드는 콩고강 분지의 지방 세력들과 조약을 맺고 콩고 자유국을 세워 방대한 자원들과 광물을 획득할 기회를 얻었다. 그러나 이는 곧 포르투갈을 비롯한 유럽 각국의 격렬한 저항을 불러일으켰다.

1884년 11월 15일 비스마르크의 주도로 베를린에서 회의가 소집되었다. 콩고 분지조약이 체결되어1885 콩고 계곡은 자유무역과 통상에 문호를 개방하고 단일 국가의 공식 지배권은 거부되었다. 단 이미 수립된 콩고 자유국의 권리를 인정하는 것을 포함해 기득권은 보장하되, 새로 경합하는 지역에서는 먼저 식민 지역을 개척하고 원주민의 동의를 강제로라도 받아낸 국가가 소유 통치권을 인정받는다는 원칙이 정해졌다. 아프리카인은 배제된 채 미국과 오스만제국, 유럽 12개국의 대표가 참석해 아프리카의 분할이 '평화'롭게 결정된 베를린회의를 유럽 언론은 '인간 정신의 승리'라고 칭송했다. 백인끼리 총칼 대신 대화를 통해 분할하고 원칙을 정했으니 휴머니즘의 극치라는 의미였다.

그러나 그 결과 각국의 실효 지배를 위한 치열한 경쟁으로 아프리카 쟁탈전은 본격화되었고, 발달된 과학기술은 쟁탈전을 더욱 가속화시켰다. 증기선은 폭포가 발달한 아프리카 내륙으로의 진출을 도왔으며 19세기 중엽 이후 상용화된 키니네말라리아 예방약도 마찬가지 역할을 했다. 1888년 시에라리온에서 원주민 탄압에 처음 사용된 맥심 기관총은 분당 최대 650발에 달하는 탄환을 난사했다. 원주민 군대와의 교전을 대학살로 변질시키면서 무장 저항을 실질적으로 불가능하게 만든 제국주의 국가들의 또 하나의 힘이었다. 1875년에는 아프리카의 11퍼센트가 유럽의 수중에 있었지만, 1902년 라이베리아와 아비시니아에티오피아를 제외한 아프리카의 90퍼센트 이상이 유럽 열강의 차지가 된 것은 이런 배경 때문이었다.

에티오피아 황제 메넬리크 2세1889~1910재위만이 1896년 아두와 전투에서 이탈리아군에게 승리해 19세기 동안 식민화의 위협을 물리친 유일한 비유럽계 지배자가 되었다. 라이베리아는 미국 식민협회가 해방 노예들을 귀환 이주시켜 건국1822, 독립1847하며 아프리카 최초의 공화국이 된 국가였기 때문에 예외적이었다. 다른 아프리카인들은 제국주의 국가에 저항할 힘이 없었다. 알제리 베르베르족의 봉기는 프랑스에 의해 앙골라의 반란은 포르투갈에 의해 진압당했고, 줄루족은 영국에 의해 말살당하고 줄룰란드를 빼앗겼다. 가장 최악은 독일에 의해 남서아프리카의 헤레로족과 나마족이 절멸에 가깝게 학살당한 것이었다.

식민지의 아프리카인들은 독점 기업의 무제한적 착취에 노출되었다. 유럽 기업들은 노예무역 대신 베를린에서 보장된 아프리카인의 자유노동을 착취했다. 유럽 모든 국가를 합친 면적보다 더 방대한 토지가 다이아몬드 광산과 야자유, 고무 등을 추출하기 위한 대농장이 되었다. 이곳에서 수십만 명의 아프리카인이 질병과 과로로 사망했다. 게다가 유럽인 경영자들이 아프리카의 서로 다른 계절 주기를 무시한 결과 연중 내내 있었던 수확물들이 점점 사라져 기근이 닥쳤다.

특히 벨기에 본토보다 80배나 큰 콩고 자유국은 레오폴드의 개인 회사가 운영했는데, 전무후무할 정도로 악랄한 착취를 당했다. 레오폴드 2세는 상아를 얻기 위해 아프리카인들과 자연 생태계를 파괴했다. 아프리카 코끼리 송곳니 한 쌍에서 나오는 50킬로그램의 상아는 피아노 건반으로 가공되어 유럽인들에게 우아한 선율을 선사했고 수천 개의 의치로 사용되었다. 그다음은 천연고무였다. 가황처리법1839이 발견된 이래 각종 기계류의 충격흡수재는 물론 자전거와 자동차용 바퀴로 사용되면서 고무 수요가 기하급수적으로 증가했기 때문이다. 1893년 250톤을 밑돌았던 콩고 자유국의 고무 수출량은 1901년 6,000톤으로 증가했고, 여기서 나온 모든 이윤은 레오폴드 개인 금고로 들어가 사치와 방탕에 쓰였다.

레오폴드 2세의 하수인들은 고무 채취 할당량을 못 채운 원주민들에 대한 벌로 1차는 손, 2차는 한쪽 팔, 3차는 목을 절단했다. 1896년 독일에서 발행된 신문에 의하면 지방행정관이 단 하루 만에 무려 1,308개의 잘린 손을 받은 적도 있다고 할 정도였다. 레오폴드 2세가 25년간 이 지역에서 학살한 원주민은 1,000만 명에 달했다. 결국 대외적 비난에 직면한 벨기에는 1908년 콩고 자유국을 벨기에의 식민지로 만들며 직접 관리하기 시작했다.

한편 남아프리카현 나미비아, 남아프리카공화국, 스와질란드 등이 위치한 지역은 사정이 좀 달랐다. 노예시장에서 워낙 멀리 떨어진 곳이었고 원주민들은 내륙에서 생활했기 때문에 그동안 다른 지역을 휩쓸던 부정적인 역사의 흐름이 상당 부분 비켜갔다. 1652년 건너온 네덜란드인들이 남아프리카에 정착해 원주민들을 쫓아내고 노예농업을 통해 남아프리카공화국 최대 도시 케이프타운을 발전시키며 유럽계 아프리카인 중 최대 집단인 아프리카너네덜란드어로 농부인 보어인이라 부르기도 한다의 뿌리가 되고 있던 것이 특징이었다.

그러나 19세기 들어 이들 지역의 고립 양상은 바뀐다. 유럽인은 서아프리카와 달리 열대성 질병이 없는 온화한 남아프리카에 주목했고 특히 영국의 정책은 적극적이었다. 나폴레옹 시대 이후 케이프가 영국의 식민지가 되면서1814 영국인들의 지배가 본격화되었다. 이에 반발한 아프리카너들은 북쪽 내륙으로 대대적인 이주를 시작그레이트트렉1830~1840하며 백인 사이에서 벌어질 충돌의 서막을 알렸다. 이들이 정착한 나탈주에는 원주민 줄루족이 살고 있었는데, 영역을 침범당해 저항한 줄루족을 격퇴1838한 아프리카너들은 나탈에 자리를 잡았다. 이후 영국이 줄루족을 이용해 나탈을 점령하자 다시 북으로 올라간 아프리카너들은 트란스발공화국1852과 오렌지오라녜자유국1854을 세웠고 영국은 더 이상 간섭하지 않았다.

그러나 1871년 킴벌리에서 다이아몬드 광맥이, 1886년 요하네스버그에서 무궁무진한 금맥이 터졌다. 이에 더해 베를린회의로 가속화된 아프리카 쟁탈전과 신흥 제국주의 국가들의 추격에 위기감을 느낀 영국은 대영연방을 구상하며 제국의 확대를 도모했다. 이 때문에 두 나라를 정복할 이유가 확실해지면서 상황은 급변했다.

영국은 더 이상 소용없어진 줄루족을 초반의 대패에도 불구하고 결국은 잔인하게 정복해 줄룰란드를 합병했다1879. 아프리카너들과 1년여에 걸친 전쟁제1차 보어전쟁1880~1881에서 한 발 물러서며 자치권을 인정하기도 했지만, 세계 최대의 광산 재벌로 당시 케이프 식민지의 영국 총독이었던 제국주의자 세실 로즈1853~1902는 트란스발 북쪽 지역현 잠비아와 짐바브웨로 영국 본토의 4.5배에 달한다을 먼저 정복해 '로디지아'라고 부르며 두 국가를 압박했다.

로즈의 트란스발 합병 계획은 제임스 사건으로 실패하고 사임으로 이어졌으며1896 영국은 대외적으로 맹렬한 비난에 직면해야 했다. 이후 크루거 전보사건으로 반독일 감정 및 애국심에 불탄 영국 정부와 국민들은 1899년 남아프리카전쟁에 돌입하기로 결정했고 결국 두 국가를 얻었다. 그러나 이는 '피로스의 승리'였다. 전쟁에는 승리했지만 총 인구 55만 명에 8만여 명의 군 병력을 가졌던 두 나라를 진압하기 위해 영국은 50만 명의 병력을 쏟아부었고, 사상자와 자본 지출 면에서 엄청난 대가를 치러야 했기 때문이다.

현재 남아프리카공화국 콰줄루-나탈주는 그 명칭에 이 같은 파란만장한 역사가 담겨 있다. 바스쿠 다가마가 1497년 크리스마스에 지나쳤다고 해 포르투갈어로 크리스마스를 뜻하는 '나탈'이라 명명한 이곳에서 400여 년 뒤 줄루족과 아프리카너, 영국인들이 얽혔다. 그리고 이후 남아프리카공화국의 인종차별이라는 어두운 현대사로 이어지게 된다.

유럽 세력이 거대하게 확장된 결과 아프리카는 변화했고 이는 이슬람교 전파 이래 아프리카 역사의 가장 중요한 국면이었다. 부족 간 전쟁의 억제와 아주 기본적인 의료 서비스, 새로운 작물의 도입으로 몇몇 지역에서는 인구가 증가하기도 했다. 아프리카인 중 일부는 유럽식 학교나 식민지 군대에서 복무하며 유럽의 생활 방식을 익히기도 했다. 기독교의 일부일처제, 새로운 지식들은 종국에는 아프리카인의 의식 변화에 기여하게 되었고, 이런 영향으로 인해 20세기 아프리카 지식인들이 탄생했다.

그러나 제국주의 국가들의 정책은 아프리카에 씻기 어려운 후유증을 남겼다. 일례로 영국은 수단에서 마흐디운동 근절에 집중해 '자치'라는 이름으로 민족 단위로의 결집을 철저하게 막는 정책을 펼쳤는데, 이는 현대까지도 수단의 민족 갈등으로 이어지고 있다. 콩고와 르완다 일대는 20세기 초반까지 지역 간, 종족 간 분쟁이 없던 지역이었으나 벨기에가 식민 통치를 위해 분열책을 쓴 결과 종족 간 증오심이 뿌리내렸다. 하여 현재까지 인종 청소 전쟁, 적의 손목 자르기와 같은 악습이 여전하다. 또한 열강들이 위도와 경도에 따라 직선 경계선을 그으면서 부족을 흩어놓아 강이나 산맥을 따라 형성되는 전통적 단위경제권도 회복되지 않고 있다. 유럽이 아프리카에 끼친 영향은 그 어느 곳보다 광범위하고 파괴적이며 지속적이었다.

반면 유럽에 미친 아프리카의 영향력은 좀 달랐다. 식민지화가 유럽인들에게 자원을 향한 접근을 가능케 한 것은 의미가 있었지만 실제적으로 큰 이득을 본 국가는 벨기에뿐이었다. 오히려 제국 정부의 묵인 아래 자행된 독점 기업들의 무자비한 개발과 수탈을 본 유럽 국가들에서는 반反제국주의 같은 움직임이 일어났다. 아프리카가 사회적 문제 완화를 위한 이민의 대상지가 되어주길 원했지만 영국과 프랑스, 포르투갈 정도에게만 유효했다. 이탈리아와 독일인들은 실망했고, 오스트리아-헝가리, 스칸디나비아 국가들은 아프리카에 정착민을 보내지 않았다. 세계 제5위의 경제 대국이었던 러시아도 마찬가지였다. 세계사록

📍 아프리카의 저항운동(19세기~20세기 초)

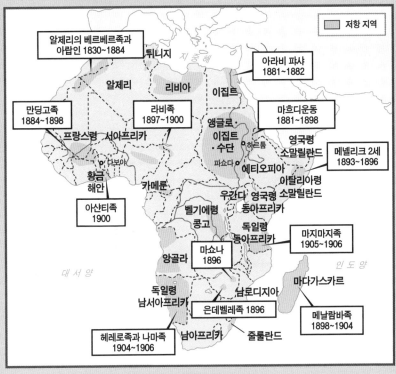

범례: 저항 지역

알제리의 베르베르족과
아랍인 1830~1884

튀니지

지중해

아라비 파샤
1881~1882

알제리

리비아

이집트

만딩고족
1884~1898

라비족
1897~1900

마흐디운동
1881~1898

프랑스령 서아프리카

앵글로·
이집트
·수단

하르툼

영국령
소말릴란드

메넬리크 2세
1893~1896

다호메

파쇼다

에티오피아

황금
해안

카메룬

이탈리아령

아샨티족
1900

우간다

영국령 소말릴란드

벨기에령
콩고

동아프리카

독일령
동아프리카

마지마지족
1905~1906

마쇼나
1896

앙골라

대서양

인도양

마다가스카르

독일령
남서아프리카

남로디지아

메날람바족
1898~1904

헤레로족과 나마족
1904~1906

은데벨레족 1896

남아프리카

줄룰란드

비선실세 라스푸틴

 니콜라이 　라슨생 찬양♥

 라스푸틴 　파티환영♥

Ⅰ

내 새끼

자식 가진 부모 마음
다 똑같을 거야.
뭐든 해주고 싶은 그 마음.

 만병통치약&명의 찾아요
사례금 넉넉히 드려요

하아… 예쁜 내 새끼
아빠가 미안해.

다 물려줘도
병은 물려주지 말았어야 했는데….

아들램
압빠!

저 오늘 스케이트 탔어요>.<

니콜라이
아들!

스케이트가 얼마나 위험한데.
타다가 넘어져서
피나면 어쩔려고 그래

※당시 러시아 황태자는 피가 나면
지혈이 되지 않는 혈우병을 앓고 있었다.

아들램
괜찮아요

니콜라이
잠깐.

입에 빨간거 뭐야.
피 아냐?

아들램
앗
저건 점심먹다가
케찹 묻은 거예요ㅋㅋ

니콜라이
그래?
그럼 다행이고.

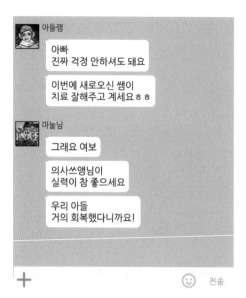

II

고쳐줘

그동안 갖은 수를 써도
호전될 기미조차 보이지 않았는데

드디어 명의를 만났어!

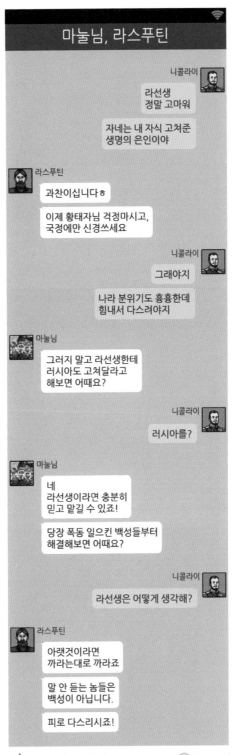

포이즌

명쾌하다, 명쾌해!
앞으로 뭐든지
라 선생과 상의해야겠어!

그런데
꼭 질투하는 부류들이 생기더라?

라 선생이 우리 가족 꼬드겨서
결국엔 러시아 망하게 할 거래.
러시아의 독이라나 뭐라나….

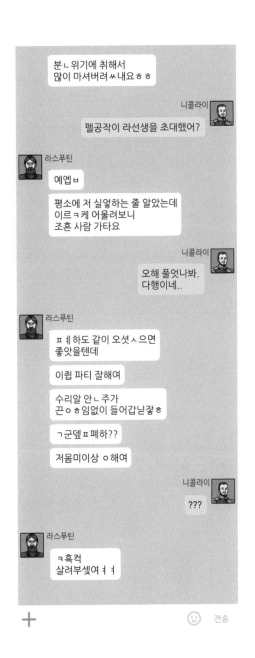

분ㄴ위기에 취해서
많이 마셔버려ㅆ내요ㅎㅎ

니콜라이

펠공작이 라선생을 초대했어?

라스푸틴

예엡ㅂ

평소에 저 실엏하는 줄 알았는데
이르ㅋ케 어울려보니
조흔 사람 가타요

니콜라이

오해 풀엇나봐.
다행이네..

라스푸틴

ㅍ쳬하도 같이 오셧ㅅ으면
좋앗을텐데

이쥡 파티 잘해여

수리알 안ㄴ주가
곤ㅇㅎ임없이 들어갑닏쟐ㅎ

ㄱ군뎅ㅍ폐하??

저묨미이상 ㅇ해여

니콜라이

???

라스푸틴

ㅋ흑컼
살려부셷여ㅕㅕ

\+ ☺ 전송

그랬다고 합니다.

- 러시아 황제 니콜라이와 황후 알렉산드라, 황태자의 병을 호전시킨 라스푸틴을 맹신하다.
- 라스푸틴은 황족을 등에 업고 국정농단을 일삼았다. 1905년 노동자들이 임금 인상을 요구하며 벌인 비폭력 행진 시위를 가혹하게 진압했는데 사망자가 수백 명에 달했다.
- 라스푸틴, 반대파 세력에게 암살당하다. 파티에 초대되어 독극물이 든 음료를 마시고 총살당했지만, 정작 사망 원인은 익사였다고.

20세기 초 러시아

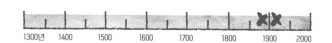

1300년 1400 1500 1600 1700 1800 1900 2000

1881년~1914년
러시아,
제국의 끝은 어디로

크림전쟁1853~1856 이후 농노해방과 사법개혁 등을 추진하며 러시아의 부국강병을 꾀했던 알렉산드르 2세1855~1881재위가 보수적 한계를 넘지 못하고 '인민의 의지당' 세력의 폭탄 투척으로 사망했다1881. 아버지의 최후를 본 알렉산드르 3세1881~1894재위는 조부 니콜라이 1세1825~1855재위보다 더 극심하게 탄압했고, 반反개혁의 길로 내달렸다. 그의 통치기 동안 외형적으로는 질서가 확립되었고 프랑스와의 동맹 체결로 경제 성장을 이루었으며, 남부와 동부 방면 영토 팽창에 성공하는 등 거대 제국 러시아의 평화와 안정은 유지되었다. 그러나 내부에서 숨죽이며 혁명을 꿈꾸던 세력들은 러시아를 새로운 국가로 탈바꿈시키고자 했다. 그 결과 니콜라이 2세1894~1917재위를 로마노프의 마지막 차르로 만드는 데 성공했다.

러시아제국의 팽창과 한계
여타 제국주의 국가들과 달리 러시아는 부동항 확보를 위해 영토 확장에 집중했다. 그러나 강력한 유럽 국가들이 진을 치고 있던 서쪽으로의 영토 획득은 가망이 거의 없었다. 흑해 방면 오스만 영토로의 팽창도 마찬가지였다. 열강들의 이해관계는 항상 러시아에 반대하는 쪽으로 작용해 러시아의 팽창을 저지할 것이기 때문이었다.

이에 19세기 러시아의 차르들은 진출이 훨씬 자유로운 남부와 동부 방면의 국경을 접한 나라들을 병합하며 영토를 획득했다. 먼저 남부에서 페르시아와의 전쟁1826~1828으로 아르메니아 영토를 획득했고 카스피해에 해군력을 건설했다. 동부로는 시베리아에서의 공격적 팽창에 뒤이어 연해주를 얻으며 극동 수도인 블라디보스토크'동방을 점령하라'는 의미를 건설1860했다. 이후 중앙아시아에서 투르키스탄 내륙 및 부하라와 히바의 중앙 오아시스 방향으로 전진해 아프가니스탄 변경에까지 이르렀다1884~1887.

이는 영국과 전쟁 직전 상태까지 몰아가며 일명 '그레이트 게임'이라고 명명된 중앙아시아에서의 패권다툼을 일으켰다. 영국은 러시아의 중앙아시아 지역에 대한 식민지화를 보며 자국 영향권 이내로의 침입을 염려했고, 인도까지 진출할 것으로 판단해 아프가니스탄을 점령하며 위협을 막으려 했다. 이 같은 양국의 충돌은 중국과 극동 지역으로도 이어졌다.

동부로 세력을 확장한 러시아는 아시아권과 태평양 연해의 개발 및 지배라는 과제에 직면했다. 알래스카를 미국에 매각1867한 것은 이와 관련된 계획의 상징적 사건이라 볼 수 있었다. 크림전쟁으로 흑해 입구의 진출이 막히자 해군 기지가 건설된 블라디보스토크는 더욱 중요해졌고, 이 때문에 모스크바와 블라디보스토크를 잇는 철도 부설이 중대한 과제로 떠올랐다. 여기에 인구 분산 효과, 철과 석탄 및 목재 등 풍부한 자원에 대한 수요 등이 더해져 러시아는 열악한 기술과 자본에도 불구하고 혹한과 불모의 땅 시베리아를 횡단하는 철도 부설을 추진하게 된다. 1888년 프랑스에서 도입된 거액의 차관은 그 기반이 되었다.

시베리아 횡단 철도의 건설은 알렉산드르 3세가 우랄산맥 부근까지 건설되어 있던 철도를 연장하라는 칙령을 내리면서 시작되었다1891. 러시아제국 전역과 유럽에서 온 노동자들은 물론 러시아 영토로 이주했던 수천 명의 중국인, 한국인고려인까지 동원된 대역사였다. 노동자들은 겨울에는 극심한 추위에, 여름에는 얼었다 녹은 땅에 바글바글한 모기떼와 전염병에 시달리며 작업해야 했다. 그들의 고통 속에 1895년 아무르강 구간을 뺀 대부분의 구간은 개통을 맞았다.

러시아는 난공구가 많은 아무르강 구간 대신 바이칼호 동쪽의 치타로부터 북만주를 거쳐 블라디보스토크에 이르는 구간 건설을 결정했다. 당시 청일전쟁 1894~1895에 패한 청국 정부에 접근해 일본에게 지불해야 하는 배상금을 빌려주는 대가로 북만주 경유 철도동청철도의 부설권을 얻어 공사에 착수1896했다. 1898년에는 남만지선남만주철도의 부설권까지 얻어 만주에서 세력권을 크게 확장했다. 이즈음 조선에서는 을미사변1895 이후 고종이 러시아공사관으로 피신아관파천해 1년 동안 러시아의 보호하에 있었다. 그야말로 동아시아에서 러시아의 영향력이 가장 컸던 시기였다.

삼국간섭1895으로 러시아와 일본의 반목이 심화되기 시작한 이래 두 국가 간의 한반도와 만주를 향한 대립각은 더욱 날카롭게 세워졌고, 그 사이에서 고종은 대한제국을 선포한다1897. 러시아는 뤼순여순과 다롄대련에 해군 기지 및 요새를 건설하고 시베리아 철도 건설을 진행하는 등 만주 점령을 노골화하며 영국의 경계심을 자극했고, 일본과의 긴장은 더욱 고조되었다. 결국 일본이 뤼순을 공격하며 러일전쟁1904~1905이 발발했다.

전쟁이 시작되었을 때 미국을 비롯한 유럽 열강 모두는 러시아의 승리를 당연하게 여겼다. 나폴레옹전쟁에서의 활약 이후 적어도 군사력에서는 영국, 프랑스, 독일, 미국과 함께 강국 중 하나로 꼽히고 있던 러시아가 아시아 국가에게 패한다는 것은 상상하기 어려운 일이었다. 당시 영국에서는 사교 클럽을 중심으로 전쟁 양상에 내기를 건 사람들도 많았다. '누가' 이기느냐가 아닌 '언제' 일본이 패하고 러시아가 승리하느냐가 내기의 대상이었다고 한다.

그러나 뚜껑이 열리고 드러난 실상은 예상과 달랐다. 제정 말기 러시아는 일단 무기가 노후했고, 지원 거리는 6,000킬로미터가 넘어 모든 것이 부족했다. 전장으로 병력과 물자를 보낼 시베리아 횡단 철도는 대부분 단선이라 수송 능력이 현저히 떨어졌다. 1개 대대가 뤼순에 도착하는 데 40여 일이 소요되었으며, 유럽 러시아에서 보낸 방한복, 털모자는 심지어 전쟁이 끝난 뒤에야 도착할 정도였다. 게다가 철도가 미완성이라 끊긴 곳이 있었고 겨울에는 얼어붙은 바이칼호 위에 임시 철도를 놓았는데 얼음이 깨져 배로 건넌 뒤 다시 열차에 올라야 했다.

원래 러시아는 시베리아 횡단 철도만 완성되면 주력군과 물자를 보내 전쟁이 발발해도 승리할 수 있다고 판단했고, 이는 옳았다. 그래서 일본은 철도가 완공되기 전에 기습적으로 전쟁을 감행한 것이다. 특히 전장에서 가까운 이점을 톡톡히 이용했는데, 한반도에 군대를 상륙시켜 대한제국에 한일의정서 체결을 강제하면서 후방의 안전까지 확보했다.

뤼순 공방전 이후 펑톈봉천, 선양 전투 패전으로 패색이 짙어진 러시아는 최후의 보루인 발트함대 카드를 꺼내들었다. 그러나 대한해협에서 일본 함대와 맞붙은 이들은 7개월 간 세계의 절반을 돌아온영국이 수에즈 운하의 통과를 막아 아프리카를 돌아온 무려 3만 7,000킬로미터의 바닷길이었다 피로함을 이기지 못한 채 전멸하고 말았다. 당시 러시아는 혁명 때문에 정치적 상황도 좋지 않았기에 결국 미국의 중재로 포츠머스조약을 체결1905.9.5하며 전쟁을 끝낼 수밖에 없었다. 그레이트 게임의 대미를 장식한 러일전쟁은 유럽 국가만이 제국주의를 성공적으로 수행할 수 있는 국가가 아니라는 것을 보여준 역사적 장면이 되었다.

러시아는 러일전쟁의 패배로 만주에서 힘을 잃고 다시 러시아 영내를 통과하는 아무르강 구간의 공사를 시작한다. 모스크바에서 블라디보스토크까지 무려 9,334킬로미터에 달하는 대장정의 노선은 1916년에 완전 개통되었다. 그러나 아이러니하게도 시베리아 횡단 철도 부설을 추진했던 러시아제국은 그 완공과 거의 동시에 역사 속으로 영영 사라졌다1917.

특별한 혁명의 길로

1880년대와 1890년대 러시아는 국가 주도적으로 산업화를 이룩해 20세기 초 세계에서 다섯 번째로 큰 경제 규모를 보유하게 되었다. 중공업을 중심으로 두드러진 발전을 보여 1890년대에 같은 기간 프랑스 1.6퍼센트, 영국 2.4퍼센트, 미국 3.3퍼센트, 독일 4.9퍼센트의 성장률에 비해 연평균 8.9퍼센트의 높은 성장률을 기록했다. 1865년 70만 명이었던 도시 노동자 수도 20세기 초에는 200만 명에 육박했다.

그러나 급속한 산업화와 자본주의 사회로의 변화는 사회적 긴장을 고조시켰다. 농업 분야의 희생으로 인한 농촌의 빈곤은 계속되었고, 새로 대두된 자본가와 노동자 문제도 심각했다. 러시아 자본가 계급은 서유럽과 달랐다. 형성 초기부터 생산품의 상당 부분을 정부 주문에 의존하고 국가 지원하에 성장한 그들은 차르와 투쟁하며 입지를 넓히기보다 정부에 굴종하는 자세를 취했다. 노동자들의 삶은 비참하기 그지없었다. 노동자 막사에서 살며 지각 등 사소한 규정 위반에도 임금의 3분의 1 이상이 삭감되고, 여자 노동자의 경우 출산 후에도 예외 없이 다음 날 출근해야 했다. 생계유지조차 힘든 저임금에 1897년에야 하루 노동 11시간 반을 규정하는 노동법이 제정될 만큼 열악한 노동 조건 속에 노동조합마저 허용되지 않았다. 순수한 경제적 파업까지도 무자비하게 탄압받는 와중에 러시아의 노동자들을 모으고 힘을 준 것은 마르크스주의였다.

18세기 산업혁명으로 유럽의 지식인들은 산업자본가, 노동자 간 빈부 격차 심화와 자본주의 경제의 불안정성으로 고민을 시작했다. 바로 여기에서 생산 수단의 공동 소유를 기본으로 생산보다 분배에, 자유보다는 평등에 관심을 둔 사회주의가 탄생했다. 생시몽1760~1825, 푸리에1772~1837, 오언1771~1858 등 초기 사회주의 사상가들은 교육과 이상적인 공동체 건설을 통해 사회주의를 실현하고자 했지만 실패했다.

이들을 '공상적 사회주의'라 비판하며 등장한 '과학적 사회주의' 사상가의 대표 인물이 카를 마르크스1818~1883와 프리드리히 엥겔스1820~1895다. 1848년 이들은 런던에서 "만국의 프롤레타리아여, 단결하라!"라는 슬로건으로 마무리되는 「공산당 선언」을 발표해 노동자를 중심으로 한 운동에 새로운 지평을 열었다. 그들은 자본주의의 문제점을 체계적으로 분석하고 생산수단을 사회가 공동 소유할 것을 주장했다. 자본주의 극복의 주체는 노동자이며 자본가와의 계급투쟁을 통해 그들이 권력을 장악할 때 문제가 해결된다는 마르크스의 사상은 사회주의와 공산주의 운동과 함께 전 세계로 확산되었다. 「공산당 선언」 발표 직후 파리에서는 2월혁명이 폭발했고, 러시아에 들어온 마르크스주의는 지식인에게 많은 관심을 받았다.

19세기 말 러시아에서 중요한 급진적 정치 집단은 나로드니키인민주의자세력이었다. 그들은 마을 공동체 미르에 입각한 평등한 러시아를 구상하며, 무정부 상태와 봉기를 통해 차르 체제의 전복을 꾀했고 비밀 단체 '인민의 의지당'을 결성해 알렉산드르 2세를 암살하기도 했다. 그러나 러시아가 산업화되면서 혁명가들에게 이들의 주장보다 마르크스주의가 더욱 설득력을 얻었다. 1890년대에 이르러 러시아의 주된 혁명 이념은 인민주의에서 마르크스주의로 변화한다.

이렇게 혁명을 위한 기반이 닦아질 무렵 니콜라이 2세가 새로운 차르로 즉위1894한다. 개혁을 원했던 이들의 바람과 달리 그는 아버지를 따라 반동정치를 펼쳤다. 이에 반발한 마르크스주의자들은 노동자 계급 해방투쟁동맹을 결성1895해 투옥되었다가 시베리아 유형에 처해졌다. 그중에 블라디미르 일리치 울리야노프1870~1924가 있었다. 그의 형 알렉산드르 울리야노프는 알렉산드르 3세 암살 계획에 연루되어 1887년에 처형당했다. 형을 사랑하고 존경했던 그는 이를 계기로 차르 전제정을 무너뜨리는 데 평생을 걸기로 다짐했고 30년 후 결국 이를 이루어낸다. 자신이 유형 생활을 했던 시베리아의 레나강에서 따온 필명이 본명보다 유명해졌고, 서유럽에서 망명 생활을 하는 동안에도 러시아 볼셰비키의 지도자로 있게 할 만큼 탁월한 이론적 능력과 조직 역량을 가졌던 젊고 헌신적인 혁명가 레닌의 등장이었다.

1903년 8월 러시아 사회민주노동당이 런던에서 당 재건을 선언한 제2차 당 대회를 개최했다. 이들은 5년 전 창립되었으나 지도부가 검거돼 유명무실했었다. 거기 참석한 57명의 대의원은 당의 방향성을 두고 벌인 격렬한 토론 끝에 분열되었다. 마르토프1873~1923는 독일 사회주의운동의 흐름에 따라 당원을 폭넓게 규정해 대중정당을 추구하자고 주장했다. 독일 사회민주당은 합법화되기 전부터 세력을 키워 제국 의회 선거에서 35명의 의원을 당선1890시키기까지 했다. 에두아르트 베른슈타인1850~1932은 독일 사회민주당 기고문을 통해 사회민주주의의 방향 전환을 공론화하기까지 했다1901. 그는 현 단계에서는 의회 활동을 통해 노동자에게 유리하도록 자본주의를 개량할 수 있기 때문에 자본주의 체제 전복을 목표로 한 마르크스 이론을 수정, 의회주의 입장에서 점진적인 사회주의를 실현하자고 제창했다.

이에 동조하는 마르토프의 주장을 강력하게 비판하며 레닌은 러시아 사회주의 운동의 지도자로 떠오른다. 혁명은 오로지 노동자와 소수의 직업 혁명가에 의해서만 추진되어야 하고 무장봉기와 프롤레타리아 독재만이 차르를 타도할 수 있다고 주장한 자신의 의견을 관철시켰다. 레닌파는 볼셰비키다수파로 마르토프파는 멘셰비키소수파로 불리며 당분간 사회민주노동당 안에서 불편하게 동거해야 했다. 하지만 특별한 혁명이 일어날 준비는 착실히 진행 중이었다.

한편 1880~1890년대 경제 호황은 상품 수요의 감소, 물가 폭등, 노동자의 실업 등으로 1900년대 초 불황으로 변해 농민들과 노동자들의 봉기와 파업이 잇따랐다. 그런 와중에 러일전쟁에서 차르 군대의 패배 소식을 들은 러시아 민중들은 무능력한 전제 정치의 실상을 절감했다. 거기에 1905년 1월 22일러시아력으로 1월 9일 피의 일요일 사건은 차르의 자비심에 대한 민중의 신뢰마저 무너뜨렸다.

가폰 신부의 인도로 약 20만 명의 노동자와 가족들은 "8시간 노동제, 일당 1루블의 최저 임금" 등을 외치며 상트페테르부르크의 겨울 궁전으로 몰려갔다. 차르 숭배의 관념을 갖고 있던 러시아 민중은 차르에게 직접 탄원하면 개선될 것이라고 믿었던 것이다. 그러나 근위대의 발포로 500~600여 명이 사망하고 수천 명이 부상당한 순간 민중들의 이 같은 신뢰는 완전히 무너졌다. 이전에는 단순히 전제 정치에 반대했던 혁명이 군주정을 부정하고 차르의 퇴위를 요구하는 방향으로 흘러가며, 농민, 노동자 심지어 전제정의 기둥인 군대 내에서까지 봉기가 일어나기에 이르렀다.

니콜라이 2세는 결국 군주정 유지를 위해 입법권을 가진 두마국회의 개설, 헌법 제정, 선거권 확대, 언론·출판·결사·조합결성의 자유와 인권 보장을 약속하는 10월 선언을 발표해야 했다. 여전히 보수적인 개혁에 사회주의자, 자유주의자들은 반발했지만 제정 러시아에 두마가 설치된 것만도 대단히 고무적이었기 때문에 타협할 수밖에 없었다. 그나마 총리 표트르 스톨리핀1906~1911재임이 경제 운용에 유능해 농업 생산성이 크게 증가했고 중산층들이 육성되면서 경제가 차츰 안정화되었다. 그러나 니콜라이 2세는 점차 10월 선언에서 약속했던 것을 무효화했고, 타협에 서툴러 정치권에서 많은 반대파를 양산한 스톨리핀은 급진적인 좌익에 의해 암살당하고 만다. 설상가상으로 수도승 그리고리 라스푸틴1872~1916의 전횡은 가속화되었다.

라스푸틴이 본격적으로 러시아 역사에 등장한 것은 1903년부터다. 니콜라이 2세와 알렉산드라 황후는 1남 4녀를 두었는데, 빅토리아 여왕에게서 물려받은 막내 알렉세이 황태자의 혈우병은 황제 부부와 온 황실의 근심이었다. 라스푸틴은 혈우병으로 사경을 헤매던 알렉세이 황태자의 상태를 호전시키면서 황제 부부의 총애를 얻어 종교와 외교, 심지어는 내정까지도 간섭했다. 피의 일요

일 사건도 그로부터 초래된 비극이었다. 스톨리핀의 후임인 블라디미르 코콥초프1911~1914재임는 라스푸틴을 축출할 것을 황제에게 건의했지만 오히려 본인이 정계에서 은퇴해야 했다. 니콜라이 2세와 황후의 전폭적인 지지를 등에 업은 라스푸틴은 방탕한 생활을 즐기며 세력을 불려나갔고, 그런 와중에 제1차 세계대전이 발발하며 제국 러시아는 벼랑 끝에 서게 된다. 세계사록

talk 6
광서제와 황실 으른

광서제		ㅠㅠ
캉유웨이	인싸로 거듭나기	
서태후		^^*

하나요

새벽 SNS 금지

유난히 잠이 오지 않던 새벽,
인수다 눈팅하다 보게 됐어.
그놈 계정을…

이루본그램

일본

♥ 영국 외 186,800명이 좋아하오

일본 일본아 하고 부르면
#달려옵니다
#브이 #얼굴 #스윽
#코쏙도됩니다

87

잘나가더라.
팔로도 확 늘고 마음 수도
우리 청나라보다 많이 받던데?

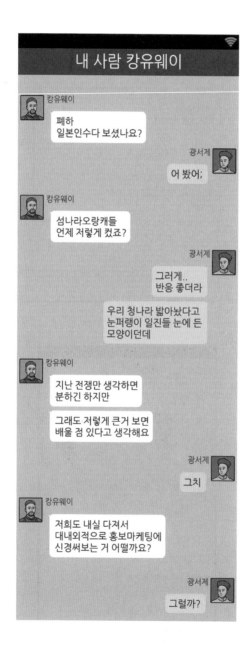

내 사람 캉유웨이

캉유웨이
폐하
일본인수다 보셨나요?

광서제
어 봤어;

캉유웨이
섬나라오랑캐들
언제 저렇게 컸죠?

광서제
그러게..
반응 좋더라

우리 청나라 밟아놨다고
눈퍼랭이 일진들 눈에 든
모양이던데

캉유웨이
지난 전쟁만 생각하면
분하긴 하지만

그래도 저렇게 큰거 보면
배울 점 있다고 생각해요

광서제
그치

캉유웨이
저희도 내실 다져서
대내외적으로 홍보마케팅에
신경써보는 거 어떨까요?

광서제
그럴까?

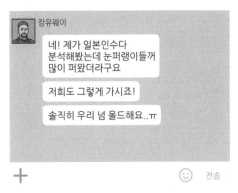

네! 제가 일본인수다
분석해봤는데 눈퍼랭이들꺼
많이 퍼왔더라구요

저희도 그렇게 가시죠!

솔직히 우리 넘 올드해요..ㅠ

둘이요

바지황제

올드한 거 나도 알아ㅠ

그야 계정 관리를
집안의 큰으른이신
#서태후 이모께서 하시니까.

청나라 좋은 것만 보며
늘 행복하시길 바랍니다~^^*

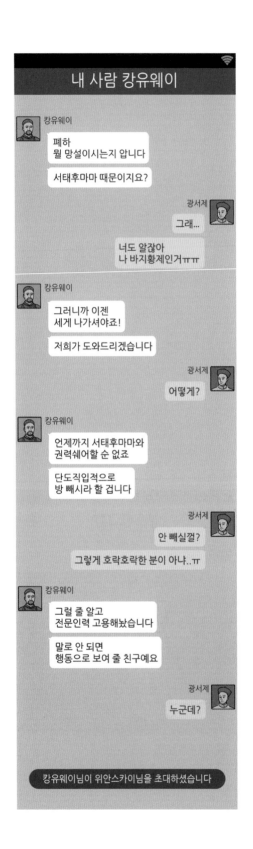

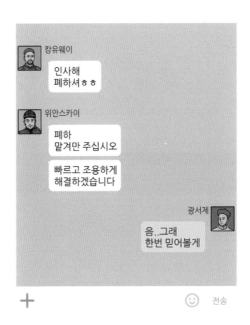

정말 이래도 되는 걸까?

셋이요

직… 다… 감방

아씨ㄲ깜짝이야!!
호랑이도 제 말 하면 톡한다더니
폰 놓칠 뻔했네.

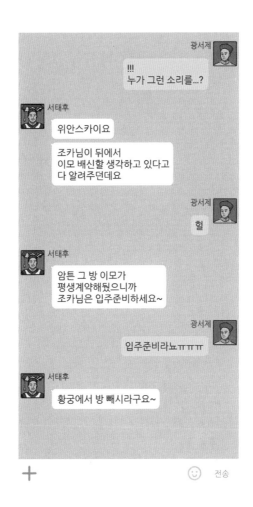

광서제

!!!
누가 그런 소리를...?

서태후

위안스카이요

조카님이 뒤에서
이모 배신할 생각하고 있다고
다 알려주던데요

광서제

헐

서태후

암튼 그 방 이모가
평생계약해뒀으니까
조카님은 입주준비하세요~

광서제

입주준비라뇨ㅠㅠㅠ

서태후

황궁에서 방 빼시라구요~

전송

그랬다고 합니다.

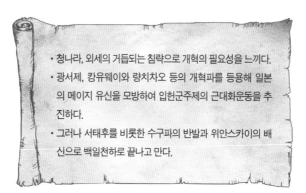

- 청나라, 외세의 거듭되는 침략으로 개혁의 필요성을 느끼다.
- 광서제, 캉유웨이와 량치차오 등의 개혁파를 등용해 일본의 메이지 유신을 모방하여 입헌군주제의 근대화운동을 추진하다.
- 그러나 서태후를 비롯한 수구파의 반발과 위안스카이의 배신으로 백일천하로 끝나고 만다.

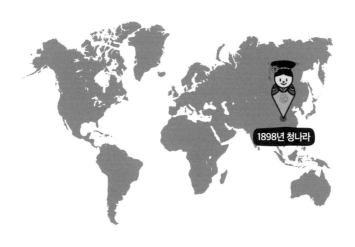

1898년 청나라

| 1300년 | 1400 | 1500 | 1600 | 1700 | 1800 | 1900 | 2000 |

세계사 돋보기 ZOOM-IN

1870년대~1900년

식민지인 듯 식민지 아닌 식민지 같은 청의 운명

청스타그램

청나라

❤ 31,307명이 좋아하오

청나라 좋은 것만 보며
늘 행복하시길 바랍니다~^^*

청프전쟁과 청일전쟁의 패배

베이징조약 체결1860 이후 공친왕1832~1898이 주도한 신중한 외교로 1870년대 이전까지 유럽 열강들은 청 정부와 서로에 대해 협조적이었다. 그러나 이런 상황들은 1870년 영국의 올콕조약 조인 거부와 프랑스의 톈진천진 대학살 등 일련의 사건들을 기점으로 균열이 생기기 시작한다. 이와 함께 서태후1835~1908가 야심차게 시작했던 동치중흥과 양무운동은 실패로 판명된다. 청프전쟁과 청일전쟁이 그 계기이자 결과였다.

1880년대 청에게 심각했던 대외문제는 베트남을 둘러싼 프랑스와의 갈등이었다. 명 말기부터 베트남에 들어왔던 프랑스는 1, 2차 사이공조약으로 코친차이나를 할양받고 북부의 통킹에서 프랑스군을 양성할 수 있게 되었다. 그러나 조약 체결 이후에도 응우옌 왕조는 청에 대한 조공 사절단을 증가시키고 식민지화에 대한 보호를 호소했다. 청은 태평천국운동에 가담했다가 베트남으로 망명한 농민들로 구성된 비정규 무장 세력 흑기군을 조직해 통킹에서 게릴라 활동을 시작1882했다. 1년 후 이들을 지원하기 위한 정규군을 비밀리에 파견한 한편 외부적으로는 프랑스를 달래려는 외교 노력을 펼친다.

그러나 1884년 중반 대립이 격화되면서 서태후가 타협적인 공친왕을 해임하고, 프랑스에 선전포고를 하며 청프전쟁에 돌입한다. 지상전에서는 청-베트남 연합군이 압도적 우세를 지켰다. 그러나 프랑스는 해군을 강화, 타이완대만의 지룽기룽, 푸저우복주 및 민장강민강 연안을 맹폭한 데 이어 닝보영파를 봉쇄하고 펑후팽호 제도를 점령해버렸다. 남중국해가 프랑스에게 넘어가다시피 하자 프랑스군의 상하이상해 공격 우려는 한커우한구같이 내륙 깊숙히 자리한 기업까지 파산시켰고, 경제를 뒤흔들었다. 결국 타협으로 돌아선 청은 1885년 6월 톈진에서 이홍장1823~1901이 평화협정톈진협약에 조인하며 항복했다.

프랑스가 타이완에서 철수하는 대신 청은 베트남에 대한 프랑스의 지배권을 공식적으로 인정해야 했다. 배상금 요구는 없었지만 직간접적으로 소모된 전쟁 비용은 막대했다. 더욱 심각한 것은 그동안 청이 '속국'이라 주장했던 국가들을 잃을 예정이라는 것이었다. 그것은 청의 마지막 반세기 동안 가장 위험한 적대국으로 부상할 일본에 의해 진행되었는데, 일본은 류큐유구를 병합1879하며 포문을 열었다.

그러나 청에게 가장 실제적인 괴로움을 안겨준 대상은 조선이었다. 메이지 정부와 조선이 1876년 체결한 강화도조약에 대해 청이 배후에서 조선 협상가들에게 긴밀히 조언했음에도 조선은 독립된 주권국으로 선언되었다. 이는 사실상 종주국 청의 지위를 부정한 것이었다. 19세기 마지막 10여 년 동안 조선은 청일 양국의 전략적 관심 속에서 매우 중요해졌다. 일본으로서는 러시아의 동아시아 침공을 위한 발판이 될 조선을 제거해야 했고, 청으로서는 만주로 팽창하는 일본을 저지하기 위한 완충 지대인 조선을 수호해야 했기 때문이다.

이홍장은 조선에 미국을 비롯한 다양한 유럽 국가들 간의 조약을 알선해 일본을 견제하고자 했다. 그리고 제국주의자들이 채택했던 침투 수단을 조선에서도 활용해 외교 대표, 정부 고문을 파견하고 군대를 파병했다. 임오군란1882에 대응해 최초로 파견된 군대는 갑신정변1884을 진압한 뒤에도 위안스카이원세개1859~1916를 통해 조선에서 내정 간섭과 경제 침탈을 이어가며 10년 동안 체류했다.

청일전쟁은 조선의 내부 봉기에 의해 촉발되었다. 1894년 동학농민군이 전주성을 점령하자 고종은 진압을 위해 청군 파병을 요청했고 이 소식을 입수한 일본은 공사관과 거류민 보호를 빌미로 출병을 결정했다. 이에 6월 초 양국 군대가 조선으로 출병함에 따라 동학농민운동군은 전주화약을 맺고 물러났다. 그러나 일본은 군대 철수 대신 경복궁 기습 점령을 감행하고 조선 정부에 내정 개혁을 강요했다[갑오개혁]. 그리고 조선 정부의 요청을 받은 것처럼 위장, 아산만에 주둔 중인 청군을 공격해 7월 25일 풍도 해전으로 청군 1,200명을 익사시켰다. 이어 성환 전투 후 양국이 선전포고를 하며 청일전쟁이 발발한다[1894.8.1.].

청일전쟁의 승부는 황해 해전이었다. 이미 평양 전투에서 승리한 일본의 함대가 9월 17일 압록강 어귀에 정박 중이던 청의 북양함대를 발견한다. 세계 최초로 증기 철갑선 함대 간 벌어진 6시간의 대규모 혈전 끝에 북양함대는 괴멸되었고 라오둥[요동]반도로 철수했다. 기세가 오른 일본은 중국의 해안과 내륙으로의 진격을 감행해 11월에는 뤼순과 다롄을 점령하고 2만여 명의 중국인을 학살했다. 1895년 2월 북양함대와 웨이하이[웨이해위]를 접수해 라오둥반도, 발해만, 산둥[산동]반도를 장악하고 베이징[북경], 텐진 등을 위협한 일본은 끝내 청국 전체를 정복할 기세였다. 1895년 초 청은 일본과의 평화를 모색했고, 4월 17일 이홍장과 이토 히로부미[1841~1909] 사이에 시모노세키조약[정식 명칭은 일청강화조약, 마관조약]이 조인되면서 청일전쟁은 끝이 난다.

시모노세키조약에 의해 조선은 청의 종속국이 아닌 독립국이 되었고, 타이완도 일본에게 할양되었다. 그러나 열강들을 경악시킨 것은 라오둥반도의 할양이었다. 그동안 기본적인 영토 주권을 인정해 청제국 자체는 식민지화에서 제외시킨 '세력 균형 외교'라는 열강들의 암묵적인 원칙을 뒤집은 것이기 때문이었다. 이는 중국을 둘러싼 새로운 국제체제의 시작이 되었고, 결국 청의 분할로 이어졌다.

삼국간섭이 그 출발점이었다. 시모노세키조약 체결 후 6일 만에 러시아는 프랑스, 독일과 함께 라오둥반도 할양을 철회하지 않으면 군사 행동을 하겠다고 일본을 위협했다. 일본은 라오둥반도를 반환하는 대신 5,000만 냥의 추가 배상금을 선택했다. 중국이 일본에 지불해야 할 배상금은 이미 2억 냥[약 3억 2,000만 엔]이 넘었다. 무려 청의 3년분, 일본의 4년분 세출에 해당하는 막대한 금액 지불이 곤란했던 청은 열강의 차관에 의지할 수밖에 없었다. 열강들은 차관 경쟁에 뛰어들며 이권과 영토 획득의 기회를 엿보기 시작했다.

독일이 산둥반도 남쪽 자오저우만교주만 할양을 요구하며 기름을 부었다. 1897년 11월 선교사 2명의 살해를 빌미로 무력을 통해 자오저우만을 차지한 독일은 99년간 조차하기로 하는 협상을 맺는다. 그리고 재빠르게 현대적인 도시인 칭다오청도를 건설하고 맥주 공장을 건립1903했다. 1898년 러시아는 독일의 가능성 있는 진군에 대항하고자 뤼순과 다롄을 조차, 랴오둥반도 전체를 식민지화하기 시작했다. 영국은 러시아 견제를 위해 웨이하이웨이를 조차했으며 프랑스는 레이저우뇌주반도의 어귀인 광저우광주만을 조차했다. 미국은 필리핀 식민지와의 전쟁으로 중국 본토에 대한 권리를 주장할 여력이 없었다.

1895~1910년 유럽 국가들이 감행한 청에 대한 전례 없는 강탈과 공격적인 행동의 이유가 그들의 이익 추구만은 아니었다. 청일전쟁 패배로 청이 실제 놀랍도록 허약하다는 사실이 만천하에 드러나면서 열강들의 사고가 새롭게 전환되었기 때문이다. 새로이 등장한 '아시아의 병자'는 유럽 열강이 진출해야 할 기회의 땅이 되었지만 동시에 공포와 두려움의 대상도 되었다. 일본이 상대적으로 빈약한 자원에도 서구화 정책을 실시한 뒤 이렇게 강력해졌는데, 만약 더 부유하고 인구도 많은 중국이 일본과 같이 변한다면 얼마나 더 위험한 존재가 될 것인가 하는 데서 오는 공포였다. 결국 열강의 끊임 없는 공격은 중국의 성장을 미연에 방지하고자 한 의도에 기인한 것이었다. 이처럼 청의 취약성이 만들어낸 힘의 공백으로 동아시아에는 제국주의가 범람하기 시작했고 이는 그 어느 때보다 파괴적이었다.

변법자강운동과 의화단운동

청이 동쪽의 야만인 일본에게 무릎을 꿇었다는 대재앙 앞에 종래의 개혁에 대한 비판이 일어났다. 근본적이고 전면적인 정치 사회 개혁을 요구하는 개혁론이 주목받게 되면서, 현 왕조체제를 유지하며 근대화를 달성하자는 변법파가 공화정을 수립하려는 혁명파보다 먼저 그 이상을 실천에 옮길 기회를 얻었다.

당시는 광서제1874~1908재위의 친정체제였으나 이화원의 서태후가 실질적인 권력자였다. 그녀는 아들 동치제가 친정을 시작한 지 2년 만에 18세의 나이로 사망하자 조카인 광서제를 세운 뒤 권력을 행사하고 있었다. 메이지 유신처럼 황제가 헌법의 틀 위에서 직접 개혁 정치를 펴야 한다는 변법파의 주장은 이모의 그늘에서 벗어나려는 광서제의 마음을 사로잡았다.

1898년 6월에 시작되어 '무술변법'이라고도 불리는 변법자강운동은 광서제의 스승이 캉유웨이강유위1858~1927의 상소를 받아 황제에게 추천하면서 시작되었다. 담사동1865~1898과 함께 광서제에게 부름을 받은 캉유웨이, 량치차오양계초1873~1929의 정책은 100여 항목이 넘는 개혁안으로 발표되었다. 과거제 개혁, 새로운 학교제도의 도입, 신문과 잡지의 발행, 인재 등용, 농·공·상업 진흥, 육·해군의 근대화 등이 그 내용이었다. 광서제는 변법파의 활동에 제약이 되는 고위 관리들을 해임했는데, 대부분 서태후에 충성하는 자들이었고 9월에는 이홍장이 총리아문대신의 직위에서 물러나야 했다.

광서제의 과감한 조치가 이어지자 보수 수구 세력들은 서태후 주변으로 몰려들었다. 불안을 느낀 광서제는 직예 안찰사 위안스카이에게 군대를 동원해 서태후파의 활동을 제한시켜달라고 요구했다. 그러나 위안스카이는 약삭빠르고 야심 있는 인물로 이미 서태후 측과도 긴밀하게 관계를 맺고 있었다. 개혁파들의 계획은 고스란히 서태후에게 보고되었다. 1898년 9월 21일 서태후는 반격했다. 황제 광서제는 궁중에 유폐되었다. 위안스카이는 베이양북양군벌을 이끌고 베이징에 난입해 개혁파를 공격했으며 개혁 정책은 폐기되었다. 일명 '무술정변'으로, 무술개혁은 시작된 지 103일 만에 실패로 돌아가고 말았다.

19세기 국내의 반란과 외세와의 전쟁으로 청은 사투를 벌여야 했다. 짧은 시간에 근대화를 추진하기에 제국의 영토는 너무 컸고 인구가 지나치게 많았던 반면, 조정의 규모는 작고 허약했다. 결국 양무운동은 일부 해안 지역에 한정돼 내륙에는 거의 영향을 미치지 못하며 실패했다. 변법자강운동을 통한 근대화 시도 역시 취약한 지지 기반과 성급하고 불철저한 진행 과정이 보여주듯 이미 실패는 예견된 것이었다.

그런 와중에 청의 곳곳은 유럽 열강의 통제 아래 놓였다. 청의 관세와 상세 업무 전체를 인계받은 유럽의 쿨리중국어로 쿠리, 고통 받는 노동자라는 뜻 무역업자들은 가난한 문맹의 중국인을 거짓 약속으로 고용하거나 납치했다. 사실상 노예선과 같은 배에 태워 금광으로 보내거나 미국 서부의 철도 공사에 동원하기도 했고, 동남아시아, 카리브해와 남아메리카의 플랜테이션 농장에서 일을 시켰다. 1년 단위 계약 노동자들은 음식과 교통수당을 받은 대가로 감독관에게 진 빚을 갚기 위해 수년 동안 일을 해야 했다. 하지만 청 조정은 착취당하는 자국 백성을 돌볼 여력이 없었다.

중국 내부에서도 마찬가지였다. 열강의 경제적 침탈에 가장 고통 받던 사람들은 민중이었다. 내륙 시장 개방으로 물가는 폭등했고, 굴욕적인 조약들이 거듭되면서 천문학적으로 늘어난 배상금은 세금으로 가중되었다. 민중들은 서양 세력에 대해 극도의 반감을 갖게 되었는데 이는 특히 반反기독교운동으로 표출되었다.

무술변법이 실패로 돌아간 뒤 청은 아래로부터의 반제국주의운동에 휩쓸렸다. '주먹을 쓰는 비적들'이라는 의미에서 '권비의 난'이라고 불리던 의화단운동 1899~1900이었다. 의화단은 백일 동안 의화권을 익히고 주문을 외우면 총탄을 피할 수 있는 신통력이 생기고, 사백일 동안 하면 하늘을 나는 마력을 얻을 수 있다고 믿은 청년들의 비밀 결사 조직이었다. 이들은 1899년 산둥성 관현에서 '부청멸양扶清滅洋, 청을 도와 서양 세력을 몰아내자'을 내걸고 대대적인 봉기를 일으켰다. 이들은 지역별로 몰려다니며 기독교도를 살해했고 교회와 외국 제품을 불태웠으며 선교사를 축출했다. 여기에 농민들과 철도 건설로 일자리를 잃은 운송 노동자 등이 대거 합류하면서 급팽창한 의화단은 철도와 전신 시설을 파괴하는 반외세 투쟁을 본격적으로 벌이며 화북지역을 휩쓸었다.

1900년 4월, 20만 명의 의화단원은 수천 명에 달하는 서양 외교관과 상인들 그리고 그 가족들이 거주하는 베이징의 외국 공사관들을 포위했다. 공사관의 소규모 요새는 소총, 총검, 급조된 대포 등으로 공사관 구내를 방어하며 55일간 포위를 견뎌야 했다. 열강들은 청조에 2개월 이내에 진압할 것을 요구했지만, 광서제 복위를 요구한 열강에 강력히 반발한 서태후는 오히려 의화단을 베이징에 불러들여 활동하게 하며 반외세운동을 벌였다.

결국 영국, 프랑스, 러시아, 미국, 일본, 오스트리아, 이탈리아, 독일 등 8개국이 연합했다. 서로 경쟁하던 열강들이었지만, 베이징에서의 공사관 포위가 협조를 불러온 것이다. 7월 14일 톈진을 함락시킨 연합군은 베이징을 공격했고 당황한 서태후는 의화단 진압 의사를 공사관에 통보했으나 이미 늦었다. 열강 연합군은 8월 14일 베이징에 입성해 자금성을 점령했으며 곳곳에서 의화단원들의 처형을 시행했다. 유럽인의 총탄은 의화단원들을 비켜가지 않았다. 베이징은 제국주의 군대에 의해 무자비하게 파괴 및 약탈당했다. 서태후는 비구니 옷으로 갈아입고 광서제를 데리고 탈출, 시안서안으로 도망했고 황폐해진 여러 지방을 다니며 가난하고 취약한 중국의 현실을 목도했다.

1901년 9월 7일 이홍장은 영국·독일 등 11개국 대표와 베이징 의정서신축조약를 체결했다. 외세배척운동 탄압을 약속하고 베이징이나 교통의 요지에 외국 군대의 주둔마저 허용하게 된 청은 은 1만 1,339톤4억 5,000만 냥이라는 막대한 배

📍 청의 분할(19세기말~20세기 초)

상금의 지불로 더욱 휘청거리게 되었다. 사실 의화단운동은 선교사들이나 기독교인들을 살해한 것 말고는 크게 성취한 바가 없었다. 그러나 이들의 강력한 저항 의지는 열강들에게 중국을 직접 점령하는 것이 불가능함을 확인시켜주었다. 서태후는 1902년 1월 베이징으로 복귀했다. 청 왕조의 보존이 열강들에게 유리한 것으로 판명되었기 때문이다. 서태후는 열강 외교관의 부인들을 황궁으로 초대해 차를 대접했고 몇 년 전까지만 해도 억압했던 근대화 개혁을 추진하기 시작했다. 광서신정1901~1911의 너무 늦은 시작이었다.

베이징 의정서 체결 이후의 20세기 청 영토는 할양이나 조차를 뛰어넘어 각국의 경제적 패권 지역으로 분할된다. 암묵적으로 만주는 러시아에게, 산둥성과 그 주변 화북 지역은 독일에게, 창장강 유역은 영국에게, 푸젠성복건성은 일본에게, 그리고 남동쪽 지역은 프랑스에게 넘겨졌다. 이들은 각자의 영역에서 광산 채굴, 철도 건설, 그 외 경제적 개발 행위들에 대한 우선권을 가졌고, 청은 그 관할권의 일부를 다른 국가에게 넘겨주지 않겠다고 약속해야 했다.

청은 직접적인 식민지를 경험하지는 않았지만 식민지와 같은 현실이 연출되었다. 일명 반半식민지 상태로 전락한 상황에서 청 왕조도 제국주의 열강도 중국 사회 밑바닥으로부터 위험이 끓어오르고 있음을 눈치 채지 못하고 있었다. 그 힘은 반反민중성과 무능력이 폭로된 청조를 타도하기 위한 혁명운동으로 중국을 몰아갈 것이었다. 세계사록

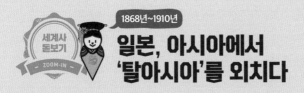
일본, 아시아에서 '탈아시아'를 외치다

이루본그램

일본

♥ 영국 외 186,800명이 좋아하요

일본 일본아 하고 부르면
#달려옵니다
#브이 #얼굴 #스윽
#코쑥도됩니다

일본의 근대화

메이지 유신1868 후 일본 사회에는 변화가 휘몰아쳤다. 태양력그레고리우스력에 따라 하루 24시간 일주일 7일로 전국에 공통의 시간이 적용되었다. 최초로 도쿄와 요코하마 사이의 철도가 개통되어 소요 시간을 10분의 1로 단축시켰다. 일간 신문과 다양한 지방 신문이 등장했는데, 요미우리 신문1874과 아사히 신문1879은 1880년경 2만여 명의 독자를 확보하고 있었다. 덴노의 시범하에 존마게상투를 자르라는 단발령이 시행되었고, 체격을 키우기 위해 소고기와 빵 섭취가 권장되었으며 이 과정에서 돈가스가 등장했다. 1877년 도쿄 대학이 설립되었고, 소학교의 무상교육에 힘입어 1900년에는 90퍼센트를 넘는 취학률을 자랑했다.

게이오 의숙현 게이오 대학의 전신의 설립1858자로 일본 근대화의 아버지라 불리는 후쿠자와 유키치1834~1901는 '서구 열강에 의해 식민지가 되지 않으려면 교육을 통해 맞설 수 있는 힘을 길러야 한다'는 국민 계몽에 앞장섰다. 그리고 "먼저 일본이 근대화를 완수해 아시아를 벗어나야 한다탈아脫亞"고 주장했다. 그는 1895년 한국 최초의 체계적인 근대화 서적인 『서유견문』을 펴낸 조선의 개화 사상가 유길준1856~1914의 일본 유학 시절 스승이기도 하다.

1889년 2월 11일 '메이지 헌법'이라 불리는 대일본제국 헌법이, 덴노천황가 국민들에게 하사하는 형식으로 공포되었다. 1879년 지방 정부 차원 대의제 체제가 시작된 지 10년 만의 일로, 서양식 입헌제도의 도입을 요구한 자유민권운동의 결과였다. 유럽 헌법을 연구할 인물로 이토 히로부미가 선정되었는데, 그는 독일 헌법을 모델로 삼았다.

메이지 헌법은 입헌군주제로 언론과 결사의 자유 등 국민의 기본권을 보장했고 삼권 분립의 모양새도 갖추었다. 그러나 덴노는 신성하여 범할 수 없다고 규정하며 신격화하는 등 전제적 성격을 띠었다. 육해군의 통수권이 덴노에게 있었고 의회에 대해서도 일체 책임을 지지 않아 덴노의 의사만으로 전쟁 개시와 국회 해산이 언제든지 가능했다.

이처럼 메이지 헌법은 겉으로는 근대적 국가체제를 표방했으나 실제로는 국민 주권에 기초한 근대 국민 국가와는 거리가 먼 헌법이었다. 헌법의 원칙들은 자유주의적으로 발전할 수도 있었겠지만 민족 구심점으로서의 덴노에 대한 충성 요구가 더 압도적이었던 것이다. 신분제 철폐 이후 불만에 찬 무사들의 에너지도 국가에 대한 봉사로 방향을 잡아갔다. 이는 점차 공격적 민족주의로 강화되었고 결국 유럽에 대한 분노만이 아닌 아시아 본토를 향한 제국주의적 야심으로 표출되었다.

청일전쟁과 러일전쟁의 승리

일본은 서양식 외교와 국제법 원리를 상당히 빨리 익혔고, 국제 협약에 숙달하면서 새로운 지식을 실무에 즉시 적용했다. 이는 열강과의 더 좋은 조건에서의 협상과 중화와의 관계 재정립을 가능하게 했다. 1871년 청일수호조규를 통해 일본은 청으로부터 주권 국가로 처음 인정받고 외교 사절의 공식 교환에 동의했다. 그리고 조약 체결 직후부터 청이 오랫동안 속국이라 주장했던 류큐와 조선 및 타이완에 대한 권리를 외치기 시작했다.

1879년 류큐를 병합하고 오키나와현이라는 이름을 붙여 일본의 일부로 선언한 메이지 정부는 조선에 대한 청의 종주권도 위협했다. 이미 1876년에 체결한 강화도조약은 청에 대한 모욕이었다. 이후 조선 정부의 개화 정책으로 야기된 일본에 대한 조선 구식 군대의 적대감은 임오군란으로 절정에 달했다. 흥선대원군을 감금하며 일본을 회유하고자 했던 이홍장은 친일 개화파가 일본의 힘을 배경으로 갑신정변을 일으키자 군대를 보내 3일 만에 진압했다. 텐진으로 파견된 이토 히로부미의 협상은 임박한 일본과 청의 전쟁을 10년 뒤로 늦추었다.

1891년 청의 북양함대가 친선 방문했을 때 받은 일본의 충격은 대단했다. 200발의 포탄에도 끄떡없다는 기선 정원호의 위용 앞에 이토 히로부미는 북양함대를 넘어서지 않고서는 '탈아'가 불가능하다고 생각했다. 일본은 산업화에 박차를 가했지만 많은 어려움이 따랐다. 국내에서는 반서구화 저항이 여전했고 국외에는 제국주의 국가들의 아시아 침략으로 일본 자본주의 발전을 위한 시장이 없었다. 결국 일본이 제국주의 열강의 대열에 끼려면 내정 개혁뿐 아니라 식민지 쟁탈전에 뛰어들어야 했고, 그 길에서 청은 반드시 무너뜨려야 하는 장애물이었다.

일본은 메이지 유신 이후 첫 번째 주요 전쟁의 상대를 청으로 선택했다. 군비를 확장했고 징병령을 강화했다. 북양함대를 겨냥해 해군을 2.5배가량 늘림으로써 전쟁 발발 직전 청과 거의 비슷한 수준의 해군력을 갖기에 이른다.

1894~1895년의 청일전쟁에서 승리한 일본은 시모노세키조약을 체결하며 엄청난 승리를 맛보았지만 곧 민족적 굴욕이 뒤따랐다. 삼국간섭으로 랴오둥반도를 반환하면서 표출된 열강을 향한 일본의 분노는 아시아에서의 팽창이라는 열망과 결합되었다. 한편 서구 열강들은 일본을 다루는 것이 중국을 협박하는 것과 다른 문제라는 것을 인식하기 시작했다. 일본은 다른 비유럽 민족들과 구별되게 대우받아야 할 '문명화된' 나라로 인정받았는데, 이는 유럽 지배 권력을 나타내는 굴욕의 상징이었던 치외법권의 종식1899으로 표명되었다.

일본은 아시아의 강자로 떠올랐지만, 한반도와 만주를 장악하기 위해서는 러시아라는 더 강한 상대를 넘어야 했다. 국내에서는 반러시아 분위기가 확산되었고, 여론을 등에 업은 정부는 삼국간섭을 주도한 러시아를 적국으로 삼고 국가주의 교육과 대규모 군비 확장에 박차를 가했다. 막대한 청의 배상금은 군비 확장과 산업화 추진에 쓰였다.

한편 삼국간섭을 지켜보던 조선이 친러시아 경향을 보이자 일본은 조선의 왕후를 시해을미사변하고 친일 내각을 세웠다. 이에 위협을 느낀 고종은 러시아 공사관으로 피신했고 조선에는 친러 내각이 수립되었다. 환궁한 뒤 고종은 대한제국을 선포한다. 일본이 대한제국 문제로 고민하고 있을 때 때마침 영국이 동맹의 손짓을 보내왔다. 영국은 만주와 대한제국에서 러시아의 세력이 확장되는 것을 우려하고 있었다. 영국은 청일전쟁을 통해 일본의 군사력을 확인했기 때문에 러시아 팽창 저지에 일본을 이용하려 했다. 결국 일본은 논쟁 끝에 영국과 동맹을 맺고 러시아와 맞서기로 한다.

1902년 청과 대한제국에 대한 일본의 이익과 청에 대한 영국의 이익을 서로 인정하며 한쪽이 다른 나라와 전쟁을 할 경우 중립을 지킨다는 내용의 영일동맹이 맺어졌다. 이는 일본이 서구와 동등하게 인정받았음을 보여주는 가장 명확한 표시였다. 당시 사람들은 일본이 유럽에 합류했다고 여겼다. 뿐만 아니라 일본은 러시아에 맞설 든든한 지원군을 얻은 셈이었다. 미국과 영국이 일본에서 발행한 12억 엔전쟁 비용 20억 엔의 60퍼센트의 공채를 사준 것도 더할 나위 없는 힘이 되었다. 일본 정부는 계속 군사력을 키웠다. 청일전쟁 당시에 비해 육군 전력을 2배, 해군을 4배 정도로 키우며 와신상담한 일본은, 청일전쟁 때와 마찬가지로 선전포고 없이 랴오둥반도에 있는 러시아 함대를 먼저 기습했다. 전쟁은 2년간 계속되었다.

일본의 군사력이 탄약 저장고와 전쟁 자금과 함께 한계에 다다르고 있었을 때 러시아혁명이라는 희소식이 들려왔다. 일본과 러시아는 전쟁을 마무리하기로 했다. 중재는 미국이 맡았는데, 적절한 시기에 미국이 나서줄 것을 비밀리에 일본이 부탁한 결과였다. 미국의 포츠머스에서 열린 회담에서 일본이 대한제국에서의 독점적 지배권과 사할린 남부를 갖는 선에서 조약이 체결되었다. 이 조약 체결 직전, 일본은 미국의 필리핀 통치를 인정하는 대신 일본이 한반도에서 갖는 우월권을 미국으로부터 인정받은 '가쓰라 태프트 밀약'을 성사1905.7시켰다. 그리고 대한제국에 대한 일본의 권리와 인도에 대한 영국의 권리를 각각 승인하는 '제2차 영일동맹'을 맺었다1905.8.

중세 이후 최초로 주요 전쟁에서 비유럽인으로서 유럽 열강을 패배시킨 주역이 된 일본의 국제적 위상은 이전과 비교할 수 없을 만큼 높아졌다. 대한제국은 을사조약제2차 한일협약1905.11으로 외교권을 빼앗긴 뒤 을사의병, 헤이그 특사 파견과 정미의병 등을 통해 극렬하게 일본에게 저항했지만 역부족이었다. 대한제국은 일본에 강제적으로 병합1910.8.29되었고 1945년까지 타이완과 함께 일본의 식민지로 영욕의 세월을 겪어야 했다. 세계사록

제국주의의 팽창과 세계 분할

캐나다

그린란드

아이슬란드
네덜란드

노르웨이

스웨덴 핀란드

러시아 제국

영국
벨기에

덴마크

독일

오스트리아-헝가리

프랑스 스위스

포르투갈

에스파냐 이탈리아

오스만
제국

중국

한국

튀니지

페르시아 아프가니스탄

네팔

부탄

포르모

모로코

리비아

이집트

아라비아

인도

시암

프랑스령
인도차이나

필리핀

리오데오로

프랑스령
서아프리카

아프리카

아비
시니아

에리트레아

오만

실론

말라야

감비아

라이 토고
베리아

나이지리아

앵글로-
이집트
수단

포르투갈령
기아나

시에라리온

이탈리아령
소말릴란드

네덜란드령 동인도

영국령 골드코스트

카메룬

프랑스령
콩고

콩고
자유국

영국령 동아프리카

독일령 동아프리카

동티모르
(포르투갈령)

대서양

앙골라

로디지아

마다가스카르

포르투갈령
동아프리카

인도양

오스트

독일령 남서아프리카

케이프 식민지

북극해

그린란드

알래스카

캐나다

미국

대서양

태평양

멕시코

쿠바 아이티
도미니카공화국
온두라스
베네수엘라   영국령 기아나
과테말라   네덜란드령 기아나
니콰라과   콜롬비아   프랑스령 기아나
에쿠아도르

독일령 뉴기니

솔로몬 제도

피지

페루   아크레   브라질

볼리비아

파라과이

뉴질랜드

칠레   우루과이

아르헨티나

	영국
	프랑스
	이탈리아
	독일
	에스파냐
	포르투갈
	벨기에
	네덜란드
	러시아
	미국
	덴마크
	일본
	오스만
	중국
	기타국가

2부

첫 번째 세계대전

1910전후 ≫ 1930전후

코코샤넬

여자 바지 팝니다
작업복으로 딱이에요
가격협상X 직거래O

쑨원

중화민국 황제 자리 팝니다

위안스카이

제가 살게요~ㅋ

에멀린 팽크허스트

지난 시위때. 썼던. 짱돌 내놓습니다.
이걸로. 여성 참정권. 얻어냈어요.

간디(소금 구해요)

아.......폭력 쫌 극혐

에멀린 팽크허스트

어쩔ㅋㅋ 예쁘게. 말로 한다고. 권리 나오나?

프리츠 하버

힝 그래두 폭력 시러요ㅠㅠ
모든 전쟁 끝장낼 수 있는 신박템 팝니다~:D

간디(소금 구해요)

아.......폭력 없애기 위한 폭력도 개개개극혐

 전송

talk 7

사라예보 운전사

| 하 기사 | 안전운전 |

I
손님

까만 선글라스… OK
흰 장갑… OK

오늘따라 착장에 예민한 이유?
아주 귀한 손님을
차에 태우게 됐거든ㅋ

블랙박스 (●녹화중)

하 기사 (기사)
황태자전하, 황태자비마마 모시게 되어 영광입니다!!
가시는 목적지까지 안전하게 모셔다 드리겠습니다!
저만 믿으세요!!

II

안문병

와ㅅㅂ 방금 그거 수류탄?
내가 급커브 안 꺾었으면
요단강크루즈 탈 뻔했잖아?ㄷㄷㄷ

베스트드라이버(=나) 덕분에
테러의 위험으로부터
황태자 전하 내외를 구할 수 있었어!

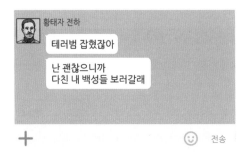

심성도 착하셔라
우리 황태자 전하!

하… 근데 왠지 불안한데….

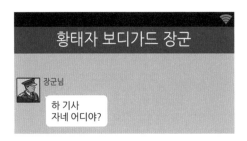

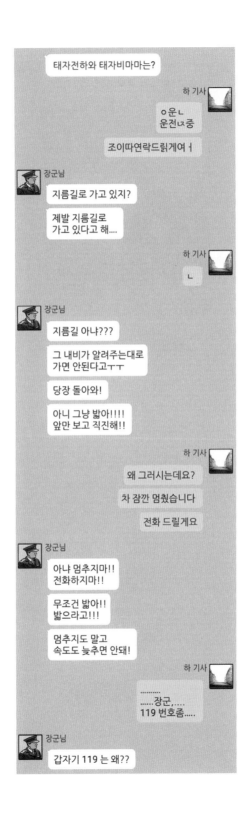

태자전하와 태자비마마는?

하 기사

ㅇ운ㄴ
운전ㄴ중

조이따연락드릭게여ㅓ

장군님

지름길로 가고 있지?

제발 지름길로
가고 있다고 해....

하 기사

ㄴ

장군님

지름길 아냐???

그 내비가 알려주는대로
가면 안된다고ㅜㅜ

당장 돌아와!

아니 그냥 밟아!!!!
앞만 보고 직진해!!

하 기사

왜 그러시는데요?

차 잠깐 멈췄습니다

전화 드릴게요

장군님

아냐 멈추지마!!
전화하지마!!

무조건 밟아!!
밟으라고!!!

멈추지도 말고
속도도 늦추면 안돼!

하 기사

....
......장군,....
119 번호좀.....

장군님

갑자기 119 는 왜??

그랬다고 합니다.

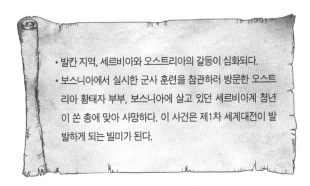

- 발칸 지역, 세르비아와 오스트리아의 갈등이 심화되다.
- 보스니아에서 실시한 군사 훈련을 참관하러 방문한 오스트리아 황태자 부부, 보스니아에 살고 있던 세르비아계 청년이 쏜 총에 맞아 사망하다. 이 사건은 제1차 세계대전이 발발하게 되는 빌미가 된다.

1914년 사라예보

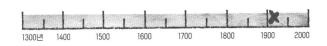

1300년   1400   1500   1600   1700   1800   1900   2000

1900년~1914년
유럽은 왜 그랬을까?

유럽은 카롤루스 대제 이후 전쟁에서 자유로웠던 적이 없었지만 20세기 갈등은 그 어느 때보다 격렬했다. 19세기 국민국가의 민족주의와 그것이 왜곡되어 강화된 제국주의가 갈등의 불씨였다. 갈등이 정점에 오른 1914~1918년의 전쟁에서 싸웠던 사람들은 단순한 명칭으로 이를 완벽하게 표현했다. 바로 '대전 Great War'이었다.

제1차 세계대전1914~1918은 역사상 가장 잔인하거나 오래 지속된 전쟁은 아니었다. 하지만 이전의 어떤 전쟁보다 극렬하게, 넓은 범위의 전장에서 벌어진 전쟁이었다. 모든 대륙의 국가들이 참전했고 사회 전체가 동원되었다. 그 어느 전쟁보다 비용이 많이 들었으며 엄청난 자원이 소진됐다. 1918년 11월 군인 전사자가 900만 명에 달하는 전례 없는 기록을 남기고 끝난 대전의 후유증은 상상을 초월했다. 이런 참혹한 대전은 도대체 왜 일어났던 것일까? 유럽인들은 이를 피할 수 없었던 걸까?

유럽의 분할

1900년 즈음 유럽 내부의 평화는 크게 흔들리고 있었다. 독일이 1890년대부터 제국들에 도전하며 위협을 가하기 시작한 것이 주요 원인이었다. 빌헬름 2세는 공격적인 정책으로 불만을 표출하고 열강들을 위협해 존경을 받아내고 싶어 했다. 비잔

티움과 바그다드 간 철도 부설권을 따내고 이를 베를린과 연결하는 '3B 정책'을 추진함으로써, 유럽-발칸-서아시아를 아우르는 거대한 제국을 실현하고자 했다. 결국 남하하는 러시아와 서아시아에서 영향력을 유지하려던 프랑스, '3C 정책'을 추진하던 영국과 충돌할 수밖에 없었다.

그동안 영국은 외교에 있어 '화려한 고립 정책'을 고수했다. 유럽 대륙에서 세력 균형 상태가 유지되는 한 적극적으로 개입하지 않았다. 대신 식민지 유지에 몰두했다. 특히 인도제국의 콜카타캘커타, '아프리카 종단 정책' 구현의 핵심인 이집트 카이로와 남아프리카의 케이프타운을 삼각으로 연결하는 식민지 라인 형성에 심혈을 기울였다.

하지만 영국 경제의 상대적 우위는 점차 불안해졌고 그 이유는 독일의 추격 때문이었다. 게다가 힘의 한계를 벗어나면서까지 남아프리카전쟁을 치른 결과 20세기 시작점에서의 영국의 제국적 자신감은 이전 세기 같지 않았다. 결국 러시아 세력 확장에 맞서 일본과 동맹관계를 체결제1차 영일동맹하면서 기존 외교 노선은 수정되었다. 그동안 분쟁관계에 있던 유럽 열강들과의 관계 개선에도 나섰다. 1904년 영국은 프랑스와 화친협정영프협상을 맺어 파쇼다 사건1898으로 상징되는 양국의 적대관계에 종지부를 찍었다. 파쇼다 사건은 아프리카를 종단하며 지배하려던 영국과 알제리에서 마다가스카르까지 잇는 '아프리카 횡단 정책'을 추진하던 프랑스가 파쇼다현재의 남수단 코도크에서 부딪치며 양국이 전쟁 직전까지 갔던 사건이다.

빌헬름 2세의 명령에 따라 해군 증강을 이끌었던 알프레트 폰 티르피츠1849~1930 제독은 독일이 영국 해군을 격파하고 세계 제해권을 장악할 수 있다고 전망했다. 이는 영국이 전통적인 숙적 프랑스나 러시아와 손을 잡지 않으리라는 가정에 기초한 것이었다. 그러나 독일의 도전은 영국 국민에게 승리에 대한 심리적 압박을 가했다. 영국이 전대미문의 대함정 드레드노트'아무것도 두렵지 않다'라는 뜻호를 개발한 것은 그 대표적 상징이다. 1905년에 있었던 '제1차 모로코 사건'에 이어 양국의 함선 격차가 많이 줄고 그것을 영국인 대부분이 인식하고 있던 1911년에 독일이 '제2차 모로코 사건'을 일으켰다. 모로코를 대상으로 독일이 프랑스를 위협한 이 사건들은 영국과 프랑스의 보다 긴밀한 협조관계를 이끌어냈다. 독일의 대륙 지배 가능성을 직시한 영국은 공식석상에서 프랑스와의 관계에 대해 입장을 표명했다. 영국은 프랑스가 독일의 침략을 받을 경우 기꺼이 원정군을 파견할 것이었다. 티르피츠의 예상은 빗나갔다.

프랑스의 벨 에포크 시대는 지성적 활력은 넘쳤지만 사회는 보수적이었다. 게다가 경제나 군사력에서는 독일보다 열세였기 때문에 알자스-로렌의 설욕을 위해서는 동맹국이 필요했다. 이를 간파했던 비스마르크는 제국이라는 연결고리로 러시아와 오스트리아-헝가리를 독일과 묶어냈다. 유럽 열강 중 유일한 공화국이었던 프랑스는 혁명과 체제 전복의 상징으로 간주되며 20년 가까이 고립되었다. 그러나 기회는 독일 그 자체에서 왔다. 독일의 재보장조약 갱신 거부로 고립된 러시아가 결국 프랑스가 내민 손을 잡은 러프동맹에 이어, 독일을 견제하는 영국의 군사적 원조까지 약속받게 된 것이다.

러일전쟁에서 충격적 패배를 당한 러시아는 영국과 협상을 체결영러협상1907하는 데 성공하며 양국의 갈등을 종식시켰다. 영국은, 러시아의 페르시아와 아프가니스탄 특히 티베트 진출 위협에서 벗어났고, 러시아는 영국과의 타협하에 발칸 진출을 시도할 수 있게 되었다. 같은 해 영러협상이 영프협상에 더해져 '삼국협상'이 결성됨으로써 그동안 아프리카와 중앙아시아 식민지를 두고 충돌했던 제국들이 한 진영연합국을 이루었다. 그리고 이들은 기존 독일을 중심으로 한 '삼국동맹동맹국'에 대응축이 되었다. 결국 비스마르크가 구상했던, 독일을 중심으로 열강이 균형을 유지하던 유럽은 20세기 초 2개의 진영으로 분할된 유럽으로 변화하고 말았다.

발칸 문제와 사라예보 사건

그러나 대전 발발의 결정적인 계기는 남동부 유럽 발칸 지역에서 발생했다. 19세기 오스만제국 붕괴의 가속화로 힘의 공백이 발생한 발칸에서, 소수 민족들은 다른 유럽 국가가 그랬던 것처럼 국민국가 건설을 꿈꾸었다. 발칸 지역은 이러한 움직임을 탄압하며 제국을 유지하려 했던 오스만이나 오스트리아-헝가리제국, 동방 진출을 위해 발칸이 필요했던 영국과 프랑스 등의 서유럽, 그리고 지중해로 진출하려던 러시아의 각축장이 되었다.

유럽 열강은 제국주의 침략의 공식에 따라 발칸을 먼저 독립시킨 후 각국에 영향력을 행사하고자 했는데, 러시아가 그 선두에 섰다. 제6차 러시아-튀르크전쟁 1877~1878에서 크림전쟁의 패배를 설욕한 러시아는 세르비아, 몬테네그로, 루마니아를 독립시킨 뒤 '범슬라브주의'를 내세우며 자신의 영향력 아래로 끌어들였다. 유럽 열강의 저항 때문에 일단 물러나지만 러일전쟁 패배 후 다시금 도나우 계곡으로 관심을 돌렸고, 이 때문에 오스트리아-헝가리제국은 압박감을 느끼기 시작했다.

다양한 소수 민족들로 구성되었음에도 오스트리아-헝가리제국이라는 '이중제국'으로 명명1867되어 게르만인과 마자르인의 우위를 표방한 제국에 19세기 민족주의 광풍은 위험 그 자체였다. 체코인과 슬로베니아인, 폴란드인, 크로아티아인, 루마니아인 등 소수 민족들의 민족주의적 분노와 저항은 제국의 생존을 위협할 정도였다. 그런 와중에 러시아의 움직임은 합스부르크 정부를 자극했고, 결국 1908년 보스니아와 헤르체고비나를 합병하며 일명 '보스니아 위기'를 초래하기에 이르렀다. 합병으로 마자르인의 통제 아래 들어가게 된 보스니아의 세르비아인들은 보스니아에서 분리되어 세르비아 독립 왕국과 합치기를 희망했다.

세르비아는 1912~1913년 제1, 2차 발칸전쟁을 통해 비약적으로 발전했다. 오스트리아의 방해만 없었다면 더 많은 영토를 영유했을 것이다. 합스부르크 정부는 이탈리아 통일에서 피에몬테-사르데냐 왕국이 구심점이 되었던 것처럼 세르비아가 슬라브인의 통일에서 주역이 될 것이라고 예상했다. 프로이센에 의해 독일에서 배제되고 피에몬테-사르데냐 때문에 이탈리아에서 배제된 오스트리아가 세르비아로 인해 도나우 협곡에서도 배제된다면 합스부르크제국은 더 이상 열강의 위치에 있을 수 없을 터였다. 이런 이유로 세르비아에게 굴욕감을 주어 슬라브인들을 좌절시키는 것이 오스트리아에게는 국운이 걸린 중요한 문제였다. 이에 보스니아의 세르비아인들은 합스부르크 정부에 대한 지하전쟁을 시작했고 러시아의 지원을 받았다. 결국 오스트리아-헝가리제국과 세르비아, 그리고 러시아의 관계는 급속도로 악화되었다.

그런 가운데 1914년 6월 28일 오스트리아-헝가리제국의 제위 계승자 프란츠 페르디난트1863~1914 부부는 열병식에 참석하기 위해 보스니아의 수도 사라예보를 방문했다. 세르비아인 저항의 중심부였던 사라예보는 증오스런 적국의 수장이 공개적으로 행진하기에는 위험천만한 곳이었다. 처음에는 폭탄이 자동차를 비켜 지나가며 가까스로 피살을 모면했다. 그러나 부상당한 수행원을 방문하려던 대공 부부의 차가 길을 잘못 들어 후진하기 위해 멈추었을 때 19세의 보스니아 학생 가브릴로 프린치프1894~1918가 사정거리 정면에서 저격했고, 대공 부부는 이를 피하지 못했다. 혁명 조직인 청년 보스니아에 연관되어 있던 프린치프는 조국의 독립을 위해 방아쇠를 당겼지만, 누구도 예상치 못한 거대한 파문을 일으킨 셈이었다. 그는 의도치 않게 제1차 세계대전의 포문을 연 '사라예보 사건'의 주인공이 되었고, 현재 보스니아 헤르체고비나의 수도 사라예보는 동상으로 그를 기리고 있다.

7월 위기와 심리적 분위기

세르비아로부터 양보를 의미하는 답을 받았음에도, 이 사건을 퇴색해가는 제국의 권위를 세울 수 있는 기회로 여긴 오스트리아는 결국 7월 28일 세르비아에 선전포고를 한다. 이에 슬라브인의 권리를 지지해 차르의 권위를 회복시키고자 한 러시아가 7월 30일 총동원령을 내리며 제1차 세계대전으로 가는 연쇄적 반응이 시작되었다.

러시아가 군대 동원을 시작하자 빌헬름 2세는 최후통첩을 보내 12시간 내 동원 중지를 요구했지만 거부당했다. 프랑스 총리 르네 비비아니1914~1915재임가 '자국의 이해관계에 따라' 행동할 것이라고 한 것은 독일에 대한 즉각적인 총동원령을 의미했다. 양쪽에서 이중 위협에 직면한 독일은 8월 1일 총동원령을 내려 러시아에 선전포고했고 이틀 뒤 프랑스에도 선전포고했다. 그리고 다음 날 파리 점령의 길목에 있는 벨기에를 침공했다. 저지대 중립국 벨기에 침공은 영국의 참전을 불러왔고, 8월 4일 영국은 독일에 대항한 전쟁에 돌입했다. 제1차 세계대전의 발발이었다.

사라예보 사건 발생 당시 형성되어 있었던 '3C 정책' 대 '3B 정책', '범게르만주의' 대 '범슬라브주의', '삼국협상' 대 '삼국동맹'과 같은 유럽 열강들의 대립 구조는 대전의 배경으로 주목받아왔다. 전쟁은 구조적으로 피할 수 없었던 것이라 여겨졌고, 이 때문에 지도자들은 전쟁 책임에서 자유로운 듯했다. 그러나 근래에는 대전 발발이 필연적 사건이 아니었다는 시각이 대두되고 있다. 전쟁이 일어나기 이전 10여 년 동안 유럽 사회는 전쟁만을 기다리고 있던 것이 아니라 오히려 평화를 향한 노력들을 경주하고 있었기 때문이다. 일례로 노벨평화상이 1901년 최초의 수상자에게 수여되었고, 네덜란드 덴하그헤이그에서 두 차례의 만국평화회의가 열려1899/1907 국제중재재판소가 설치되었다. 스포츠를 세계 평화로 가는 지름길로 여긴 피에르 드 쿠베르탱1863~1937에 의해 근대 올림픽도 부활1896해 4년마다 개최되고 있었다.

게다가 오스트리아가 세르비아에 최후통첩을 보낸 것은 7월 23일이었다. 사라예보 사건 발생 후 한 달여 동안 확전을 피할 시간이 유럽에는 있었던 것이다. 그럼에도 일명 '7월 위기' 동안 유럽 지도자들은 잘못된 판단과 무능한 행동을 보여주었다. 오스트리아 경찰은 진상조사에 나서려 했으나 유럽은 그다지 호응하지 않았고 신문조차도 피살 사건을 크게 다루지 않아 오스트리아의 분노를 키웠다. 외교관이나 정치가들은 이전과 같은 발칸의 국지적인 위기라 여기고 없었던 일로 하길 바랐다. 사건을 진정시키고자 했던 영국은 독일 또한 조용한 처리를 원할 것이라 여겼다. 그러나 독일은 다르게 대처했다. 표면적으로는 영국을 지지했지만, 배후에서는 오스트리아에게 모든 지원을 보장하겠다고 합의했다. 오스트리아의 분노가 전쟁으로 이어지는 것을 막지 않은 것이다.

오랜 기간 전쟁 없이 국가 간 심각한 위기를 넘기는 데 성공해 '1914년 7월 위기'의 의미조차도 알 수 없었던 외교관들은 허세를 부리며 자국 편에 유리한 방향으로 생각했다. 군사 전략가들은 선제공격에만 성공하면 승리할 것이라고 생각했는데, 그런 상황에서 외교적인 조정은 전쟁을 패배로 이끄는 시간 낭비에 불과하다 여겨졌다.

결국 각국의 관리들은 서로 거의 접촉하지 않았으며 다른 나라 외교관들과의 접촉은 더욱 드물었다. 많은 관료들은 7월 대부분을 휴가로 보냈고, 휴가에서 돌아온 유럽의 지도자들은 총동원 명령서를 들고 서명을 기다리는 자국의 장군들과 맞닥뜨렸다. 사라예보 사건 발생을 기다렸다는 듯 전쟁에 뛰어든 것은 아니었지만, 유럽인 대부분은 진정으로 전쟁을 막으려고 하지 않았다.

📍 제1차 세계대전 직전의 대결구도

그리고 이런 모든 전개 과정은 열강들의 야심보다는 두려움에 기인했다. 프랑스인들은 독일의 우세한 인구 수, 경제적 자원, 군사적 힘을 두려워했다. 독일인들은 동맹국 오스트리아의 약화를 돕지 않을 때 초래될 결과를 두려워했다. 오스트리아인들은 세르비아의 민족주의와 범슬라브주의가 가하는 위협이 자신들의 생존에 미칠 영향을 두려워했다. 반면 러시아인들은 오스트리아의 위협이 슬라브인 종주국으로서의 자신의 권위에 미칠 부정적 영향을 두려워했다. 영국은 경쟁관계에 있는 국가들, 특히 독일에 의해 저지대 국가들이 점령되는 것을 두려워했다. 동맹관계에 있는 프랑스와 러시아를 돕지 않을 경우 대영제국의 장기적 안보가 받을 영향 또한 두려웠다.

이런 상황에서 정부가 민족주의나 애국심으로 국민의 정서를 자극하는 것은 쉬운 일이었다. 게다가 당시 보통 사람들은 전쟁에 무지했는데, 이미 벌어졌던 미국 남북전쟁에서 장기간 대량 살육과 어마어마한 전쟁 비용을 치렀다는 것을 잊었고, 파괴적인 전쟁일지라도 신속하게 끝날 것이라 믿었다. 심지어 논리적이고 지적이었던 유럽 지식인들 중 다수는 전쟁을 지루한 일상에서 탈출할 정서적 해방구로 여기기까지 했다. 민족주의 감정과 함께 호기심과 일탈을 향한 충동이 당시 학생이나 일부 계층을 적극적인 참전으로 이끌었던 것이다.

사라예보 사건 이후 7월 한 달 동안 각국 외교관을 포함한 정치가, 군사 전략가 및 수장들이 보여준 상황에 대한 오판과 부족한 조정 능력은 제1차 세계대전 발발의 책임을 오롯이 독일에게만 지우기에는 그 비중이 너무 컸다. 당시 유럽 남성여성 정치 지도자가 없던 시기였다 정치 지도자들이 정확하고 투명하게 대처했더라면 어땠을까? 그런 대립 구도와 사라예보 사건의 발생에도 불구하고 전쟁 이외의 선택지가 존재할 수도 있었을 것이다. 그렇지 못했던 결과, 전장으로 떠난 수많은 청년들과 후방에 남은 자들 모두 4년이라는 끔찍한 악몽의 시간을 향해 나아가야만 했다. 세계사록

talk 8

고독한 크리스마스

크리스마스 (merry christmas)

총 (rest.)

고독한 군바리

여기는 전쟁터!

낙엽 떨어지기 전엔
컴백홈할 수 있다더니,
벌써 크리스마스네ㅠ

< 오픈채팅

채팅방 이름 / 소개, 태그 검색

고독한 군바리
#세계대전 #참전 #군바리만
#계급장떼고 #아자타임
👤 38

고독한 산타방
#울면안돼 #우는아이퇴장 #하품제외
#양말인증 #드레스코드레드
👤 999

고독한 석가모니
#보리수나무 #그저_빛 #열반의경지
#석가탄신일까지달려요
👤 999

세계대전 라이브방
#세계대전라방 #세계대전라이브
#세계대전중계 #세계대전방송
👤 961

심심한데,
함 들어가 볼까?

헐 이럴 수가…
나 지금 적군이랑 톡한 거야?

적과의 크리스마스

절대 다시 전쟁

하씨… 몰라 -ㅁ-
갈 때 가더라도
톡 한번 정도는 괜찮잖아? 응?

그랬다고 합니다.

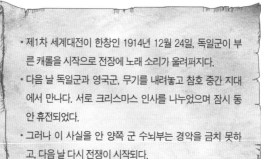

- 제1차 세계대전이 한창인 1914년 12월 24일, 독일군이 부른 캐롤을 시작으로 전장에 노래 소리가 울려퍼지다.
- 다음 날 독일군과 영국군, 무기를 내려놓고 참호 중간 지대에서 만나다. 서로 크리스마스 인사를 나누었으며 잠시 동안 휴전되었다.
- 그러나 이 사실을 안 양쪽 군 수뇌부는 경악을 금치 못하고, 다음 날 다시 전쟁이 시작되다.

1914년 유럽

1300년 1400 1500 1600 1700 1800 1900 2000

세이브 더 피플(feat. 프리츠 하버)

 프리츠 하버　　인류를 위하여♥

영양분 I

나, 프리츠 하버.
#독일사람 #과학자

과학자라구 하니까
랩실에 처박혀서
세상물정 모를 것 같고 막 그르치?

ㄴㄴ 내가 얼마나
요즘 이슈에 민감한데ㅎㅎ

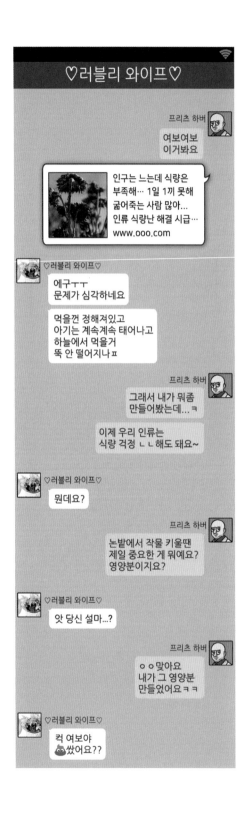

프리츠 하버

아니아니

비료 개발했어요~

워

내가 만든 인공 💩으로
이제 식량 걱정은 없다구!

근데 굶어죽을 일은 없어도
총 맞아 죽을 일은 있을 거 가태ㅠㅠ

전쟁났거든ㅠㅠ

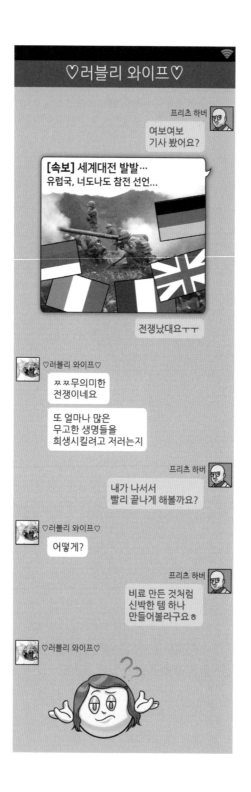

프리츠 하버

기다려봐요ㅎㅎ

내가 다시 한 번
인류를 구해볼게요>.<

＋   ☺ 전송

III 인류를 위하여

세상을 구하는
위대한 과학의 힘!

이번에도 나와 과학을
믿어보라구!!

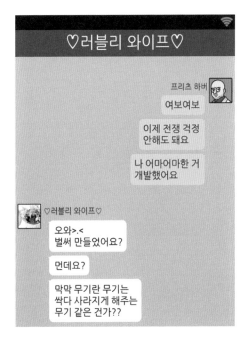

♡러블리 와이프♡

프리츠 하버

여보여보

이제 전쟁 걱정
안해도 돼요

나 어마어마한 거
개발했어요

♡러블리 와이프♡

오와>.<
벌써 만들었어요?

먼데요?

막막 무기란 무기는
싹다 사라지게 해주는
무기 같은 건가??

그랬다고 합니다.

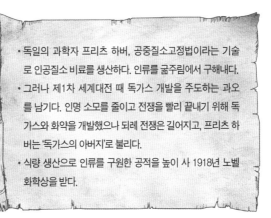

- 독일의 과학자 프리츠 하버, 공중질소고정법이라는 기술로 인공질소 비료를 생산하다. 인류를 굶주림에서 구해내다.
- 그러나 제1차 세계대전 때 독가스 개발을 주도하는 과오를 남기다. 인명 소모를 줄이고 전쟁을 빨리 끝내기 위해 독가스와 화약을 개발했으나 되레 전쟁은 길어지고, 프리츠 하버는 '독가스의 아버지'로 불리다.
- 식량 생산으로 인류를 구원한 공적을 높이 사 1918년 노벨화학상을 받다.

20세기 초 독일

| 1300년 | 1400 | 1500 | 1600 | 1700 | 1800 | 1900 | 2000 |

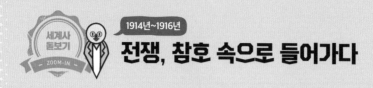

전쟁, 참호 속으로 들어가다

1914년 8월부터 1916년 1월 이전까지 영국의 입대 열기는 당시 전쟁에 뛰어든 유럽인들의 모습을 대표적으로 보여주었다. 전쟁 발발로 인한 흥분, 애국심 등이 결합되어 개전 첫 두 달 동안 76만 명 이상이 육군에 자원입대했는데, 이는 52개월에 달하는 전쟁 기간 동안 입대한 전체 인원의 15퍼센트에 해당한다. 이들은 국가의 신속한 승리에 기여한 뒤 돌아와 크리스마스는 가족과 함께 보낼 것이라는 낭만적인 꿈을 안고 전장으로 출발했다. 그리고 그 꿈이 공상이었음을 깨닫는 데 채 두 달이 걸리지 않았다.

길어지는 전쟁

제1차 세계대전의 진행은 일명 '슐리펜플랜'이라 불린 독일의 군사 계획에 의해 결정되었다. 러시아의 전쟁 수행 준비 기간을 6주로 가정하고, 그 기간 내에 중립국 벨기에를 관통해 프랑스를 신속하게 격파하려는 비교적 구체적인 계획이었다. 빌헬름 2세로부터 "낙엽이 질 무렵에는 승리하여 돌아오게 된다"며 격려를 받은 독일군은 8월 4일 벨기에를 침공했고, 메스 남쪽 국경 지역에서도 프랑스군을 공격하기 시작했다. 리에주 요새를 함락시켰고 벨기에군을 앤트워프로 몰아냈으며, 프랑스군을 퇴각시키는 등 전쟁의 서막은 독일의 승리로 장식되는 것 같았다.

그러나 실제 슐리펜플랜은 군용견까지 동원해 기관총을 발사하며 완강하게 저항한 벨기에에 의해 발목이 잡혔다. 공격 전력으로부터 5개 군단을 분리했고 당시로서는 최신 무기였던 거포를 쏘아댔지만 예상보다 긴 3주가량이 소요되었다. 게다가 독일은 영국, 프랑스, 러시아를 거의 혼자 상대해야 했다. 동맹국인 오스트리아헝가리제국은 전투력이나 의욕 면에서 힘이 못 됐고 이탈리아도 교전 시작과 동시에 중립국 선언을 했다. 러시아는 예상보다 훨씬 빨리, 불과 6일 만에 군대를 동원해 동프로이센과 오스트리아를 공격하며 동부전선에 대한 부담을 안겨주었다. 그리고 프랑스의 제17계획은 슐리펜플랜에 비해 엉성했지만 그랬기에 신속하게 전력 배치를 재조정하며 공세를 저지해나갈 수 있었고, 영국은 이를 도왔다.

9월 6~12일의 마른Marne 전투는 전쟁의 향방을 결정지었다는 점에서 중요했다. 약 200만 명이 맞붙은, 이전까지 전례가 없던 최대 격돌에서 독일은 패배했다. 연합군은 파리를 지키고 독일군 진격을 정지시켰다. 물론 전쟁을 끝낼 만큼 전황이 한쪽으로 기울어진 것은 아니었지만, 연합군은 일종의 심리적인 승리를 거둔 셈이었다. 어떤 의미에서 제1차 세계대전은 이때부터가 시작이었다. 이 전투는 단기 결전 계획이 오판이었음을 증명했고, 이후 전선이 고착화되면서 장기적이고 소모적인 전쟁이 되어 거의 4년을 끌게 된다.

마른 전투 이후 정면을 공격할 여력을 잃어버린 양측은 측면으로 돌아 공간을 확보하려는 경쟁을 벌였다. 그리고 확보한 땅에서는 참호를 파고들어가 방어에 치중하는 이른바 '참호전'을 시작했다. 참호로 인해 서부전선이 모두 연결되어 우회가 불가능한 상황이 되었다. 최전방의 양측 참호 사이에는 '무인지대'라는 좁고 긴 완충지대가 있었는데, 지휘관이 돌격 명령을 내리면 적의 참호에서 퍼붓는 무시무시한 화력의 소총과 기관총 세례를 뚫고 무인지대를 가로질러 뛰어야 했다. 불과 몇 미터의 땅을 뺏고 빼앗기는 과정에서 수천 명씩 죽었기 때문에 참호전에서는 섣불리 공격할 수 없었다. 11월 양측은 남쪽의 스위스 국경에서부터 북쪽 해안의 뉴포트 항구까지 '바다로의 경주'라 불린 약 800킬로미터 이상의 참호 진지 공사를 완료하며 팽팽히 대치했다. 진지는 시간이 흐를수록 철조망과 콘크리트로 단단하게 구축되었다.

각 참호는 위쪽에 모래주머니를 쌓은 2미터 깊이의 도랑으로, 춥고 습하며 더러웠다. 겨울철에는 추위와 진눈깨비 속에서 얼어붙었고 봄비가 내리면 먼지투성이 참호 속은 더러운 진흙 구덩이로 변해 허리 높이까지 얼음물이 차올랐다. 특히 동맹국보다 낮은 지대에 있었던 연합국 병사들은 더욱 괴로웠다. 참호 속에서 싸우고 먹고 자야 했던 병사들은 들끓는 이는 물론 커다란 검은 쥐와 함께 살았고, 이것들은 죽은 병사와 말들을 뜯어먹고 사방으로 퍼져나갔다. 시체들은 몇 달 동안이나 매장되지 못한 채 참호 벽에 끼워 넣어졌다. 후방에서 퍼붓는 포탄은 하루도 쉬지 않고 사방팔방 크고 작은 파편들을 떨어뜨렸다. 병사들은 3~7일간의 '지옥' 체험 이후 교대하곤 했는데, 발이 마를 새가 없는 데다 꽉 끼는 군화 때문에 '참호족'이라는 질병에 걸려 다리를 절단하거나 목숨을 잃기도 했다. 단기전에 대한 기대는 냉혹한 전장의 현실 앞에 무너졌고 병사들은 네 번의 크리스마스를 참호에서 보내야 했다.

전장의 확대, 신무기의 등장

전쟁이 장기화될 것을 예감한 연합국과 동맹국 양측은 참호에서 전쟁을 끌어내기 위해 다양한 시도를 했다. 이에 참호전이 아닌 새로운 공격 지점을 모색하면서 양측에는 동반자들이 늘어났다. 이미 8월 오스만제국은 독일과 동맹을 맺었고, 몬테네그로인은 세르비아인 편에 가담했다. 일본은 독일에 선전포고를 했는데 아시아의 독일 식민지를 공격하기 위해서였다. 11월 오스만이 흑해 러시아 항구들에 대한 포격을 개시하며 결국 참전했다. 이탈리아는 1915년 4월 런던조약에서 연합국 승리 후 재정적 보상과 오스트리아 영토의 일부, 아프리카의 독일 식민지를 약속받고 5월 연합국으로 참전했다. 같은 해 불가리아도 발칸의 영토 획득을 기대하며 동맹국 편에 가담했다. 그다음 해에 루마니아가, 1917년에는 그리스와 중화민국이 연합국의 일원으로 참전했다. 1916년 포르투갈은 독일로부터 선전포고를 받았다.

　이로써 전쟁의 시작이었던 프랑스와 독일, 오스트리아와 러시아 간의 경쟁은 1916년 말 이후 다른 충돌들과 얽히기 시작한다. 발칸의 국가들에게는 제3차 발칸전쟁이었고, 영국에게는 독일의 해상 및 상업 도전에 맞선 전쟁이었으며, 이탈리아에게는 리소르지멘토의 마지막 국면이었다. 일본에게는 동아시아에서의 패권 확장을 위한 기회였다.

　서부전선에서는 무시무시한 포격 후 보병 공격을 수행하는 작전이 계속되었다. 이로 인해 적의 철조망과 기관총을 무력화하기 위한 고성능의 대포가 많이 개발되었지만 그만큼 참호체계도 정교화되었기 때문에 전투는 대량살육전으로 치달았다. 수십만 명의 사상자를 내고도 겨우 한 뼘의 땅만 뺏은 유혈적인 전투들이 계속되었다. 프랑스 국경 근처 베르됭 전투1816. 2~12에서는 첫날에만 100만 발의 포탄이 쏟아졌고, 6월 말까지 40만 명이 넘는 프랑스군과 독일군 병사가 전사했다.

한편 비행선이나 항공기를 이용한 작전이 전선 교착을 타개하려는 방법 중 하나로 시행되기도 했다. 비행기는 1903년 라이트 형제가 동력 비행에 성공한 이래 발전을 거듭해왔다. 전쟁 초기 조종사들은 시속 150킬로미터의 1인승 비행기로 정찰 임무를 수행했는데, 마주치면 적기와 아군기를 가리지 않고 손을 흔들며 우호적으로 지냈다. 그러나 최초의 공중전이 발생한 1914년 10월 5일 이후 우정의 게임은 끝났다. 1915년 4월 기관총을 장착한 네덜란드제 항공기가 등장하며 공중전의 양상이 달라졌다. 당시는 조종사의 목숨보다 비행기가 더 중요했기 때문에 낙하산은 지급되지 않았다. 격추는 조종사의 죽음을 의미했다.

민간 표적에 대한 공습도 가해졌다. 1915년 1월 독일의 체펠린 비행선이 영국 본토 그레이트야머스를 공격한 이래 1917년에는 항공기에 의한 최초 공습도 이루어졌다. 런던이 주 공격 대상이 되면서 영국인들은 점차 사이렌 경고로 미리 대피하게 되었고 대공화기와 전투기를 이용해 체펠린을 공격하기도 했다. 하지만 14대 항공기가 1917년 6월 가했던 런던 공습은 수많은 민간인을 희생시키면서 심각한 공포를 유발했다. 아이러니하게도 이는 영국이 세계 최초로 독립된 공군을 탄생1918. 4시키는 데 결정적으로 기여한다.

해상전에도 새로운 무기가 등장했다. 독일은 북해 해상을 확실히 장악한 영국 함대 앞에서 도전을 포기했지만, 바다 밑의 상황은 달랐다. 독일은 잠수함을 대단히 효율적인 무기로 발전시켜 영국을 앞질렀고, 특히 잠수함 'U보트'는 맹위를 떨쳤다. 1915년 2월부터 연합국과 중립국 상선들을 경고 없이 포격해 영국 해역을 봉쇄하기 위한 '무제한 잠수함 작전'이 전개되면서 연합국은 곤경에 빠졌다.

중립 국가들의 항의로 중단되었던 무제한 잠수함 작전이 재개된 1917년 봄에만 파괴된 선박이 100만 톤을 넘어섰다. 영국에서 출항한 배의 4분의 1이 귀항하지 못했고, 피해가 늘어난 외국 선박들은 영국으로 항해하는 것을 기피했다. 영국은 호위선 체계를 갖추어 항해하는 것이 가장 효과적인 대응임을 찾아냈다. 호위선들로 선단을 보호하기 시작하면서 침몰 선박은 25퍼센트에서 4퍼센트로 감소했다. 대전 마지막 해인 1918년 여름 호위선단은 매월 미국군 30만 명씩을 유럽에 실어 나름으로써 독일에게 치명타를 가할 수 있었다.

1915년 4월 22일 제2차 이프르 전투는 또 다른 면에서 역사에 기록된 전투이다. 캐나다군과 알제리군이 최전방 참호에 배치되었던 이 전투에서, 독일군은 사상 최초로 독가스인 염소가스를 살포하며 전선 돌파를 시도했다. 미풍을 타고 무인지대를 넘어와 참호에 스며든 녹색구름은 수 초 내 병사들의 호흡기관을 파괴했다. 독가스를 가장 먼저 맞닥뜨린 알제리군은 격심한 공포 상태에 빠져 도주했고, 방독면이 준비되어 있지 않았던 캐나다군은 소변을 적신 솜으로 얼굴을 가리며 버텼다. 소변 속의 요산이 염소를 중화시키는데, 이것이 최선의 방법이었다.

수천 명의 사망자를 내며 연합군 전선에 6킬로미터가량이나 간극을 발생시킨 이 전투는 염소가스를 개발한 독일인 화학자 프리츠 하버1868~1934가 직접 작전을 이끌었다. 프리츠 하버는 공기 중의 질소로 암모니아를 합성하는 방법을 발견했다. 합성된 암모니아가 화학 비료의 원료로 사용되어 식량 위기 극복에 일조한 공로로 그는 1918년 노벨상을 수상한다. 그러나 하버는 전쟁을 위한 무기로 독가스 또한 개발했다. 이에 반대한 아내가 러시아의 화학전에 참가하러 떠나는 그의 앞에서 스스로 목숨을 끊었음에도 흔들림 없이 전장으로 향했다. 전쟁 동안 총 120만 명가량이 그가 만든 독가스에 희생되었다.

한편 전선 돌파 노력 가운데 돋보였던 것은 연합군 측의 전차 개발이었다. 영국의 공병 장교 어니스트 스윈턴 중령은 이미 개발된 장갑차량과 무한궤도 트랙터를 결합하고, 공격용 기관총과 경포를 장착하자는 기발한 아이디어의 전차를 제안했다. 그의 제안은 처칠에 의해 해군에 받아들여져 '지상함선'이라는 신무기 개발 프로젝트로 추진되었다. 물론 최초의 전차 '리틀 윌리'는 시속 3.2킬로미터의 느린 속도와 좁은 행동반경으로 불완전했다. 성능을 개량시킨 '마크 1'이 개발된 뒤 제작에 참여한 노동자들이 불렀던 '물탱크'라는 이름을 그대로 따오며 보안을 유지했다.

탱크는 1916년 9월 15일 솜Somme 전투에서 최초로 사용되었다. 7월 1일 전투 첫날 2만 명의 영국군 사상자가 발생했고, 두 차례에 걸친 총공세는 독일군의 강력한 방어 화력에 실패했다. 1,400대 이상의 대포가 거의 300만 발의 포탄을 퍼부은 맹렬한 포격 후 진행된 공격에도 참호는 건재했고 탱크는 전선 돌파에 실패했다. 탱크의 결함도 있었지만 전차 운용 전술의 문제가 컸다. 결국 독일군 65만 명, 영국군 42만 명, 프랑스군 19만 명의 사상자가 발생했음에도 프랑스와 영국군은 10킬로미터를 전진하는 데 그쳤다. 그러나 투입된 탱크를 본 독일군 병사들은 상당한 심리적 충격을 받았고 탱크의 잠재력은 확인되었다.

1917년 11월 캉브레Cambrai 전투에서 탱크는 드디어 전선 돌파에 성공한다. 집중적으로 투입된 총 476대의 탱크로 19킬로미터 이상의 독일군 전선이 돌파되고 1만 명가량의 독일 병사들이 생포되었다. 탱크들이 달성한 전과는 보병 예비 전력의 부족으로 독일군의 반격과 함께 무효화되면서 즉시 전쟁을 종결지을 만큼의 위력을 떨치지는 못했다. 그러나 참호전을 극복하는 데 가장 효과적인 무기라는 가능성을 보여주었고, 독일은 제2차 세계대전을 준비하면서 전차전에 가장 중점을 두게 된다.

서부전선만이 아닌 동부전선에서도 전투 양상은 교착 상태였다. 영국과 독일 해군은 1916년 해전을 치렀지만 어느 쪽도 값비싼 전함들을 잃고 싶지 않았기 때문에 함대는 일차적으로 경제 봉쇄를 위한 용도로 사용되었다. 해상전도 지지부진했던 것이다. 비행기, 탱크의 효과도 드러나지 않은 채 엄청난 유혈 사태와 환멸이 증대되었던 1916년. 전쟁은 점차 후방과 유럽에서 멀리 떨어진 곳에까지 번지며 민간인을 포함한 모든 국가의 전쟁으로 비화되고 있었다. 세계사록

어그로가 불러온 참전

	독일	연합국 및 연합국이랑 친한 사람들 친신 안 받아요~
	미국	중립지켜요

I

강 건너 싸움 구경

싸움났다…;
그것도 단체로;;;;;;

세계대전 발발…
연합국 vs 동맹국으로 나뉘어 싸워…

난 그냥 조용히 있으려고ㅎ;
괜히 끼어봤자 일만 더 키우고
좋을 거 없자나?

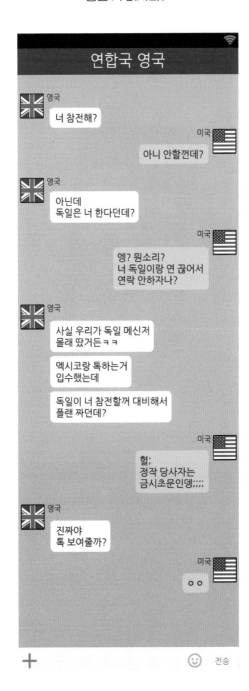

연합국 영국

영국
너 참전해?

미국
아니 안할건데?

영국
아닌데
독일은 너 한다던데?

미국
엥? 뭔소리?
너 독일이랑 연 끊어서
연락 안하자나?

영국
사실 우리가 독일 메신저
몰래 땄거든ㅋㅋ

멕시코랑 톡하는거
입수했는데

독일이 너 참전할꺼 대비해서
플랜 짜던데?

미국
헐;
정작 당사자는
금시초문인뎅;;;;

영국
진짜야
톡 보여줄까?

미국
ㅇㅇ

＋   ☺   전송

독일피셜 미국 참전?
와;; 어이없네!

도대체 멕시코랑
무슨 톡을 주고받은 거야?

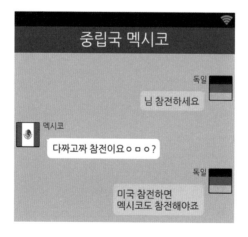

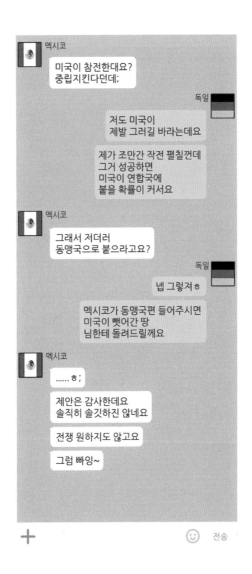

진심 이거 실화???

독일 얘 뭘 믿고
이렇게 막 나감?;;;

안되겠다; 직접 따져야지.

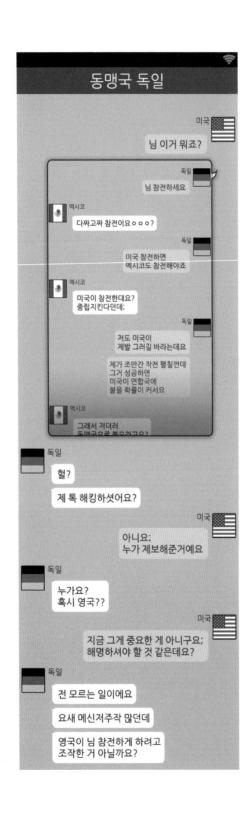

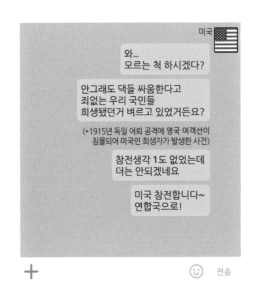

그랬다고 합니다.

- 1915년 독일, 무제한 잠수함 작전을 실시하다. 연합국 측에 드나드는 모든 배를 공격했는데, 그러던 중 영국 여객선인 루시타니아호가 어뢰 공격을 받아 침몰하며 탑승한 미국인이 사망하는 사건이 발생하다.
- 1917년 독일의 치머만, 멕시코 주재 독일 대사에게 미국이 참전하면 멕시코도 독일 편에 서서 참전해달라는 내용의 비밀 전보를 전달할 것을 지시하다. 이 같은 사실이 밝혀지자 중립을 지키던 미국이 연합국에 가담, 세계대전에 참전하다.

1917년 미국

1300년 1400 1500 1600 1700 1800 1900 2000

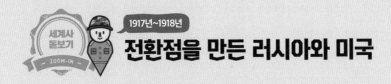

전환점을 만든 러시아와 미국

종전의 기약 없이 시작된 1917년. 참호 속 병사들만큼이나 민간인에게도 전쟁은 혹독했다. 의복, 식량, 연료 등 생필품은 부족했고 계속되는 전쟁에 경기는 침체되었다. 교전국 양측은 모두 엄청난 병력과 돈이 필요했는데, 군인들을 먹이고 입히고 무장시키는 일은 전선 돌파만큼이나 힘든 문제였다. 민간인은 전쟁 수행을 지탱해야 했고 국가의 전 분야는 군사적 승리를 위해 일사분란하게 동원되었다. 후에 독일 장군 에리히 루덴도르프1865~1937가 '총력전'이라는 용어로 정립1935시킨 총동원 전쟁을 치르면서 격변한 사회는 전 유럽 정권들을 위협했다. 그 최대의 결과인 러시아혁명은 미국의 참전과 함께 제1차 세계대전을 멈추게 한 극적인 전환점이었다.

러시아혁명

총력전의 중압감으로 파멸한 최초의 제국은 차르 지배하의 러시아였다. 다른 참전국들과 마찬가지로 러시아도 이 전쟁이 금방 끝날 것이라는 가정하에 참전했다. 여러 해 동안 권위가 흔들려왔던 니콜라이 2세는 전쟁이 일어나자 알렉산드라 황후와 라스푸틴의 손에 정부를 맡기고 몸소 러시아 군대를 지휘하겠다고 고집했다.

1914년 러시아는 오스트리아에 대항해 갈리시아로 진군하며 승리했지만 이듬해까지 처참한 패배는 계속되었다. 막대한 사상자를 내면서 폴란드 전체와 발트해의 상당 부분이 독일에 넘어갔다. 1916년 말 정치적 부조리와 군사적 패배가 결합된 러시아는 붕괴 직전의 상태에 이르렀다. 전쟁이 길어지면서 인플레이션이 나타났고, 식량과 연료 부족의 문제에 맞닥뜨렸다. 그리고 정부는 전쟁에 반대하는 두마 자유주의자들, 싸울 의사가 없는 병사들, 호전적이 되어가는 노동자 및 도시민들의 문제에 직면했다. 라스푸틴이 많은 괴담을 남기고 피살된 것도 이 시기였다.

1917년 3월 8일러시아력 2월 23일 상트페테르부르크에 모인 여성 노동자, 어머니, 미망인, 소비자 등이 식량과 연료, 정치 개혁을 요구하며 행진을 벌였다. 이는 며칠 내 30만 명이 참여한 대규모 파업으로 변했고, 차르는 진압을 위해 경찰과 군대를 파견했다. 그러나 거의 6만 명의 군인들이 폭동을 일으키며 '3월혁명러시아력 2월혁명'으로 불리게 될 이 반란에 가담하자 차르에게 있던 마지막 권력조차 사라졌다. 3월 15일러시아력 3월 2일 니콜라이 2세가 폐위되고 2일 뒤 러시아 공화국이 선포되면서 304년 지속된 로마노프 왕조는 막을 내렸다.

러시아제국이 붕괴된 뒤 등장한 2개의 권력 중 두마의 지도자들로 조직된 중간 계급 자유주의자들이 임시정부를 세워 권력을 잡았다. 알렉산드르 케렌스키 1881~1970를 총리로 한 이들은 헌법하에서 민주적 체제 수립을 희망했다. 하지만 7월 케렌스키 공세로 알려진 대규모 공세가 실패로 끝났음에도 불구하고 비참한 전투는 계속되었다. 이는 그동안 3월혁명의 성공으로 자유를 만끽하며 새 시대를 열망하던 러시아 민중들에게 큰 실망을 안겨주었다. 가을 무렵 비공식적으로 200만 명 이상의 병사가 탈영하는 등 러시아는 동요하고 있었다.

혁명 완수 기구로 조직되었던 또 하나의 권력 소비에트는 노동자와 병사들이 선출한 지방 평의회를 의미했다. 시베리아 유형 시절 간수 이름인 '트로츠키'를 필명으로 써 유명해진 레프 다비도비치 브론시테인1879~1940이 3월혁명 이후 미국에서 귀국해 소비에트를 이끌었다. 스위스에서 망명 중이던 레닌도 러시아 후방 전선 교란을 목적으로 한 독일의 지원을 받고 4월 귀국해 '4월 테제'를 발표했다. 레닌이 "지금 당장 평화, 토지, 빵", 그리고 "소비에트에게 모든 권력을!"이라고 외치며 전쟁의 종식과 노동자들을 위한 노동 조건 향상, 토지 재분배 등을 주장하자 임시정부에 실망하고 있던 노동자, 병사, 농민이 지지하기 시작했다. 높은 실업률, 기아와 대혼란은 레닌과 트로츠키의 볼셰비키 권력과 신뢰도를 급격하게 상승시켰다.

1917년 11월 6일러시아력 10월 24일 밤 레닌은 임시정부 공격 개시를 지시했다. 우체국, 전화국, 주요 역이 혁명군에게 장악된 뒤 8일러시아력 26일 새벽 2시 트로츠키가 이끈 사회민주노동당 소속 적위군에 의해 임시정부 청사인 동궁마저 함락되었다. 전날 밤 네바강에 정박한 순양함 오로라아브로라호의 함포사격을 신호로 공격을 개시한 지 4시간여 만이었다. 케렌스키는 함락 직전 여장을 하고 프랑스로 탈출했지만, 폐위된 뒤 유폐 생활을 해왔던 니콜라이 2세 가족과 정부 각료들 대부분은 체포되었다.

동궁 공격이 시행되던 밤 스몰니 학원에서 열린 제2차 전 러시아 소비에트 대회는 철야회의 끝에 레닌을 위원장으로, 트로츠키를 외무, 이오시프 스탈린1879~1953을 민족인민위원직으로 하는 인민위원회를 창설했고 세계 최초의 사회주의 권력 수립을 선포했다. 다음 날 레닌은 세계대전 참전국들의 즉각 평화 교섭을 촉구하는 '평화에 관한 포고령'과 토지의 무상몰수, 무상분배를 약속한 '토지에 관한 포고령'을 발표했다. 유럽의 보수 세력뿐 아니라 사회주의자들에게도 충격을 안긴 11월혁명볼셰비키혁명/러시아력 10월혁명이었다.

이후 볼셰비키는 동의하지 않는 정당들을 쫓아내고 전적으로 볼셰비키로 구성된 소비에트 내 새 정부를 만들었다. 선거에서 다수표 획득에 실패한 이들은 제헌의회 소집을 막고 일당독재체제로 러시아를 장악했다. 그리고 전 소유주에 대한 보상 없이 귀족의 토지를 농민에게 임의로 재분배했고, 은행을 국유화했으며 노동자에게 공장의 통제권을 주었다.

또한 1918년 3월 소비에트 정부는 벨라루스 브레스트-리토프스크에서 독일과의 개별조약에 서명하며 전선에서 탈출했다. 그러나 이로 인해 방대한 영토, 즉 우크라이나의 풍부한 농업 지역, 조지아그루지야, 핀란드와 폴란드 영토, 발트해 국가 등을 포기해야 했다. 러시아 영토의 4분의 1, 철과 석탄자원의 4분의 3을 잃고 독일에게 동부전선의 승리를 안겨준 셈이 된 이 조약은 레닌 반대파 모두를 격분시켰으며 러시아를 격렬한 내란으로 몰고 갔다.

미국의 참전

제1차 세계대전의 최종적 전환점은 1917년 4월 미국의 참전이었다. 대전 발발 후 미국인들은 조상에 따라 두 편으로 나누어졌다. 대체로 중서부 사람들과 최근 이민자들은 동맹국 계통이 많았고 아일랜드인들은 당연히 영국편이 아니었다. 공식적으로 미국 정부는 중립을 선언한 대신 전쟁물자 수출에 집중했다. '어느 측이든지 돈만 가져오면 제한 없이 가져갈 수 있다Cash-and-Carry'는 원칙이었다. 결과적으로 1916년 말경 미국은 연합군의 보급창고 역할을 맡게 된다.

그런 미국이 대전에 공식적으로 개입하게 된 첫 번째 계기는 해운권 충돌이었다. 영국도 미국이 네덜란드나 스칸디나비아 국가들과 교역하는 것을 방해했기 때문에 충돌이 일어나기도 했다. 그러나 독일의 무제한 잠수함 작전과는 비교가 안 되었다. 1915년 5월 영국 여객선 루시타니아호가 격침되었는데, 사망자 1,198명 중 미국인 희생자가 128명이나 되면서 미국 내 반反독일 여론이 비등하기 시작했다. 미국 정부의 항의를 잠재우기 위해 독일은 잠시 작전 중단을 선언했지만, 1917년 2월 재개했다. 영국 함선의 격파와 승리를 위한 다른 대안이 없으며 미국은 무시해도 된다고 판단한 결과였다.

그런 와중에 1917년 1월 16일 독일 외무장관 아르투어 치머만1916~1917재임이 워싱턴의 독일대사를 거쳐 멕시코 주재 독일대사에게 비밀 전문을 보냈다. 대전이 일어난 직후 영국이 독일의 해저 케이블을 끊었기 때문에 독일은 전쟁 기간 동안 모든 전문을 암호화해 무선 통신으로 보내야 했다. 영국 해군의 유명한 암호 해독반 40호실은 이를 대부분 해독했다. 치머만 전문도 해독에 성공해 그 내용이 언론에 공개되었고, 미국의 대독일 적대 감정은 극에 달한다. 멕시코 정부에게 미국에 대항하는 동맹을 제안하라는 지시와 그에 대한 대가로 멕시코가 빼앗긴 미국 남부를 되찾도록 보장하겠다고 한 것이다. 4월 6일 미국 우드로 윌슨 대통령1913~1921재임은 독일에 대한 선전포고를 했고, 8일 뒤 멕시코 카란사 대통령1917~1920재임은 치머만의 제안을 거부했다. 놀랍게도 독일 해군은 종전 때까지 암호가 해독당하고 있다는 사실조차 몰랐다. 후에 처칠의 회고록을 통해 그 사실을 알고나서 에니그마를 도입한다.

물론 미국이 선전포고를 했다고 전세가 당장 연합군 측으로 기운 것은 아니었다. 미국은 당시 전쟁 준비가 덜 된 상태였기 때문에 대원정군을 편성해 유럽에 보내는 데까지는 상당한 시간이 필요했다. 연합군에게는 그 기간이 문제였다. 1917년 전선은 여전했으나 위기는 계속되고 있었다.

무제한 잠수함 작전은 연합국 경제에게 큰 타격을 입히고 있었다. 영국 선박은 지중해를 피해 희망봉으로 우회해야 했고 이탈리아의 공장들 다수가 가동을 중단했다. 프랑스군은 니벨 공세 후 와해 직전에 놓였다. 1917년 4월 엔강에서 정면 돌파를 시도했다가 공격 첫날 4만 명가량이 사상당하는 등 일주일 만에 약 15만 명 이상을 잃었다. 공세의 실패는 현저히 저하되어가던 프랑스군의 사기에 결정적 타격을 입혔다. 휴식을 위해 전선에서 옮겨온 병사들이 복귀를 거부하는 '집단적 불복종'이 일어나는 등 100건이 넘는 집단 하극상이 발생했다. 이 위기는 필리프 페텡1856~1951에 의해 수습되기는 했지만 프랑스군의 전투력 회복은 상당한 기간을 필요로 했다. 연합군 내 작전 수행의 주된 책임은 프랑스에서 영국에게로 넘어갔다.

러시아가 독일의 승리를 인정하며 전선에서 이탈한 뒤 연합국 측은 전략적, 심리적 타격을 입었다. 독일은 동부전선에서의 승리를 주장하며 국내의 불만을 달랠 수 있었고 서부전선에 모든 군사력을 집중할 수 있었다. 연합국은 미국이 전장에 도착하기 전에 패배할지도 모른다며 염려했고, 염려는 현실이 되었다. 1918년 봄, 독일군이 대규모 공격을 감행해 솜강에서 영국군과 프랑스군을 분리시키고 수만 명의 포로를 잡으며 전선을 돌파했다. 파리에서 80킬로미터 이내의 거리로 진군한 독일군 대 연합군의 병력 비比는 156만 명 대 125만 명으로 독일군이 우세한 상황이었다.

그러나 이때부터 미국군이 본격적으로 전선에 병력을 투입함으로써 전세는 역전되기 시작했다. 1917년 5월 징병을 제도화한 미국에서는 약 1,000만 명의 남성이 징병 등록을 한 가운데 전쟁이 끝날 때까지 총 200만 명이 파견되었다. 한 달에 30만 명의 병사들과 막대한 양의 식량, 군수품이 미국 해군의 무장 엄호를 받으며 대서양을 건넜다. 1918년 7월과 8월, 탱크 이용과 더불어 새로운 공격 기술로 연합군의 반격은 압도적으로 변모했다. 병력 비 140만 명 대 168만 명으로 숫자에서 압도한 연합군은 9월, 전쟁에 지친 독일군에 대한 대반격 작전을 실시했다. 경험은 부족했지만 사기충천했던 미군은 프랑스군 및 오스트레일리아군과 연합하여 10월에 알자스와 로렌을 가로질러 독일군 전선에 대규모 타격을 가했다. 11월 초 영국군은 벨기에군과 합류해 브뤼셀로 압박해 들어갔다.

9월 말 동맹국들의 네트워크는 이미 와해되고 있었다. 아랍베두인 게릴라, 인도의 세포이, 스코틀랜드 및 오스트레일리아 병사 등과 연합한 영국 에드먼드 앨런비1861~1936 장군의 군대는 시리아와 이라크, 팔레스타인 등지에서 1917년부터 오스만 군대를 패배시키고 있었다. 그리스와 연합군이 감행한 공세로 불가리아는 패배했다. 세르비아인들이 포함된 군대는 오스트리아와 독일군 사단을 무너뜨렸다.

오스트리아-헝가리제국은 이탈리아에서도 붕괴되었다. 정부 내 체코 및 폴란드인 대표들은 자치를 요구했고, 크로아티아인과 세르비아인 정치가들은 '남슬라브인의 왕국유고슬라비아' 성립을 제안했다. 헝가리도 독립을 요구했으며 합스부르크는 현실을 인정했다. 민족주의 광풍 앞에서 약화된 제국의 권위를 세울 기회로 오판해 전쟁을 시작했던 이 제국은 1918년 11월 3일 항복하며 러시아제국에 이어 결국 해체되었다.

홀로 남은 독일은 1918년 가을, 내전 직전의 상황에 봉착했다. 이미 전선의 독일군들 사이에서는 미묘한 저항이 퍼지고 있었다. 일부 병사들은 자해를 해 참호의 공포에서 벗어났고 더 많은 병사들은 여러 가지 정서 장애로 제대했다. 60만 건 이상의 '전쟁 신경증'이 보고되었다. 의도적 불복종이 아니라면 전쟁으로 인한 심리적 외상이 발생하고 있었던 것이다.

영국과 미국 연합 해군을 공격하기 위해 함대를 이용하려던 계획이 11월 3일 키일 군항에서 수병과 노동자들의 전쟁과 제정 반대 봉기로 무너지며 독일의 전쟁도 드디어 멈추기 시작했다. 봉기 일주일 만에 러시아와 오스트리아-헝가리에 이은 독일제국의 붕괴도 현실이 되었다. 베를린에서 카이저의 폐위가 공포되면서 빌헬름 2세는 네덜란드로 망명했고 독일 전역에서 혁명이 터져나왔다.

세계에서 가장 선진적인 헌법이 제정된 도시 '바이마르'가 별칭이 될 공화국이 선포되었다. 독일 정부의 통제권은 제국 의회의 사회민주당 프리드리히 에베르트1871~1925가 수장이 된 임시평의회로 넘어갔다. 세워지자마자 연합국에게 항

📍 제1차 세계대전의 전개(1914~1918)

복해 국민들로부터 신망을 얻지 못하는 정부가 되었지만, 연합국의 조건을 받아들이는 것 외에 이들이 독일을 구할 방법은 없었다. 11월 11일 오전 5시, 2명의 독일 대표는 파리 외곽 콩피에뉴 숲에서 연합군 사령관을 만나 공식적으로 전쟁을 끝내는 문서에 서명했다. 6시간 뒤인 오전 11시, 사격 중지 명령이 서부전선 전역에 걸쳐 하달되었다. 수많은 사람들은 4년 전과는 다른 기쁨으로 유럽 도처에서 춤을 추었다. 세계사록

감옥 가는 여자

 에멀린　　성인남녀 1인 1투표

I

큰집

난, 애 다섯 키우는
영국 싱글맘,
에멀린 팽크허스트.

지금 내가 하려는 일이
조금 위험할지도 몰라….

그치만 엄마로서, 여자로서,
또 한 명의 인간으로서
꼭 해야만 하는 일인 걸…!

피하긴 누가?
나 떳떳하거든!

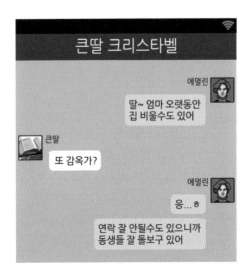

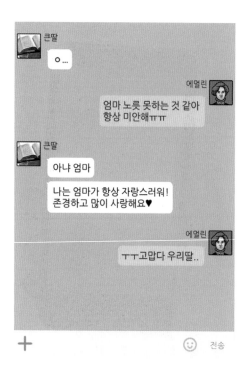

Ⅱ

여성 운동가

엥? 감옥 가는 게
뭐 자랑인가 싶지?ㅎ

근데 난 잘못한 거 없어.
여성의 권리를 위해
당당하게 싸웠으니까.

에멀린

무슨 일이시죠?

이렇게 연락하시는거
상당히 불쾌합니다

존 형사

불쾌한 건 이쪽인것 같은데요?

에멀린

?

존 형사

한 여성과격분자, 경마장에 난입…

국왕전하 말에 뛰어들어…
경기 지연으로 시민들 불편겪어…

이거 그쪽이 시킨 거죠?

에멀린

엥? 무슨 소리신지?

존 형사

뒤에서 이렇게 하라고 시켰잖아요
맞죠? 배후자?

에멀린

아니거든요?

존 형사

진짜 왜 이러세요…

댁들 때문에 경기 지연되고
임금님께서 많~이
언짢아 하셨거든요?

167

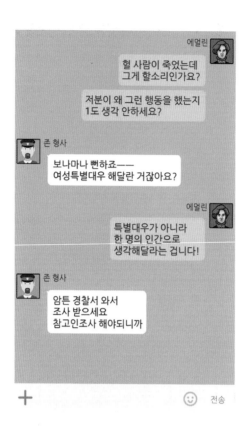

에멀린
헐 사람이 죽었는데
그게 할소리인가요?

저분이 왜 그런 행동을 했는지
1도 생각 안하세요?

존 형사
보나마나 뻔하죠——
여성특별대우 해달란 거잖아요?

에멀린
특별대우가 아니라
한 명의 인간으로
생각해달라는 겁니다!

존 형사
암튼 경찰서 와서
조사 받으세요
참고인조사 해야되니까

전송

Ⅲ

우리의 권리

우린 그냥…
투표만 할 수 있게 해달란 건데ㅜㅜ

국왕의 말에 뛰어들고
창문에 돌 던지고
집에 불 지르는 게 과격해 보이겠지.

그치만…
이렇게라도 하지 않으면
안 들어주니까…ㅠ

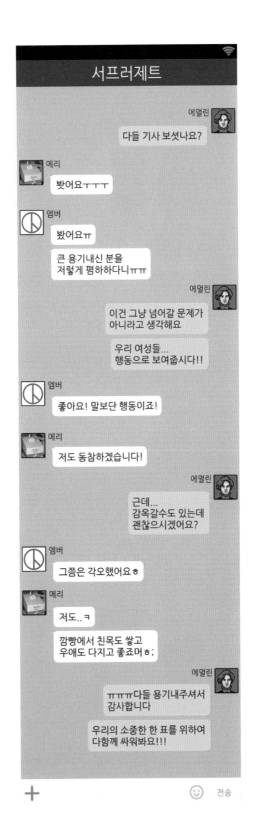

그랬다고 합니다.

• 영국에서 에멀린 팽크허스트를 비롯한 여성 운동가들, 건물에 돌을 던지고 창문을 깨부수는 등 여성의 참정권을 위해 적극적인 투쟁을 전개하다.

• 참정권 보장을 요구하며 경마장에 뛰어들었다가 국왕의 경주마에 목숨을 잃은 여성 에밀리 데이비슨. 이에 수많은 여성들이 거리로 나와 시위를 펼쳤다.

• 1928년 마침내 여성의 선거권이 인정되고, 21세 이상의 모든 여성들이 투표권을 갖게 된다.

1928년 영국

'인형의 집'을 나온 여성, 목소리를 내다

제1차 세계대전이 남긴 것

한 여성과격분자, 경마장에 난입…
국왕전하 말에 뛰어들어…
경기 지연으로 시민들 불편겪어…

영국의 메리 울스턴크래프트1759~1797를 필두로 18세기에 시작된 여성 역할에 대한 편견 깨기는 19세기에 본격화되었다. 1879년 노르웨이 극작가 헨리크 입센1828~19060이 『인형의 집』을 발표했는데, 이 희곡은 작가 의도와는 별개로 여성 해방 코드로 읽히면서 큰 반향을 불러일으켰다. 시종일관 가족에 헌신하던 주인공 노라의 변화에 많은 여성들은 공감했다. 이후 시대의 변화는 여성들이 인형의 집 밖으로 나올 기회를 마련해주었고, 그 결정적인 계기는 제1차 세계대전이었다.

1914년 무렵의 경제 성장으로 이미 여성을 위한 새로운 직업들이 탄생했다. 타이피스트, 비서, 전화 교환수, 직공, 백화점 점원과 같이 한 세기 전에는 존재하지 않았던 직업들로 인해 경제력을 갖게 된 여성들은 거대하고 실질적인 변화를 경험했다. 스스로 '밥벌이'를 할 수 있게 되자 많은 소녀들이 부모의 통제와 결혼의 고역이라는 올가미에서 탈출할 수 있었다.

그런 와중에 발발한 제1차 세계대전이 장기전, 소모전의 양상을 띠게 되면서 여성의 변화는 더욱 가속화되었다. 남성이 전장으로 떠난 뒤 수많은 여성이 군수산업을 비롯한 중공업과 같이 이전에는 그들을 배제해왔던 분야에 고용되었기 때문이다. 여성은 사무직과 서비스업 분야에도 더욱 활발히 진출해 시장, 교장, 우편배

달부 등이 되었다. 기초의학 지식을 배운 간호사와 운전을 익힌 앰뷸런스 운전사로 최전방까지도 진출했다. 여성들의 삶을 제한했던 많은 제약들이 걷히면서 마음 편히 기차를 타거나 길거리를 걸을 수 있었고, 나이든 여성을 보호자로 동반하지 않고도 저녁 식사를 위해 외출할 수 있었다.

전쟁 후 정부와 고용주들은 여성을 집 안으로 들여보내려고 했다. 그러나 여성들은 전쟁미망인이 되었거나 인플레이션 등으로 이전보다 훨씬 더 많은 경제적 활동이 필요했다. 중공업 분야에서 상대적으로 높은 임금을 받는 데 익숙해진 여성 노동자들을 전통적인 저임금의 섬유 및 의복 산업이나 하녀 일 등으로 되돌리는 것은 불가능했다.

여성 스스로 자신의 신체에 관해 결정하거나 통제가 가능하다는 사실을 알게 되면서 여성의 삶은 변화되었다. 1914년 뉴욕 간호사 마거릿 생어1883~1966는 『산아제한평론』이라는 책을 발간하고 산아제한 기구 사용을 도와주었는데, 이로부터 산아제한 방법피임이 대중화되었다. 그동안 대다수 여성들은 원치 않는 임신과 출산, 양육으로 삶을 보내야 했던 경우가 많았다. 때문에 이를 여성 스스로 통제할 수 있다는 사고의 확산은 여성의 사회적 지위 결정에 크나큰 영향을 주게 된다. 또한 대전 중에 미국 킴벌리 클라크 회사가 일회용 면 대용품으로 셀루코튼을 개발했다. 방독면 필터 재료로 활용된 셀루코튼은 야전병원에서 일하던 간호사들에 의해 생리대로 사용되었다. 이를 응용해 1920년 일회용 생리대 코텍스가 등장하면서 여성의 활동 반경은 혁명적으로 확장되었다.

'기술'도 여성의 전통적 삶을 변화시켰다. 지루하고 고된 일로 짜인 가사 노동은 이미 1900년 이전부터 수십 년에 걸쳐 느리면서도 획기적으로 변화되고 있었다. 난방과 수도 및 조명으로 사용된 가스, 깨끗하고 사용이 편한 전기의 도입이 그 대표적 사례였다. 소매유통의 변화로 등장한 많은 상점들은 가정에 필요한 물품을 쉽게 공급할 수 있게 했다. 비누와 합성세제, 세탁이 손쉬운 인공섬유뿐 아니라 최초의 가전제품인 세탁기, 가스레인지와 진공청소기는 20세기 부유한 가정에서 먼저 모습을 드러냈고, 세계의 절반에게 이는 혁명의 시작이었다.

영국의 서프러제트Suffragette

서프러제트는 영국에서 19세기 후반부터 20세기 초반까지 벌어진 여성 참정권 운동 및 그 운동에 참여한 사람들을 가리키는 용어이다. 영국에서는 1860년대부터 여성 참정권에 대한 요구가 있었다. 사상가 존 스튜어트 밀1806~1873의 활동이 대표적이었는데, 자유주의 페미니즘의 선구자라 평가되는 그는 부인과 함께 『여성의 종속』을 저술1869했다. 그 책을 통해 법률적으로 남성에게 종속되어 있고 재산권을 행사하지 못하는 빅토리아 시대의 여성에 대한 통념에 도전했다. 제도적으로 동등한 기회를 준다면 여성도 남성과 같은 능력을 보여줄 수 있다고 주장한 밀은 여성의 사회 진출이 가능하도록 참정권과 같은 평등한 권리를 요구했고, 1,400명이 넘는 여성들의 서명을 받아 청원서를 제출하기도 했다. 이는 서프러제트에게 지대한 영향을 주어 수십 년 동안 비폭력 불복종 방식의 여성 참정권운동이 전개되었다.

그러나 보수당에 비해 상대적으로 우호적이라고 여겨졌던 자유당이 1906년 1월 총선에서 승리하며 집권했음에도 여성 참정권 부여에는 별다른 진전이 없었다. 결국 에멀린 팽크허스트1858~1928를 비롯한 서프러제트들은 투석, 폭탄 투척, 방화 등 폭력적인 방법으로 완강하고 처절하게 저항하기 시작했다. 제1차 세계대전이 일어날 때까지 수감된 서프러제트는 약 1,000명에 이르렀는데, 수감된 이들은 단식 투쟁을 했고 정부는 이들에게 음식을 강제 투입하는 고문으로 탄압했다. 1913년 6월 4일 서프러제트인 에밀리 데이비슨1872~1913은 국왕 조지 5세의 경주마가 결승점으로 질주하던 순간 몸을 던졌다. 옥스퍼드 대학 출신 엘리트였던 그녀는 10차례 체포, 7차례 단식 투쟁, 47차례의 음식 강제 투입 고문을 겪었다. 사건 발생 사흘 만에 사망한 그녀의 장례식에서 약 5,000명의 여성은 행렬을 만들었다.

이 시기 영국 남성 지배자들은, 사실 식민지에서는 여성 해방을 옹호했다. 인도의 사티나 이슬람 여성의 베일 착용과 같은 전통적인 여성 억압 전통을 철폐하는 것이 문명화이며 식민지의 발전이라고 주장했다. 그러나 자국에서는 아이러니하게도 여성 해방을 의미하는 서프러제트를 반대했다. 1910년 이집트 총독을 지냈던 에벌린 베링1841~1917이 영국으로 돌아온 뒤 몰두한 것은 여성 참정권 반대였다. 그는 자연 질서에 역행하는 투쟁을 용인하고 남녀 관계를 뒤집으면 영국이 약해질 것이라고 하면서, 영국 여성을 정치적으로 해방하면 식민지 남성들이 영국 남성들을 존중하겠느냐고 비웃었다.

이 같은 지배 엘리트뿐만이 아니라 가정에서 함께 생활하는 남성들, 심지어 상당수의 여성들도 여성 참정권 도입에 반대하고 나섰다. 당시 저명한 작가이자 빈민 교육 운동가였던 험프리 워드 부인1851~1920은 여성이 해방됨으로써 도덕성을 잃을까 염려했다. 1908년 그녀가 결성한 여성 참정권 반대 전국 여성동맹은 2년 만에 104개 지부로 확대되었다.

이러한 탄압과 박해에도 불구하고 여성 참정권운동은 계속되었고, 결국 영국 의회는 1918년 30세 이상의 모든 남녀에게 투표권을 줌으로써 여성의 일부에게 선거권을 주지 않을 수 없었다. 이는 대전 당시 여성이 전시체제에 협력했던 것에 대한 보상적 성격을 띠기도 했다. 1919년 미국 의회도 수정헌법 제19조를 제출해 이듬해 여성에게 투표권을 주었고, 독일의 바이마르공화국과 오스트리아도 여성에게 투표권을 부여했다. 프랑스는 훨씬 늦게 여성에게 참정권을 부여했다1946.

1913년 한 해 동안에만 12차례 수감과 석방을 반복하는 등 여성 참정권운동에 평생을 바쳤던 에멀린 팽크허스트가 눈을 감은 1928년, 21세 이상 모든 여성들의 투표가 가능해졌다. 여성 참정권운동에 반대했던 남성 정치가들은 영국의 영웅이나 역사의 주연으로 기억된 반면 서프러제트들은 대부분 역사의 뒤안길로 사라졌다. 그러나 그들이 삶을 바쳐 연 문을 통해 세상으로 나온 여성들은 자신들의 목소리를 내기 시작했다. 1919년 11월 보궐선거를 통해 선출된 낸시 애스터1879~1964는 영국의 첫 여성 국회의원하원으로 기록되었고, 현재 전 세계 국가에는 눈에 띌 정도로 결단력 있으면서 정직하고 투명한 행보를 보이는 수많은 여성 지도자들이 있다. 세계 사록

오늘 뭐 입지

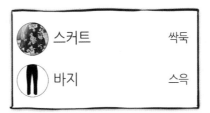

● 스커트		싹둑
바지		스윽

I

출근룩

아침에 일어나서
출근 준비하려고 옷장 열면
다들 이런 생각할 거야.

차암~ 입을 옷 없다ㅜㅜ

그래도 출근은 해야 하니까
뭐라도 입어야지.

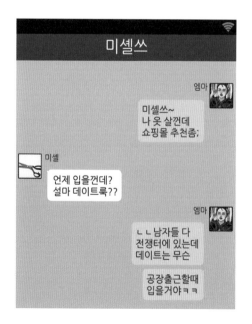

미셸

하긴;
전쟁중인 남자들 대신
우리가 일하고 있으니까

엠마

ㅇㅇ암튼 나 옷 머입지?

치렁치렁 드레스 입고
일하려니까 핵불편해ㅠㅠ

오늘도 치맛자락 밟아서
여러번 넘어질뻔함ㄱ

미셸

일할땐 예쁜거 필요없어
무조건 편해야 돼ㅎ

난 그래서 치마밑단
잘랏어ㅋㅋ

엠마

컥
자..잘랐어??

＋　　　　　　　　　　😊　전송

치마 길이를 보아 하니까
대충 30프랑 정도 자른 듯??

그래도 그러치;;
아무리 불편하다지만
여자가 다리 드러내는 건… 쫌;;;

미셸

나님 좀 천재인듯?
스커트 핵편함ㅎㅎ

치맛자락 안 밟구
나풀나풀 잘 다닌당ㅋㅋ

너두 잘라봐ㅋㅋ

엠마

엄…나는 그냥
다른거 입어볼려구

미셸

머입게?

엠마

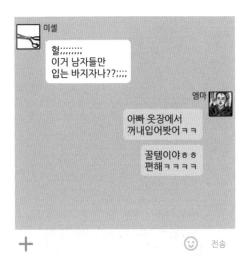

남녀공용

남자들만 입는 바지
나도 한번 입어봤어.
편하더라고ㅎㅎㅎ

아빠 없는 동안만
내가 빌려 입어야지ㅋㅋㅋㅋㅋ

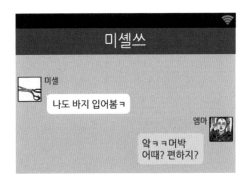

그랬다고 합니다.

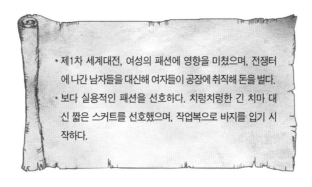

- 제1차 세계대전, 여성의 패션에 영향을 미쳤으며, 전쟁터에 나간 남자들을 대신해 여자들이 공장에 취직해 돈을 벌다.
- 보다 실용적인 패션을 선호하다. 치렁치렁한 긴 치마 대신 짧은 스커트를 선호했으며, 작업복으로 바지를 입기 시작하다.

20세기 초 유럽

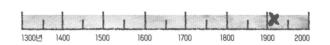

1300년 1400 1500 1600 1700 1800 1900 2000

패션스타그램

🍊 엠마

♥ 121명이 좋아하오

엠마 입을 옷 없어서 아무거나 입어봤ㅎ;
#20대여자 #패션스타그램 #출근룩 #데일리룩
#오늘의착장 #큐티빠띠뽀띠 #파리훈녀

1918년 11월 11일 11시, 대전은 끝났다. 사실 20여 년 뒤에 일어날 사건을 고려하면 '끝난' 것이 아니라 '잠시 멈춤'에 성공했다는 표현이 더 정확하다. 평화를 계속 유지하지 못하고 다시금 대전이 일어난 것은 제1차 세계대전의 뒤처리가 성공적이지 못했던 탓이었다. 결론적으로 전쟁과 평화, 그 어느 것도 제1차 세계대전을 일으킨 유럽의 경쟁관계를 해결하지 못했다.

　1919년 1월 파리에서 열린 평화회의에는 식민지들이 보낸 대표를 포함해 약 30개국의 대표들이 모여들었다. 여성 참정권, 인권, 최저임금제 등을 요구하는 국제적 활동가들도 참여했다. 전 세계에서 온 기자들은 파리에서 뉴스를 전송했다. 러시아, 오스트리아-헝가리, 독일제국이 사라진 대신 강대국으로 부상한 미국을 중심으로 영국, 프랑스, 이탈리아 그리고 뒤에 참여한 일본 등 5대국의 대표들이 회담을 주도하며 그동안 일어난 변화를 드러냈다. 총 60회에 달하는 회합을 통해 패전국인 독일, 오스트리아, 헝가리, 오스만, 불가리아와 각각의 5개 조약들이 체결되었고 이를 통해 열강들은 유럽, 서아시아, 아프리카에서의 관계를 조정했다. 독일과 연합국이 1919년 6월 28일에 맺은 베르사유조약이 대표적이기 때문에 파리강화회의 이후 형성된 유럽 열강들의 상호 견제, 협력관계를 일명 '베르사유 체제'라고 부른다. 그리고 베르사유 체제는 정치·사회적 불만의 씨앗을 세계 곳곳에 뿌렸다.

이 체제의 기저에는 미국 대통령 우드로 윌슨이 국회 연설에서 밝혔던1918.1.8 '14개조 평화원칙'이 깔려 있었다. 비밀 외교의 폐지, 관세 장벽 폐지, 국제연맹의 창설 등을 내용으로 하는 원칙 중 7개 원칙이 약소민족의 독립과 관련되어 '민족자결주의'로 널리 알려져 있다. 그러나 이는 레닌이 11월혁명에 성공한 뒤 자국 내 100여 개 소수민족에 대한 민족자결을 원칙으로 하는 '러시아 제민족의 권리선언'을 선포1917.11.15한 뒤에 발표되었다. 때문에 당시 연합국 측의 동요를 억제하기 위한 의도가 다분했다. 그랬기에 실제 적용에 있어 민족자결의 이상은 연합국의 전략적 이해관계라는 현실에 부딪혀 퇴색했다. 패전국의 희생을 강요하는 전승 열강의 이해관계에 따라 결국 그 대상은 패전국 식민지에만 적용되었다.

제국들은 전쟁 중 식민지에서 막대한 병력과 자원을 차출했다. 그러나 승리한 뒤 연합국이 약속했던 식민지 개혁은 언급만 있었을 뿐 실제로 이루어진 것은 거의 없었고, 심지어 평화회담에 온 식민지 대표들은 냉대받았다. 그동안 온건한 입법적 변화를 지지해온 식민지의 민족주의자들은 적극적인 투쟁을 식민주의의 부당함에 대한 해답으로 결정했고, 이 같은 실망은 반대급부로 공산주의의 매력을 강화시켰다.

게다가 연합국은 전쟁 기간 볼셰비키 정권을 무너뜨리고자 시도했으며 이후 협상에서 배제시켰다. 이는 러시아와 그 뒤를 이은 소련의 수세대 동안 지속된 서방에 대한 불신을 낳았다. 러시아와 함께 유럽에 개입해 전쟁을 종결시킨 미국은 다시 발을 빼고 싶어 했고, 윌슨이 주창한 국제연맹 창설은 가결되었지만 정작 미국 의회에서는 비준이 거부되었다.

베르사유조약이 터무니없이 부당하다고 비난한 독일의 불만이 가장 격렬했다. 이 조약으로 독일은 엄청난 영토를 잃었다. 알자스와 로렌은 프랑스에, 북부 지방은 벨기에와 덴마크에, 인구의 대다수가 독일인이었던 단치히그단스크를 비롯한 동부 회랑지대와 슐레지엔은 폴란드에 할양되었다. 영토의 13퍼센트, 인구의 10퍼센트를 잃은 독일의 자르 분지 탄광들은 프랑스에 넘어갔다. 무장 해제된 독일에서는 공군이 금지되었고 군사력은 병력 10만 명 이하에 탱크, 잠수함, 항공기 등 장비의 생산도 금지되었다. 식민지도 몰수되어 중국과 적도 이북 태평양 지역 식민지는 일본이, 남태평양과 아프리카 동부 및 남부 식민지는 영국이, 콩고 이북 아프리카 식민지는 프랑스가 차지했다.

게다가 231조에 의해 전쟁 책임이 독일과 동맹국에 있다고 단정되면서 연합국 민간과 재산에 끼친 모든 손해에 대한 배상금 지불이 결정되었다. 기한은 1921년 5월 1일까지로 결정되었는데, 총액은 천문학적 액수인 1,320억 금화 마르크 330억 달러였다. 당시 영국 대표로 참석했던 저명한 경제학자 존 메이너드 케인스 1883~1946는 이를 통렬하게 비판했다. 그는 지속적인 평화 유지를 위해서는 평화조약에 기초해 신속하게 무역과 생산에 활기를 불어넣고 고용 성장을 이루어야 한다고 주장했다. 이에 조약은 유연하되 보복의 성격을 가져서는 안 되었다. 프로이센-프랑스전쟁 이후 프랑스에 부과된 막대한 배상금을 1870년대 유럽 경기 후퇴의 원인으로 본 그는 독일에게 배상금을 부과하지 말아야 하며 부과된다 해도 총액은 20억 파운드를 넘으면 안 된다고 강조했다. 케인스는 베르사유조약이 결국 경제적 파국을 가져올 것이고 또 다른 세계대전을 불러올 것임을 정확하게 예측했다. 1929년 대공황과 제2차 세계대전은 베르사유조약에 이미 내포되어 있었던 셈이다.

독일의 바이마르공화국은 자본주의 체제를 인정하면서도 소유권의 사회적 의무를 강조하고 인간의 생존권이 특별히 명기된 선진적인 헌법을 공포하기도 했다. 그러나 중앙당, 민주당, 사회민주당의 연립 내각이 이끄는 공화국의 앞날에는 먹구름이 가득했다. 보복적인 조약을 강화가 아닌 강압으로 받아들일 수밖에 없었던 그들의 경제는 엄청난 전쟁 배상금으로 곧 파탄 지경에 이를 게 뻔했다. 이로 인해 미국 경제력에 대한 의존이 더욱 심화되는 가운데, 1920년대 외교는 거의 베르사유조약의 수정에 집중되었다. 국내적으로도 소수의 자본가들과 극좌적 사회주의 그룹이 극과 극의 대립을 보이기 시작했다. 그런 와중에 국가 사회주의 독일 노동자당이 1921년 전당대회를 열고 당 선전부장으로 활약하던 달변가 아돌프 히틀러1889~1945를 당수로 선출하면서 독일은 세계를 또 다른 격랑에 휩쓸리게 할 준비를 하고 있었다.

영국에서는 베르사유조약 이후 독일을 동정하는 여론도 있었지만 대체로 독일에 대한 공분에 가까운 감정이 지배적이었다. 이는 심지어 당시 국왕 조지 5세가 '하노버'라는 독일계 왕가 개명의 필요성까지 느끼게 할 정도였다. 왜냐하면 독일과의 전쟁에서 영국인은 이전에 없던 야만성을 경험했기 때문이다. 독일은 독가스를 살포하고 인구 밀집 지역에 폭탄을 투하하며, 어떤 경우든 사전 경고를 주어 선원들이 배를 버리고 탈출할 최소한의 시간을 보장한다는 국제 규정을 어기고 사전 예고 없이 적국의 함선을 공격했다. 반감이 극에 달해 독일식 이름의 상점이 약탈되거나 베토벤과 바흐의 공연이 금지되었고, 독일산 개 닥스훈트까지 돌팔매질을 당하기도 했다. 이런 가운데 독일과의 연관성에서 벗어나고자 한 조지 5세는 왕실의 오랜 별궁의 지명인 윈저에서 착안, 성공적으로 개명했다.

제1차 세계대전 종결 이후 영국은 다른 열강에 비해 일찍 탈식민지화를 단계적으로 준비했다. 1922년 이집트, 1923년에는 이라크의 독립을 인정했으며 인도에서도 1919년부터 교육, 보건, 공공사업 등에 관련한 권한을 토착 세력에게 이관하기 시작했다. 캐나다, 오스트레일리아, 뉴질랜드, 남아프리카공화국 등 백인이 다수 거주하는 지역에 자치령의 지위를 부여해 영연방으로 조직했다. 아프리카도 간접 통치하는 방식을 적용했다. 물론 이는 전적으로 식민지 유지에 드는 경제적 부담을 감소시키되 영향력을 유지하려는 실리적 의도에서 추진되었다.

프랑스는 베르사유조약이 지나치게 온건한 타협으로 조르주 클레망소1841~1929가 너무 많은 것을 양보했다고 믿었다. 이러한 분위기는 전쟁 중 각 정부가 벌였던 선전전에 기인했다. 양측은 전쟁을 처음부터 도덕적이고 정당한 성전으로 선전했다. 프랑스 대통령 레몽 푸앵카레1913~1920재임는 전쟁을 시작하면서 자국민에게 '프랑스는 전 인류 앞에 자유, 정의, 이성을 지키는 것 말고 다른 목적은 없다'고 외쳤다. 독일인은 연합국의 사악한 포위 정책에 대항해 자신의 우월한 문화를 수호하는 임무가 있다는 선전을 믿었다. 1914년 독일인의 인사말은 "하나님이시여! 영국을 벌주소서!"였다. 시민 징병과 식민지 군대 소집이 중요해지자 정부들은 선전전에 열을 올렸다. 영화, 포스터, 우편엽서, 신문 등 모든 매체는 자신들의 정당함, 적의 사악함, 완전한 승리의 절대적 필요성 등을 알렸다. 이의 영향을 받은 국민이, 케인스의 주장처럼 징벌이 뒤따르지 않는 평화협정을 받아들이는 것은 어려운 일이었다.

대전은 많은 흔적을 남겼다. 패션계의 일명 '명품'이 전쟁으로 탄생했다는 것은 아이러니다. 영국 햄프셔에서 양복점을 경영하던 토머스 버버리가 발명1879한 개버딘 천을 소재로 한 방수용 코트는 에드워드 7세의 사랑을 받으며 명품으로 알려지기 시작했다. 남아프리카전쟁에서 군복으로 채택된 이후 제1차 세계대전에도 납품해 탁월한 보온과 방수효과로 참호전에서 유용하게 쓰여 '트렌치참호 코트'라는 이름을 얻게 된다. 전쟁 후에도 높은 실용성으로 일상에서도 인기를 끌었고 고전적인 패션으로 자리 잡았다.

프랑스 '샤넬 모드' 모자점1910으로 가브리엘 보뇌르 샤넬1883~1971이 등장한 것도 이 시기다. 그녀는 남자의 전유물로만 여겨졌던 바지를 입고, 불편한 모자 장식을 제거했으며, 단발머리를 했다. 그동안 여성의 상체를 옥죄던 코르셋을 제거하고 치렁치렁한 치마를 무릎까지 잘라낸샤넬 라인 스커트 일명 '샤넬 룩'이 탄생했다. 전쟁으로 사회인이 된 여성들에게 샤넬의 간결하면서도 우아한 옷은 엄청난 인기를 얻기 시작했다.

유럽이 인플레이션, 부채, 산업 재건이라는 힘든 과업 속에 세계 경제의 중심에서 밀려나기 시작하고, 미국과 일본이 가장 큰 이득을 얻어 새로운 세계 경제의 지도자로 떠오르기 시작한 것도 대전이 남긴 흔적 중 하나였다. 그러나 대전의 보다 큰 유산은 일종의 문화적인 것으로, 헛된 살육이 벌어졌던 데 대한 시대적 환멸이었다. 세계 경제의 중심이자 권세의 절정기에 있던 유럽인은 문명의 장점을 약속한 근대에 대한 신념으로 전쟁에 뛰어들었다. 하지만 대전이 보여준 것은 근대 세계의 무자비함과 추악함이었다. 상상을 초월한 규모의 살상과 파괴로 민간인을 포함해 700만 명 이상이 사망했을 뿐 아니라 한 세대의 남성이 정당한 이유도 없이 희생되었다. 살아남은 사람들조차 다수가 신체상, 심리상 영구적인 상처를 입었다. 이는 후에 많은 유럽인이 자신의 자유를 기꺼이 포기하고 극단주의적 정당을 지지하는 배경이 되었다. 세계사록

talk 13

깊콘 하나로 돌려막기

팔레스타인 땅

※캡쳐본을 주의하세요※

※ 잔액은 돌려주지 않소이다!

기프티콘　※캡쳐본을 주의하세요※

I
주거니 받거니

언제 어디서든 간편하게
주고받을 수 있는 #깊콘

사소한 거라도
일단 받으면 기분 좋지 않아ㅎ?

그런데 말이지…
이번에 받은 깊콘은
좀 맘에 걸린단 말야;;;

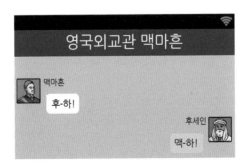

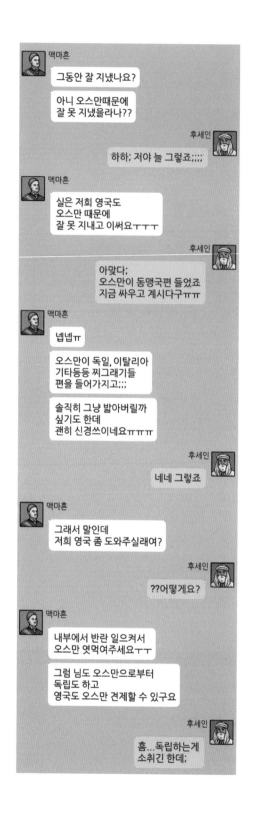

근데 깊콘이 너무 탐나서
오스만 넘들 무찔러준다고 하긴 했는데

저 깊콘… 캡쳐한 거네?
나 이제 봄;;;;;
왜 캡쳐본을 줬지???

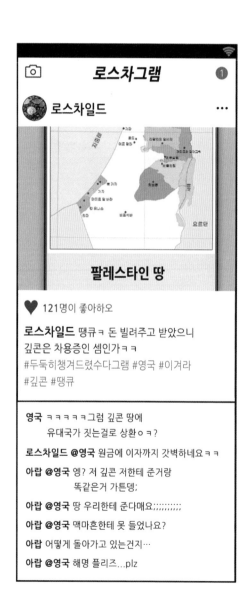

아… 느낌이 쎄한데;;;;

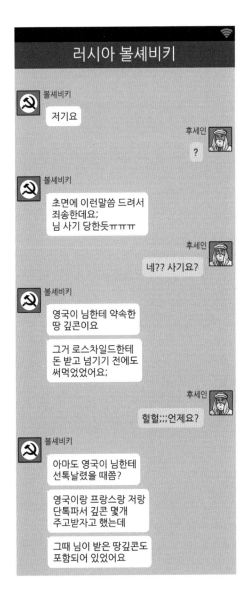

러시아 볼셰비키

볼셰비키

저기요

후세인

?

볼셰비키

초면에 이런말씀 드려서
죄송한데요;
님 사기 당한듯ㅠㅠㅠ

후세인

네?? 사기요?

볼셰비키

영국이 님한테 약속한
땅 깊콘이요

그거 로스차일드한테
돈 받고 넘기기 전에도
써먹었었어요;

후세인

헐헐;;;언제요?

볼셰비키

아마도 영국이 님한테
선톡날렸을 때쯤?

영국이랑 프랑스랑 저랑
단톡파서 깊콘 몇개
주고받자고 했는데

그때 님이 받은 땅깊콘도
포함되어 있었어요

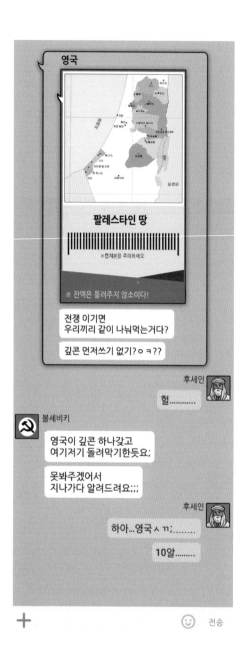

그랬다고 합니다.

- 제1차 세계대전 당시 아랍의 후세인 가문과 이집트에 주재하던 영국 외교관 맥마흔, 서신을 주고받다. 오스만에 대항하여 봉기를 일으키면 아랍국의 독립을 인정해주겠다고 하다. #후세인맥마흔협정
- 영국, 유대계 거대 금융 가문인 로스차일드가로부터 세계대전 전쟁 자금을 빌리다. 팔레스타인 땅에 유대 국가 설립하는 것을 지지하다. #밸푸어 선언
- 러시아 볼셰비키, 영국과 프랑스 사이에서 맺어진 비밀 협정을 폭로하다. 중동지역을 나눠서 통치하자는 내용으로, 여기엔 팔레스타인 땅도 포함되어 있었다. #사이크스피코협정

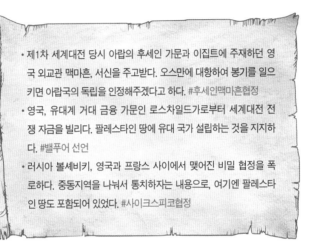

1915~1917년 팔레스타인

| 1300년 | 1400 | 1500 | 1600 | 1700 | 1800 | 1900 | 2000 |

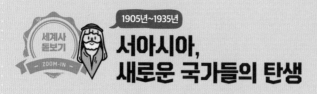
서아시아,
새로운 국가들의 탄생

📷 **로스차그램**

🔴 로스차일드 ···

팔레스타인 땅

♥ 121명이 좋아하오

로스차일드 땅큐ㅋ 돈 빌려주고 받았으니 깁콘은 차용중인 셈인가ㅋㅋ

#두둑히챙겨드렸수다그램 #영국 #이겨라 #깁콘 #땅큐

오스만제국에서 터키 공화국으로

탄지마트를 추진했던 아버지 압둘 메지드의 뒤를 이은 압둘 하미드 2세1876~1909재위는 오스만 역사상 최초의 헌법을 공포했다1876. 그러나 러시아-튀르크전쟁에서 패배해 발칸의 독립을 받아들여야 했던 그는 내정에 개입하는 유럽을 차단하는 정책을 실시했다. 의회를 해산시키고1877 헌법을 중지하며1878 30여 년간 전제정치를 실시한 것은 그 일환이었다.

프랑스가 튀니지를 점령1881하고 이집트가 영국 세력권에 들어가자1882 그는 독일에 지원을 요청했다. 빌헬름 2세는 대가로 바그다드 철도 부설권을 비롯한 각종 이권을 얻으며 3B 정책으로 나아갔다. 술탄은 제국의 분열을 막고 제국주의에 대응하고자 범이슬람주의를 주창했지만, 전제 정치에 대한 불만은 고조되었고 이를 이용한 서구의 간섭은 계속 증가했다. 영토 상실과 증대하는 차관으로 인한 재정 파탄은 제국을 붕괴의 길로 몰아갔다. 결국 1907년 청년 튀르크당의 통합진보위원회가 일으킨 혁명을 맞게 된 술탄은 이듬해 혁명 세력이 원하는 헌법 부활을 승인했다. 그러나 반혁명을 주도하다 실패해 살로니카에 유폐되었고, 술탄은 1909년 동생 메흐메드 5세1909~1918재위에게 넘어갔다.

청년 튀르크당이 실질적 권한을 행사한 입헌군주제 아래서 메흐메드 5세의 권위는 명목상에 불과했다. 1889년 사관학교의 청년 장교와 이스탄불 대학의 학생들이 조직한 비밀 결사대로 출발했던 청년 튀르크당은 근대화를 통해 국가의 쇠퇴를 막고자 했다. 유럽에서 고문이 초청되고 정부 개혁과 근대화가 추진되었다. 하지만 제국이 계속적으로 외교적 굴욕을 당하던 국제 정세는 이들의 설득력을 약화시켰다. 게다가 이들은 민족 간 화합이 망상이라고 결론짓고 튀르크인만의 민족주의를 주창했다. 제국의 근간이었던 범이슬람주의를 무너뜨리는 그들에게 다른 민족들은 분노했고 이에 청년 튀르크당은 폭력에 의존해야 했다.

메흐메드 5세는 제1차 세계대전을 지하드로 선언하면서 참전을 결정했다. 이를 통해 아랍인들이 함께 투쟁하길 기대한 것이었지만, 영국의 지원을 받은 아랍인들은 도리어 오스만에 대항하는 전선을 형성했다. 오스만은 갈리폴리에서 처칠의 영국군 및 그 식민지군에게 역사에 길이 남을 처참한 패배를 안겨주기도 했다1915. 그러나 얼마 못 가 이집트 및 바그다드, 다마스쿠스, 예루살렘, 베이루트를 포함한 서아시아 도시들이 연합군에게 장악되기 시작했다. 광범위한 영토를 상실한 술탄은 대전이 끝을 향하던 해 사망했다.

그리고 압둘 메지드의 또 다른 아들이 36명의 술탄 중 마지막인 메흐메드 6세1918~1922재위가 되었다. 제1차 세계대전이 종결된 뒤 무기력한 술탄은 어마어마한 인플레이션과 채무를 안고 이스탄불로 숨었다. 그리스인과 영국인, 이탈리아인은 전리품으로 오스만의 영토를 취하려 하고 있었고, 아랍어 사용 지역은 영국과 프랑스의 식민지, 아르메니아인의 국가, 동부 아나톨리아 자치 지역으로 잘려나갔다. 다르다넬스 해협과 오스만의 재정은 국제 사회의 감독을 받아야 했다.

1920년 8월 체결된 세브르조약의 굴욕에 직면한 민족주의자들이 대국민 의회로 앙카라에 모였다. 청년 튀르크당의 당원이었으며 오스만의 유일한 개선장군인 무스타파 케말1881~1938이 지도자로 부상했다. 그는 이후 3년간 일명 '터키 독립전쟁'으로 불릴 민족주의자들의 정치 및 군사적 저항을 이끌기 시작했다. 그리스와 아르메니아, 프랑스와의 전쟁에서 성과를 거둔 대국민 의회는 세브르조약을 폐기하고 로잔조약을 체결함으로써 국제 사회로부터 주권과 영토를 인정받았다.

이 과정에서 1922년 11월 1일 칼리프와 분리된 술탄이 폐지되었고 이듬해 10월 터키공화국이 선포되었다. 아나톨리아 튀르크인이 5~6세기 만에 처음으로 대다수를 차지하게 된 민족국가 튀르크 역사의 시작이었다. 대통령으로 선출된 케말은 수도를 앙카라로 옮기고 서구적 정당인 인민공화당을 창설했다. 1924년 칼리프 제도도 종식을 고했다.

'완벽'을 의미하는 '케말'을 이름으로 정한 무스타파 케말은 영토팽창보다 서구적 근대화에 초점을 맞추었다. 개정1928된 헌법은 나폴레옹 법전을 모범으로 제정되었는데, 이슬람 국가라는 것이 삭제되면서 정교분리의 세속적 성격을 띤 사회의 모습을 갖추기 시작했다. 무슬림력은 폐기되었고 모국어의 표기 수단으로 아랍문자도 폐기되었다. 대신 로마 알파벳이 채택되었고 학교의 종교수업이 폐지되었다. 전통적인 모자 페스 착용도 금지되었다. 유럽에서 건너온 모자였지만 무슬림의 모자로 간주되었기 때문이다. 일부다처제와 여성의 베일 착용이 금지되었으며, 여성은 투표권을 얻었고1930 직업 또한 권장되었다. 터키 국회로부터 '튀르크의 아버지'를 의미하는 '아타튀르크' 칭호를 부여받은 케말은 1938년 사망 전까지 근대화 혁명이 경직되지 않도록 노력했다.

팔레스타인과 아라비아반도

20세기 초 아라비아반도 서북 지역의 아랍인은 메카의 하심가家, 동북 지역은 리야드의 사우드가의 세력 내에 있었다. 청년 튀르크당의 튀르크화 정책은 오스만 술탄에게 바치던 아라비아반도 통치자들의 충성을 뒤흔들었다.

영국은 동맹국 전선 붕괴라는 자신의 전략적 목적을 위해 아랍 민족주의를 부추기면서 아랍의 독립에 대한 조건부 인정을 제시했다. 이집트 주재 영국 관리 맥마흔이 10여 차례의 서신을 통해 오스만에게 저항한다면 승전 후 아랍의 독립을 인정하겠다고 제안한 것이다. 무함마드의 직계 혈통으로 세력이 강했던 하심가의 대표 후세인 빈 알리1855~1931는 이를 수락했고 이로써 '후세인-맥마흔 협정1915~1916'이 성립되었다. 후세인은 더 나아가 대부분 오스만제국 영토인 위도 37도 남쪽 모든 아랍 영토의 독립을 요구했다. 영국이 이를 받아들일 수 없었던 이유가 러시아에 의해 밝혀졌을 때, 영국은 궁지에 몰렸고 아랍은 분노했다.

1916년 6월 후세인이 메디나의 튀르크 요새를 공격하면서 오스만에 대한 아랍의 반란은 시작되었다. 헤자즈 지역메카 메디나를 포함한 반도의 서북 지역의 독립을 선포한 후세인은 국왕으로 추대되었다. 헤자즈 왕국의 군대는 1917년 팔레스타인에 진군해 예루살렘을 점령했고 1918년 아랍인들과 다마스쿠스에 입성했다. 그러나 그 전에 사건이 터졌다. 볼셰비키가 과거 러시아제국의 비밀외교를 공개하면서 영국과 프랑스가 러시아에 제안한 서아시아에서의 세력권 분할 구상이 드러난 것이다.

일명 '사이크스-피코협정1916'은 아랍인의 반란이 시작되기 전 영국과 프랑스 사이에서 체결된 것이었다. 프랑스는 현재의 레바논과 시리아를, 영국은 이스라엘의 남부, 요르단, 이라크, 사우디아라비아 북부를, 러시아는 터키를 관리하고, 예루살렘과 가자 지구, 팔레스타인 지방은 국제 관리하에 두자는 내용이었다. 게다가 1917년 영국의 외무성 장관 아서 밸푸어1848~1930는 '팔레스타인에 유대인을 위한 민족적 조국의 수립'을 지지한다고 선언밸푸어 선언하고 이를 서약했다. 유대인계 로스차일드 재벌의 재정적 후원을 얻는 대가였다.

1897년 유럽에는 시오니스트회의가 등장했다. 그동안 공동체 건설에 실패했던 유대 민족의 근거지 마련이 목표가 되면서 유대인 역사에는 새로운 국면이 전개되었다. 아르헨티나와 우간다 등 적합한 지역이 당장 분명하게 정해지지 않았다. 그러다 최종적으로 시온주의자들의 의견은 팔레스타인으로 수렴되었고 소규모의 유대인 이주가 시작되었는데, 당시 유럽의 시온주의자들은 밸푸어 선언을 매우 진지하게 받아들였다. 그러나 이는 아랍인들이 영국과 프랑스로부터 들었던 약속과 결코 양립될 수 없는 것이었기에 문제가 되었다.

결국 갈등의 소지를 안고 있는 이 선언은 아랍 지도자들과 시온주의자들에게 장차 있을 아랍-이스라엘 충돌의 씨앗을 뿌렸다. 처음에는 전쟁이 그리고 이후에는 석유에 대한 보증이 유럽을 이 지역으로 한층 더 깊게 끌어들였다. 결국 제1차 세계대전 후 이 지역을 둘러싼 전망은 혼란 그 자체가 되었다. 아랍 지도자들은 파리 평화회의에 참석했지만 독립을 향한 희망이 무너졌음을 보았고 영국, 프랑스와의 반목이 불가피함을 깨달았다. 국제연맹이 아랍 영토에 관한 위임 통치권을 영국과 프랑스에 주면서 결국 이라크와 트란스요르단현재 요르단, 팔레스타인은 영국에게로, 시리아와 레바논1926년 시리아에서 분리은 프랑스의 손아귀로 떨어졌다.

아랍인들은 1921년부터 반유대주의 폭동을 일으켰다. 유대인 이민을 통제하지 않을 경우 생겨날 아랍인들의 격렬한 항의와 유대인 이민을 통제할 경우 발생할 유대인들의 격렬한 항의 사이에서 영국은 오도 가도 못하게 되었다. 팔레스타인을 통치하던 영국은 대체로 유대인을 지지하는 입장이었지만, 1920년대 이후 석유가 개발되면서 영국은 아랍 정부들도 계산에 넣어야만 했다.

영국은 서아시아를 관리하는 제국의 역할을 더 이상 맡고 싶지 않았다. 제국 유지에 영국이 감당할 수 없을 만큼의 힘과 자원이 들어간다는 사실을 알았기 때문이다. 제국주의적 도취보다 더욱 중요한 이익, 즉 자신들의 전함을 위해 수에즈 운하와 이라크 및 페르시아에서 들어오는 석유 공급을 지키는 것이 우선이었다. 그리하여 영국은 이집트의 독립을 인정하면서도 수에즈 운하 부근에 수비대를 주둔시킬 권리는 보장받았다. 지속적 갈등이 예견된 팔레스타인 문제에서도 영국은 결국 발을 뺐고 제2차 세계대전 이후 국제연합UN에 이관했다.

아라비아반도의 분쟁에서도 마찬가지였다. 헤자즈의 국왕만이 아닌 전 아랍의 통치자이길 원했던 후세인은 베르사유조약 비준을 거부, 1924년 3월 모든 무슬림의 칼리프로 선언했다. 터키공화국에서 칼리프 제도가 소멸했기 때문이었다. 이로 인해 연합국의 지원은 중단되었고 이후 사우드가의 네지드 술탄국과의 전쟁에서 패배하면서 퇴위, 아들에게 양위했다. 헤자즈를 정복하는 데 성공1926한 사우드가의 압둘 아지즈 알 사우드이븐사우드1880~1953는 사우디아라비아 왕국을 건설했다1932. 사우드가는 18세기 말 이슬람교의 타락과 형식주의를 비판하며 진정한 이슬람의 원리로 돌아가자는 '와하브운동'의 중심 세력이었으며, 이를 계기로 디리야 아미르국사우드 제1왕국1774~1818을 세우기도 했었다. 그렇기에 사우디아라비아는 이슬람 수니파 중에서도 보수적인 국가로 자리매김하게 되었다.

그러나 사우디아라비아 건국은 그때까지 이라크와 요르단의 왕이었던 후세인의 여러 아들을 고려할 때 새로운 충돌이 발생할 소지를 다분히 갖고 있었다. 더 많은 어려움이 발생할 것으로 판단한 영국은 이라크에서도 군사만 주둔시키고 전략적 이익만 확보하며 위임통치를 끝내기로 했다. 1932년 이라크는 독립국이자 주권국가로 국제연맹에 가입했다.

페르시아 카자르 왕조에서 이란 팔레비 왕조로

사파비 왕조의 수립으로1502 아랍인의 침입 약 1,000년 만에 자신들의 왕조를 다시 열게 된 페르시아는 시아파 이슬람의 종주국을 자처했다. 사파비 왕조의 멸망1736 후 60여 년간의 혼란기 끝에 페르시아에는 테헤란을 수도로 삼은 카자르 왕조1794~1925가 들어섰다. 러시아의 침입을 격퇴하기도 하고 오스만과 대결한 적도 있었지만 결국 19세기 중엽부터는 영국과 러시아 간 그레이트 게임의 대상이 되었다. 경제 발전을 위해 영국에 이권을 허용하고 군사적 안정을 위해 러시아에 의존하면서 국가는 분열되었고 영토는 빼앗겼다.

카자르 왕조는 영국의 압력에 의해 근대화운동을 진행했는데 그 과정에서 영국의 경제침탈이 본격화되었다. 특히 1890년대 초 영국인에게 50년간 담배 재배, 판매 수출에 대한 전권을 양도한 왕실 측근들은 부자가 되었다. 그러나 당시 열강의 침략으로 위기에 빠진 이슬람의 단결을 촉구하던 아랍 민족운동의 선구자 알 아프가니1838~1897는 담배 전매권 반환 촉구 편지를 보냈다. 이는 울라마와 근대화주의자, 상인, 학생, 도시민들을 정부 정책 반대운동으로 결속시켜 페르시아 근대 최초의 대중 저항을 성공시켰다. 더 나아가 이들의 제헌 움직임이 분출된 '입헌혁명1905~1911'으로 입헌군주제가 수립되기에 이르렀다.

이러한 움직임에 놀란 영국과 러시아는 '영러 협상'을 체결했다. 페르시아 영토 통합을 명목상 유지하면서 북부에서는 러시아 세력권을 남부에서는 영국의 세력권을 인정, 분할한 것이다. 이듬해인 1908년 영국은 자신의 세력권에서 석유 개발에 성공했다. 페르시아는 제1차 세계대전 중 중립을 선포했으나 석유는 양 세력의 목표물이 되게 했고 결국 전쟁터로 만들었다. 종전 후 잃은 영토 회복과 영러 협상의 폐기를 요구해 독립성과 영토의 불가침성을 인정받았지만, 실질적으로는 1919년 8월 비밀협정에 따라 영국의 보호를 받는 처지로 전락했다. 영국은 관세 혜택이나 철도부설권 같은 특권을 받은 대가로 페르시아에 차관을 제공하기로 되어 있었다. 그러나 이는 볼셰비키 정권에 의해 폭로되고, 영국이 차관을 중지하면서 페르시아 정부는 혼란에 빠지고 만다.

이런 소용돌이 속에서 1921년 페르시아 코사크 부대 사령관인 리자 칸리자 샤 팔레비1878~1944이 1,200명을 이끌고 테헤란을 점령하는 쿠데타로 전권을 장악하는 일이 벌어진다. 총리직을 강제당한 카자르 왕조의 마지막 샤는 국외로 망명 1923한 뒤 귀국을 거부했다. 제헌의회는 카자르 왕조의 종식을 선언1925했고 리자 칸에게 독재 권력을 주었다. 그가 '샤 중의 샤'로 선포되면서 새로운 팔레비 왕조 1925~1979가 통치권을 부여받았다.

리자 칸은 페르시아의 완전 독립과 근대화를 지향해 모든 분야에 걸쳐 개혁을 단행했다. 여성의 베일 착용과 종교 학교를 폐지하면서 세속주의적 성향을 드러내 '이란의 케말'이라고 불리기도 했다. 소련의 등장을 유리하게 이용해 종전의 굴욕적인 외교협정을 모두 폐기함으로써 외국인에게 준 특례도 없앴다. 교육제도와 법제도 개혁 및 산업화가 이루어졌으며 철도를 비롯한 교통 체계 등도 비약적으로 발전했다. 그는 1933년 석유 외교라는 새로운 기술을 이용해 큰 성공을 거두기도 했다. 최초의 대학교를 창설한 이듬해인 1935년 공식 국명이 '페르시아'에서 '이란'으로 바뀌며 새로운 역사의 시작이 선포되었다. 세계사록

talk 14

싸우지 않고 싸운다

🔘 소금 　　바다에서 왔어요ㅎ

짠맛 채취법

우리 몸에 꼭 필요한 영양분
#나트륨

📶

영양분으로서도 필수지만
짠맛이 없으면
밥상에 숟가락이 가지 않는 법!

고로 #소금은
꼭 필요한 인생 필수품인데…

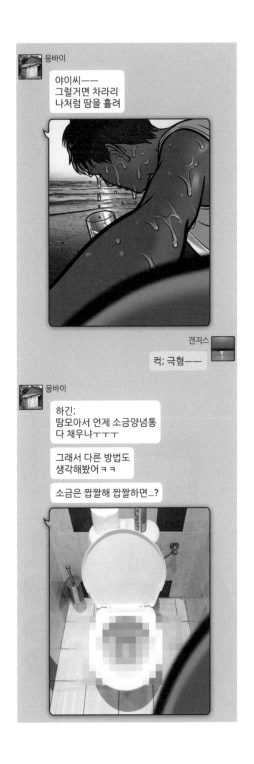

집 근처 마트만 가도
손쉽게 구할 수 있는 소금이지만,
우리 인도인들은 살 수가 없어ㅜㅜ

사려면 영국산 소금을 사야 하는데,
이게 진짜 비싸거든ㅠㅠ

값싼 인도산 소금은
영국이 판매금지해버렸다구ㅠㅠ

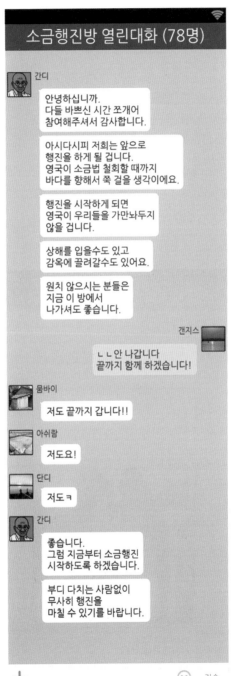

소금행진방 열린대화 (78명)

간디
안녕하십니까.
다들 바쁘신 시간 쪼개어
참여해주셔서 감사합니다.

아시다시피 저희는 앞으로
행진을 하게 될 겁니다.
영국이 소금법 철회할 때까지
바다를 향해서 쭉 걸을 생각이에요.

행진을 시작하게 되면
영국이 우리들을 가만놔두지
않을 겁니다.

상해를 입을수도 있고
감옥에 끌려갈수도 있어요.

원치 않으시는 분들은
지금 이 방에서
나가셔도 좋습니다.

갠지스
ㄴㄴ 안 나갑니다
끝까지 함께 하겠습니다!

뭄바이
저도 끝까지 갑니다!!

아쉬람
저도요!

단디
저도ㅋ

간디
좋습니다.
그럼 지금부터 소금행진
시작하도록 하겠습니다.

부디 다치는 사람없이
무사히 행진을
마칠 수 있기를 바랍니다.

전송

Ⅲ 노싸움

영국에 반대하면
잡혀간다는 거 아는데…

그래도 소금독점판매라니!
이건 해도 해도 너무하잖나!!!!

그래서

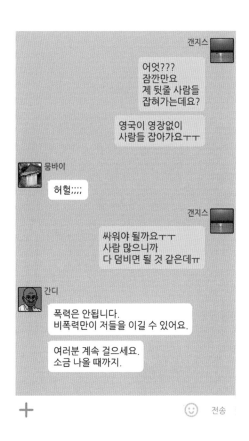

갠지스

어엇???
잠깐만요
제 뒷줄 사람들
잡혀가는데요?

영국이 영장없이
사람들 잡아가요ㅜㅜ

뭄바이

허헐;;;;

갠지스

싸워야 될까요ㅜㅜ
사람 많으니까
다 덤비면 될 것 같은데ㅠ

간디

폭력은 안됩니다.
비폭력만이 저들을 이길 수 있어요.

여러분 계속 걸으세요.
소금 나올 때까지.

＋   ☺   전송

그랬다고 합니다.

"손수히 소금을 넘기면
유혈사태는 일어나지 않을 것입니다."

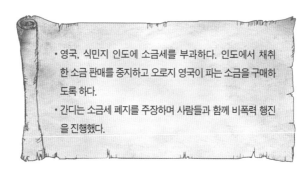

- 영국, 식민지 인도에 소금세를 부과하다. 인도에서 채취한 소금 판매를 중지하고 오로지 영국이 파는 소금을 구매하도록 하다.
- 간디는 소금세 폐지를 주장하며 사람들과 함께 비폭력 행진을 진행했다.

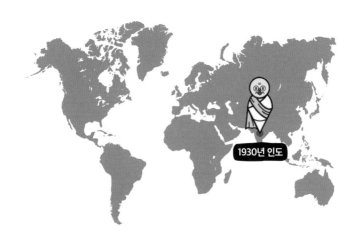

1930년 인도

1300년 1400 1500 1600 1700 1800 1900 2000

1877년~1947년

영국령 인도에서
인도 자치령을 향해

영국의 인도 통치

1877년 의회가 빅토리아 여왕에게 '인도 여황제' 칭호를 부여하면서 인도는 영국의 완전한 식민지가 되었다. 세포이 항쟁과 같은 반란을 막기 위해서는 엄격하고 안정된 정부가 통치해야 한다고 여겼기 때문이다. 인도는 대영제국의 최대이자 최고로 중요한 식민지였다. 20세기에 들어섰을 때 "인도를 지배하는 한 우리는 세계 최대의 강국이다. 인도를 잃는 즉시 우리는 삼류 국가로 전락할 것이다"라고 한 인도 총독 조지 커즌 경1898~1905재임의 말에 모두 동의했다. 인도의 납세자들은 대영제국 방위비의 많은 부분을 담당했고, 인도 병사들은 몰타섬에서 청까지 펼쳐진 제국 유지에 이용되고 있었다. 또한 인도의 관세 정책은 영국의 상업적, 산업적 상황에 따라 변화가 가능해 경제적 이득을 주었다.

영국의 인도 통치는 인종적 우월성에 대한 확신에 기반했다. 이 때문에 세포이 항쟁 후 인도의 영국인과 원주민 사이의 분리는 더욱 강화되었다. 인도인의 입법부 진입은 19세기 말에야 가능해졌다. 인도인들은 경쟁을 통해 공직에 나갈 수 있었지만 고위직까지 오르는 데에는 수많은 실질적 장애물을 넘어야 했고, 군대에서도 고급장교 직에서는 배제되었다. 철도와 통신, 무기의 도입 또한 영국의 인도 통치를 도왔다.

그러나 이것만으로는 인도 통치에 대한 영국의 자신감을 설명하기에 무리가 있다. 1901년 '인구 통계 보고서'에 따르면 인도의 인구는 2억 3,800만 명에 이르렀고 이들을 통치한 것은 900명의 백인 공무원들이었다. 한 영국인의 생생한 표현에 따르면 '모든 인도인들이 같은 순간 침을 뱉기로 한다면 영국인들은 익사할' 정도였다.

인도 통치의 주효했던 포인트는 영국이 세포이 항쟁 이후 인도 사회에 대해 최대한 직접적인 개입을 피했다는 점이다. 여아 영아 살해는 살인이기 때문에 금지했지만 일부다처제나 아동 결혼을 금지하려는 시도는 하지 않았다. 법은 힌두교 승인의 바깥에서만 작용하게 했다. 특히 세포이 항쟁 중에 인도 토착 지배자들이 대체로 영국에 충성스럽다는 것이 증명되면서 영국은 그들의 권리를 세심하게 존중했다. 제후들은 자신의 번왕국土侯國들을 독립적으로 사실상 무책임하게 통치했는데, 그들의 번왕국은 인구의 5분의 1 이상을 차지했다. 다른 지역에서도 원주민 귀족과 지주들은 양성되었고 그들을 통해 인도는 영국의 통제하에 머물렀다.

그러나 영국령 인도에도 점차 변화가 나타나기 시작한다. 전쟁이 억제되자 인구가 증가했고 기근이 잦아졌다. 농업 이외의 대책들이 필요했지만 산업화를 방해하는 장애물이 많았다. 이는 대부분 영국 본국의 제조업 이익을 위한 관세 정책에서 기인한 것이었다. 하여 인도의 자본가 계급은 점차 정부를 적대시하게 된다. 여기에 영국식으로 교육을 받은 뒤 영국의 이상과 인도의 영국인 공동체 현실의 괴리를 지켜보며 분개하는 지식인들이 증가하며 저항 세력을 이루었다. 옥스퍼드, 케임브리지 혹은 법학원 등에서 공부하고 온 이들이 특별히 그 차이에 분노했다. 19세기 말 영국 의회에는 인도인 의원도 있었지만, 인도에 사는 인도인 영국 유학생들은 영국인 사병에게 모욕을 당하기도 했다.

벵골 분할과 인도 민족주의운동

영국 세력권의 역사적 본거지였던 벵골의 힌두교도들 사이에서 이런 분노가 특히 크게 일어났다. 1905년 커즌 경은 벵골 분할을 실시했다. 분할의 목적은 두 가지였다. 행정적인 편리함 때문이기도 했지만, 힌두교도들이 대다수인 서부 벵골과 무슬림이 대다수인 동부 벵골을 분리해 벵골의 민족주의를 약화시키는 것이 더 중요한 목적이었다. 영국이 인도의 민족주의운동과 심각한 갈등에 직면하기 시작한 시점이었다.

인도 민족주의운동은 19세기 초반 영국의 동양학자들 사이에서 일어난 인도 고전 문화 재발견의 움직임에서 시작되었다. 인도인 학자들은 산스크리트 경전 내의 문화와 종교를 조명하며 자긍심을 고취해나갔다. 이렇게 형성된 민족의식은 19세기 말 교육적 성취로도 인도 통치에 정당한 몫을 얻을 수 없어 실망한 힌두교도들, 주로 벵골 출신자들에게 확산되었다. 영국령 인도는 유럽인들의 지배권을 유지하면서 토착 귀족들과 같은 보수 세력의 권리를 보장했고, '바부'라 불리던 교육받은 도시 중산층 힌두교도들은 배제하거나 굴욕감을 느끼게 만들었다.

이처럼 새로운 문화적 자긍심 및 모욕에 대한 불만의 증대가 '인도 국민회의' 결성의 배경이었다. 총독이 인도 재판정에 유럽인들이 회부되지 않는 부당한 구별을 철폐하고자 했는데, 이에 대해 영국인 거주민들이 소요를 일으켰다. 이에 실망한 영국 전직 관리가 취한 조치들이 1885년 12월 뭄바이봄베이에서 열린 인도 국민회의의 1차 회담으로 이어졌다. 영국의 식민 지배에 순응했던 지식인, 자본가 등 당시 참석자 중 몇몇 인도인 대표들은 유럽식 복장을 했는데 무려 모닝코트와 실크해트 차림이었다. 인도 기후에는 우스꽝스러울 정도로 어울리지 않았지만 이는 지배자들의 공식 복장이었다. 인도 국민회의는 회칙 선언을 통해 민족적 통합에 전념하며 자치보다는 인도인들의 견해를 총독부에 전달하고자 했고, 영국 왕실에 대한 충성을 선언했다. 총독부의 지도력이 힘을 발휘하자 영국인들은 국민회의를 운영하고 후원했다.

그러나 20년의 시간이 흐르는 동안 인도 국민회의와 영국과의 사이는 틀어졌다. 급진적인 민족주의적 견해가 힌두교도들 사이에서 지지를 얻으며 독립에 대한 가능성이 논의되기 시작했다. 인도 국민회의에 대한 영국 거주민들의 비방이 계속된 데다 행정부가 이들의 요구에 무반응으로 일관했기 때문이다. 여기에 벵골의 분할은 인도 국민회의를 반反영운동의 중심 단체로 변모시켰다.

한편 벵골 분할의 결과 힌두교도와 이슬람교도 사이의 분열이 공론화되었다. 그동안 인도의 무슬림들은 1857년 무굴제국을 부활시키려 했던 탓에 영국의 불신을 받아 관직 진출에 거의 성공하지 못했다. 힌두교도들은 무슬림보다 더 열성적으로 교육의 기회를 잡았고, 상업적 비중이나 정부에 대한 영향력도 강했다. 무슬림도 영국인 조력자들을 찾아 이슬람 대학을 설립하며 영어교육을 하고 정치조직을 만들었다. 영국 관리들은 이슬람교도를 이용해 힌두교도의 압력을 상쇄시킬 수 있다는 것을 깨닫기 시작했다. 이들은 이슬람교도를 후원해 인도무슬림연맹전인도회교도연맹을 조직하게 했고1906 인도 국민회의에 대항하게 했다.

벵골 분할 후 인도 국민회의에서는 틸라크1856~1920를 중심으로 한 급진적 민족주의자들이 분할을 무효화하라는 벵골 민중의 요구를 강력히 지지했다. 콜카타 대회를 열어 영국 상품의 불매, 스와라지독립, 스와데시국산품 애용 및 국민교육 진흥을 결의하고 반영운동을 전개하며 큰 호응을 얻었다.

1911년 처음이자 마지막으로 영국의 현 군주가 인도를 방문했다. 콜카타에서 이전되고 있던 새 수도 델리에 엄청난 제국 접견회가 개최되었다. 조지 5세의 즉위를 축하하기 위한 상징적, 실질적 혜택이 수여되었는데, 그중 가장 중요한 조치는 벵골의 재통합이었다. 그러나 이는 양측 모두의 불만을 샀다. 힌두교도들은 무슬림에게 혜택을 주는 정책에 반대했고, 이슬람교도들은 정부가 벵골 분할을 철회하면서 자신들과의 합의를 배반했다고 여겼다.

영국 정부는 인도가 내정 자치를 할 수 있도록 지속적인 정책을 펴나가겠다고 선포했지만, 이듬해인 1918년의 개혁은 대체적으로 실망스러웠고 곧 수포로 돌아갔다. 제1차 세계대전 이후 인도 정치가들은 더욱 크게 실망한다. 전시에 인도는 대영제국의 전쟁 수행에 상당한 양의 인력과 물자로 기여하며 충성을 바쳤다. 그러나 150만 인도 병사의 희생에 대한 보답으로 자치령의 지위에 찬성한, 인도에서 보낸 정예 대표단들은 파리 평화회의에서 냉대를 받았다. 심지어 영국령 인도 정부는 예상된 반영 민족운동을 탄압하기 위해 경찰이 인도인을 영장 없이 체포하거나 재판 없이 투옥할 수 있게 한 롤럿법을 제정하기까지 했다1919. 결국 이는 인도의 국부로 추앙받을 모한다스 간디마하트마 간디1869~1948가 파업과 비폭력 불복종운동을 벌이는 계기가 된다.

영국에 대한 인도의 헌신이 마땅한 보상으로 이어질 것이라는 믿음으로 지지했던 정치가 중 한 명이었던 간디는 롤럿법의 폐지와 자치를 요구하며 공직 거부, 국산품 애용, 납세 거부 등을 외쳤다. 그리고 많은 인도인의 참여를 불러왔다. 이 와 중에 민간에서 소요사태가 일어나 영국인 몇 명이 살해당하고 공격을 받자 인 도 서북부의 암리차르에서 영국인 장군이 비무장 인도인에 대한 공격 명령을 내 리고 발포해 400여 명의 사망자와 1,000여 명이 넘는 부상자가 생겨났다. 이 사건 으로 영국의 위신에 돌이킬 수 없는 타격이 가해졌는데, 이를 인도 거주 영국인들 과 인도 의회의 영국인 의원들이 지지하면서 영국의 위신은 더욱 추락했다.

간디는 1930~1931년 사바르마티 아슈람에서 단디까지 이어진 소금 사티아그라 하소금 행진를 벌여 비폭력운동에 대한 폭넓은 관심을 불러일으켰다. 1882년 영국 의 식민지 정부는 소금법을 제정하여 소금의 제조와 유통, 판매를 독점했다. 이 법 률은 소금의 소규모 지역적 수집과 유통을 줄이기 위해 소금을 공인된 창고에서 만 취급하도록 제한했다. 간디는 단디 해변에서 자연적으로 만들어진 소금을 모 으는 것으로 이 독점에 도전했고, 일상생활에 깊이 뿌리 내린 상품을 거래할 수 있 는 인도인의 권리를 주장하며 많은 추종자를 탄생시켰다.

인도의 초대 수상이 되는 자와할랄 네루1889~1964는 간디의 영향을 받아 인 도 국민회의에 참가한 뒤 함께 민족주의운동을 벌이며 9차례나 투옥되기도 했 다. 실질적 리더 역할을 했던 그는, 간디의 지원 아래 인도 국민회의를 이끌며 완 전한 독립을 목표로 민족운동을 벌였고 결국 이를 이루게 된다1947.

물론 그와 함께 힌두교도와 이슬람교도의 분할이 공식화되는 결과도 맞았 다. 1916년 틸라크의 인도 국민회의와 파키스탄의 미래 국부인 무함마드 알리 진 나1876~1948의 전인도 이슬람교도 연맹은 역사적인 '러크나우협정'을 맺었다. 인 도 정부의 조직 및 힌두교와 이슬람교 지역 간의 관계 모두를 다룬 이 협정에 서 양측의 독립 선거 지역구 운영권들이 결정되는 성과를 거두었던 것이다. 그러 나 1920년대 양측의 대립으로 인한 폭동과 유혈사태는 계속되었다. 진나는 1930 년대 초까지만 해도 타협이 가능하리라 믿고 중재했으나, 인도 국민회의에서 이 슬람교 신자에 대한 차별을 부르짖자 결국 영국 총독부와 별도로 교섭하기 시작 했다. 인도 북서부에 무슬림 분리 독립 국가를 수립한다는 그의 의지는 영국에 게 받아들여졌고, 인도와 분리된 파키스탄이 탄생했다. 세계 사록

위안스카이의 이직 활동

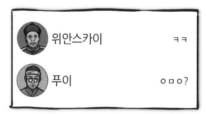

위안스카이		ㅋㅋ
푸이		ㅇㅁㅇ?

하나요

돌아와

또 전화와ㄸ따 또 와써;;;
오늘만 벌써 몇 번째야ㅠ

황제폐하 아버님
-구직장 보스-

통화   거절

퇴사한 구직장에서
자꾸 연락 오는 거 뻔하지 머ㅡㅡ

에휴ㅉㅉ
있을 땐 내 진가를 몰라주고
아쉬울 때만 찾는구나.

에잇!! 안 받아!!!!

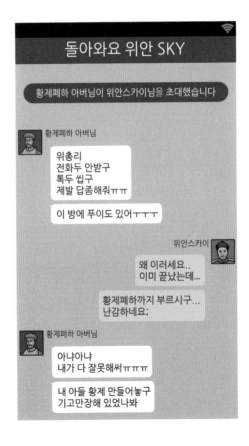

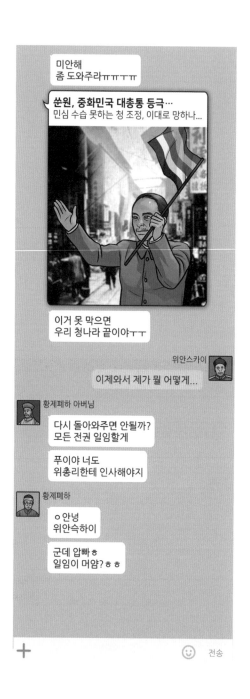

일임이 뭔지도 모르는
우리 유천생 폐하…
그래, 사태수습하기 힘들겠지.

내가 함 나서봐?
잘되면 한자리 노려볼 만도 하고ㅎㅎ

하! 소문 한번 빠르네.
구직장 재입사 소식이
벌써 녀석 귀에 들어갔나봐ㅎ?

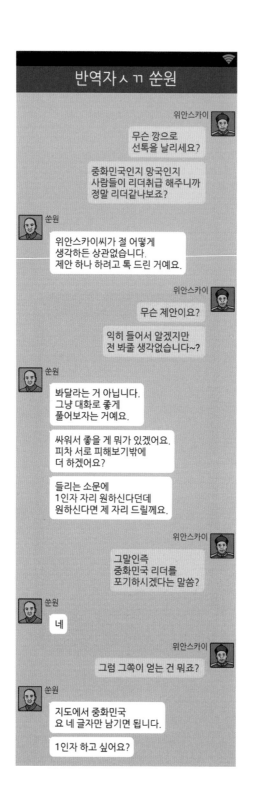

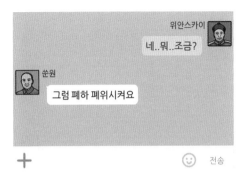

셋이요

1인자

1인자라니
참 솔깃한 제안이긴 한데…

아니 그래도 어떻게
나이 어린 폐하를
내 손으로 끌어내리냐구.

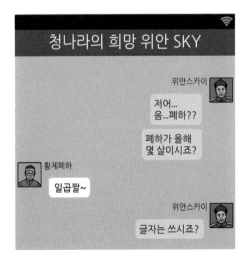

황제폐하 아버님

에이~ 우리 푸이를 뭘로보고~~
걸음마 떼면서
천자문도 같이 뗐지ㅎㅎ

근데 글자는 왜?

위안스카이

폐하 친필로
문서 작성할 일이 있어서요ㅎ;

황제폐하 아버님

무슨 문서?

위안스카이

자 폐하
고대로 베껴쓰세요~?

"짐은 황제를 그만두겠노라"

황제폐하

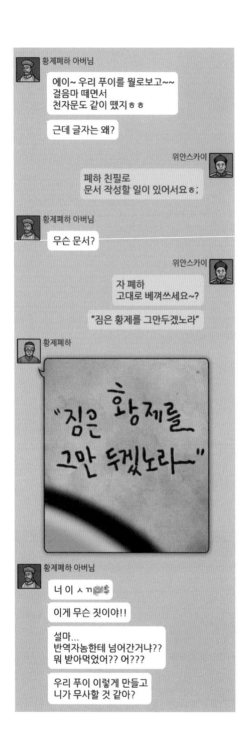

황제폐하 아버님

너 이 ㅅㄲ🤬

이게 무슨 짓이야!!

설마...
반역자놈한테 넘어간거냐??
뭐 받아먹었어?? 어???

우리 푸이 이렇게 만들고
니가 무사할 것 같아?

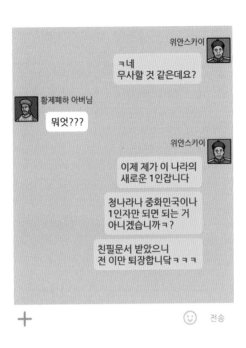

그랬다고 합니다.

- 재정난 회복을 위해 청나라는 민영 철도를 국유화하려 하다. 이를 반대하던 백성들은 철도를 지키자며 보로운동을 일으키고, 전국적으로 혁명이 확산되다. #신해혁명
- 쑨원은 전제군주제를 폐지하고, 민주공화정의 중화민국을 수립하면서 임시 대총통 자리에 오르다.
- 청나라, 사태 해결을 위해 위안스카이에게 군사 전권을 위임하다.
- 그러나 위안스카이는 쑨원의 제안을 받아들여 선통제(푸이)를 끌어내리고 청나라를 멸망시킨 후 중화민국의 대총통으로 취임하다.

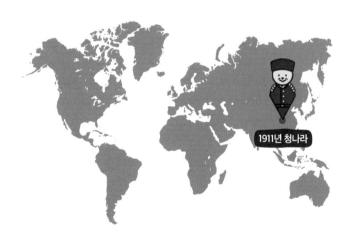

1911년 청나라

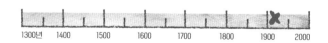

1300년 1400 1500 1600 1700 1800 1900 2000

1900년~1928년

세계사 돋보기 ZOOM-IN
중국, 새로운 길을 묻다

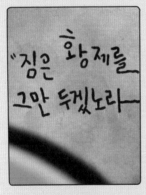

"짐은 황제를 그만 두겠노라~"

신해혁명과 군벌

20세기 첫 10년 동안 청은 '광서 신정'이라고 불릴 개혁에 나섰다. 과거제를 폐지1905했고 '흠정헌법황제가 직접 제정한 헌법 대강'을 공포하기도 했다1908. 그러나 그것은 때늦은 조치였다. 쑨원손문1866~1925 등이 청 왕조 타도를 목표로 한 혁명운동을 시도할 무렵 수많은 청년이 유럽, 미국, 일본 등에 유학을 다녀와 이를 더욱 확산시켰다.

광저우 출신의 쑨원은 열네 살에 하와이로 건너갔다. 기독교인이 되어 홍콩의 의학교에 입학했지만, 그가 바란 것은 정치이자 구국운동이었다. 쑨원은 청일전쟁 후 중국의 유일한 희망이 민주공화국 수립에 있다고 판단했고, 호놀룰루에서 중국 역사상 최초의 근대적 정치단체인 흥중회를 결성1894했다. 그는 광저우에서 도모하던 무장봉기 시도가 발각되면서 일본으로 넘어갔다. 변발을 자르고 콧수염을 길렀으며 양복을 입고 일본식 이름인 나카야마중산를 사용했다. 일본의 중국인 유학생에게 민주주의에 대한 비전을 설파하며 지지를 모았던 그때 '삼민주의민족, 민권, 민생'가 구상되기 시작했다. 중국 혁명동맹회를 조직1905하며 혁명운동을 시도했지만 1911년까지 계속 실패했다. 동맹회는 사실상 분열되어 그의 정치 인생은 끝난 것처럼 보였다.

한편 서태후 사망 후 세 살의 푸이부의1906~1967가 선통제로 황위에 올랐다 1908. 입헌제 실시는 계속 지연되었고 국회를 열자는 청원운동은 급격하게 퍼졌다. 그런 가운데 정부가 개혁으로 인한 재정난 타개를 빌미로 민영 철도를 국유화하고자 했다. 이를 담보로 외국 차관을 도입하려 한 시도에 대해 전국적으로 철도 국유화 반대운동이 일어나기 시작했다. 결국 폭동들을 진압하기 위해 동원되었던 신군신식 군대이 혁명 조직과 합세해 1911년 10월 10일 창장강 유역의 도시 우창무창에서 봉기를 일으켰다. 곧 각 지방 성들의 호응이 계속되었는데 2개월 만에 17개의 성이 청으로부터 독립을 선언하기에 이르렀다. 신해혁명이었다. 당시 쑨원은 미국 덴버에서 혁명 자금을 모으고 있었다. 기차 안에서 우창 봉기 소식을 접했던 그는 12월 25일 대중들의 환호 속에 상하이에 도착했다. 그리고 새 국기인 오색기가 물결치는 가운데 1912년 1월 1일 난징남경에서 중국 최초의 공화국인 중화민국 수립을 선포하며 초대 임시총통에 취임했다.

청 정부는 혁명군 진압을 위해 위안스카이를 기용했지만, 그는 혁명군과 타협했고 한 달 뒤 선통제를 퇴위시켰다1912.2.12. 선통제와 그의 가족은 황궁을 가득 채운 예술품을 소유하고, 매년 나오는 급여를 받으며 계속 살아도 좋다는 약속을 받았다. 이날 조정에서 발표된 짤막한 칙령의 내용은 황제의 퇴위와 위안스카이에게 전권을 위임한다는 것이었다.

새로운 중국 건설의 책임을 지게 된 사람은 외견상 쑨원과 위안스카이였다. 쑨원이 신해혁명의 주연 같지만 실제로 그는 오랜 기간 해외에 있었기에 국내 세력 기반이 취약했다. 그리고 청조 타도 이후 사태에 대한 구체적이고 명확한 구상도 갖고 있지 못했다. 위안스카이는 황제의 상유로 전권을 위임받아 정통성을 확보했고 베이양 군벌이라는 막강한 무력 지원까지 받고 있었다. 쑨원은 임시총통에 취임하면서 그가 공화주의자로 돌아선다면 총통 자리를 넘기겠다고 선언했다. 결국 위안스카이가 중화민국의 총통으로 추대되면서1912.3 권력을 장악했다.

쑨원 등은 국민당을 창당해 야당을 자임했고 1912년 12월 국회의원 선거에서 43퍼센트의 득표율을 얻으며 다른 당을 압도했다. 재산을 보유하고 세금을 내며 초등 이상의 교육을 받은 남성만의 투표로 전체 인구 10퍼센트에 해당하는 약 4,000만 명이 참여한 중국 최초의 선거였다. 국민당 선거 캠프의 수장은 후난 출신의 유능한 민주 변호사 쑹자오런송교인1882~1913이었다. 그는 위안스카이의 결정과 정책 등을 거침없이 비판했는데, 정당내각제로 견제하려다 1913년 3월 상하이역에서 저격을 당한 이틀 뒤 사망했다. 쑨원은 그의 암살에 항의하고 위안스카이의 사퇴를 요구하며 봉기했으나 실패했고, 다시 일본으로 망명해야 했다.

신해혁명은 2,000년 이상 이어져온 중국의 제국사가 막을 내렸다는 의미에서 중국사에서 전무후무한 사건이었다. 그러나 신해혁명이 무너뜨린 질서를 대신할 새로운 길을 찾는 데 중국인들은 많은 시행착오를 겪어야 했다. 가장 먼저 맞닥뜨린 상황은 지방분권적 지역주의였다. 이는 중국 역사에서 반복적으로 표출되었던 현상이다. 비밀결사, 향신, 군벌 등은 자신의 지역에서 지배권을 확립해갔다. 위안스카이가 총통직을 유지하는 동안에는 명확히 드러나지 않았지만, 1916년 실각한 뒤 사망하자 지방에서는 군벌이 난립해 정국을 한치 앞도 알 수 없는 혼란으로 몰아갔다.

군벌은 약화된 중앙 정부하에서 군사력을 보유한 군인이었다. 1912~1928년 군인들은 자신의 군대를 사병 집단으로 만들면서 경쟁했다. 군벌은 1,000여 개가 넘게 존재했고 어떤 군벌은 중요 지역을 장악하고 있었다. 그들은 징세를 포함한 모든 행정권을 행사했고, 민중을 수탈할 뿐 아니라 아편이나 무기를 밀거래하는 일도 흔하게 저질렀다. 서북 군벌 펑위샹풍옥상1882~1948처럼 개혁을 추진했던 군벌이 있었는가 하면 만주 지방 마적단 출신의 냉혹한 통치자 장쭤린장작림1875~1928도 있었다. 또 단지 비적의 수준에 그쳤던 군벌도 있었다. 중국 무장 군인의 수는 1913년 50만 명에서 1928년 220만 명으로 증가했고, 이 시기 창출된 부의 대부분은 군대 훈련과 군수 물자 구입에 사용되었다.

신문화운동과 5·4운동

제1차 세계대전 발발로 위안스카이는 곤경에 빠졌다. 황제의 부활을 시도한 그는 자금을 외국 차관에 의지했는데, 전쟁으로 자금과 무기 원조를 기대할 수 없게 되었기 때문이다. 다급해진 위안스카이는 일본에 손을 내밀었고 일본은 반대급부로 '21개조 요구'를 내놓았다. 그 요구들은 산둥성의 독일 권익 양도와 철도 부설권 요구, 뤼순과 다롄 등의 조차 기간 99년으로 연장 등 중국을 일본의 보호국으로 삼는다는 제안과 마찬가지였다. 1915년 5월 7일 위안스카이는 국회의 동의도 얻지 않고 일본의 최후통첩을 수락했다. 열강은 이를 막고자 했고 중국 내 애국자들은 격분했지만 일본은 요구 사항 대부분을 얻어냈으며 만주에서의 특수권익도 확보했다. 위안스카이가 실각한 해 내정간섭이 시작되었고, 이듬해 일본의 권익은 내몽골까지 확장되었다.

1919년 파리 평화회의가 시작되었다. 중국은 군벌의 할거로 대립관계에 있던 베이징 정부와 광둥 정부가 공동으로 사절단을 보냈다. 이들의 최대 관심사는 21개조 요구의 철폐와 산둥 지역 내 독일의 권익을 중국이 돌려받는 것이었다. 이를 위해 중국 정부는 독일에 선전포고도 했고, 10만여 명의 노동자를 보내 연합국을 지원했다. 그러나 이들은 회의석상에서 일본이 참전에 앞서 '해군 지원 대가로 산둥의 권리를 무상으로 양도'받는다는 밀약을 유럽 열강들과 체결했다는 소식을 들었다. 일본은 이미 세계에서 세 번째로 큰 해군을 보유하고 있었고 반박의 여지가 없는 강대국이었으며 그들의 요구는 관철되었다.

이에 중국은 불만이 커졌다. 특히 학생, 교수, 기업가들은 엄청난 충격에 휩싸였다. 이 문제에 동정적이었던 우드로 윌슨조차 결정을 뒤집을 수 없었다는 사실에 대한 실망도 이만저만이 아니었다. 결국 1919년 5월 4일, 베이징 13개 대학 3,000명의 대학생이 베르사유조약에 반대하며 톈안먼으로 행진을 벌였고 친일 관료의 집으로 쳐들어가 약탈하고 불태웠다. 폭동에 책임을 지고 베이징 대학 총장이 사임하는 선에서 상황이 마무리되는 듯했지만, 시위는 '반反제, 반봉건'을 외치며 전국적으로 번져나갔다. 5·4운동이었다.

여기에는 이미 수년 전부터 대학을 중심으로 벌어지고 있던 신문화운동의 역할이 컸다. 위안스카이의 서슬이 아직 퍼랬던 1915년 9월 상하이에서 「청년잡지」라는 잡지가 세상에 모습을 드러냈다. 창간자 천두슈진독수1879~1942는 중국 발전의 비결을 서구에서 찾고자 했다. 1916년부터 「신청년」으로 제호가 바뀐 잡지는 미국 및 유럽 문학 작품을 대량으로 번역해 소개했다. 필진들은 유교로 대표되는 봉건 도덕에 대한 도전과 극복을 주장했고 베이징 대학교를 중심으로 한 청년들은 이에 영향을 받기 시작했다. 초반 기증과 교환을 포함해 발행부수 1,000부에 지나지 않았던 잡지는 2년 뒤 1만 5,000부까지 급증했다. 후스호적1891~1962 등 지식인들은 낡은 유교 전통을 타파하고 유럽의 민주주의와 과학을 수용해 중국 사회의 근대화를 추진하고자 열성적이었고 제자들 또한 그랬다.

신문화운동으로 각성되었던 학생들은 '동맹 휴학파과'을 시작했고, 정부의 탄압이 강력해지자 이에 투쟁하다 체포되었다. 이는 사회 각층의 지지로 이어져 7개 성 27개 도시 상인들이 '시장을 닫고파시' 노동자들은 '파업을 벌이는파공' 이른바 '삼파 투쟁'으로 번져갔다. 일본 제품 불매운동이 시작되었으며 베르사유조약 조인을 거부하라는 전보가 파리 대표단에게 쇄도했다. 궁지에 몰린 베이징 정부는 학생들을 석방했고 친일파 장관을 해임했으며 베르사유조약에 끝내 서명하지 않았다.

5·4운동 이후 중국이 크게 바뀐 것은 아니었다. 그러나 이는 중국 역사상 민중이 단합해 강화조약 거부와 매국노 처벌을 정부에 요구하고 관철시킨 최초의 경험이었다. 외세가 침탈한 국권을 의식하는 '민족주의'에 눈떴다는 사실도 중요했다. 게다가 이를 계기로 수면에 떠오른 중국 민족주의의 힘은 열강들로 하여금 중국을 다시 보게 만들었다. 1921년 11월부터 3개월간 9개국이 참가한 워싱턴회의에서 영일동맹 폐기와 함께 중국 문제에 관한 재논의가 이루어졌다. 일본은 산둥반도의 이권을 중국에 반환하는 등 21개조 요구의 일부를 철회했다. 중국은 주권과 독립 및 영토 보전을 약속받았으며, 문호 개방 원칙에 따라 21개조 요구와 같은 노골적인 이권 추구는 더 이상 허용되지 않게 되었다.

그러나 워싱턴회의 역시 제국주의 세력의 영토 분할을 확인한 것이었다. 열강들은 이제 직접 전쟁을 수행하기보다 군벌을 지지, 육성함으로써 대리전쟁을 치르게 했다. 일본에 대응해 어떤 효과적인 조치도 취하지 못하던 서구 열강들을 보며 중국 지식인들은 유럽의 자유주의, 민주주의의 한계를 뼈저리게 느꼈다. 그리고 이는 5·4운동이 반제국주의 민족운동으로 이어지는 배경이 되었다.

제1차 국공합작과 북벌

쑨원은 5·4운동을 보며 민중의 힘을 새롭게 인식했다. 정치운동에 대중성이 필요하다는 그의 각성은 국민당의 재건으로 이어졌다. 이와 함께 중국 현대사를 이끌 운명을 가진 또 하나의 세력, 중국 공산당이 천두슈와 리다자오이대소/이대조1889~1927 등의 지도로 조직되었다1921.

혁명 세력을 대표하던 쑨원은 폭넓은 신망을 받고 있었지만 군사력을 기반으로 하는 현실 권력이 부족해 서구 열강들의 지지와 지원을 바라고 있었다. 쑨원은 이를 위해 워싱턴회의에도 광둥 정부를 대표하며 참가를 희망했지만 거부되었다. 크게 실망한 쑨원은 서구 열강에 대한 기대를 접고 새로운 대안을 찾아 나섰는데, 바로 신생 소비에트 러시아였다.

1920년 쑨원은 소비에트가 후원하는 공산주의 인터내셔널, 즉 코민테른각국 사회주의자를 연결하는 국제 공산당 조직이 파견한 대리인과 접촉하기 시작한 뒤 소련의 지원 가능한 군사적, 정치적 협력에 대해 논의했다. 코민테른 중앙집행위원회에서 국공합작을 결정1923.1했고, 이듬해 1924년 1월 광저우에서 열린 국민당 제1차 전국대표회의에서 국공합작이 정식으로 성립되었다. 국민당에 공산당원들의 개인 자격 입당을 허용하는 방법으로 국민당과 공산당 당원의 협력이 결정되면서, 광저우 교외의 황푸황포에 군관 학교도 소련의 자금으로 설립되었다. 쑨원의 두터운 신임을 받았던 야심만만한 장제스장개석1887~1975가 교장으로 취임했다. 4년여의 프랑스 유학에서 돌아온 저우언라이주은래1898~1976는 정치부 부주임으로 취임했다. 군사 훈련만이 아닌 정치 교육도 중시했던 황푸 군관 학교 설립은 군사력이 없어 설움을 받아온 쑨원에게 매우 의미 있는 일이었다.

반제·반군벌을 목표로 한 국공합작 체결은 성공했지만 양측의 긴장감은 애초부터 해소될 수 없는 것이었다. 공산당은 노동자와 농민의 권리를 확대하고 중국의 전통적인 계층 질서를 전복하기를 바랐다. 국민당은 군벌로부터 권력을 빼앗아 중국을 하나의 강력한 산업 국가로 건설하는 데 더 관심이 많았다. 쑨원은 두 당 사이의 합작을 유지할 만큼 충분한 명망을 지니고 있었으나, 그가 장쭤린과의 휴전 협상을 위해 베이징에 갔던 1925년 초 양측 관계에 금이 가기 시작했다. 1925년 3월 12일 쑨원이 59세의 나이로 사망했기 때문이다. 사인은 간암이었다. 평생을 중국 혁명에 바친 위대한 민족주의자의 장례식에 수많은 인파가 몰려들었다. 베이징에 안치되었던 운구는 1929년 난징의 자금산 중산릉에 안장되었다. "혁명은 아직 끝나지 않았다"가 그의 마지막 말이었다.

쑨원 사후 사태는 걷잡을 수 없이 돌아갔다. 갑자기 발생한 권력 공백에 집단 지도체제가 시작되었음에도 복잡한 세력 경쟁이 발생했다. 같은 해 일어난 '5·30 사

📍 전후 아시아 아프리카 각국의 민족운동

건'으로 공산당원의 수가 급격히 증가했고 7월에 국민정부가 수립되었다. 장제스는 1926년 6월 새로 결성한 국민혁명군의 총사령관으로 임명되었고, 7월에는 군벌을 타도하는 민족 통일 독립운동이자 쑨원의 염원이었던 북벌을 시작했다. '국민혁명'의 본격적인 시작이었다. 공산당의 노동자와 농민 조직가들은 북벌군이 도착하기 전 각 지역에 침투해 파업과 정치 선전으로 지방 군벌의 군사력을 무력화하는 데 일조했다. 국민혁명군은 북벌을 개시한 지 한 달 만에 서남부 도시 창사장사를 점령했다. 9월과 10월에는 난창남창 등지를, 12월에는 푸저우를 점령했다. 그리고 1927년 3월에는 난징, 4월에는 상하이까지 장악했다.

그러나 북벌 과정에서 열강과의 충돌, 대중운동의 급진화로 국공 간의 갈등은 더욱 심화되었다. 더구나 장제스는 공산당 협력자들을 신뢰하지 않았는데, '5·30 사건'에서 공산당의 잠재력과 위협 가능성을 보았기 때문이다. 결국 그는 내정 안정을 명분으로 1927년 4월 아무런 경고도 없이 공산당 합작 세력에 대한 공격을 감행했다4.12 쿠데타. 장제스 군대가 장악한 도시에서 공산당원 또는 공산당원으로 의심되는 자들은 모조리 살해되었다. 스탈린의 오판에서 비롯된 공산당원에 대한 국민당 진보 분자와의 지속적인 협력 명령은 가장 헌신적이었던 공산주의자와 비공산주의 계열의 노동 조직가 2만 명의 떼죽음을 불러왔다. 3년 7개월을 이어왔던 국공합작은 결국 붕괴되었다1927.7.15.

1년 뒤인 1928년 7월 6일 장제스는 쑨원의 영전에서 북벌 완료를 보고했다. 10월 10일 난징을 수도로 새로운 국민 정부가 공식적으로 출범했고, 그는 주석 자리에 올랐다. 마지막 남은 만주 군벌 장쉐량장학량1900~2001은 아버지 장쭤린이 일본에 폭살1928당한 뒤 권력을 계승했다. 동북 3성을 난징 정권과 통합하는 결정을 단행한 그가 12월 난징 정부에 충성을 서약했다. 이로써 이합집산과 무력 충돌로 얼룩졌던 군벌 시대는 정식으로 종언을 고했고, 국민혁명을 마친 국민당 정권은 '난징 10년' 시대를 맞이하게 된다. 세계사록

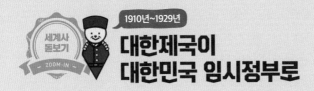

대한제국이 대한민국 임시정부로

무단통치와 3·1운동

1910년 8월 29일 대한제국이 역사 속으로 사라졌다. 일본은 대한제국 황실을 보존하는 대신 덴노의 책봉을 받는 왕실인 이왕가로 격하시켰고, 황실 종친과 고위 관료에게 조선 귀족이라는 신분을 부여했다. 육군 대장인 데라우치 마사타케1852~1919가 초대 조선 총독의 자리에 올라 헌병경찰기구를 주축으로 통치했다. 그를 정점으로 1910년대에 이루어진 일본의 한국에 대한 군사 지배체제를 무단통치라고 부른다. 일본은 한국에 대한 군사적 지배를 '근대화'의 명분하에 정당화했다. 하지만 민족적 저항 속에서 강행된 '합병'은 사실 군대에 의한 불법적인 '강제 점령'이었기에 폭력을 통해서만 유지될 수 있는 것이었다.

토지조사사업을 통해 경제 수탈이 혹독하게 진행되던 1910년대, 이러한 무단통치에도 불구하고 국내에서는 비밀결사가 조직되었다. 또한 간도와 만주 등지에서 독립운동기지 건설을 통해 민족의식을 고취하는 교육활동과 독립 전쟁이 준비되며 항일 독립운동은 시작되고 있었다.

러시아혁명과 제1차 세계대전의 종전을 목격한 한국의 독립운동가들은 당시 다른 식민지 지도자들과 마찬가지로 세계에 평화주의, 민족자결주의 시대가 도래할 것이라고 전망했다. 그래서 우리 민족의 독립 의지를 천명한다면 미국 등 유럽 열강의 도움으로 독립을 이룰 수 있을 것이라 판단했다. 이에 종교계 인사를 포함한 이른바 민족대표 33인은 대외적으로 독립을 청원하는 비폭력적인 독립운동을 전개하기로 계획했다. 이들이 계획한 독립운동은 3월 3일 고종의 장례를 위해 서울에 모여들었던 많은 민중들이 학생들의 만세 시위에 적극 동참하기 시작하면서 확산되어갔다.

1919년 3월 1일 오후 2시, 경성서울 탑골공원에서 한 청년이 단상에 올라 독립선언서를 낭독함과 동시에 3·1운동은 시작되었다. 일본 군대와 기마경찰은 평화적 시위대를 강제로 해산시키며 폭력을 사용했지만 시위는 끊이지 않았다. 주요 도시에서 시작된 시위는 3월 중순 철도를 따라 중소 도시로 뻗어나갔고, 4월 초에는 농촌까지 확산되며 전국 대부분으로 퍼져나갔다. 그리고 만주, 연해주, 중국과 일본 본토, 미국 본토, 하와이 등지에도 이르렀다. 당시 2,000만 한국인 거의 대부분이 어떤 형태로든 참여한 최대의 민족 독립운동이었다.

문화통치와 독립운동

유례없이 잔인한 무력 진압으로 3·1운동은 결국 잦아들었지만 일본은 한국인의 저항을 무마하기 위해 통치 방법을 변화시킬 수밖에 없었다. 1919년 9월 2일 조선 총독에 취임한 사이토 마코토1858~1936는 새로운 통치 정책을 밝혔다. 3·1운동으로 한국에서 지배체제 유지에 위기를 느낀 일본이 일명 문화통치로 전환을 시도한 것이었다.

이에 따라 일본은 헌병경찰제를 폐지하고 언론, 출판, 집회, 결사의 자유를 허용했으며 지방제도를 개정해 한국의 지역 유력자들이 정치에 참여할 수 있는 통로를 열었다. 회사령을 철폐1920해 한국 내 자본 투자를 허용하고 고등교육기관으로 경성 제국 대학을 설립1924하기도 했다. 하지만 이는 명목상의 변화에 불과했다. 실제로 광복될 때까지 문관 총독은 한 명도 임명되지 않았고, 보통경찰제 내의 경찰 수와 예산은 폭증했다. 도리어 독립운동을 탄압하기 위한 고등경찰이 활동했다. 심지어 문화통치의 외피를 쓰고 시행된 조치들로 친일파가 적극적으로 육성됨으로써 한국인 사이에 분열이 일어나기 시작했다.

한편 3·1운동은 독립운동가들에게 지도부의 중요성과 평화적 방법의 한계를 깨닫게 했다. 국내외 독립운동은 이를 극복해나가며 전개되었다. 1919년 4월 11일 중국 상하이에 대한민국 임시정부가 수립되었다. 문화강국의 의미를 담아 고종에 의해 제정되었던 국호 '대한'이 '제국' 대신 '민국'으로 다시 탄생하는 순간이었다. 임시 의정원으로 출발한 임정은 '대한민국 임시 헌장'을 통해 행정, 입법, 사법의 3권 분립 형태의 민주공화정부를 선포했다.

1919년 11월 만주 지린길림성에서는 항일 비밀결사가 조직되었다. 단장 김원봉1898~1958과 신흥무관학교 출신 단원 13명으로 구성되어, 적극적인 암살과 폭탄 투척으로 일본의 간담을 서늘하게 했던 의열단이다. 김원봉 등은 이후 개별적인 암살의 한계를 깨닫고 황푸 군관 학교에 입학해 군사 정치 교육을 받으며 항일 무장투쟁을 전개해나간다. 더불어 간도에서는 1920년 6월과 10월 일본에 승리를 거둔 봉오동 전투와 청산리 대첩이 벌어지기도 했다. 3·1운동 이후 승전국의 식민지에는 적용되지 않던 민족자결주의의 허구성과 서구 열강에 실망한 한국의 지식인들은 사회주의 사상에 경도되었다. 이에 노동자, 농민의 파업이나 소작쟁의 등을 조직하는 등 사회주의 계열을 통한 민족운동도 활발히 일어났다. 이에 따라 중국과 마찬가지로 한국에서도 민족주의 진영과의 갈등이 일어났다.

순종의 인산일인 1926년 6월 10일 학생을 중심으로 벌어진 6·10만세운동이 계기가 되어 양측은 갈등을 극복하기 위한 민족 유일당운동 전개를 시작했다. 치안유지법1925으로 탄압받던 사회주의 진영도, 기회주의자 배출로 위기를 겪던 민족주의 진영도 독립운동을 위해 서로가 필요하다고 판단했기 때문이다. 그 결과 1927년 비타협적 민족주의자와 조선 공산당이 손을 잡은 합법적 공개 단체인 신간회가 창당된다1927. 대표적인 민족 유일당으로 200여 명이 참가하며 출발한 신간회는 1930년 전국 140여 개 지회에 3만 9,000여 명의 회원을 확보하며 다양한 민족운동을 전개했다.

1929년 11월 3일부터 이듬해 3월까지 한반도는 '대한독립 만세' 함성으로 다시 한번 뒤덮였다. 한일 학생 간의 충돌은 불공정하게 처리되고 보도되었는데, 이것이 항일민족운동으로 발전했으며 광주 학생 항일운동의 외침으로 나타났다. 이는 전국 학생 60퍼센트 정도가 참여해, 580여 명이 퇴학, 2,330여 명이 무기정학, 1,400여 명이 체포 투옥을 당한, 3·1운동 이후 가장 큰 규모의 민족운동이었다. 앞으로 한국현대사의 중요 고비마다 스스로 자각하고 앞장서나갈 학생들의 지표가 될 광주 학생 항일운동의 희생과 함께 한국 독립운동의 30년대는 시작되고 있었다. 세계사록

두 번째 세계대전

1930전후 ≫ 1945전후

장쉐량
여러분~
일본의 싸패짓을 낱낱이 고발합니다!

 난징대학살...일본의 만행
Nanjing.com

만주에서 철도 폭파된 것도
일본 주작이라구요

 일본
나만 나쁜놈데스까 나도 당햇다요
미국이 우리땅에 원폭투하햇다고오오

미국

야 일본——
YOU가 먼저 진주만 공격했다
어디서 피해자 흉내야

그나저나 하루아침에 주가폭락 와서
내 멘탈도 공황왔는데
2차대전 덕분에 살앗다 휴:D

 안네 프랑크 / 내 일기장 보지마
조용,,,,,, 억울한 걸로 치면 나만 하겠니,,,,,
유태인들 수용소에 집합 걸길래 따라
갔는데,,,하아ㅠㅠ

 히틀러
ㅋㅋㅋㅋㅋㅋㅋㅋㅋㅋ
ㅋㅋㅋㅋㅋㅋㅋㅋㅋ
ㅋㅋㅋㅋㅋㅋㄱ

  전송

보이는 손이 필요해

 루스벨트

I
집돌이

회사 다닐 땐 일 안 하고
평생 놀고 싶었는데…

막상 회사 짤리고 놀게 되니까
걱정이 이만저만이 아니다ㅜㅜ

일자리도 없고
그나마 있는 자리도 경쟁률 쎄고
언제까지 자소서봇으로
살아야 되는 걸까ㅜㅜ

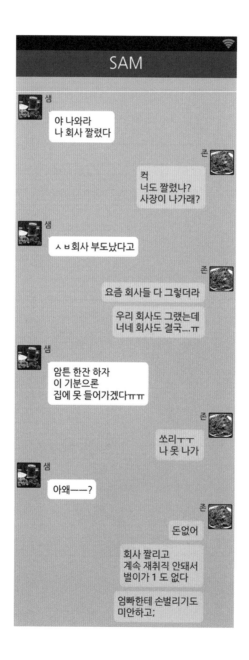

샘

하긴...

나도 돈 아껴야겠다
언제 다시 일할 수 있을지
모르는데

존

진심 허리띠 졸라매야 돼ㅠㅠ

샘

앞으로는 햄버거에 패티빼고
케찹만 발라먹어야지
ㅠㅠㅠㅠㅠㅠㅠㅠㅠ

+   ☺ 전송

NO 소비

요즘 다들 이렇더라고…
회사 짤리고 취직 안 돼서
강제백수 된 친구들 많아ㅜㅜ

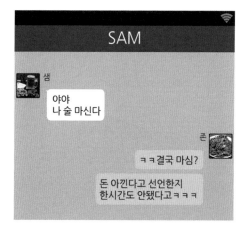

SAM

샘

야야
나 술 마신다

존

ㅋㅋ결국 마심?

돈 아낀다고 선언한지
한시간도 안됐다고ㅋㅋㅋ

Ⅲ

뉴딜

일 못하니까 수입도 없고
친구도 못 만나겠고
끼니 챙기는 것만으로도 벅차다ㅜㅜ

사람들이 소비를 못 하니까
시장이 더 어려워지는 것 같아ㅜ

나도 돈 쓰고 싶다
돈 마니 마니 벌고 싶다아!!!

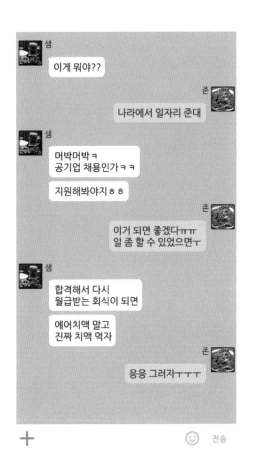

그랬다고 합니다.

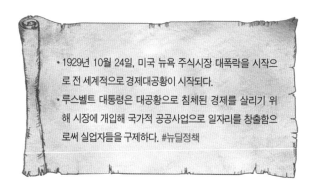

- 1929년 10월 24일, 미국 뉴욕 주식시장 대폭락을 시작으로 전 세계적으로 경제대공황이 시작되다.
- 루스벨트 대통령은 대공황으로 침체된 경제를 살리기 위해 시장에 개입해 국가적 공공사업으로 일자리를 창출함으로써 실업자들을 구제하다. #뉴딜정책

1929년 미국

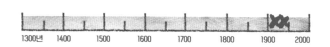

1300년 1400 1500 1600 1700 1800 1900 2000

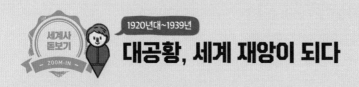
미국의 경제적 번영과 대중문화

연합국은 제1차 세계대전을 치르며 필요한 돈을 영국에서 빌렸고, 영국은 그보다 더 많은 돈을 미국에서 빌렸다. 금융 강국 영국은 42억 달러의 부채를 지게 되면서 곤경에 빠졌다. 그간 자금과 상품을 철저히 봉쇄당했던 독일의 사정은 더욱 안 좋았다. 종전 직후 불황 그 자체였던 유럽 경제는 1925~1929년 무렵에서야 회복되기 시작했는데, 이는 미국 때문에 가능했다. 전후 미국은 고립주의로 돌아가 유럽에 간섭하지 않았다. 그럼에도 참전 오래전부터 유럽으로 흘려보냈던 자본을 거두지 않고, 자신들의 상품 수출을 위해 기꺼이 계속 제공했다. 그 결과 유럽 국가들은 미국 경제에 지나치게 의존하게 되었다.

1920년대 당시 미국은 유럽보다 정치 및 사회가 안정적이었던 데다 전쟁 수요 덕분에 부富가 늘었다. 이는 수많은 미국인의 삶을 완전히 바꾸었다. 일례로 미국인은 세계 최초로 가정용 자동차 소유를 당연하게 여기는 국민이 되었다. 여기에는 대중적인 자동차 생산을 목표로 했던 헨리 포드1863~1947의 역할이 컸다. 포드는 이동식 조립라인 도입과 작업 공정 세분화 등 혁신적인 작업 방법을 도입했다. 1908년 포드사 T-모델 최초 생산 당시 대당 조립시간은 거의 5분의 1로 단축되었고, 850달러였던 차 가격은 1925년에 250달러가 되었다. 때문에 500달러 미만의 노동자 연평균 소득으로도 자동차 구입이 가능해졌으며 할부 판매까지 등장해 구매가 더욱 쉬워졌다. 바야흐로 자동차 대중화의 시대가 열리면서 '교통경찰', '주차장' 같은 신조어도 탄생했다. 이와 함께 레코드, 라디오, 세탁기 및 고급 기성복 등 다양한 제품의 출시와 할부 판매의 일반화는 미국을 대량 소비 사회에 본격 진입시켰다. 공장들이 만들어내면 판매하는 것은 문제가 아닌 시대였다.

경제적 번영에서 비롯된 대중문화의 발전 또한 인상적이다. 제1차 세계대전으로 영화 산업의 중심은 미국으로 옮겨갔고, 특히 캘리포니아주 남부 할리우드는 점차 전 세계에 영화를 배급하는 '꿈의 공장'이 되어갔다. 이 시기 「베니스에서의 어린이 자동차 경주」에서 '떠돌이' 캐릭터를 창조한 찰리 채플린1889~1977이 최초의 국제적인 영화 스타로 탄생했다. 어마어마한 인기를 누렸던 찰리 채플린은 1930년대 「시티 라이트」, 「모던 타임스」 등 당시 사회 모습을 풍자한 작품들을 성공시키며 전성기를 구가했다. 또한 월트 디즈니1901~1966가 최초의 유성 애니메이션 「증기선 윌리」1928의 주인공으로 미키 마우스를 발탁해 놀라운 성공을 거두기도 했다. 문화학자들이 1930년대를 '미키 마우스의 시대'라고 부르게 될 만큼의 인기를 얻었다.

여기에 문화적 전통과 인종이 혼합된 도시 뉴올리언스에서 흑인 밴드를 중심으로 최초의 재즈 밴드 양식이 출현했다. 흑인들이 일자리를 찾아 대도시로 떠나면서 전파된 양식들이 시카고의 블루스와 만나 1920년대 중반 루이 암스트롱1901~1971과 같은 음악가를 낳으며 '재즈'로 완성되었다. 작가 프랜시스 스콧 피츠제럴드1896~1940는 소설 『위대한 개츠비』1925를 통해 '재즈 시대'라고 이름 붙인 1920년대를 탁월하게 묘사했다.

이처럼 미국 대중문화 발전의 기반이 된 경제적 번영은 미국 국내뿐 아니라 유럽도 떠받치고 있었다. 미국 경기 순환 변동이 이후 세계 경제를 요동치게 할 것이 자명했다는 점에서 이는 불행이었다. 1928년 미국에서 돈을 빌리기가 어려워지기 시작했다. 소비가 생산을 따라가지 못하는 과잉 생산으로 상품 가격 하락이 발생하면서 오랜 호황이 막바지에 접어들었다는 징후가 나타났다. 이에 미국은 유럽에 빌려주었던 자금을 갚으라고 요구했고 유럽의 몇몇 채무국은 곤경에 빠졌다. 그 사이 불황이 올 것이라고 생각한 미국인들은 소비를 더욱 줄였고, 연방 준비은행은 이자율을 계속 올리며 경제적 재난을 부추겼다. 그리고 1929년 10월이 왔다.

대공황의 발생과 영향

훗날 '암흑의 목요일'로 불리게 될 1929년 10월 24일. 뉴욕 증권거래소의 주가가 폭락하기 시작했다. 하락폭이 무려 75포인트나 되는 주식도 나오면서 팔자 주문이 대거 쏟아져 하루 매물이 총 1,200만 주나 되었다. 주식 거래 역사상 최악의 날 이후 몇 주 만에 300억 달러의 주식이 휴지조각이 되었고, 미국 경제의 모든 부문은 마비되었다. 투자도 소비도 하지 않는 사람들 때문에 수만 개 회사가 자금 부족과 판매 부진으로 파산했다. 대출금은 회수되지 않는 반면 예금은 대거 인출된 수많은 은행 또한 마찬가지였다. 살아남은 회사들은 노동자들을 해고했고, 해고된 이들은 파산한 회사의 노동자와 함께 언제 다시 취업할지 모르는 시간을 보내야 했다. 1930년 400만 명이던 실업자는 1933년 노동력의 3분의 1에 달하는 1,500만 명에 이르게 된다. 미국의 일인당 국민소득은 절반 가까이 감소했다.

1930년 해외투자를 위한 미국의 자금도 고갈되었다. 그간 미국의 원조와 차관에 의존해 전후 경제 건설을 추진해왔던 동유럽, 주로 미국 시장을 겨냥해 공산품을 수출해왔던 서유럽의 경제가 무너지기 시작했다. 심지어 미국이 전쟁 기간 유럽 각국에 공여했던 100억 달러의 차관 상환을 요구하면서 유럽 경제의 붕괴는 더욱 빨라졌다. 채무국들이 자국 경제를 위해 수입을 줄이는 방향으로 나아가자 국제 상품 가격도 하락했다. 브라질의 커피와 중앙아메리카 지역의 사탕수수, 인도네시아의 고무, 이집트의 면화, 오스트레일리아의 양모, 그리고 일본의 생사 등이 모두 가격 폭락을 맞았다. 이 영향으로 기본재 생산국들도 국외에서 상품을 구입할 자금줄이 말라가며 심각한 위기에 직면했다.

미국발 공황은 세계적인 재앙이 되었다. 발생 3년 만에 세계 공업 생산량은 3분의 2로, 무역고貿易高는 3분의 1로 줄었으며 실업자 수는 총 3,000만 명에 이르렀다. 1931~1933년 정점에 달했던 공황은 10년 가까이 세계에 영향을 미쳤고, 또다시 대전을 일으키는 배경으로 작용하게 된다.

대공황은 경제적 자유주의 대신 민족주의를 대두시켰다. 그나마 프랑스가 비교적 고통을 덜 겪었지만 공황으로 경영진과 노동자 사이의 긴장이 높아졌다. 이 갈등은 인민전선이 이끌었던 좌익 정부와 보수적인 우익 사이의 정치적 투쟁을 격화시켰다. 사회주의자이자 유대인이었던 인민전선 수반 레옹 블룸1872~1950은 식민지와 본국의 관계를 긴밀히 하는 블록 경제를 추진하며 고군분투했음에도 보수주의자들의 격렬한 반유대주의에 직면했다. 보수주의자들은 심지어 블룸보다 히틀러가 낫다고까지 표현할 정도였다.

영국은 10억 달러가 넘는 대 독일 채권이 회수되지 않아 금융 시장의 동요가 심각했다. 1931년 영국은 보수당, 자유당, 노동당으로 구성된 거국 내각이 정권을 잡았고 금 보유량만큼 화폐를 발행해 가치를 유지했던 금본위제를 포기했다. 공공 부조 프로그램의 비용 부담을 떠맡기 위해 화폐 발행을 늘려야 했기 때문이다. 영국은 경기 부양책 실시와 함께 영연방을 앞세운 블록 경제로 대공황의 위기를 돌파하고자 했다.

1933년쯤 프랑스를 제외한 주요 국가는 금본위제에서 이탈해 통화를 늘렸고, 자국의 생산자들을 위해 국내 시장을 보존하려는 노력으로 고율의 관세를 부과하고 있었다. 이는 애덤 스미스1723~1790의『국부론』이 '보이지 않는 손'을 제안1776했던 이래 유럽 경제가 추앙해왔던 경제적 자유주의의 사망선고였다.

경제 재앙은 공산주의자들과 파시스트들, 특히 독일의 나치에게 매우 유리한 환경을 만들어주었다. 자유주의 문명이 붕괴할 것이라 예상했던 그들에게 금본위제와 경제 불간섭이 종말을 고했다는 사실은 굉장히 고무적인 일이었다. 계획 경제를 추진했던 소련만 겨우 재앙을 모면한 가운데 독일, 이탈리아, 일본 등은 군수 산업 확대와 대외 침략을 공황의 해결책으로 삼고자 했다.

대공황으로 유럽보다 훨씬 더 황폐해진 미국에서 가장 극적인 대응이 이루어졌다. 종전 이후 고립 정책을 고수했던 미국은 대공황의 정점을 지나던 1932년 민주당에서 대통령을 배출하며 큰 변화를 맞게 된다. 민주당은 대통령을 연이어 다섯 번 배출했는데, 첫 번째부터 네 번째까지 연임한 인물은 프랭클린 루스벨트1933~1945재임였다. 한 사람이 네 차례 연이어 대선 주자로 출마한 일은 유례가 없었거니와 모두 당선된 데다 심지어 매번 절대적 지지를 받았던 것은 가히 혁명에 가까웠다. 루스벨트는 경기 침체를 몰아내겠다는 자신감과 약속을 보여주었고, 그동안 미국 사회에서 무시당해왔던 유권자들, 예컨대 남부인, 빈민, 농민, 흑인 및 자유진보 지식인 등의 연합체를 통해 패권을 장악했다.

금본위제를 폐지한 1933년 루스벨트 행정부는 뉴딜New Deal이라는 재건 정책을 발표했다. 이는 자본주의체제를 파괴하지 않는 상태에서 경제 회복을 목표로 한 경기회복Recovery, 실업자 구제Relief, 개혁Reform의 3R 정책을 가리킨다. 경기회복 정책은 농민과 노동자의 구매력을 회복시키자는 정책이다. 농업에서 생산을 제한해 농산물 가격을 유지하고 농민의 손실을 국가가 보상해 구매력을 전쟁 직전의 수준으로 끌어올린다는 것이다. 공업에서도 과잉생산을 억제하고 임금 인상 등을 통해 노동자의 구매력을 높이고자 했다. 실업자 구제 정책의 일환으로 테네시계곡 개발계획과 같은 대규모 공공사업을 벌여 실업자들을 동원하는 한편 보험 제도를 대거 도입했다. 관리통화제를 도입하는 등 경제에 대한 국가 개입을 확대한 것이 개혁 정책이었다.

뉴딜 정책은 개인과 미국의 회복에 일정 부분 도움이 되었지만 '실업'이라는 결정적인 문제를 해결하지 못했다. 뉴딜 시행 6년 뒤인 1939년 미국에는 여전히 900만 명의 실업자가 있었다. 이는 미국을 제외한 전 세계의 실업자를 합친 것보다 많은 수였다. 수백 만 명의 병사와 무기 공장 노동자를 필요로 했던 새로운 세계대전의 발발이, 뉴딜이 완수하지 못한 완전한 회복을 가능케 해주었다.

그럼에도 뉴딜 정책은 미국 자본주의의 작동 방식과 미국 내 자본과 정부의 관계를 바꾸었다는 점에서 그 의의가 매우 크다. 실업 구제 프로그램, 새로운 재무 규제 도입, 국유화 등의 실시는 미국 사회와 개별 주에 미치는 연방 정부의 권력이 전시가 아닌 평시에도 확대되는 결과를 가져왔다. 이는 남북전쟁 이래로 유지되었던 미국 헌법사와 정치사 방향의 변화였다. 그리고 자본주의는 정부와 새로운 형태의 관계를 맺기 시작했다. 그동안 자본주의 국가 경제에서 중앙 통제를 늘려야 한다고 주장했던 경제학자들도 있었다. 그러나 루스벨트의 정책은 경제학자가 아닌 민주적 절차를 중시하는 정치가들이 행한 선택이 근거가 되어 정부의 경제 간섭을 자유민주주의의 형태로 제시한 것이었다. 이는 파시즘과 공산주의를 대신하는 민주적 대안을 세계에 제공했다는 점에서 의미심장했다. 세계사록

talk 17
삐뚤어져버릴래

독일　　　　　—^—

I

독촉

살다 보면 빚도 지고
남한테 아쉬운 소리도 좀 하고
그러는 게 인생이라지만…

빛 독촉 한번 심하네;
유럽놈들 나 한번 이겼다고
빨대 제대로 꽂는다 진짜ㅡ.ㅡ

그래도 미국한테 투자받은 게
있으니까 아직 버틸만 해ㅜㅜㅜ

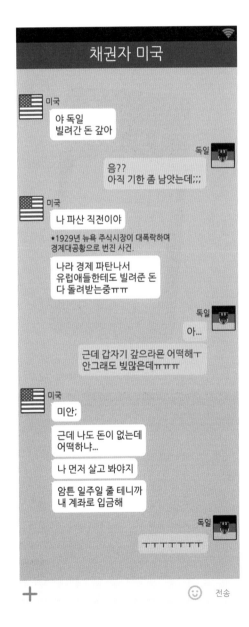

빚쟁이

진짜 돈 없는데ㅜㅜ
안 그래도 일자리 없어서
수입 1도 없는데

산더미 같은 빚은
뭘로 갚냐고ㅜㅜㅜㅜ

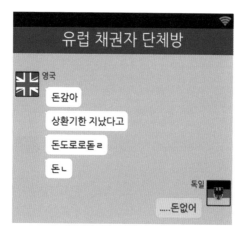

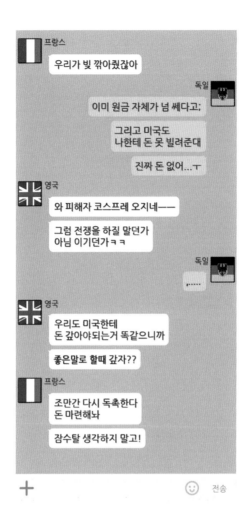

프랑스
우리가 빚 깎아줬잖아

독일
이미 원금 자체가 넘 쎄다고;

그리고 미국도
나한테 돈 못 빌려준대

진짜 돈 없어...ㅜ

영국
와 피해자 코스프레 오지네——

그럼 전쟁을 하질 말던가
아님 이기던가ㅋㅋ

독일
".....

영국
우리도 미국한테
돈 갚아야되는거 똑같으니까

좋은말로 할때 갚자??

프랑스
조만간 다시 독촉한다
돈 마련해놔

잠수탈 생각하지 말고!

＋ 😊 전송

Ⅲ

목돈 마련

깡패 같은 ㅅㄲ들… ㅂㄷㅂㄷ

하… 나도 한땐
잘나갔었는데…

그때가 그립다, 그리워ㅠ

에잇, 그냥 한번 막나가봐???
몇 년 전까지만 해도 한주먹 꺼리도
안 되는 놈들이었는데ㅎ?

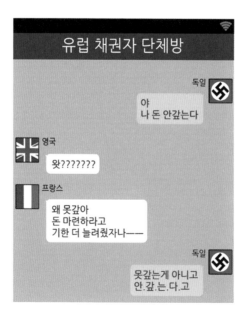

영국

헐??????
이게 무슨 도그사운드여???

프랑스

와 똥배짱ㄷㄷㄷ

독일

팰라면 패라

이 상황 되니까
무서운 것도 없다 나는;

영국

무슨 꿍꿍이냐ㅡㅡ

프랑스

야야 영국쓰~
쟤 프사 바꿈;

독일

영국

헐?????

프랑스

쫌 심상찮은데??

독일

ㅋㅋㅋ기다려라

형님이 너네 곧
조지러간다ㅋ

전송

그랬다고 합니다.

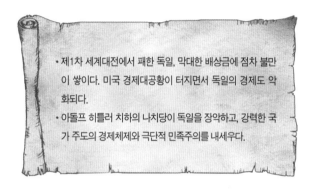

- 제1차 세계대전에서 패한 독일, 막대한 배상금에 점차 불만이 쌓이다. 미국 경제대공황이 터지면서 독일의 경제도 악화되다.
- 아돌프 히틀러 치하의 나치당이 독일을 장악하고, 강력한 국가 주도의 경제체제와 극단적 민족주의를 내세우다.

1933년~1945년 독일

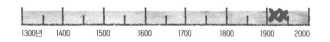

1300년 1400 1500 1600 1700 1800 1900 2000

1919년~1939년

전체주의가 뭐길래…!

- 다 조진다—

독일

전체주의는 일상을 포함한 개인 삶의 모든 영역을 정치가 지배하는 것이다. 철학적으로는 개인주의를 배격하고 정치적으로는 자유주의, 민주주의를 반대한다. 최고의 가치를 '민족공동체'에 둠으로써 개인의 존재를 공동체의 생존과 번영에 철저히 종속시켰던 전체주의는 제1차 세계대전 이후 이탈리아, 독일에서 두드러지게 흥기했고, 결국 정치권력을 획득해낸다.

파시즘과 나치즘의 등장

1922년 10월 28일 파시스트당 행동대원인 '검은 셔츠단' 5만 명이 총을 메고 이탈리아 로마로 진군했다. "볼셰비키 분쇄!", "위대한 이탈리아!" 등을 외치며 행진한 이들은 아무런 제지도 받지 않았다. 3일 전 이들에게 로마 진군을 명령한 파시스트운동 지도자 베니토 무솔리니1883~1945가 국왕 비토리오 에마누엘레 3세1900~1946재위에 의해 총리로 임명되었기 때문이다.

무솔리니는 사회주의자 대장장이의 아들이었다. 교사였던 어머니는 그도 같은 길을 가길 원했지만 교사가 되기에는 침착성이 부족했고, 불만도 많았다. 결국 다른 진로를 택한 그는 제1차 세계대전 참전을 지지하는 선동을 돕기 위해 '파시'라는 집단을 조직1919했다. 젊은 이상주의자, 광신적 민족주의자들로 구성된 이들이 파시스트운동의 토대를 형성했다.

1919년 3월 밀라노에서 '이탈리아 전투 파쇼'가 결성될 즈음까지도 파시즘은 명확하고 일관된 이념이 없는 다양한 세력의 혼합체였다. 그래서 이들의 정체를 알아채기 힘들었고, 심각한 위협으로 간주하기보다 이용하기 쉬운 대상이라는 생각이 들게 했다. 이탈리아에서 노동운동과 사회주의운동으로 공장 점거가 빈발했던 1919~1920년, 정부의 자유주의자들은 좌파 공세를 막기 위해 파시즘을 이용하고자 했다.

이탈리아의 자유주의는 제1차 세계대전 이후 위기에 처했다. 승전국 중 하나였지만 희생에 비해 이득이 전혀 없다고 느낀 국민들은 고물가, 투기, 폭리 행위 등으로 고통 받았고 실업은 폭발적으로 늘었다. 의회제 정부가 이를 해결하는 데 실패하면서 급진적 개혁을 요구한 사람들은 사회주의당을 지지했다. 이 때문에 산업가와 지주들뿐 아니라 소상인과 화이트칼라 노동자들까지 급진적인 좌파에 대해 염려하고 있었다.

이에 자유주의자는 파시스트 행동대원이 노동조합 사무실과 사회당 지부 등을 불태우고 사회주의자와 노동운동가를 테러하는 것을 묵인했다. 심지어 총선에서 연합을 결성해 파시스트에게 의회의 문을 열어주기까지 했다. 결국 '로마 진군' 이후 무솔리니가 이탈리아 역사상 최연소39세 총리직에 취임함으로써 파시스트가 집권세력이 되었다. '볼셰비즘에 맞서 조국을 지키자'며 법과 질서의 회복을 주장한 이들에 의해 의회체제는 무너졌다. 합법적으로 권력을 부여받은 무솔리니는 전체주의적 일당독재체제 확립을 위한 과정에 돌입했다.

1923년 4월 의회에서 '파시스트 민족당'의 다수당 지위를 보장하기 위한 선거법이 통과되었다. 이탈리아 사회 전체를 파시스트화하겠다고 천명한 이들은 언론, 출판, 결사의 자유를 탄압했다. 경찰을 통제하며 모든 반대 정당을 불법화하면서 유일 정당으로 군림했다. 이들은 노동운동을 없앤 대신 노동자를 위한 유급 휴가, 사회보장제, 대규모 공공사업, 도서관 건설 등을 포함한 국가 후원 프로젝트를 실시해 일부 노동계급의 지지를 얻었다. 또한 새롭게 만든 권위주의 조직이 활동하게 했는데 청년 동원 훈련 프로그램, 대가족의 어머니에 대한 시상, 정치 집회, 지방 작은 마을에서의 퍼레이드 등을 실시했다. 실제로는 파시스트로 인해 정치적 권리를 누리지 못하는 국민이 되었음에도 불구하고, 이런 활동들은 이탈리아 국민에게 정치에 참여하고 있다는 느낌을 주었다.

한편 민주적 헌법을 제정하고 협조와 화해의 대외 정책을 추진해오던 독일의 바이마르공화국도 무너지고 있었다. 많은 독일인들은 베르사유조약에 불만을 갖고 있었고 독일군이 실제로 전투에서 패배한 것이 아니라 정부 내 사회주의자와 유대인에 의해 등 뒤에서 칼에 찔린 것이라고 믿었다. 이는 베르사유조약을 거부하지 않은 공화국 정부에 대해 10년 내내 계속된 불만의 원천이었다. 경제 위기는 더 큰 문제였다. 1920년대 초 정부는 전시 인플레이션이었음에도 사회보장, 배상금 등의 재원 조달을 위해 돈을 계속 찍어냈다. 때문에 '초Hyper인플레이션'이라는 파멸적 상황이 초래되었다. 1923년 1월에 약 9마르크였던 1파운드 감자는 10월에는 4,000만 마르크가 되었고, 소고기는 거의 2조 마르크에 달하는 등 마르크화는 심지어 화장실 휴지나 벽지로 사용될 지경이었다. 이로 인해 수백 만에 달하는 독일인의 삶이 무너졌고, 다수는 전통적 정당을 지지하지 않는 것으로 저항했다.

1924년 도스안에 의해 막대한 배상금의 규모가 줄고 미국 자본의 지원을 받으면서 점차 회복세를 보이던 독일에게 대공황은 결정적 충격 그 자체였다. 미국 자본의 유입이 끊기자 경제가 한계에 이르면서, 1929년 200만 명이었던 실업자가 1932년 600만까지 치솟았고 생산은 44퍼센트나 감소했다. 대규모 시위가 끊임없이 일어난 위기의 와중에 많은 산업가와 지주, 군대와 공무원까지 가세한 공화국 정부 반대 세력은 더욱 힘을 얻었다. 이런 상황 때문에 이전까지 소수파의 움직임에 불과했던 나치즘이 급속히 대중의 지지를 얻고 정권을 장악할 수 있었다.

오스트리아에서 출생한 히틀러는 하급 공무원인 세관원의 아들로, 화가가 되기 위해 빈으로 갔다. 그러나 재능이 없다는 평가를 받고 미술학교에 낙방한 뒤 근근이 삶을 이어가다 폭력적인 정치 편견을 갖게 된다. 반反유대주의, 반마르크스주의, 범게르만주의를 외치는 오스트리아 정치가들을 찬양했다. 그리고 독일군에 입대해 제1차 세계대전에 참전하며 인생의 의미를 발견했다고 말했으나, 실제로 뛰어난 군인이었던 것도 아니었다. 그는 이후 국가 사회주의 독일 노동자당나치Nazi으로 이름이 바뀌게 될 정당에 가입했다. 나치는 인종적 민족주의에 기반하고 바이마르공화국 전복을 외치는 독일인의 수많은 호전적 집단 중 하나였다. 야심만만하면서도 거리낌 없던 히틀러는 민중 선동가로서의 재능을 드러내기 시작하며 단기간에 당 지도부로 올라섰다.

1923년 11월 최악의 인플레이션을 겪는 동안 나치는 '뮌헨 맥주홀 폭동'을 일으켜 바이에른 주정부를 전복시키고자 했지만 실패했다. 히틀러는 7개월간 감옥에서 자서전이자 정치 선언문인 『나의 투쟁』을 집필했고, 풀려난 뒤 당내 권력을 공고히 했다. 1928년 선거에서 12의석을 차지한 나치는 요제프 괴벨스1897~1945의 주도로 선전, 연설, 집회 등을 통해 바이마르공화국의 모든 것에 반대한다고 주장하며 도시 및 농촌 중간계급 구성원에게 지지를 호소했다.

대공황이 발생해 경제가 붕괴되고 이로 인해 계급을 초월하는 반유대감정이 유행하며 독일 사회는 히틀러에게 본격적으로 끌리기 시작한다. 나치는 합법의회, 비합법거리 공간에서 모두 급격하게 부상했다. 대공황이 나치 대두의 결정적 요인이 된 셈이다. 1930년 선거에서 나치는 제국 의회 577석 중 107석을 차지한다. 이는 143석의 사회민주당에 뒤이은 의석이자, 77석을 얻은 공산당보다 30석 더 많은 의석이었다. 나치의 지원 없이 연립 정부는 불가능했다. 나치는 히틀러가 수장이 되지 않는 어떤 내각에도 가담하기를 거부했다.

나치에게는 거리도 정치의 장場이었다. 1930년 갈색 셔츠를 입은 10만여 명의 나치 돌격대원들은 거리에서 공산주의자와 사회민주주의자, 노동운동활동가에게 린치와 테러를 가하고 시가행진을 벌이면서 위세를 과시했다. 1933년 나치 돌격대원은 200만여 명에 달할 정도였다. 이들의 폭력에서 공산주의 방어 수단을 찾았던 사람들, 재무장과 베르사유조약의 개정을 노린 사람들, 히틀러를 자신의 정치 게임에 이용하기 만만한 지도자로 약소 평가했던 보수적인 정치인들이 모두 나치를 지지했다.

나치즘의 부상은 히틀러의 총리 취임으로 정점을 찍었다. 1932년 나치는 득표율 37.4퍼센트를 기록하며 230석을 차지하는 기염을 토했지만 다수당이 되지는 못했다. 대신 당시 대통령이었던 파울 폰 힌덴부르크1847~1934는 히틀러를 총리로 임명했다. 총리에 취임했던 슐라이허 장군은 극우와 극좌 사이의 대립을 해소하려고 보수파와 노동조합 지도자 사이의 연립을 추구했다. 이에 보수파가 놀라 히틀러를 총리로 임명하도록 힌덴부르크에게 압력을 가한 것이다. 이는 나치가 비교적 덜 급진적인 정당들과 협력해 보수적인 연립 정부를 창출해줄 것이라는 기대심에서 비롯된 것이었다. 그러나 이는 나치의 세력과 인기에 대한 완전한 오판이었다.

마침내 1933년 1월 30일 독일 총리직에 취임함으로써 합법적으로 관직에 오른 히틀러는 나치즘의 '갈색혁명'을 시작한다. 나치혁명은 이탈리아의 '검은혁명'보다 더 철저한 전체주의체제를 추구하면서 독일의 전면적 개조를 추진했다. 2월 27일 밤 공산당과 연결된 네덜란드인 아나키스트가 제국 의회에 불을 지른 것을 기회로 히틀러는 공산주의자 폭력 행위에 대항한 방어 조처로서 인권을 일시 정지시켰다. 그는 힌덴부르크에게 제국 의회 해산과 새로운 선거 실시를 종용했다. 히틀러가 지배한 새 의회는 그에게 이후 4년간 무제한의 권력을 합법적으로 부여했고, 히틀러는 자신의 정부를 독일 제3제국역사에서는 이때부터 패망까지를 나치 독일 시대로 부른다으로 선포했다.

그해 가을 독일은 일당 국가가 되었다. 히틀러는 준군사 조직인 나치 돌격대 SA를 숙청으로 길들인 후 친위대SS를 창설했다. 이들은 정적에게 가차 없이 테러를 가하는 나치의 무시무시한 무기들이 되었다. 사회주의 및 공산주의가 분쇄되었으며 유대인과 '사회적 문제 집단정신질환자, 동성애자, 사회 부적응자 등'도 강제로 격리하고 제거되기 시작했다. 1939년 즈음 나치가 통제나 위협을 가하지 않는 영역은 독일 사회에 거의 존재하지 않았고 보수당도 예외는 아니었다. 보수주의자들은 전통 권위에 대한 나치의 간섭이 선을 넘고 있음을 깨달았지만 때는 이미 늦었다.

그럼에도 나치는 상당한 정도의 대중적 지지를 얻었다. 많은 독일인은 히틀러를 다시 일어난 강력한 독일의 상징으로 보며 좌익에 대한 폭력 사용을 용인했다. 위대한 국가로 되돌리고 베르사유조약을 전복시키겠다고 약속한 그는 1930년대 무혈의 외교적 승리를 거두며 성공하는 것처럼 보였다. 또한 본격적인 재무장과 경제적 자급자족으로 독일은 회복되는 것 같았다. 대규모의 공적 투자가 이어졌으며, 인플레이션을 잡고 통화 안정을 위한 엄격한 시장 통제가 실시되었다. 국가는 아우토반고속도로 및 공공주택 건설, 산림녹화 등을 시작했다. 1930년대 말 실업이 20만 명 이하로 떨어지자 독일 경제는 유럽 어느 나라보다도 상황이 나은 것처럼 보였고, 이는 독일인에게 중요한 의미였다.

전체주의는 왜 매력적이었는가?

나치의 권력 장악도 이탈리아의 파시스트와 비슷한 과정을 거쳤다. 양쪽 다 합법과 비합법을 넘나드는 정치 활동을 전개했지만 권력 자체는 철저하게 합법적인 방식으로 장악했다. 그들에 대한 상당한 지지가 존재했다는 의미다. 그러나 이들의 권력 장악은 필연적이거나 불가피한 과정의 산물은 아니었다. 이탈리아 자유주의자들의 오판과 독일 보수적 정치가들의 실책이 결정적 요인이었다. 이들은 무솔리니나 히틀러보다 좌익 세력을 더 혐오했고, 좌익을 봉쇄한 후에는 이들을 권좌에서 쉽게 몰아낼 수 있을 것이라고 생각했다.

그렇다면 이탈리아와 독일 국민이 전체주의에 끌린 이유는 무엇일까? 제1차 세계대전이 남긴 심리적 영향에 그 답이 숨어 있다. 최전선 참호에서 수개월 혹은 수년을 싸웠던 사람들은 폭력과 죽음에 무감각해진 채, 적에 대한 강한 증오심과 참호 속 아군에 대한 진한 전우애를 발전시켰다. 이렇게 형성된 전선공동체는 전후 민족공동체가 싹트는 토대가 되었다. 제대병들은 민족의 적에 대한 증오심과 동지에 대한 애착심을 드러냈다. 이러한 사고가 팽배한 이들은 민족주의적 호소에 쉽게 포섭될 수 있었고, 정치는 이를 간파했다. 정치인은 대중 동원과 결합해 폭력적인 수단을 불사하고서라도 과거와 일시에 단절해 새로운 민족공동체를 세우려고 했고 이는 전체주의를 정당화시켰다.

또한 20세기 지식인들은 19세기 자유주의 사상이 다른 사상으로 대체되는 거대한 문제에 직면했다. 모든 자유주의적 확신은 1920~1930년대에 사라진 경제적 자유주의에 대한 신뢰와 같은 운명에 처했다. 정신분석학의 창시자인 지크문트 프로이트1856~1939는 무의식이 가장 중요한 행동의 실질적 원천이며, 도덕적 가치와 태도는 무의식이 만들어낸 영향이 투여된 것이라고 주장했다. 그의 이론에 따르면 책임도 신화이고 이성 자체도 환상이다. 이런 생각들은 자유주의적 문명의 핵심인 이성, 책임, 의식적으로 동기를 부여받은 개인이라는 관념 등에 의문을 제기했다. 지식인들은 방향을 제시해줄 새로운 신화와 기준을 모색했는데, 정치 영역에서 찾아낸 것이 '비이성적'인 극단적 민족주의였다.

게다가 1917년 러시아혁명의 발생으로 유럽 각국의 공산주의자사회주의자와 노동운동가는 고무되었고, 세계 혁명의 유토피아적 꿈이 이야기되었다. 그것을 실현할 중심국가로서 소비에트사회주의연방공화국소련이 1922년 12월 30일 수립을 선포했다. 러시아를 포함한 4개의 소비에트공화국이 연방의 형태로 결합한 것이었다. 최고 지도자가 된 공산당 서기장 스탈린은 경제 정책에서 시장 요소를 퇴출시키고 계획경제를 도입했다. 중공업 중심의 '5개년 국가 경제 계획'을 진행시켰고 농업에서도 '콜호스'라 불리는 농장을 적극 육성했다. 그 과정에서 스탈린의 독재는 강화되었으며 전체주의적 국가의 모습이 드러나기 시작했다. 그러나 자본주의 국가들이 대공황을 겪고 있는 동안 오히려 중공업 분야에서 4배의 성장을 기록했고, 실업률이 0으로 떨어지는 등 세계 강국으로 다시 부상하게 된다.

이에 비해 전쟁 중 유럽 정부가 약속했던 사회 개혁은 전후에 급속히 축소되었고 경제는 침체 그 자체였다. 고조된 대중의 불만은 공산주의혁명으로 옮아가기 쉬웠기 때문에 유럽 각국 정부는 좌파의 봉쇄라는 긴급한 정치적 과제에 직면했다. 그런 와중에 파시스트와 나치는 좌파와 자유민주주의 양쪽을 비판하면서 정치 공간을 급속히 장악해나가기 시작했다. 자유민주주의 정부는 파시즘과 공산주의라는 전체주의의 도전 앞에 의회 민주주의의 틀을 유지하며 정치를 안정시키고 사회질서를 재건해야 했다. 그러나 미국의 대공황이 가한 일격은 경제 붕괴를 가져와 파시스트체제와 운동을 확대 심화시키는 전기가 되고 만다. 의회 민주주의를 붕괴시킨 이들은 또 하나의 세계대전과 인종 학살을 낳으며 계몽사상과 민주주의의 땅으로 여겨지던 유럽을 암흑 시대로 끌고 갔다. 세계사록

talk 18
전하지 못한 톡

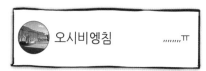

오시비엥침 ,,,,,,ㅠ

I

전송 실패

그는 우리의 이웃이며,
누군가의 가족이며,
나의 친구였다.

나는 그날 그곳에서
흔적도 없이 사라져간
내 친구의 얘기를 해보려 한다.

하나뿐인 베프쓰

오시비엥침

나 결국 잡혀왔다..ㅜ

어? 뭐야?
인터넷 안 터져ㅠㅠㅠ

전화도 안 되고ㅜㅠ

예상은 했지만
역시나 안 터지는구나,,,힝;

일단 여기 상황은
기차에서 내리자마자
사람들 분류함

같이 끌려온 마누라랑
애들이랑도 여기서 헤어짐ㅜ

여자 아이들 어르신들도 꽤 있고
사람들 대부분 나같은 유대인,,,,

안 보내지겠지만
몰래 찍어둔 사진 보내본다

암튼 안 걸리게 몰폰하면서
와이파이 터지는데 찾아볼게

어디든 터지겠지...ㅋㅋㅠ

+   ☺ 전송

그곳에서 어떤 일이 있었는지…
친구는 전해질 수 없는 톡을
끊임없이 보냈다.

ㅠㅠㅠㅠㅠㅠㅠㅠㅠㅠ

ㅠㅠㅠㅠㅠㅠㅠㅠㅠㅠ

ㅠㅠㅠㅠㅠㅠㅠㅠ

ㅠㅠ,,,,,,ㅜ

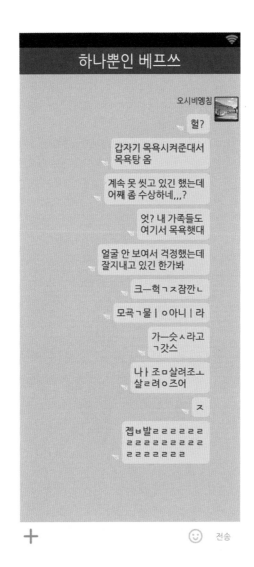

그랬다고 합니다.

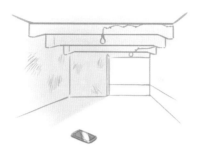

• 나치 독일, 아우슈비츠 등의 강제수용소를 만들어 유대
인 학살을 자행하다.
• 빠르고 수월하게 학살하기 위해 샤워실로 위장한 독가스실
로 유인한다. 샤워를 하라며 스스로 옷을 벗게 한 후 샤워실
에 들어가면 독가스를 살포했고, 이후 시신은 소각되었다.

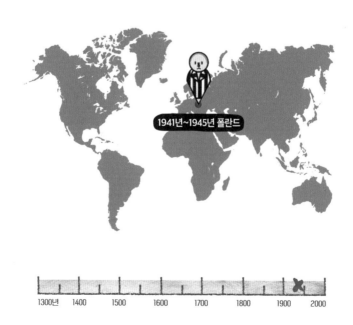

1941년~1945년 폴란드

1300년 1400 1500 1600 1700 1800 1900 2000

유럽, 다시 전쟁으로

1930년대 나치가 급부상하자 독일 견제가 다시금 유럽의 문제로 떠올랐지만 각국의 상황은 여의치 않았다. 그런 와중에 중국과 에티오피아, 에스파냐에서 일련의 위기가 잇따랐다. 1931년 일본의 만주 침공은 중국 전역에 대한 침략으로 이어졌고, 1935년 무솔리니는 탱크와 폭격기, 독가스를 장착하고 에티오피아를 공격했다. 국제연맹은 일본을 비난하고 이탈리아에 제재를 가했지만 실질적인 조치가 취해진 것은 아니었다. 그들이 소련에 대한 대항 세력이길 기대했던 영국과 프랑스의 태도 때문이었는데, 오히려 일본과 이탈리아는 국제연맹을 탈퇴했다.

1936년 발발한 에스파냐 내전은 영국과 프랑스의 입장을 확실히 드러냈다. 공화주의 정부에 대해 극단적인 우익 군 장교들이 반란을 일으킨 에스파냐 내전에서 히틀러와 무솔리니는 군대와 무기로 반란군 사령관 프란시스코 프랑코 1892~1975를 지원했다. 소련은 에스파냐공화국 휘하의 공산주의자 군대를 지원하며 대응했다. 이때에도 영국과 프랑스는 결정적인 행동을 취하지 않았다. 영국에게 프랑코는 '최소한' 반공주의자였고, 프랑스 정부는 에스파냐에 대한 개입으로 인한 정부 붕괴를 우려했다.

앞으로 벌어질 강대국 전쟁의 총연습장이 되면서 에스파냐 내전은 특히 잔인한 양상을 띠었다. 독일과 소련은 자국의 최신무기로 공중에서 민간 목표물을 파괴하는 기술을 연마했다. 1937년 4월 독일 폭격기들이 공화파의 보급선을 끊고 민간인에게 공포심을 주기 위해 북부 마을 게르니카를 철저하게 파괴했다. 여론을 경악시킨 이 공격은 파블로 피카소1881~1973의 유명한 그림 「게르니카」1937로 세계인의 기억 속에 영원히 남았다. 에스파냐 내전은 3년간 지속된 끝에 프랑코의 승리로 끝났다1939.

제2차 세계대전을 막지 못한 요인으로 알려진 당시 영국과 프랑스의 '유화 정책'은 그때까지도 생생하게 남아 있던 세계대전의 기억에 기인한다. 솜과 베르됭 전투를 잊지 못한 그들은 다시 전쟁을 일으키는 그 어떤 일도 상상할 수 없었다. 또한 많은 영국인과 미국인들은 민족자결의 입장에서 당시 독일의 이의 제기가 정당하다고 생각했다. 심지어 대부분 반공주의자였던 유화 정책 지지자들은 독일과 이탈리아를 소련의 서진을 봉쇄할 필수 장벽으로 간주하기까지 했다.

이런 사실을 꿰뚫고 있던 히틀러는 무솔리니와의 동맹을 강화강철조약1939.5.22하며 국가의 영광과 국제 권력 획득이라는 목표를 위해 전쟁으로 나아갔다. 양국은 이미 이탈리아의 에티오피아 침공에 대한 국제연맹 결정을 반대하는 의미로 동맹을 맺었고 그들 관계를 '추축Axis'으로 표현하고 있었다. 양국과 방공협정을 체결1937했던 일본의 군국주의 정권이 추축국에 본격적으로 가담삼국군사동맹한 1940년 이후 유럽과 대서양의 전쟁이 아시아 태평양으로까지 확대될 판이 짜여지기 시작한다.

나치 독일의 유럽 침공

히틀러는 가까스로 가입이 허용1926되었던 국제연맹에서 탈퇴1933했다. 2년 뒤 징병과 군사훈련을 부활시키고 재무장을 완성하며 라인란트 지역의 '비무장 지대'를 침공1936했다. 오스트리아에 대한 '안슐루스병합'도 아무런 방해 없이 완료한 1938년 가을, 체코슬로바키아의 수데텐란트수데텐 지방도 침공했다. 이는 모두 독일인의 거주 지역으로 침공은 민족자결권에 의해 정당화되었다.

1938년 9월 29일 무솔리니의 중재로 뮌헨에서 히틀러와 영국의 네빌 체임벌린1869~1940, 프랑스의 에두아르 달라디에1936~1940재임가 만나 회담을 열었다뮌헨회담. 이들은 체코슬로바키아의 수데텐란트를 독일에게 양도했다. 체코슬로바키아 대표는 그곳의 강력한 요새선이 독일에게 넘어가며 국가가 해체되는 동안 회담장 밖에서 무력하게 기다릴 수밖에 없었다. 체임벌린은 체코슬로바키아의 독일계 주민들을 독일이 지배하게 되면 히틀러가 더 이상 베르사유조약 개정을 요구하지 않을 것이라고 판단했다. 그러나 '명예로운 평화, 우리 시대를 위한 평화'를 선포하며 자랑스럽게 런던으로 돌아온 체임벌린이 어리석었음을, 히틀러는 곧 증명했다.

히틀러는 결국 1939년 3월 체코슬로바키아의 남은 영토까지 병합해 프라하에 괴뢰정권을 세웠다. 비독일계 영토에 대한 독일의 침공으로 유화 정책이 헛된 것이었다는 여론이 강화되면서 영국은 외교 방침을 바꾸었다. 영국과 프랑스는 재무장을 가속화했으며 히틀러의 진로에 놓여 있던 폴란드와 루마니아의 주권을 보장하기로 약속했다.

한편 1930년대 내내 소련의 내부 사정은 위태로웠다. 공업화 계획은 과중한 부담과 막대한 희생자를 낳았는데, 소련은 독재 강화를 통해 이를 해결했다. 5년 동안 수백만 명의 소련 인민들이 처형당하거나 투옥, 추방됐고, 강제노동 수용소로 보내졌다. 유럽 국가들은 소련 내부에서 발생하는 일을 정확히는 몰랐지만 한 가지는 확실히 인지하게 되었다. 소련은 자유주의 국가가 아니며 또한 이후 든든한 동맹국도 될 수 없다는 것이었다.

초대받지 못한 뮌헨회담의 추이를 보던 스탈린 역시 영국과 프랑스를 믿을 수 없는 동맹국으로 간주했다. 이들이 소련을 희생시켜 독일과 거래해 나치의 팽창을 동쪽으로 돌리게 할지도 모른다고 생각했다. 가중된 불안감을 해소시킬 방안을 찾던 소련은 결국 나치 독일과 불가침조약을 체결한다독소불가침조약1939.8. 이를 통해 스탈린은 나치 독일로부터 폴란드 일부, 핀란드, 발트해 국가들과 베사라비아를 떼어주겠다는 약속을 받았다.

곧이어 히틀러는 폴란드에게 회랑지대를 돌려달라고 요구했다. 이 지역은 단치히 자유시에서 독일 본토로 이어지는 폴란드 영토였는데, 이 때문에 동프로이센과 독일이 나뉘어 있다고 히틀러는 분개했다. 그러나 폴란드는 예상과 다르게 강경한 입장을 취했고, 1939년 9월 1일 나치 독일군은 폴란드 국경을 넘었다. 영국과 프랑스는 철수하라는 공동 경고를 보냈지만 회답이 없었다. 9월 3일 영국과 프랑스는 폴란드와 했던 약속을 지켜 독일에 선전포고를 했다. 유럽에서 다시금 대전이 시작되었다(제2차 세계대전 1939~1945).

독일의 폴란드 정복은 놀라울 정도로 빨랐다. 파괴적인 공군력의 지원을 받아 전차와 장갑차로 잘 조직된 독일의 공격은 폴란드 군대를 산산조각냈다. 바르샤바를 폭격해 폐허로 만들고 오랫동안 독일군 장교단이 훈련시킨 '전격전'이 완벽하게 성공하며 폴란드는 4주 만에 해체되었다. 소련은 나치 독일과의 협정에 따라 동쪽에서 폴란드를 침공해 점령했다.

폴란드 함락 이후 여섯 달은 훗날 '전투 없는 전쟁'으로 불릴 만큼 평온무사하게 흘러갔다. 1940년 4월 9일 나치 독일이 철광석 공급로 확보를 위해 스칸디나비아를 공격하면서 전면전의 시기가 도래했다. 눈이 녹으며 전차 부대의 이동이 쉬워지자 덴마크를 하루 만에 점령했고 노르웨이를 침공했다. 노르웨이 방어를 돕기 위한 연합국의 원정은 실패로 돌아갔다.

5월 10일 독일군은 벨기에와 네덜란드를 급습했다. 로테르담시를 폭격당한 네덜란드군은 항복했고 여왕과 정부는 영국에서 망명정부를 수립했다. 벨기에 공격은 네덜란드와 같은 파괴를 우려한 국왕이 항복하면서 종결되었다. 저지대 국가를 공격한 독일은 5월 20일 프랑스로 진군했다. 나치 독일군의 진격 속도는 열흘간 약 241킬로미터를 돌파하고 있었다. 공군의 폭격과 기갑 부대의 진격에 압도된 연합군은 속수무책으로 참패했다. 수십만 명의 민간인이 남쪽으로 탈출해 무기도 없는 수만 명의 연합군과 합류했고 이들 행렬은 독일 급강하 폭격기의 끊임없는 공습을 받았다. 연합군은 됭케르크 항구(벨기에 국경에서 10킬로미터 거리에 있던 프랑스 최북단의 항구)로 필사적인 후퇴를 감행했다.

원정군들이 모두 참패하는 참상을 목도한 영국은 이탈리아에게 중재를 부탁해 독일과의 교섭을 시도했다. 됭케르크에 집결해 있던 22만여 명의 영국 원정군(프랑스군을 합하면 34만 명에 육박했다)의 본토 귀환을 장담할 수 없었기 때문에 독일과 강화를 맺기 직전의 상황까지 갔다. 그러나 사퇴한 체임벌린 대신 수상이 된 윈스턴 처칠은 이를 단호하게 반대했다.

연립 정부를 새로 이끈 처칠은 정치적 독불장군으로 혹은 전쟁광으로 불리기도 한다. 그는 행정가적 수완도 그다지 뛰어나지 못했고 거만했으며 끊임없이 설

부른 계획들을 제시했다. 하지만 두 가지 천부적 재능을 갖고 있었다. 하나는 연설이었다. 수상으로서의 첫 라디오 연설에서 영국 대중을 각성시켜 전쟁에 맞서게 만들었다. 두 번째는 외교 역량이었다. 루스벨트가 '무기대여법1941.3'을 시행해 영국에게 막대한 원조와 무기를 보내도록 만들었다. 결국 영국은 처칠의 주장처럼 마지막까지 싸우는 길을 택했다. 6월 초 영국 해군은 다수의 상선과 유람선을 징발해 됭케르크에서 33만 8,000여 명의 연합군을 철수시키는 데 성공했다됭케르크 철수작전.

파리가 공중 폭격당하는 것을 피하고자 했던 프랑스는 파리에 무혈 입성한 나치 독일과 6월 22일 휴전조약을 체결했다. 이후 북부는 독일에 점령되었고 남부는 페탱 원수 지도하에 온천 마을 비시에 형성된 보수적인 정부 아래 놓였다. 막을 내린 제3공화국 대신 비시 정부는 주권을 보유하는 대가로 독일에 협력해야 했다. 휴전조약을 맺기 직전 프랑스를 떠났던 장군 샤를 드골1890~1970은 영국에서 망명 정부 '자유 프랑스'를 이끌었다.

영국이 독일과의 교섭을 부탁했던 이탈리아는 연합군의 패배 양상을 본 데다, 그들의 세력권인 아프리카 지역과 지중해 해로가 전쟁 작전 지역에 포함되면서 프랑스가 항복하기 열흘 전 독일 측에 합류했다. 6월 말 피레네산맥에서 노르웨이 노스곶까지의 해안에 면한 유럽은 전부 나치 독일의 영토가 되었다. 이들이 대서양과 스칸디나비아의 항구를 이용할 수 있게 되자 후일 '대서양 전투'로 불릴 전장도 추가되었다.

대륙에 동맹국이 없어진 영국은 당장 나치 독일의 정면공격을 받았다. 1940년 7월부터 65일간 수천 대의 독일 항공기들이 비행장과 영국 항공기에, 이후에는 런던 같은 민간 목표물에 수백만 톤의 폭탄을 투하했다. 그러나 4만 명 이상의 민간인과 공군의 희생, 그리고 레이더로 버텨낸 영국은 8월과 9월 치열한 공중전에서 승리를 거두었다. 이를 통해 도버해협을 건너 영국을 침공하려던 나치 독일의 계획은 수포로 돌아갔고, 공중 폭격만으로 침략이 불가능하다는 것이 분명해졌다. 1940년 말 살아남은 영국의 상황은 암울했지만 전쟁의 향방은 변화되었다. 나치 독일이 소련으로 공격 목표를 전환함으로써 영국과 소련이 한 배를 타기 시작한 것이다.

유대인 학살, 홀로코스트

제2차 세계대전 중 일어난 '홀로코스트'라는 나치 독일의 유대인 대학살로 유럽 유대인의 3분의 2, 세계 유대인의 3분의 1이 사라졌다. 그중 절반은 절멸 수용소에서, 나머지는 게토, 강제 노동 수용소, 거리, 숲, 수송열차 등지에서 굶주림과 질병, 과로로 죽거나 학살되었다.

본래 유럽에는 유대인에 대한 뿌리 깊은 적대적 태도와 감정이 있었다. 19세기에 기존 종교적 반유대주의가 과학적, 인종적 반유대주의로 바뀌면서 유대인을 쫓아내야 하는 대상에서 박멸해야 하는 대상으로 변화했다. 나치는 그동안 관념에 그쳤던 '절멸'을 실제 정책으로 구현했다.

초기에는 차별과 사회적 분리로 시작되었다. 히틀러가 총리가 된 뒤 열성 나치 당원에 의한 유대인 상점과 개개인에 대한 첫 공격이 시작되었다. 그 후 1935년 9월 15일 발표된 뉘른베르크법은 유대인과 비유대인의 결혼을 금지했고, 유대인의 시민권을 박탈했다. 1938년 11월 괴벨스의 선동에 의해 독일 전역에서 유대인에 대한 최대의 폭력 사태가 벌어졌다. 나치 당원들이 벌인 테러로 250개 유대교 회당이 불탔고, 7,500여 개의 유대인 상점이 파괴되었다. 91명의 유대인이 사망하고 수천 명이 구타당한 사건, 일명 '수정의 밤Kristall Nacht'이었다.

대전의 발발은 유대인의 추방과 강제 이송을 더욱 촉진시켰다. 나치는 폴란드 지역 곳곳에 게토를 설치했다. 추방되어 이송될 유대인들을 수용하기 위해 임시로 만든 거주 지구였는데, 주위에는 담장과 철조망이 쳐졌고 출입은 엄격히 통제되었다. 열악한 주거 환경과 식량 부족으로 사망자가 속출하면서 폴란드 지역의 게토에서만 모두 50만 명의 유대인이 굶주림과 전염병 등으로 사망했다.

폴란드 총독이 더 이상의 게토 설치를 반대하고 이후 프랑스가 붕괴되면서 나치 독일은 아프리카의 프랑스 식민지인 마다가스카르로 유대인 수백만 명을 추방할 꿈도 꾸었다. 그러나 유대인을 옮길 배가 통과할 대서양의 제해권이 필요했고 이는 영국에 대한 승리를 전제로 하는 것이어서 결국 계획은 무산되었다. 이처럼 폴란드와 마다가스카르가 막힌 상황에서 나치의 유대인 정책은 점차 '추방'에서 '절멸'로 변해갔다.

전환점은 1941년 나치 독일의 소련 침공이었다. 전진하는 독일 정규군 바로 뒤를 따라간 '나치 친위대'에 의해 수행된 학살이 홀로코스트의 첫 번째 단계였다. 친위대는 현지인 경찰 및 민병대, 독일 정규군, 예비경찰 등의 협조로 발트 3국과 소련 지역에서 6개월간 50만 명 이상의 유대인을 학살했다. 방식은 대체로 구덩이 앞에 줄지어 무릎을 꿇리고 뒤통수를 조준 사격하는 것이었다.

그러나 이는 범유럽 차원에서 시행하기에 '비효율적'이었기 때문에 가스에 의한 학살이 개발된다. 게다가 가스 학살은 직접 학살에 비해 '인간적'인 방식으

📍 반제회의에서 결정된 절멸 유대인 수

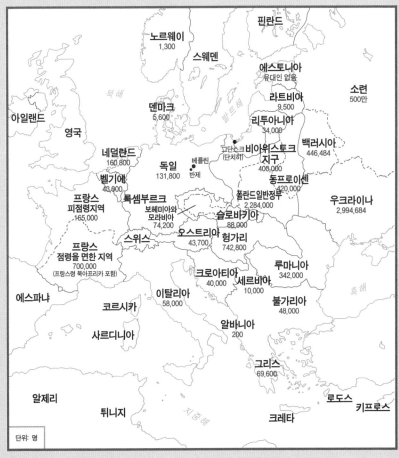

로 간주되었다. 희생자가 아닌 가해자, 즉 학살 집행자가 양심의 가책과 스트레스를 덜 느꼈기 때문이다.

1942년 1월 20일 베를린 교외 반제호수 인근에서 열린 '반제회의'는 전 유럽 유대인 1,100만 명의 절멸을 결정했다. 이에 폴란드를 중심으로 학살 전용 수용소들이 잇달아 설치되었다. 베우제츠, 소비부르, 트레블링카 수용소가 가동되었으며 원래 강제 노동 및 포로수용소로 쓰였던 오시비엥침독일어로 아우슈비츠의 수용소에도 가스실이 설치되어 절멸 수용소를 겸하게 되었다. 노르웨이에서 그리스까지, 프랑스에서 소련까지 전 유럽의 유대인이 철도로 이송되어 학살되었다. 홀로코스트 희생자 600만 명 가운데 거의 절반에 해당하는 285만 명 이상의 유대인이 절멸 수용소들아우슈비츠에서만 100만 명에서 죽음을 맞았다.

유대인이 학살되기까지의 과정은 학살 공장의 자동 시스템 같았다. 유대인들은 자기 집이나 게토, 수용소에서 끌려나와 며칠, 길게는 2주 이상 밀폐된 열차에서 굶주림과 갈증과 악취에 시달리며 절멸 수용소로 압송된다. 기차에서 내린 유대인은 선별 과정을 거쳐 죽을 자로 분류된 경우 탈의실에서 옷을 벗고 귀중품을 맡기고 샤워실로 위장된 가스실로 들어간다. 이들이 죽으면 방독면을 쓴 유대인 노동대가 들어가 시체를 끌어내고 시체의 입에서 금니를 뽑아낸 뒤 구덩이에 묻거나 소각장에서 태웠다.

이 모든 과정을 주도하고 집행한 것은 반유대주의 신념에 찬 나치 수뇌부 관료만은 아니었다. 나치 독일의 평범한 공무원들과 독일 지배하의 각국 정부, 시민들도 이에 협력했다. 이들은 손에 피 한 방울 묻히지 않았지만 엄청난 규모의 학살 과정에 가담한 것이었다. 각각의 과정에서 개인의 선택 자율성이 '전혀 없지는 않았다'는 최근 가해자 연구 결과와 '백장미단'을 포함한 수많은 의인들의 활동을 고려할 때 이는 많은 것을 생각하게 한다. 세계사록

말 안 듣는 보스는

 장쒜량 　　　　　꼭꼭 숨어라

 장제스 　　　　　　()

하나요
상명하복

사회생활해봤으면 알겠지만
상사로부터 받는 스트레스가
이만저만이 아니잖아?

 장제스

> 쒜량, 내방으로.

톡 하나만 울려도
심장이 벌렁거린다ㅜㅜ

오늘은 또
무슨 얘기를 하려고 그러나ㅜㅜ
아… 벌써부터 불안하다ㅜㅜ

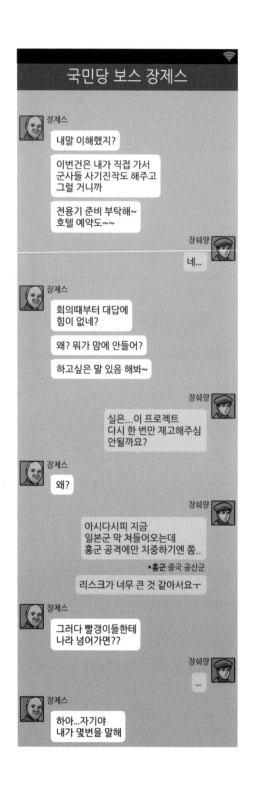

둘이요

손 안의 보스

아랫사람 얘기 안 들어줄 거면
회의는 왜 하고
의견 모으는 척은
왜 하는 건데ㅠㅠ

진짜 이건 도둑이 쳐들어왔는데
부부싸움한다고
집 안에 있는 물건 다 훔쳐가는데도
나몰라라 하는 격이라고;;;;

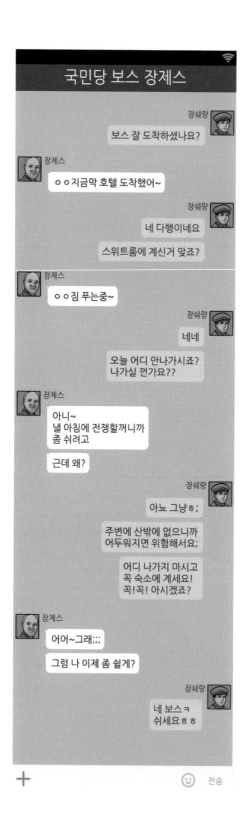

꼭꼭 숨어라

부하직원이 말 안 들으면
혼날 수 있지만
상사가 말을 안 들으면?

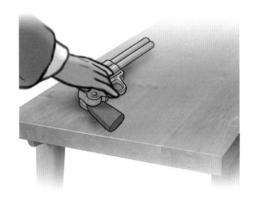

후후… 말로 안 되면
보여주는 수밖에 없잖아?

근데 도망가버렸네?;;;;;

그랬다고 합니다.

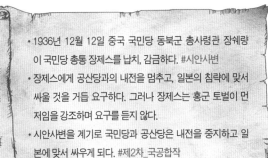

- 1936년 12월 12일 중국 국민당 동북군 총사령관 장쉐량이 국민당 총통 장제스를 납치, 감금하다. #시안사변
- 장제스에게 공산당과의 내전을 멈추고, 일본의 침략에 맞서 싸울 것을 거듭 요구하다. 그러나 장제스는 홍군 토벌이 먼저임을 강조하며 요구를 듣지 않다.
- 시안사변을 계기로 국민당과 공산당은 내전을 중지하고 일본에 맞서 싸우게 되다. #제2차_국공합작

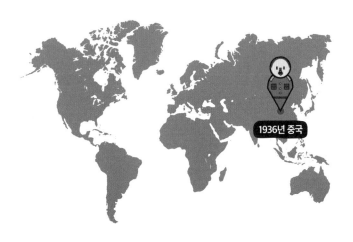

1936년 중국

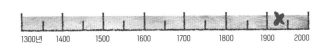

1300년 1400 1500 1600 1700 1800 1900 2000

대장정

으아아악!!!!!
우왓C 깜짝이야!!

난징을 수도로 한 국민당 정부의 '난징 10년' 동안 장제스는 산업화와 근대적 정부 및 국가를 세우는 데 매진했다. 특히 평등한 지위를 가진 국제 사회의 일원이 되기 위해 노력했는데, 그 결과 1928~1933년 중국은 아편전쟁 이후 빼앗겼던 관세 자주권을 되찾을 수 있었다. 세관의 행정권을 장악했고 외국 조계지의 수를 33개에서 19개로 줄였다. 제2차 세계대전 동안 중국의 유럽 동맹국들은 100년의 중국 대외 종속을 상징했던 치외법권을 포기했고, 장제스는 연합국의 대등한 파트너 자격으로 루스벨트와 처칠을 만나기도카이로회담1943.11 했다.

그러나 이 같은 중국의 국제적 지위 향상과 주요 도시에서 진행된 경제적 성장에도 불구하고, 대다수 농민은 여전히 심각한 빈곤 상태에 있었다. 근대 의학의 혜택은커녕 홍수, 가뭄, 기근 등 주기적으로 다가오는 재해로 삶이 붕괴되곤 했다. 무엇보다 가장 큰 문제는 살인적인 소작료였다. 공산주의자 마오쩌둥모택동 1893~1976이 농촌의 전통적 권력 구조를 무너뜨리기 위해 빈곤한 농촌에서 농민을 조직하기 시작한 것은 이런 문제를 해결하기 위해서였다.

후난호남성에서 부유한 농민의 아들로 태어난 마오쩌둥은 반골 성향이 강한 성격 때문에 부친과의 마찰이 잦았다. 사범학교를 마치고 베이징 대학교 도서관의 보조사서로 근무하던 중 공산주의 사상을 처음 접했고, 많은 독서와 토론, 강연 등을 통해 사상적 기초를 닦았다. 당시 베이징의 지식인과 학생들은 마르크스주의 속에서 혁명의 원동력과 중국 농민에게 활력을 넣을 수 있는 수단을 발견하며 러시아혁명을 환영했다. 게다가 러시아는 1919년 '중국과의 모든 불평등조약을 철폐'한다는 카라한 선언을 발표한 데 이어 '연방 내 모든 민족뿐 아니라 국제사회의 모든 민족은 평등'해야 한다고 주장했다. 제국주의 국가가 외친 '민족자결주의'와는 비교할 수 없는 행보였다. 마르크스주의 연구회가 베이징 대학교에서 조직된 뒤 1920년 『공산당 선언』의 중국어 완역본이 처음 출간되었고, 중국 공산당이 조직되기에 이르렀다.

마오쩌둥은 고향으로 돌아온 뒤 부유한 생활을 했으나 후난성을 무력으로 점령한 베이양 군벌의 전횡에 불만을 품었고 반정부 성향을 띄게 되었다. 게다가 그의 친구, 후일 중국 공산당의 중요한 이론가이자 선전가로 활동하게 되는 차이허썬채화삼1895~1931의 영향으로 공산주의자가 된다. 그는 중국 공산당 창당에 후난성 대표로 참여해 창립 멤버가 되었다.

마오쩌둥이 중국 공산당 내에서 성장할 수 있었던 것은 장제스가 1927년 4·12 쿠데타로 공산당 조직을 공격했기 때문이다. 장제스가 공산주의자와 노동 조직가들을 대규모로 숙청했음에도 모스크바는 계속 도시에서의 노동운동을 강조했다. 그러나 마오쩌둥 및 군사 지도자 주더주덕1886~1976와 펑더화이팽덕회1898~1974는 다른 방법을 택했다. 그들은 1930년대 초 후난성과 장시강서성 사이의 외딴 산악 지역 징강정강산에 소비에트를 조직했다. 당 조직과 토지 개혁에 관한 정치적 해법을 찾아내는 한편 공산당의 군대가 될 홍군 또한 건설했다. 마오쩌둥은 특히 다양한 책을 참고하고 응용해 게릴라 전술을 개발했다.

홍군이 마을을 안전하게 보호하게 되면서 지방이나 중앙정부에 대한 두려움 없이 토지 몰수와 지주 처형을 수행할 수 있었다. 그들은 규율이 엄격했고 소비에트 내 사람들의 재산을 침범하거나 약탈, 파손하지 않도록 교육받았다. 20만 명의 병사와 16만 자루의 총을 지닌 군대로 성장해가는 동안 중국 공산당에 대한 농민들의 지지도 높아지기 시작했다.

이에 중국 공산당은 코민테른의 지지하에 중화소비에트공화국까지 수립1931하기에 이른다. 이런 자신감을 바탕으로 1932년 4월 15일 중화 소비에트 공화국 임시 중앙정부 명의로 대 일본 선전포고까지 하게 된다. 그러나 공산당 중앙은 마오쩌둥의 유격 전술을 패배주의와 도구주의로 규정하고 성문 밖에서 적을 제지하는 진지전의 전술을 택했다. 마오쩌둥은 병을 핑계로 일선에서 물러나 소비에트 정부의 일에 몰두했다.

중국 공산당의 움직임이 장제스에게 포착되는 데 오랜 시간은 필요 없었다. 1931~1934년 장제스는 공산당 세력을 토벌하기 위해 다섯 차례에 걸쳐 군대를 파견한다. 만주국이 수립되고 리턴 보고서가 받아들여졌으며 일본의 국제연맹 탈퇴가 일어나던 때였다. 네 차례의 공산당 토벌이 실패하는 동안 일본은 산하이관산해관 이북에서 소련 국경까지 차지했으며 허베이하북 지역까지 공격했다. 장제스는 일본과는 정전협정을 맺은 대신 독일 군사 고문의 도움을 받아 소비에트 주위를 철 포위망으로 봉쇄하며 공산당에 대한 5차 공격을 준비했다. 40만 명이라는 숫자나 무기 면에서 압도적으로 우세한 국민당군의 압박은 홍군을 최후의 선택으로 몰아갔다.

마오쩌둥의 게릴라 전법을 버리고 진지전으로 전환했던 대가는 그야말로 혹독했다. 1934년 4월 중화소비에트공화국 수도 루이진서금의 관문 광창이 함락되어 존립조차 위태로워지면서 공산당은 탈출을 시도할 수밖에 없었다. 새로운 형태의 투쟁이라기보다 도주에 가까웠다. 당시 마오쩌둥은 실권을 잃은 데다 말라리아를 앓고 있어 저우언라이가 철수 전략을 지휘했다. 부대는 크게 10만여 명의 장정군과 3만여 명의 잔류 부대로 나뉘었다.

1934년 10월 16일, 후일 '대장정'으로 불릴 후퇴가 시작되었다. 장제스 군대가 마지막 포위 공격을 시작한 지 꼭 1년 만의 일이었다. 그리고 그 이후 368일 동안 홍군35명의 여성을 포함한 약 8만 6,000명의 군사는 총 1만 2,000킬로미터를 걸어서 이동했다. 그들은 국민당군의 끈질긴 공격을 견뎌가며 24개의 강을 건넜고 12개의 성을 지났다. 4,000미터가 넘는 다쉐대설산을 포함한 18개의 산맥을 넘었는데 그중 5개는 만년설로 덮여 있었다. 62개 도시와 마을을 점령했고 10개의 각각 다른 지방 군벌들의 포위망을 돌파했다. 남북 300킬로미터에 달하는 지옥 같은 대초원 지대와 칭기즈칸이 사망했던 류판육반산을 넘어 산시섬서성 우치진오기진에 도착한 10월 20일, 홍군의 장정은 끝이 났다. 도중에 부상, 탈영, 사망, 질병, 생포 등으로 홍군 부대원의 80~90퍼센트는 사라졌다. 그 속에서 살아남은 이들은 최정예 부대가 되어 항일 투쟁과 공산 혁명의 중심이 되었다.

대장정은 세계 전쟁사에서 인상 깊은 사건으로 남았다. 이 과정에서 자신이 주장한 지그재그식 행군 전술이 성공하며 탁월한 전략가로 인정받은 마오쩌둥은 당 중앙을 장악해 공산당의 최고 지도자가 되었다. 그는 홍군의 임무가 전투만이 아닌 대중 활동과 조직화에 있다는 사실을 명확히 하면서 '항일을 위해 북상'한다는 목표 또한 제시했다. 공산당은 중국에서 가장 낙후된 지역 가운데 하나인 산시성 옌안연안에 사령부를 설치했다.

시안사변과 제2차 국공합작

1936년 12월 12일 새벽 5시 반 동북군의 한 부대가 장제스가 머물던 시안 교외의 휴양지 화칭츠화청지를 급습했다. 극소수의 호위병만 데리고 있던 장제스는 반란이 일어났음을 직감하고 잠옷 바람으로 뒷산으로 달아났다. 바위 아래 웅크리고 있던 그는 수색대에 체포되어 곧바로 호송되었다. 그날 밤 장쉐량은 전국에 전통문을 보내 장제스의 생명을 보장하는 동시에 여덟 가지 요구사항을 공표했다. 그 주요 내용은 '내전을 중지하고, 일치하고 단결해 항일에 나서자'였다. '시안사변'이라 불리는 이 사건의 발생은 그 누구도 예상하지 못했다.

만주 군벌 장쉐량은 만주사변1931 이후 근거지에서 쫓겨나 상하이에서 아편 중독을 치료했고 유럽 여행 후 1934년 초 중국으로 돌아왔다. 그 뒤로는 줄곧 장제스를 도와 후베이호북와 허난하남, 안후이안휘 경계 지역에서 공산당 세력을 말살하는 데 힘썼다. 그러나 유럽 여행 중 무솔리니와 히틀러의 강력한 민족주의 군대를 본 그에게 장제스의 모습은 실망스러웠고, 오히려 공산주의자들이 주장하던 '항일'이 더 인상적으로 다가왔다.

그러던 중 장제스가 장쉐량을 만나기 위해 시안으로 날아왔다. 장쉐량에게 옌안의 공산당 근거지 공격을 재촉하기 위해서였다. 당시 일본의 중국 본토 공격은 가속화되고 있었지만 장제스는 일본의 요구를 들어주면서 군사적 대응은 자제하고 있었다. 일본의 공격을 피부병으로 여기고 중국 공산당을 심장병으로 여긴 장제스는 일본과 싸우기 전에 공산당부터 토벌해야 한다고 주장했다. 국민들은 그를 타협적이며 권력을 위해서는 국가의 일부를 팔 수도 있는 인물로 인식하기 시작했다. 장쉐량과 그의 부대도 결국 장제스에게 반기를 들었다.

난징 정부는 대규모 군사 보복을 주장하는 쪽과 장제스의 목숨을 구하기 위해 협상해야 한다는 쪽으로 나뉘었다. 부인 쑹메이링송미령1897~2003은 장제스를 살리기 위해 필사적으로 강경파를 막은 뒤 시안으로 날아갔다. 사실 장제스가 권력을 장악할 수 있었던 배경 중 하나가 쑹메이링과의 결혼1927이었다. 그녀는 중국에서 가장 부유한 가문 중 한 곳의 딸이자 쑨원의 미망인 쑹칭링송경령1893~1981의 동생이었다.

쑹메이링은 도착 후 장쉐량과 장쉐량이 불러들인 저우언라이를 만났다. 중국 공산당과 국민당의 항일 통일 전선에 대한 평화 협상은 12월 25일까지 계속되었다. 장쉐량의 호소에는 귀 기울이지 않았던 장제스였지만 과거 황푸 군관 학교로 연결되어 있었던 저우언라이의 설득에 마음을 돌렸다. 과정은 지난했지만 항일을 위한 제2차 국공합작1937.9~1945.8의 길이 열렸다.

마지못해 협상을 받아들인 장제스는 12월 25일 오후 2시경 시안을 떠났다. 그때 장쉐량은 순수한 동기에서 시작했고 자신은 반역자가 아니라는 것을 입증하기 위해 자발적으로 장제스의 비행기에 동승했다. 장제스는 난징에 돌아오자마자 사표를 제출했으나 이듬해 반려되었고 1개월간의 휴가가 주어졌다. 장쉐량은 사형에서 10년 금고형으로 감형된 뒤 풀려났지만 엄중한 감시하에 가택연금 생활을 했다. 타이완까지 끌려가서도 가택연금은 계속됐고, 가택연금에서 풀려난 1990년 이후 가족이 있는 하와이에서 여생을 보내다 104세의 나이로 사망한다.

시안사변으로 인해 내부의 적을 제압하고 경제와 군사 역량을 키워 전선을 유지하다 1940년 이후 만주를 수복하려 했던 장제스의 전략은 어긋나게 된다. 중일전쟁의 개전 시점도 앞당겨졌다. 그러나 무엇보다 중요한 것은 섬멸 직전의 위기까지 몰렸던 중국 공산당이 살아남게 된 것이었다. 이후 중일전쟁 가운데 세력을 성장시킨 중국 공산당은 결국 국민당을 누르고 승리를 거둔다. 장쉐량이 국민당으로부터는 반역자로, 공산당으로부터는 영웅으로 간주되었던 이유다. 세계사록

talk 20
주작은 침략을 낳고

장쉐량   내가 찐이라고——

짱쉐량   내가 찐이라고——

하나요

오피셜

인기 많은 셀럽들 SNS 계정은
오피셜마크 확인해야 되는 거 알지?

PeterChang.official ✓
장쉐량

내 계정도 잘 기억해두라구!
비슷한 계정으로 사칭하는 넘들이
좀 많아야 말이지;

아오씨!
철도 폭파한 것도,
저 계정도 나 아닌데!

사칭 계정 누가 팠는지
내가 찐범인 추적한다…!

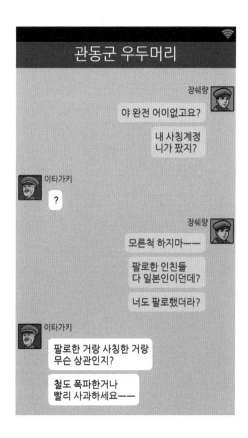

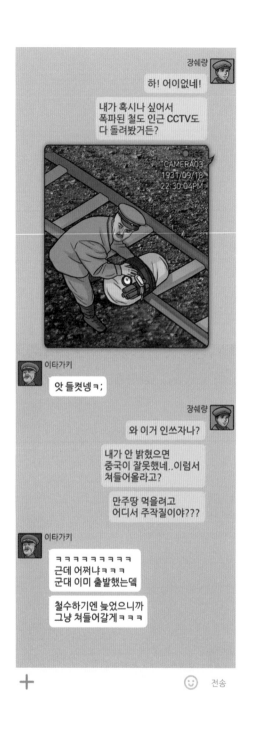

장쉐량

하! 어이없네!

내가 혹시나 싶어서
폭파된 철도 인근 CCTV도
다 돌려봤거든?

이타가키

앗 들켯넹ㅋ;

장쉐량

와 이거 인쓰자나?

내가 안 밝혔으면
중국이 잘못했네..이럼서
쳐들어올라고?

만주땅 먹을려고
어디서 주작질이야???

이타가키

ㅋㅋㅋㅋㅋㅋㅋ
근데 어쩌냐ㅋㅋㅋ
군대 이미 출발했는뎈

철수하기엔 늦었으니까
그냥 쳐들어갈게ㅋㅋㅋ

전송

와나… 개뻔뻔한 것 보게?

후아… 발끈하지 말자.
같이 발끈했다간
똑같은 놈 된다고.

그냥 인친들한테 알려서
쪽당하게 해야지!

흠… 생각보다
마음 수가 저조하네??

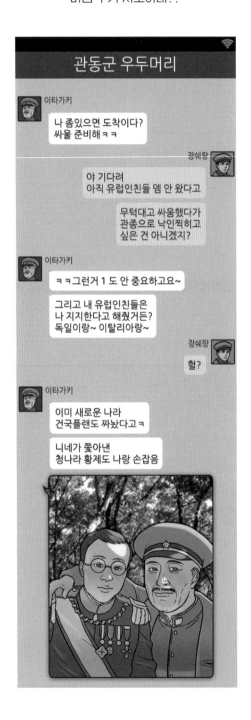

관동군 우두머리

이타가키
나 좀있으면 도착이다?
싸울 준비해ㅋㅋ

장쉐량
야 기다려
아직 유럽인친들 뎀 안 왔다고

무턱대고 싸움했다가
관종으로 낙인찍히고
싶은 건 아니겠지?

이타가키
ㅋㅋ그런거 1도 안 중요하고요~

그리고 내 유럽인친들은
나 지지한다고 해줬거든?
독일이랑~ 이탈리아랑~

장쉐량
헐?

이타가키
이미 새로운 나라
건국플랜도 짜놨다고ㅋ

니네가 쫓아낸
청나라 황제도 나랑 손잡음

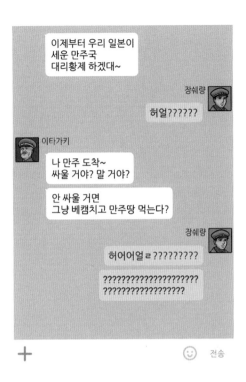

이제부터 우리 일본이
세운 만주국
대리황제 하겠대~

장쉐량

허얼??????

이타가키

나 만주 도착~
싸울 거야? 말 거야?

안 싸울 거면
그냥 베캠치고 만주땅 먹는다?

장쉐량

허어어얼ㄹ?????????

??????????????????????
?????????????????????

전송

그랬다고 합니다.

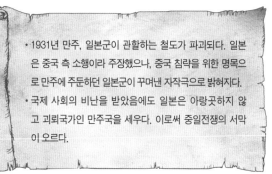

- 1931년 만주, 일본군이 관할하는 철도가 파괴되다. 일본은 중국 측 소행이라 주장했으나, 중국 침략을 위한 명목으로 만주에 주둔하던 일본군이 꾸며낸 자작극으로 밝혀지다.
- 국제 사회의 비난을 받았음에도 일본은 아랑곳하지 않고 괴뢰국가인 만주국을 세우다. 이로써 중일전쟁의 서막이 오르다.

1931년 만주

1300년 1400 1500 1600 1700 1800 1900 2000

일본, 아시아 전쟁의 서막을 열다

장쉐량타그램

장쉐량 @Peterchang.official

♥ 319명이 좋아하오

장쉐량 @ks.Chiang1031 @UK.official
@France.official @Italy_official
@Germany_official

다이쇼 데모크라시와 대공황

유럽이 제1차 세계대전의 늪에 빠져 있는 동안 일본은 전쟁 특수의 호황을 누렸다. 아시아에 수출하던 유럽의 면직물 생산이 멈추자 중국을 포함한 아시아 국가들은 일본산 면직물을 소비하기 시작했다. 미국의 일본산 생사 대량 구매는 특히 중요했다. 유럽에 대량의 군수품을 조달하면서 일본은 미국에 이은 군수품 공급 국가이자 28억 엔의 채권국이 되었다. 유럽 전역의 선박 부족 현상으로 일본의 조선업과 해운업은 '후네 나리킨배 벼락부자'이라는 신조어가 탄생할 정도로 호황을 맞았다. 각종 분야에서 '나리킨'이 속출했던 이 시기는 중화학공업의 성장과 경기 호황 등 일본이 경이로운 성과를 얻은 그야말로 '호시절'이었다.

이를 기반으로 종전 후 일본은 미국, 영국, 프랑스, 이탈리아와 함께 5대 승전국이 되었다. 베르사유조약 체결이 진행된 세계사적 국면에서 일본의 국제무대 등장은 코민테른의 출현과 함께 가장 큰 사건이었다. 러일전쟁으로 이미 백인종 대국을 상대로 승리한 첫 번째 유색인종 소국이라는 주인공 자리에 올랐던 일본은 이 사실을 굉장히 자랑스러워했다. 심지어 유럽 열강의 식민 지배에 신음하던 아시아 각국의 독립운동가들조차 일본을 모범으로 삼고 동조할 정도였다.

일본은 중국 대표의 반발에도 불구하고 독일이 중국에서 가졌던 이권을 승계받았고 적도 이북의 독일령 섬들도 지배하게 되었다. 그러나 중국의 5·4운동 등을 본 미국은 워싱턴회의를 열어 일본 세력을 약화시키고 군축에 나서고자 했다. 일본은 미국과의 협조관계를 강화할 수 있는 기회라고 판단해 참석했다. 아시아·태평양에서는 미국과 영국, 일본 3개국의 협력관계를 축으로 하는 새로운 국제 질서워싱턴 체제가 수립되었다. 이 때문에 산둥반도의 이권을 중국에 반환해야 했지만 일본은 세계대전 이전과는 비교할 수 없을 정도의 국제적 위상을 갖게 되었다. 워싱턴 체제는 1933년 일본이 국제연맹을 탈퇴하고 이듬해 해군 군축 조약을 파기할 때까지 이어졌다.

한편 일본 내에서는 1920년대 의무교육과 고등교육, 신문이나 잡지, 영화와 레코드 같은 미디어의 등장으로 의식 수준이 높아진 국민들의 정치 참여 확대 요구가 거세게 일어났다. 그 결과 다수당의 대표가 수상이 되면서 일본의 정당정치가 시작1924되었고, 납세 조건에 상관없이 만 25세 이상의 남성에게 선거권이 부여되었다1925. 이는 메이지의 뒤를 이은 다이쇼대정 덴노1912~1926재위 즉위부터 보통선거법이 제정되기까지 일어난 일명 '다이쇼 데모크라시'라 불리는 일본 민주주의의 물결이었다.

그러나 종전 후 유럽이 세계 시장에 복귀하면서 전쟁 특수가 사라진 일본은 불황에 빠지기 시작했다. 호경기에 올랐던 물가는 떨어지지 않았고, 노동 환경 개선과 임금 인상을 요구하는 시위가 일어났다. 게다가 1923년 9월 간토관동 대지진은 도쿄 주변 공장을 파괴해 경제 회복이 더욱 어려웠다. 당시 일본 정부는 이로 인한 사회 혼란을 한국인과 사회주의자 탄압의 기회로 삼았다. 한국인이 폭동을 일으켰다는 유언비어가 퍼지고 계엄령이 선포되면서 군대와 경찰, 자경단은 수많은 인명을 학살했다. 6,000여 명의 한국인의 목숨을 앗아간 사건이었다.

이에 더해 1929년 미국에서 출발한 대공황이 찾아왔다. 다른 열강들처럼 광대한 식민지나 풍부한 자원을 보유하지 못한 데다 경제의 무역 의존도 비율이 30퍼센트에 육박했던 일본에게 대공황은 너무 큰 시련이었다. 특히 주요 수출품인 생사의 90퍼센트 이상을 미국이 수입해왔던 터라 생사 가격이 폭락하자 직격탄을 맞으면서 200만 명의 실업자가 발생했다.

그런 와중에도 정부는 기업가의 입장만 두둔했고, 불신이 커진 국민은 정부 대신 군부를 지지하기 시작했다. 군부는 전쟁만이 경제 회복의 열쇠이며 이를 위해 덴노를 중심으로 국민이 일치단결해야 한다고 외쳤다. 무능한 내각을 교체하고 군대를 중심으로 대외발전을 꾀하자고 주장한 이들은 국가 이익을 최우선 순위로 여기는 것처럼 보였다.

중일전쟁의 출발점, 만주사변

9·18사변이라고도 불리는 만주사변은 1945년까지 계속된 중일전쟁의 출발점이며, 제2차 세계대전의 전장인 아시아·태평양전쟁의 이른 서막이었다. 1931년 9월 18일 밤, 간토군은 펑톈 북쪽에 있는 류탸오후유조호에서 남만주철도주식회사의 철로를 계획적으로 폭파했다류탸오후 사건/류탸오거우 사건. 이곳을 선택한 것은 근처에 장쉐량군의 병영이 있기 때문이었다. 피해는 경미해 약 20분 뒤 펑톈행 열차가 폭파 지점을 그대로 지나쳤을 정도였다. 그러나 이를 장쉐량 측의 소행으로 주장한 간토군은 즉시 공격을 개시해 19일 새벽 펑톈시 전역을 함락시킨다.

당시 베이핑북경, 중화민국 시기 베이징은 베이핑으로 개칭되었다에 머물러 있던 장쉐량은 일본군과의 전쟁 결과를 확신할 수 없었고 장제스도 동북 지역 문제에 대해 별다른 언급을 하지 않았기 때문에 16만 명에 달하는 휘하의 병력 대응을 자제했다. 때문에 1만 5,000명의 일본군은 별다른 저항을 받지 않으며 그해 말 만주 전역을 통제할 수 있게 된다.

만주는 러일전쟁 이후 일본이 식민지화한 지역으로 군사적, 경제적 가치가 높았다. 펑톈은 베이징, 한반도로 통하는 철도들의 길목이고 하얼빈에는 시베리아로 가는 철도가 있었다. 국제 무역의 거점인 다롄과 뤼순 항구와 쑹화강을 가진 만주는 교통의 요지였다. 밀, 수수, 콩, 조, 옥수수 등 밭작물의 곡창 지대였고 철, 석탄, 석유 등의 지하자원도 풍부했다.

만주사변은 일본의 간토군 참모 이시와라 간지1889~1949 등이 1928년부터 치밀하게 준비한 것이었다. 간토군은 러일전쟁 이후 러시아로부터 얻은 간토주관동주, 랴오둥반도 남쪽으로 1898~1945년 일본 조차지의 방위와 남만주 철도를 보호하기 위해 설치한 군대였다. 하지만 점차 철도 수비뿐 아니라 일본의 권익을 지키는 한편, 소련과의 전쟁을 준비하는 주체로서 역할을 강화해나갔다. 1920년대부터 미국, 소련, 중국을 적국으로 상정하고 있었던 이들의 목표는 명백했다. 적국과의 대결을 위한 병참 거점으로 만주의 점령이 꼭 필요했던 것이다.

그러나 군부는 국민에게 다르게 설명했다. 당시 군인들은 세계 최신 정세를 국민들에게 알린다는 명목으로 도시와 농촌에서 국방사상 보급 강연회를 개최하곤 했다. 만주사변이 일어날 무렵 일본은 대공황의 악영향에 허덕이던 때였다. 군부는 국민을 향해, 생활고와 경제위기가 닥친 것은 내각의 대중국 협조 외교 때문이라고 말했다. 또한 본래 정당한 일본의 권리를 중국의 방해로 이행하지 못하고 있다고 비판하면서 국민의 반중 감정을 부추겼다. 언론조차도 군부의 만주 점령 정책을 홍보하는 데 앞장섰다. 중국이 남만주 철도를 선제공격했기 때문에 정당방위 차원에서 전쟁을 한다는 왜곡 보도를 내보냈다. 정부가 내보내는 일방적 정보만 전달되면서 국민들은 그 말을 믿기 시작했다.

만주 점령 후 일본군은 유력자를 중심으로 친일파를 조직해 중국에서 만주를 분리시켰다. 이듬해 청의 마지막 황제였던 푸이를 황제로 내세워 만주국을 세웠다. 푸이의 존재에 주목한 사람은 1913년부터 18년간 중국에서 근무해온 육군 제일의 중국통으로 만주사변 당시 펑톈의 특무기관장이었던 도이하라 겐지 1883~1948였다. 그는 푸이를 새 국가의 수장으로 세우기 위해 1931년 11월 톈진에서 비밀리에 탈출시켰고, 이듬해 3월 1일 만주국 건국에 맞춰 그를 집정으로 세웠다. 푸이에게 중요한 것은 청 왕조의 부활이었고, 새 국가가 제국이라면 나서겠다고 말했다. 하지만 일본은 민족자결의 형태를 취하는 국가가 청조의 부활이면 곤란하다고 여겼기 때문에 처음에는 집정이라는 지위를 주었다가 건국 후 2년 뒤인 1934년 제국으로 바꾼다. 이런 과정으로 인해 일본은 만주국이 민족자결의 원리에 따라 자연스럽게 발생한 국가라는 주장을 국제 사회에서 펼칠 수 있었던 것이다.

그러나 실제 황제는 일본의 허수아비였고 만주국 역시 이름뿐이었다. 곧 일본은 만주국과 일만의정서를 체결한다. 주요 내용은 '만주국은 일본이 만주에서 소유한 모든 권한을 승인'한다, '일본군은 만주에 무기한 주둔'한다는 것이었다. 그 후 만주국은 일본이 패망할 때까지 일본의 식민지로서 일본의 이익을 위해 존재했다.

　1931년 9월 21일 중국 국민당은 일본의 군사행동을 국제연맹에 제소했고 국제연맹이사회는 12월 사실관계 조사를 위한 조사단 파견을 결정했다. 일본은 만주로 쏠린 국제 사회의 관심을 돌리고자 상하이에서 군사 충돌을 일으켰지만제1차 상하이사변, 영국 리턴 백작1876~1947을 단장으로 한 조사단리턴 조사단, 국제연맹 조사위원회이 일본과 중국에 파견되었다. 일본과 중국에서 현지조사를 하고 위정자 및 경제인, 군인, 국민 등의 의견을 청취한 후 작성된 리턴 보고서는 1932년 10월 국제연맹에 제출되었고 이를 심의 기초로 삼은 국제연맹총회가 시작되었다.

　리턴의 누나인 엘리자베스는 제럴드 밸푸어아서 밸푸어의 동생 백작의 부인이었다. 당시 만주에 있던 리턴은 1932년 5월 말 보고서에는 직설적으로 쓰지 못한 내용을 적은 편지를 누나에게 보냈다. 이는 엘리자베스의 손을 거쳐 밸푸어에게 전해졌고, 당시 외무장관 존 사이먼과 미국 국무장관을 거쳐 국제연맹 사무총장에게 전해졌다. 그에 따르면 리턴은 '만주국의 실태가 기만이라는 것, 만주국은 현지민이 민족자결로 만든 국가가 아니라 일본의 괴뢰정부라는 것'을 알고 있었다. 그러나 일본을 향해 침략자라고 손가락질한다면 거세게 반발할 것이 분명했기 때문에, 보고서에는 중국과 일본을 교섭 테이블에 앉도록 타협할 수 있는 조건들을 내걸었다.

　공산주의를 막는 아시아의 장벽으로서 일본의 역할을 인정하던 유럽 열강은 일본에게 선택할 것을 제안했다. 그러나 일본은 이를 받아들이지 않았고 오히려 상하이관을 점령하며 전선을 확대하려 했다. 결국 찬성 42표, 반대 1표일본, 기권 1표타이로 만주국 승인의 무효화가 채택되었다. 회의장에서 결과를 지켜보던 일본 대표는 국제연맹의 결정을 따를 수 없다며 퇴장1933.2했다.

5·15 사건과 2·26 사건, 그리고 군국주의

전쟁으로 일본 경제를 회복할 수 있다는 언론 보도가 이어지자, 일본 국민은 군부를 더욱 지지했다. 강력한 군대를 중심으로 한 전체주의가 본격적으로 고개를 들기 시작한 것이다.

　만주국이 세워지고 두 달 뒤인 1932년 5월 15일 해군 청년 장교들이 수상의 집무실을 급습했다. 그들은 군부 계획에 반대하는 자는 용서할 수 없다며 이누카이 쓰요시1855~1932 수상을 암살했다. 당시 호헌운동의 중심인물이었던 이누카이 수상은 리턴을 만났을 당시 일본 정부는 만주국을 승인할 생각이 없다고 말했다고 한다. 결국 분노한 군부가 그를 암살한 것이다. 이와 함께 장관들의 저택과 경찰청, 은행에도 수류탄을 던진 이들은 군부에서 수상이 나와야 한다고 주장했다. 5·15 사건으로 인해 일본의 정당 정치는 사실상 끝이 났다. 다수당의 대표가 수상이 되는 관행이 깨졌고 조선 총독을 지낸 해군 대장 사이토 마코토가 새 수상이 되었다. 사이토 내각1932~1934은 정당, 관료, 군부라는 세 축으로 구성되며 군부에 의한 군사 정권 시대를 열었다.

이 시기 군부 인사들은 정계에 대거 진출했고 재벌은 이들을 지원했다. 경제가 전쟁 수행에 유리한 형태로 변해 군수 공업이 성황을 이루면서 이때 진출한 재벌들은 막대한 이윤을 챙겼다. 군부는 종교와 덴노를 정권 유지의 중요한 수단으로 삼았다. 신도를 일본의 유일한 종교로 정했고 덴노를 신격화해 국민에게 절대적인 충성을 강요했다. 헌법이 덴노에게 육해군 통수권, 전쟁 선포, 조약 체결 등 국가의 중대사를 결정할 수 있는 권한을 부여했기 때문에 군부는 덴노를 앞세워 의회나 행정부의 간섭 없이 자신이 원하는 방향으로 일본을 끌고 갔다.

만주국을 승인한 사이토 내각은 국제연맹 탈퇴1933.3까지 결행했다. 당시 수석 전권대사 마쓰오카 요스케1880~1946는 일본군의 만주 철수가 결정되자 국제연맹과 협력할 수 없다는 취지의 선언서를 읽은 뒤 국제연맹 회의장을 퇴장했다. 그 일로 귀국 후 우익으로부터 영웅대접을 받았다고 알려져 있다. 그러나 몇 개월간 교섭에 나섰던 그는 1933년 1월 말 외무대신에게 "국제연맹 측에서 애써준 타협안을 받아들이자"며 "탈퇴를 고려하지 말아 달라"고 설득하는 전보를 보내기도 했다고 한다.

일본이 처음부터 탈퇴까지 고려했던 것은 아니다. 당시 일본은 자신들의 주장이 반드시 인정받지 않아도 좋으니 국제연맹의 체면을 세워주면서 사실상 만주 문제에서는 손을 떼도록 유도하는 데 교섭의 주안점을 두었다. 그러나 상황상 그것이 여의치 않게 되자 중국을 끝까지 강하게 몰아붙이면 굴복할 것이라고 생각했다. 또한 당시 국제연맹의 19인 위원회가 작성한 일본에 불리한 결의

문이 총회에서 채택되면 일본에 대한 경제 제재나 국제연맹에서의 제명 가능성도 있었다. 이에 사이토 내각은 '일본은 국제연맹 창설 이후 5대 강국이었다. 제명이라는 불명예스러운 처분을 받느니 차라리 탈퇴하는 편이 낫다'고 생각하게 된 것이다.

한편 1936년 일단의 육군 청년 장교들이 1,400여 명의 군사를 이끌고 의회를 점거한 뒤 사이토를 비롯한 내각 대신을 살해하는 2·26 사건이 발생한다. 이들은 원로 중신들을 죽이고 덴노의 친정이 실현되면 정재계의 부정부패나 농촌 지역의 곤궁을 해결할 수 있다고 믿고 쿠데타를 일으킨 것이었다. 그러나 이들의 거사는 지지받지 못했다. 육군 수뇌부만은 이들을 인정하는 것처럼 보였으나, 육군의 독주를 우려한 해군이 견제에 나섰고 여론 또한 쿠데타에 동정적이지 않자 그 다음 날 계엄령을 선포했다. 결정적인 것은 덴노의 태도였다. 사실상 반란군은 덴노의 친정을 쿠데타의 명분으로 삼았는데, 정작 쇼와 천황은 그들의 행위에 격분해 28일 원대 복귀를 명령했다. 29일 진압이 시작되자 주동자는 자살했고 나머지 장교들은 부사관과 사병들을 원대 복귀시킨 뒤 투항해 사건은 종결되었다.

이 사건으로 군부의 힘이 약해질 수도 있었지만 결과는 오히려 반대였다. 정부가 쿠데타를 진압하는 데 군부의 힘을 빌리자 정부 내 군부의 발언권이 강해졌기 때문이다. 사건 직후 새롭게 구성된 내각은 각료 인선이나 정책에까지 군부의 요구를 수용했고, 현역 무관제를 부활해 군의 정치 개입을 용인했다. 이후로 군과 정부는 재벌과의 유착, 군비 확장, 민중 탄압 등을 강화했다.

5·15 사건이 일본을 군국주의 길로 들어서게 한 사건이라면 2·26 사건은 이 같은 흐름에 쐐기를 박은 사건이다. 일본 정부와 국민이 군부의 일방적 독주를 막지 못하고 군부의 정보만 판단의 근거로 삼게 되면서 중일전쟁과 아시아·태평양 전쟁의 비극은 서서히 시작되고 있었다. 세계사록

talk 21
난징에서 뭘 했냐면

난징

하나요

밥값 내기

오하요~ 미나상!
나는 일본군데쓰ㅋ

지금은 중국군 쫓아내고
중국땅에 존버중이다요ㅋㅋ
여기가 나… 난징이라던가?

와ㅋㅋ 이제 곧
점심밥 먹는다데쓰ㅋ
두근두근스루네~~

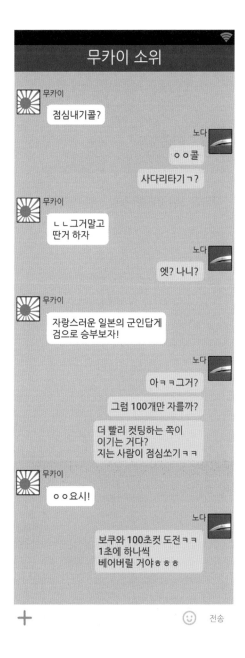

난징일보

일본군, 중국인 100명 베기 초기록…

무카이 소위 106초 : 노다 소위 105초로 승!

ㅋㅋㅋㅋ 1초 차이로
보쿠가 이겨버림ㅋㅋㅋ

2분도 안 돼서
사람 목 이백 개가 여기저기
굴러다닌다데쓰ㅋ;;;;;

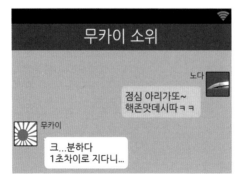

무카이 소위

노다
점심 아리가또~
핵존맛데시따ㅋㅋ

무카이
크…분하다
1초차이로 지다니…

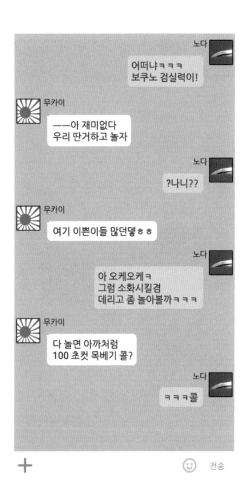

ㅋㅋ베도베도 끝이 없다데쓰
남녀노소 가리지 않고
베는 중이다요ㅋㅋㅋ

근데 100초컷 말고
다르게 벨 수 있는
신박한 방법 없으려나???

그랬다고 합니다.

- 1937년 중일전쟁이 발발하다. 중화민국의 수도인 난징을 점령한 일본은 중국인을 상대로 대규모 학살을 자행하다.
- 목베기 시합을 하고, 여성들을 강간하고, 갓난아기를 공중에 던져 베는 등 무차별적으로 학살하다. 6주간에 걸쳐 약 30만 명의 사람들이 목숨을 잃다.

1937년 중국

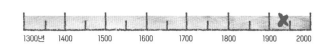

1300년 1400 1500 1600 1700 1800 1900 2000

중국에서 태평양을 향해, 전쟁 또 전쟁

중일전쟁

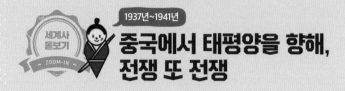

난징일보

일본군, 중국인 100명 베기 초기록…

무카이 소위 106초 : 노다 소위 105초로 승!

베이핑 서남쪽에 있는 하천 융딩허영정하에는 루거우차오노구교가 놓여 있다. 1937년 7월 7일 밤 10시 40분 완핑현완평현성 근처에서 야간 훈련 중이던 일본군을 향해 성 쪽에서 총알이 날아왔다. 일본군 사병 하나가 실종되자이 병사는 곧 원대 복귀했다 일본군은 완핑성의 수색을 요구했다. 당직을 서던 중국 측 연대장은 심야라는 이유로 거절했는데, 새벽 4시 일본군이 돌연 완핑성에 포격을 가했다. 몇 십 발의 총격을 중국군의 도발행위로 간주하고 보복 공격을 가한 일명 '루거우차오 사건'이었다.

애초에 사태 확대를 원치 않던 일본은 현지에서 정전협정을 체결하는 등 9일 중에는 거의 사태가 수습되었다. 그러나 육군과 정부 내 강경파는 중국의 계획적인 무력 대항이라고 주장하며 확전을 외쳤다. 고노에 내각은 불확대 방침을 버리고 병력 증원을 결정해 전쟁을 시작했다. 국가 간의 전쟁이었지만 공식적인 선전포고도 없이 벌어진 8년간의 중일전쟁1937~1945은 이렇게 시작되었다.

1937년 7월 15일 중국 공산당 중앙은 제2차 국공합작 개시를 선포했고 며칠 뒤 장제스도 항전 의지를 담아 강경책으로 대응했다. 고노에 내각은 본토 3개 사단의 파병을 결정하고 천황의 승인을 얻었다. 일본군이 톈진과 베이핑을 중심으로 전면 공격을 실시한 이틀 뒤인 7월 30일, 융딩허 이북 지역은 모두 일본 군 손에 떨어졌다. 전쟁이 전 중국으로 확산될 것을 예견한 고노에 내각은 창장 강 유역 일대의 일본인 철수를 명령했다.

전쟁은 상하이, 항저우항주 등에 대한 항공대 공격으로 전면전이 되었고 일본 군은 걷잡을 수 없는 기세로 몰려들었다. 당시 일본은 5개월이면 충분히 중국을 함락시킬 수 있다고 자신만만해했지만 중국의 저항은 예상보다 강했다. 장제스 가 투입한 무려 80만 명에 달하는 병력은 30만 명의 일본군을 맞아 영웅적인 저 항을 벌였다. 결국 전선은 무너졌으나1937.11.11 일본군은 상하이 점령에만 무려 3 개월을 쏟아 부은 셈이었다. 게다가 5만 명의 사상자에 전염병까지 돌면서 사기 도 떨어졌다. 일본 정부는 장제스에게 조약 체결을 압박했지만 국제 사회가 중국 을 지지할 것으로 믿은 장제스는 시간을 끌었다. 물론 국제연맹은 12월 초까지 도 아무런 행동을 취하지 않았다.

다음은 중화민국의 수도 난징이었다. 대부분 난징 사수는 무리라고 판단했 다. 평야가 넓어 전략적 이점이 전혀 없었기 때문이다. 그럼에도 수도를 포기하 지 못하던 장제스에게 당시 상무위원 탕성즈당생지1889~1970가 난징을 지켜내겠 다며 탈출을 권유하자 그의 의견을 따랐다. 12월 4일 난징 방어전이 시작되고 장 제스는 6일 난징을 탈출했다. 일본군은 항복을 권유했지만 최후통첩을 무시한 탕 성즈는 성문을 닫은 채 결사항전을 이어갔다. 12월 13일, 성문 폭파와 독가스 살 포를 앞세우며 진격해온 일본군에 의해 난징은 결국 함락되었다.

잔류 시민을 관대하게 대한다는 전단을 시내에 살포했던 일본군이었지만 악 전고투 끝에 입성한 난징에서 그 통제는 불가능했다. 일본군은 난징을 약탈하 고 시민들을 무자비하게 학살했다. 6주 동안 30여 만 명의 시민이 총살, 참수, 생 매장, 화형 등의 방법으로 살해되었다. 수치는 여전히 논쟁 중이지만 이는 전 세 계에 '난징 대학살'로 알려졌으며, 20세기 가장 악명 높은 잔혹 행위 가운데 하나 로 기록되었다.

우한으로 철수한 장제스와 국민당 정부를 추격하면서 일본군은 고도 카이펑개 봉으로 진군했다. 일본군에게 철도를 빼앗기지 않으면서 우한을 방어할 시간을 벌 고자 했던 장제스의 공군은 1938년 6월 황허 제방을 폭파했다. 이로써 북에서 남하하는 일본군의 진군은 지체시켰지만 동쪽에서 서진하는 군대는 막을 방법이 없었다. 엄청난 규모의 농경지가 침수되고 90만 명가량이 익사했으며 1,250만 명은 집을 잃었다. 10월 광저우 일대가 대대적인 공격을 감행한 일본군의 손에 들어갔다. 국민당 정부를 위한 영국의 보급로도 막히고 10월 27일 우한마저 함락되자 장제스와 국민당 정부는 충칭을 중심으로 전열을 정비하기 시작했다1938. 11.

일본군 또한 인력과 보급의 한계에 부딪혔다. 화난화남까지 전선이 확대될 무렵, 일본 본토에는 근위사단만 남았을 정도로 군사 동원력은 바닥을 드러내고 있었다. 1938년 일본 정부는 국가총동원법을 공포했다. 이를 통해 정부는 의회의 승인 없이 모든 인적, 물적 자원을 동원할 수 있는 권한을 손에 넣었고 식민지였던 한국에도 그 법이 적용되었다. 전쟁이 장기화되고 격화될수록 일본의 병참기지였던 한국인의 삶은 더욱 열악해졌다. 이미 만주사변 이후부터 한국은 일본의 병참기지가 되어 있었다. 중일전쟁 발발 이후부터는 모자라는 병력을 한국인으로 보충하기 위한 민족말살통치가 강압적으로 시행되었다.

1930년대 초반 만주에서 한중연합군을 결성해 일본에 대항했던 한국독립군과 조선혁명군 등 항일무장투쟁 세력은 점차 중국 본토의 대한민국 임시정부 휘하로 모이기 시작했다. 대한민국 임시정부는 한인애국단 윤봉길1908~1932 의거1932 이후 장제스의 후원을 받고 있었다. 김구1876~1949를 중심으로 한 임정은 국민당 정부와 이동을 함께 하며 한국광복군을 창설1940해 항일 독립운동의 구심점 역할을 해나갔다.

한편 일본은 중국에서 지배 지역을 늘리기는 했지만 실상 확보한 것은 점과 선으로 표시되는 도시와 철도뿐이었다. 대도시를 중심으로 한 점령 지역을 벗어나면 일본군의 치외법권 지역이었다. 농촌에서는 중국 공산당이 게릴라전을 펼치며 저항하는 등 점령지 배후에서 항일 근거지가 점차 늘어났고 일본군은 전략적 수세에 몰렸다. 단시간 동안 점령하기에 중국의 대륙은 지나치게 넓었으며 인구도 많았다. 1939년 중일전쟁은 교착 상태에 빠지면서 장기화되었다. 중국 동쪽 3분의 1을 차지한 일본, 서북부 근거지의 중국 공산당, 그리고 서남부를 장악한 국민당이 대립하는 상황이었다. 많은 수의 일본 군대는 태평양전쟁이 발발하고 나서도 계속 중국 본토에 묶여 힘겨운 전투를 계속해야 했다.

📍 일본의 중국 침략

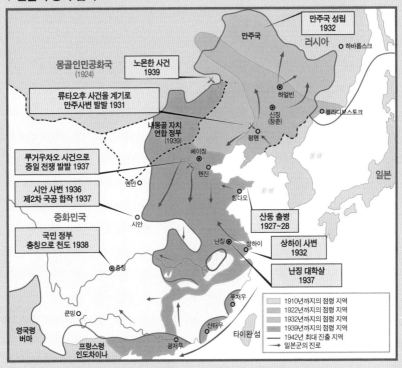

삼국군사동맹 체결과 실패한 미일교섭

히틀러의 영국 본토 침략이 실패로 나아가던 1940년 9월 7일, 독일이 파견한 특별 사절이 도쿄에 도착해 외무대신과 교섭을 시작했다. 제2차 세계대전 발발 후 독일의 승리에 깊은 인상을 받았던 일본 정부는 교섭 시작 20일 만인 9월 27일 베를린에서 독일, 이탈리아와 삼국군사동맹을 체결했다. 이로 인해 1년간 추이를 지켜보던 일본이 미국, 영국과 적대관계로 돌아서게 되면서 유럽의 전쟁이 태평양 지역으로 확대되었다.

삼국군사동맹은 무엇보다 미국을 견제하기 위한 것처럼 보였다. 독일과 이탈리아는 일본이 동맹에 참여하면 미국이 동요할 것이라고 생각했다. 미국이 영국을 원조하지 못하게 하려면 태평양 쪽에서의 견제가 있어야 했는데, 그 정도의 해군력을 보유한 국가는 일본뿐이었다. 동맹의 표면적 내용은 일본에게 불리한 것처럼 보였기 때문에 체결이 일본 내에서 순탄하게 진행된 것은 아니었다.

그러나 일본은 두 가지의 비밀양해사항을 넣어 실속을 챙겼다. 일본의 생존권 범위가 그 첫 번째였다. 대大동아 지역으로 표명된 프랑스령 인도차이나, 프랑스령 태평양제도, 타이, 영국령 말레이, 영국령 보르네오, 네덜란드령 동인도, 버마 이외 친일 괴뢰정부인 만주국과 난징국민정부까지 범위에 포함되었는데, 여기에 구舊독일령 남양군도도 요구했다. 이를 통해 일본은 사실 미국이 아닌 독일을 견제하기 위해 독일과 동맹을 맺으려고 했다는 사실을 드러냈다. 당시 동남아시아에는 프랑스, 네덜란드, 영국의 식민지가 많았고 제1차 세계대전에서 패배한 독일의 식민지까지도 있었다. 동맹을 맺은 시점에서 독일이 승전할 것으로 예상했던 일본은, 독일이 식민지에 손댈 것을 예측하면서 네덜란드령, 영국령, 프랑스령 아시아 식민지의 거취를 협상한 것이다.

이미 일본은 대동아 공영권이라는 거창한 슬로건을 내걸며 전후 대동아 일대의 권역을 독점하고자 했다. 대동아 공영은 일본을 선두로 동아시아에서 동남아시아 전역에 이르는 대경제, 대문화권을 형성하고 자급자족적 경제권을 확립하여 공영을 꾀한다는 의미다. 이 말은 1940년 7월 즈음부터 사용되기 시작했다. 점령 목표로 삼았던 동남아시아에서는 미국, 영국, 네덜란드의 식민 지배에 반대하는 독립운동이 한창이었는데, 일본은 이를 이용하기 위해 대동아 공영을 외치며 아시아 해방을 선전했다. 그러나 실제 목표는 일본을 맹주로 한 아시아 식민지권의 건설로, 피점령국의 주요 자원과 노동력을 수탈하기 위한 것이었다. 얼마 안 돼 대동아 공영권은 아시아 민족 해방과 전혀 관련이 없다는 사실이 드러난다.

당시 동맹을 추진했던 고노에와 마쓰오카는 미국이 전쟁을 걸어오지 않을 것으로 상정했다. 때문에 비밀양해사항에 영국과 미국을 향한 무력행사를 일본이 자주적으로 결정할 수 있다는 것 또한 포함시켰다. 일본의 예상대로라면 전쟁에 참전하지 않으면서 대동아 지역을 독점할 수 있는 전략이었다. 그들이 가장 원했던 것은 삼국동맹을 맺는 그 순간 삼국이 승전국이 되는 것이었을 것이다. 싸우지도, 특별한 노력을 하지 않은 채 대동아 지역에 있는 연합국의 식민지를 차지하고 싶었던 일본이 독일의 승리를 확신하고 동맹에 참여할 만큼 전격전은 깊은 감동을 주었던 듯하다.

1940년 9월 일본 군부는 중국 국민당 정부의 보급선을 차단한다는 명분 아래 프랑스령 인도차이나 북부에 무력 주둔했다. 이에 반발한 미국은 석유와 고철의 대일 수출을 허가제로 바꾸었다. 표면적으로는 강경한 대응이었지만 이면에는 일본에게 여지를 주는 대응이었다. 1941년 4월부터 11월까지 미일교섭이 이뤄졌다. 대서양에서 영국을 보호하기 위해 태평양을 안정시켜야 했던 미국의 필요, 그리고 장기화되고 있던 중일전쟁을 일본의 승리로 끝내길 원했던 일본의 필요로 인해 미일교섭은 계속되었다. 일본은 미국이 중국 파괴에 동의해주기만을 바랐다. 그러나 그렇게 해줄 미국 정부는 존재하지 않았고, 오히려 일본이 만주사변 이전으로 돌아간다면 태평양 지역 경제의 발전을 위해 필요한 천연 자원의 혜택을 평등하게 받을 수 있도록 협력하겠다는 제안만 받았다.

그런 와중에 7월 말 일본이 베트남 남부까지 진주를 감행하자 미국은 필리핀이 위험하다고 판단, 영국, 네덜란드와 함께 일본의 재외 자산의 전면 동결과 대일 석유수출 전면 금지라는 조치금수조치로 맞섰다. 그 결과 일본의 석유 수입량은 90퍼센트나 줄어들었는데, 이는 일본에게 치명적이었다. 이면의 미일교섭이 계속 진행되는 상황에서 교섭 관련 내용이 언론으로 흘러나왔다. 일본의 국가주의 단체는 대미 교섭파를 비판하는 전단지를 뿌리기 시작했다. 8~9월 평화 교섭을 미국에 대한 굴복이라고 여기는 분위기가 조성되었다. 일본 국민들 사이에는 군부가 만주사변 이래 주입해온 반反영미중 정서가 뿌리 깊게 박혀 있었다. 국민들은 전쟁에 패배한 경우가 아니라면 '굴복'이 올바른 선택임을 결코 인정하지 않을 터였다.

미국과의 전쟁을 수행할 수 없다는 이유로 10월 18일 고노에 내각이 총사퇴했고 도조 히데키1884~1948가 후임 총리로 지명되었다. 도조 내각은 자존과 자위를 위해 대對미 전쟁을 불사한다는 결의로 10월 하순까지 전쟁 준비를 완료한다고 선언했다. 11월 도조는 일본이 인도차이나에서 물자를 획득하는 데 미국이 협력하고 미일 통상관계를 자산 동결 이전 상태로 회복시키며 금수조치를 해제하면, 인도차이나 남부에 주둔한 일본군을 북부로 이동시키겠다는 미일교섭안을 제시했다. 이에 미국은 중국과 인도차이나에서 일본군의 전면 철수를 요구했고 도조는 중국 철병이 중일전쟁의 성과를 수포로 돌리는 동시에 만주와 한국 통치를 위험에 빠뜨리는 것이라고 강경 대응했다. 전쟁은 필연적 수순이었다. 12월 1일 어전회의 결과 미국, 영국, 네덜란드와의 전쟁이 결정되었다.

이제 일본이 결정할 것은 미국을 상대로 어떠한 성격의 전쟁을 언제 벌일지에 대한 것뿐이었다. 일본의 승리 가능성은 매우 낮았기 때문에 자국 해군이 태평양과 남중국해에서 최대한 자유롭게 활동할 수 있도록 처음부터 미군 해군력에 가능한 가장 강력한 일격을 가하기로 결정했다. 일본군은 일본 시각으로 1941년 12월 8일 오전 2시 55분현지시각 12월 7일 오전 7시 55분 하와이 진주만에 정박한 미국 함대를 폭격했다. 미국은 일본의 공격을 예상하고 있었으나 진주만 공습은 생각지도 못한 행보였다. 장제스와 마오쩌둥은 일본과의 전쟁에서 미국이 마침내 중국의 진정한 동반자가 되었다며 기뻐했다.

talk 22

미국이 핵핵거려

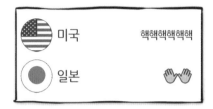

I
갑분전

으음.... 흠냐 zZ
진동 울리네…
벌써 일어날 시간인가??

아 뭐야——
아직 5분 남았잖아
좀더 자야지… zZ

근데 폰알람도 아닌데
진동은 왜 울렸지?
어엇; 지금도 계속 울리는데;;;

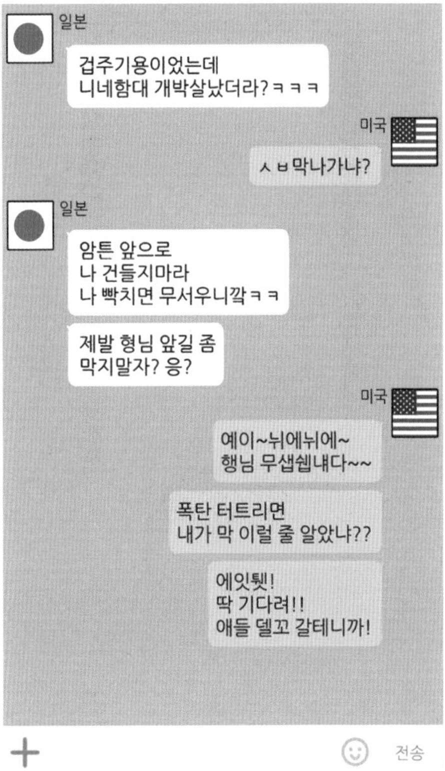

일본

겁주기용이었는데
니네함대 개박살났더라? ㅋㅋㅋ

미국

ㅅㅂ막나가냐?

일본

암튼 앞으로
나 건들지마라
나 빡치면 무서우니깐ㅋㅋ

제발 형님 앞길 좀
막지말자? 응?

미국

예이~뉘에뉘에~
행님 무섭쉡내다~~

폭탄 터트리면
내가 막 이럴 줄 알았냐??

에잇퉷!
딱 기다려!!
애들 델꼬 갈테니까!

전송

II

선전포고

아오씨ㅡㅡ
일본 쟤 언제 저렇게 컸지?

세계대전 신경 안 쓰고 싶어서
그동안 잠자코 있었는데
더 이상 안 되겠다!

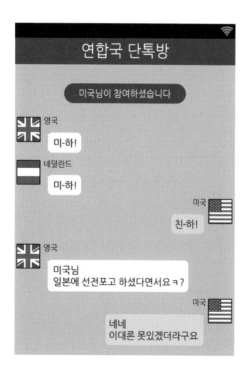

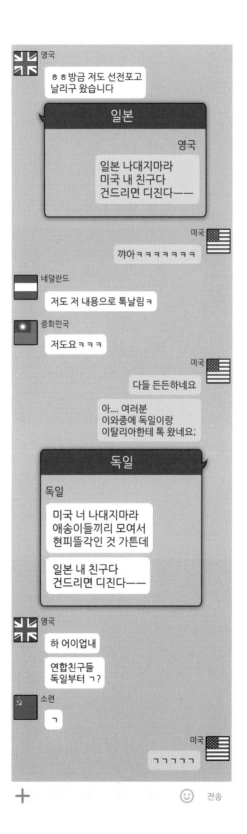

팀플로 공격하면
우리도 안 져!!!

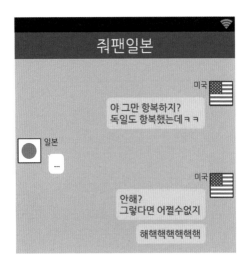

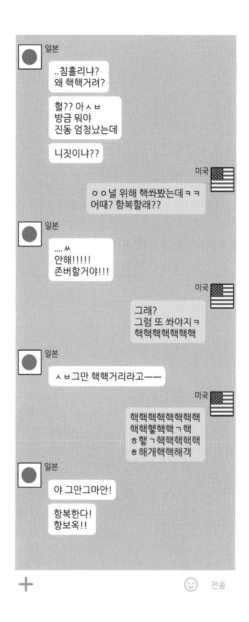

그랬다고 합니다.

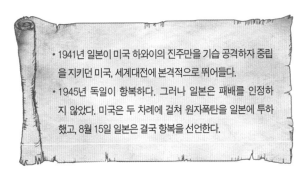

- 1941년 일본이 미국 하와이의 진주만을 기습 공격하자 중립을 지키던 미국, 세계대전에 본격적으로 뛰어들다.
- 1945년 독일이 항복하다. 그러나 일본은 패배를 인정하지 않았다. 미국은 두 차례에 걸쳐 원자폭탄을 일본에 투하했고, 8월 15일 일본은 결국 항복을 선언한다.

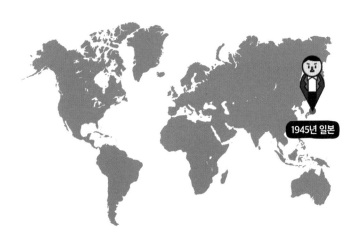

1945년 일본

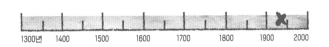

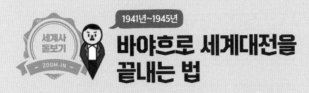
바야흐로 세계대전을 끝내는 법

유럽과 대서양에서의 전쟁

1940년 9월 영국이 살아남으면서 나치 독일은 영국을 무너뜨리기 위한 다른 길을 모색하기 시작했다. 전쟁은 해상 수송로와 보급품을 둘러싼 대서양, 수에즈 운하와 석유 공급으로 중요한 북아프리카와 서아시아, 일본의 전쟁터인 태평양에서 복잡한 양상으로 전개된다. 이 과정에서 히틀러의 광적인 반공주의가 반슬라브주의와 결합되어 시작된 소련 침공은 제2차 세계대전의 중요한 전환점이었다.

히틀러는 소련을 정복해 싸움이 무의미함을 영국에게 보여주고자 했다. 더군다나 그는 우월한 독일인이 동부의 생활공간과 자원을 가져야 한다고 생각했다. 이러한 생각에 호응했던 독일인이 많았기 때문에 십자군전쟁 때보다 더 잔혹한 행위들, 예컨대 최초의 홀로코스트도 정당화되었다. 소련 침공 작전은 제3차 십자군전쟁을 이끈 신성로마제국의 프리드리히 1세의 별명을 따서 '바르바로사 작전'으로 명명되었다.

1941년 6월 22일 나치 독일 180만 대군의 소련 공격이 시작되었다. 히틀러가 전력의 95퍼센트를 쏟아부은 군대는 파죽지세로 소련 영토를 점령했다. 엄청난 수의 병사가 독일군에게 포로로 잡혔고 처형되었으며, 소련은 수백 킬로미터를 후퇴했다. 그러나 모스크바 코앞까지 도달한 독일군 선봉대는 도무지 진입할 수 없었다. 성탄절 즈음 소련군이 처음으로 반격에 성공하며 독일군은 주도권을 상실했다. 결국 3개월간 100만여 명의 전사자를 발생시킨 소련군의 강력한 저항과 독일군이 생각지도 못했던 추위로 전선은 교착 상태에 빠졌다. 영국과 소련이 나치 독일의 공격을 버텨내며 서로 동맹을 유지하고, 미국이 무기 생산으로 영국과 소련의 힘을 계속 증가시키는 한 전쟁은 끝날 것 같지 않았다.

루스벨트는 미국의 이익을 위해 자국민과 중립법이 허용하는 최대 한도로 영국을 지원해야 한다고 생각해왔다. 1941년 3월 무기대여법의 제정은 특히 중요했는데, 미국은 비교전국이었지만 대금을 받지 않고 연합국에 여러 제조품과 용역을 제공했다. 해상순찰의 범위도 대서양 쪽으로 더 넓혀 멀리 동쪽으로 항해하는 선박들을 보호하기 시작했다. 때문에 태평양에서의 안정이 필요했고 이것이 미일교섭 추진의 배경이었다.

나치 독일의 소련 침략 후 처칠과 루스벨트는 회담을 열어 양국이 공유하는 원칙을 담아서 대서양헌장을 채택했다1941.8.14. 루스벨트는 북대서양에서 영국의 호송 선단을 보호하는 데 미국이 더 많은 역할을 한다는 것에 동의했다. 또한 영미동맹을 강화하고 나치의 폭압이 완전히 사라진 이후 세계 질서 수립을 위한 국제적 원칙을 제시했다. 여기에는 고립주의와는 거리가 먼 미국의 이익 즉 국제주의, 자유무역, 민족자결주의 등이 실질적으로 반영되었다.

연합국에게 1942년 상반기는 매우 암울한 시기였지만 여러 곳의 대전투에서 승리한 덕분에 전세가 역전되었다. 6월 미드웨이 제도를 공격했던 일본 함대는 미군의 공중 폭격으로 파괴되었다. 암호 해독과 작전 보안이 승패를 가른 미드웨이 해전에서 일본은 항공모함 4척과 다수의 항공기 승무원을 잃었으며, 전략적 주도권을 되찾을 수 없었다. 미국의 오랜 반격이 시작되었다.

북아프리카에서의 전쟁은 영국이 수에즈 운하를 지켜야 했기 때문에 시작되었다. 이집트에서 영국군은 이탈리아 침공군을 굴복시켰고, 이탈리아의 식민지인 리비아를 거의 손에 넣었다. 그러나 이는 독일의 유명한 사령관 에르빈 로멜 1891~1944이 이끄는 최정예 기갑 부대인 아프리카 군단의 개입을 불러왔다. 이들은 1941년 봄 영국을 몰아내고 사막에서 전쟁을 시작했다. 영국은 오스트레일리아군, 인도군, 뉴질랜드군을 포함한 국제적 군대를 참전시켰다. 18개월 동안 진퇴양

난을 거듭한 끝에 전세는 뒤집혔다. 1942년 가을 또 하나의 큰 전투였던 이집트의 엘 알라메인 전투에서 더 이상 보급품을 공급받지 못함에도 끝까지 저항했던 로멜의 군대는 패배해 튀니지로 퇴각했다.

그해 말 볼가 강변의 도시 스탈린그라드에서 소련군과 나치 독일 사이에 인류 역사상 가장 참혹한 전투라 불릴 만큼 치열한 공방전이 벌어졌다. 독일군의 공격과 무자비한 스탈린의 결전에 피난길도 막힌 스탈린그라드에서 민간인과 소련군은 끝까지 저항했다. 대량 희생을 감수한 소련은 끝내 진입해온 독일군 주력을 포위했다. 히틀러는 사수 명령을 내렸지만 40만 병력을 잃은 독일군은 결국 항복했다. 스탈린그라드 공방전을 기점으로 동부전선의 전쟁 양상은 변한다. 소련은 19세

♀ 유럽의 전쟁

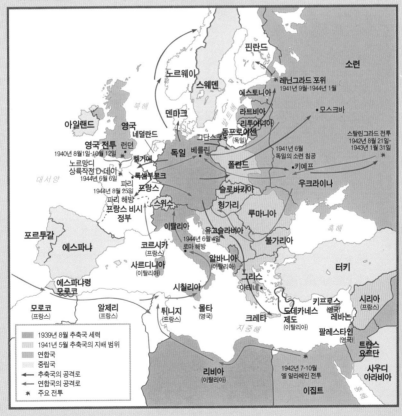

기 이래 두 번이나 세계사의 물줄기를 바꿔놓은 결전의 무대가 되었다.

한편 영국을 위해 싸운 인도, 남아프리카, 서아프리카 군대는 1941년 에티오피아에서 이탈리아를 몰아냈다. 무솔리니는 몰락했고 이탈리아는 추축국 중에서 가장 먼저 항복1943.9.3했다. 이탈리아 항복 후 전후의 일본 처리를 논의한 카이로회담에서 한국 독립에 대한 최초의 국제적 약속이 이루어졌다.

대서양에서의 승리로 연합국에 제해권이 넘어가면서 유럽으로 들어가는 진격로가 다시 확보되었다. 루스벨트는 독일 격퇴에 우선순위를 두는 데 동의했지만 소련군의 부담을 덜어주기 위해 계획된 프랑스 상륙작전은 1944년이 되어서야 가능했다. 연합군은 1944년 6월 6일D-day에 프랑스 북부 노르망디에 상륙했다. 인류 역사상 최대 규모로 수행된 상륙작전은 성공했다. 비록 나치 독일의 반격으로 연합군은 두 달간 묶여 있어야 했지만, 이 과정에서 히틀러가 장군들을 엄격하게 통제하며 전세 회복의 기회를 놓친 데다 정예 병력도 무너졌다. 이후 연합군은 프랑스를 가로질러 파죽지세로 진격해나갔다.

이듬해인 1945년 2월 얄타회담에서 독일의 처리와 소련의 대일본 참전이 결정되었고, 소련은 4월에 다른 연합국보다 먼저 베를린에 도달했다. 서쪽에서는 연합국 군대가 이탈리아를 넘어 중유럽으로 진군했으며 저지대 국가에서 독일 북부로 진격했다. 전쟁 막바지 독일의 여러 도시들은 몇 달 동안 연합국이 가한 대규모 공중 폭격으로 끔찍할 정도의 타격을 받았다. 4월 30일 전 세계를 전쟁으로 밀어넣은 인물이 베를린의 폐허 더미 속 벙커에서 자살했다.

유럽에서 제2차 세계대전이 끝난 1945년 5월 8일은 맑고 화창한 화요일이었다. 승리한 군인들은 환호하며 고향으로 향했고, 수용소에 갇힌 사람들은 더 이상 '검은 우유파울 첼란'를 마시지 않아도 되었다. 자유이자 해방의 날이 찾아왔다. 반면 독일인들에게 그날은 패전의 날이었다. 독일의 영토는 점령되었고 군인들은 포로가 되었으며 동유럽에 거주하던 독일인들은 추방되었다. 미국, 영국, 프랑스와 소련은 독일과 베를린을 분할 점령 통치하며 나치 독일의 국가 구조를 전면 해체해버렸다.

동아시아와 태평양에서의 전쟁

일본의 진주만 공습은 미국 함대를 파괴하고 대중을 경악시킨 기습 행위였다. 일본은 독일처럼 전격적으로 시작했다. '전쟁사에 길이 남을 훌륭히 구상되고 잘 수행된' 작전 중 하나였지만 일본이 바란 성공은 아니었다. 공습 결과 미국은 8척의 전함이 침몰하고 2,000명 이상의 인명이 살상되었다. 이후 몇 달간 일본은 전략상 주도권을 쥐었다. 하지만 항공모함, 잠수함, 수많은 소형 선박을 포함한 미국 함대의 대부분은 기습 당일 안전하게 바다에 있었다. 이 때문에 몇 개월 안에 모든 것은 정비되었다. 게다가 선전포고도, 정당한 이유도 없는 본토 공격은 미국인에게 큰 충격을 주었다. 진주만에서의 승리 이후 일본은 결국 패배로 가는 장기전에 돌입했고 그들의 적은 하나로 뭉친 미국인이었다. 미국인들은 사실상 12월 8일부터 고립주의를 버렸고, 루스벨트는 우드로 윌슨이 이루지 못했던 국가를 창출하며 연합국에 가담했다.

연합국에게는 암울했던 공습 후 6개월 동안 일본은 놀라운 성공을 거두었다. 진주만 공격 이틀 후 말레이 해전을 치르고 몇 주 만에 영국의 말레이반도 보호령을 휩쓸었다. 순식간의 공격으로 영국과 네덜란드 해군의 태평양 전대는 격침되었다. 영국의 태평양 방어 핵심인 싱가포르도 점령당했다. 수천 명의 영국군과 오스트레일리아 군인은 포로로 잡혔고, 수용소에서 4년간 고문, 강제노동, 기아에 시달렸다. 필리핀 침공에 마지막까지 저항하던 미군 병사와 해병대도 항복했다. 게릴라 활동을 위해 종적을 감춘 일부를 제외한 나머지 병사들은 수용소를 향해 죽음의 행진을 했다. 네덜란드령 동인도도 함락시키고 버마를 삼켰다. 뉴기니에서 오스트레일리아 북부에 위치한 다윈 항구에도 폭격을 가했던 일본군 군함과 군인을 저지할 수 있는 것은 아무것도 없는 것 같았다. 그러나 이 때문에 전선은 너무 확대되었다.

1942년 연합국은 재편성되었다. 북아프리카에서 뉴기니에 도착한 오스트레일리아 군대가 지상에서 일본군을 패배시킨 최초의 부대가 되었다. 미국 해군은 1942년 초 과달카날섬에 상륙해 수개월에 걸쳐 격렬한 전투를 치른 후 일본 기지를 점령했다. 이러한 성공으로 미국 해군은 태평양 전역에 걸쳐 있는 일본이 장악한 섬의 기지를 파괴하는 섬 건너뛰기 작전을 개시했다. 이는 때로 수류탄과 장검으로 마무리되는 등 매우 잔인했다. 양측은 서로 상대방이 인종적으로 열등하다고 생각했다. 일본군은 항복을 거부했기 때문에 미국과 오스트레일리아 군대는 포로를 거의 사로잡지 못했다.

해상에서 미군은 수적인 면에서 일본을 능가하는 새로운 함선과 항공기들을 만들었고 유능한 장군의 덕을 보며 1942년 코럴해와 미드웨이에서 치러진 해전에서 결정적인 승리를 거두었다. 미드웨이 해전의 패배 후 일본은 태평양 방면의 제해권과 제공권을 잃기 시작했고, 전선으로의 보급과 원료 이동은 어려워졌다.

버마 공격에 성공한 뒤 인도로 향한 일본군에게 인도군 장교 윌리엄 슬림 1891~1970이 패배를 안겨주었다. 그는, 영국군 장교들이 보기에는 천한 출신이었으며 제1차 세계대전 중 거의 알려지지 않은 영웅이었다. 하지만 아마도 영국군 내에서 최고의 전략가였을 것이다. 그의 지휘를 받는 인도와 아프리카 출신의 수백만 명에 달하는 비非백인 제국 병사들은 그를 정직하고 편견이 없는 인물로 존경했다. 그는 제국의 방어선을 재편성했고 영국과 인도 연합군은 1942년 말 일본의 인도 침공 시도를 국경에서 물리쳤다. 이 승리 이후 전 세계에서 차출한 군대와 함께 슬림은 일본을 퇴각시키기 시작했다.

1943년에 이르러 일본의 승승장구는 멈추었고 해군은 대부분의 주력 함대를 상실했다. 1944년 후반에는 공업 원료와 석유의 수입이 어려워진 데다 공습의 피해로 인한 손실 누적과 청년 노동력의 부족, 인플레이션으로 경제도 파탄에 이르고 있었다. 그동안 전쟁을 위한 만주의 식량 공출과 강제 물자 공출은 계속되었고 병력 부족을 메우기 위해 수많은 한국인과 타이완인이 강제로 징병되었다. 또한 엄청난 수의 한국인과 중국인이 강제 징용되어 사할린과 본토 등에서 노동 노예로 혹사당했다. 중일전쟁 이후부터는 한국을 비롯한 식민지의 수많은 여성들이 관과 군의 주도 아래 일본군 전장에 설치된 군위안소의 위안부로 끌려가 성 노예의 삶을 살았다.

일본은 결국 1945년 6월 오키나와까지 점령당했다. 오키나와에서 폭격기를 출진시키면 본토까지 타격이 가능했기에 일본은 승산이 없었다. 그러나 점령지를 빼앗기고 본토는 폭격으로 쑥대밭이 되고 군사 활동의 주된 통신망이자 타국의 침입을 막아주던 해군력이 붕괴된 상황에서도 일본은 결사항전을 내세웠다.

미국은, 일본이 포츠담 선언1945. 7을 거부하자 결국 인간이 그동안 접해본 적 없는 파괴력을 가진 핵폭탄 두 발을 일본의 두 도시에 투하했다. 일본 육군의 주요 집결지이자 승선지였던 히로시마1945. 8. 6와 그동안 폭격이 거의 이루어지지 않아 폭탄의 위력을 쉽게 알 수 있는 나가사키1945. 8. 9가 대상이었다. 결과는 소름끼칠 정도로 무시무시했다. 히로시마에서 반경 11제곱킬로미터 내 지역이 파괴되었고 7~8만 명이 폭발 당시 사망했으며 부상자 역시 7만 명에 달했다. 나가사키는 전체 면적의 약 44퍼센트가 파괴되었고 사망자 3만 5,000명에 6만여 명의 부상자가 나왔다. 소련은 나가사키에 핵폭탄이 투하되기 직전인 8월 8일 일본에 선전포고했다.

1933년 나치를 피해 미국으로 망명했던 알베르트 아인슈타인1879~1955은 1939년 나치 독일에서 진행되고 있던 핵무기 연구에 위험을 느꼈다. 그래서 루스벨트에게 나치 독일보다 먼저 핵폭탄을 개발해야 한다고 건의하는 편지에 서명했고, 그의 물리학적 업적이 원자폭탄 개발에 도움이 되었다. 그러나 그는 "내가 만약 히로시마와 나가사키의 일을 예견했었다면 1905년에 쓴 공식을 찢어버렸을 것이다"라며 반핵운동에 앞장섰다. 원폭이 반드시 필요했는지에 대해서는 여전히 논란이 있다. 소련은 이미 일본에 선전포고를 할 예정이었고 일본은 이로 인해 종전 후 전범국보다 원폭 피해국으로 자신을 변호할 수 있게 됐기 때문이다. 결국 8월 15일 무조건 항복을 선언한 일본 정부는 9월 2일 항복 문서에 조인했다. 이로써 제2차 세계대전은 완전히 종전을 고한다. 세계사록

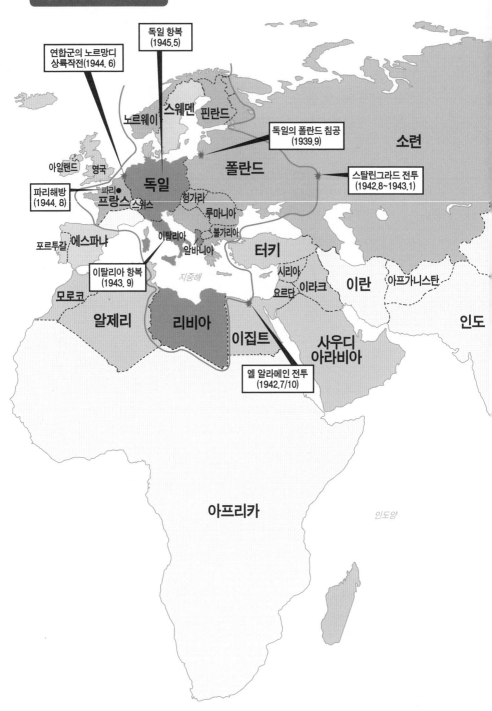

제2차 세계대전의 전개

독일 항복
(1945.5)

연합군의 노르망디
상륙작전(1944. 6)

독일의 폴란드 침공
(1939.9)

스탈린그라드 전투
(1942.8~1943.1)

파리해방
(1944. 8)

이탈리아 항복
(1943. 9)

엘 알라메인 전투
(1942.7/10)

노르웨이   스웨덴   핀란드

소련

아일랜드   영국

폴란드

독일

파리●
프랑스   스위스

헝가리

루마니아

에스파냐

이탈리아

불가리아

터키

포르투갈

알바니아

지중해

시리아

요르단   이라크

이란

아프가니스탄

모로코

알제리

리비아

이집트

사우디
아라비아

인도

아프리카

인도양

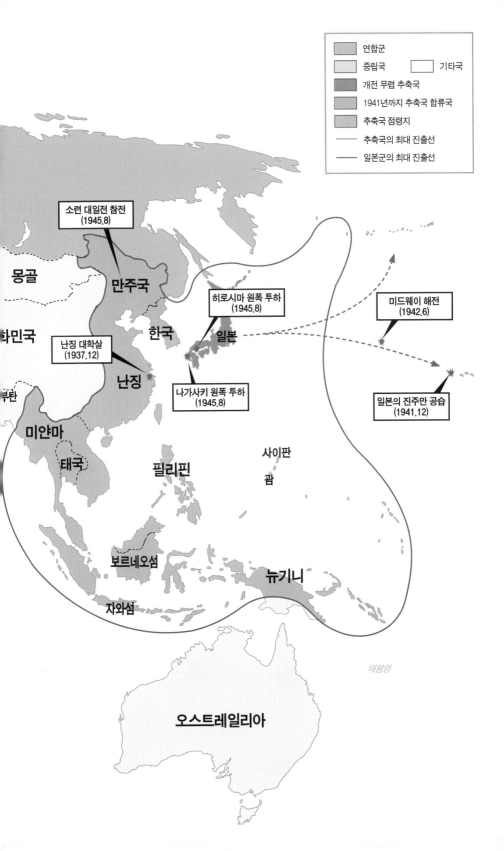

연합군
중립국　기타국
개전 무렵 추축국
1941년까지 추축국 합류국
추축국 점령지
추축국의 최대 진출선
일본군의 최대 진출선

소련 대일전 참전
(1945.8)

히로시마 원폭 투하
(1945.8)

미드웨이 해전
(1942.6)

난징 대학살
(1937.12)

나가사키 원폭 투하
(1945.8)

일본의 진주만 공습
(1941.12)

몽골

만주국

한국

일본

화민국

난징

부탄

미얀마

태국

필리핀

사이판

곰

보르네오섬

뉴기니

자와섬

태평양

오스트레일리아

3개의 세계

1945전후 ≫ 1970전후

체 게바라

바이크 타고 남미여행 할 건데
동행하실 분~?

 비틀즈

여행할 때 듣기 좋은 노래 추천해요~

원클릭 비틀즈 스밍리스트 바로가기
=>pf.babao.com/BeaTL.es

몽고메리

여행 말고 카풀 안 되나여?

매일같이 걸어서 출퇴근하는데
하참..먹고 살기 힘드네요;

 노먼 볼로그

헐; 먹고 살기 힘들어여?

제가 도시락 깊티 보내드릴까여?
양식? 한식? 아님 중식?

 마오쩌둥

참새식은 어때? 쨱쨱이들 해로운 새다
으

인민들 먹을 곡식도 없는데
참새들이 다 쪼아먹어서
골치 아프다고——

＋　　　　　　　　　　　　　😊　전송

하늘로 쏘아올린 댕댕이

댕댕이	ꊾ?

우주 밖으로

I

인간은 참 대단해.
처음엔 하늘을 날겠다며
뱅기를 만들더니

이젠 우주를 여행하겠다고
우주선을 만들어서
지구 밖으로 쏘잖아ㅋㅋ

실시간 급상승
1위 소련 인공위성
2위 스푸트니크 1호
3위 스푸트니크
4위 우주여행
5위 소련 미국
6위 소련 우주
7위 인공위성
8위 소련
9위 미국 반응
10위 인공위성 미국

II
라이벌

소련이 발 빠르게
인공위성을 쏘아올리고 있을 때
미국은…?

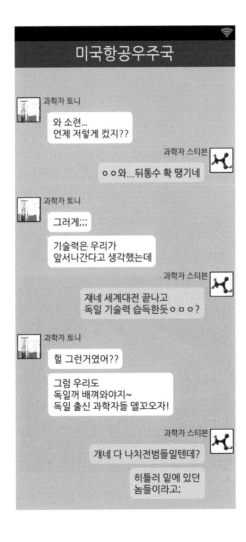

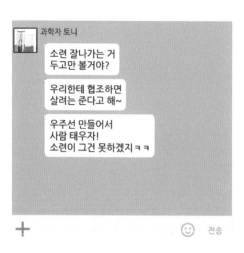

과학자 토니

소련 잘나가는 거
두고만 볼거야?

우리한테 협조하면
살려는 준다고 해~

우주선 만들어서
사람 태우자!
소련이 그건 못하겠지ㅋㅋ

＋   ☺ 전송

Ⅲ

우주비행

그렇게 자극받은 미국
본격적으로 우주 연구에 들어가는데

그 사이 최초의 생명체를 태운
우주선이 지구 밖으로 향했으니….

데일리뉴스

[속보] 최초의 우주비행사, "라이카"로 밝혀져…

▲ (사진) 스푸트니크 2호

소련, 인공위성에 이어 생명체 태운
우주선을 쏜 것으로 확인돼…
이대로 우주의 선두주자 되나

라이카

ㅇ

ㅂ낱ㅋ트

멤 012 ㅁ알;

과학자 예프스키

?

뭐지???

쟤가 어떻게 톡을 보내지??

과학자 블라디미르

헐????

라이카

져ㅑㅏㄴㅌ큐
ㅠㅋㅌ츄ㅠㅋㅌ
ㅌㅋㅋ틀ㅋ

과학자 예프스키

잘못 누른듯?

과학자 블라디미르

ㅇㅇ그런듯

라이카

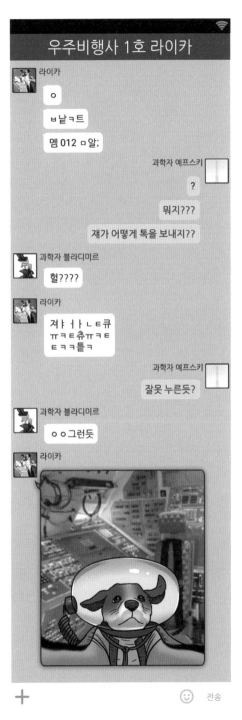

＋　　　　　　　　　☺　전송

#지구최초
#우주여행견
#라이카

그랬다고 합니다.

- 1957년 소비에트연방, 세계 최초의 인공위성 스푸트니크 1호를 쏘아올리다. 이어 개를 태운 인공위성 스푸트니크 2호를 발사했으나 다시 지구로 돌아오지 못하다.
- 이후 미국과 우주 개발 경쟁이 치열해졌다. 1961년 소련의 유리 가가린은 인류 최초로 우주선을 타고 지구 궤도를 선회한다. 1969년 미국의 닐 암스트롱은 인류 최초로 달 표면을 밟는다.

1957년 소련

1300년 1400 1500 1600 1700 1800 1900 2000

세계, 거대하고 차가운 전쟁 속으로

인류 역사상 가장 끔찍했던 제2차 세계대전이 추축국일본, 독일, 이탈리아가 맺은 삼국동맹을 지지하며 미국, 영국, 프랑스 등의 연합국과 대립한 여러 나라의 무조건 항복으로 막을 내렸다. 연합국이 인정하는 독일 정부가 없었기 때문에 전후 독일에 대한 처리와 영토 문제는 승전국과 패전국 사이의 조약이 아닌 3대 승전국인 미국, 소련, 영국 수뇌부에게 맡겨졌다. 회담 결과 독일은 미국, 소련, 영국, 프랑스가 분할 점령하게 됐고, 소련 점령 지역 깊숙이 있었던 수도 베를린도 4개의 점령 지역으로 분할되었다.

전쟁 동안 사망한 사람이 무려 7,000만 명에 이르렀는데 민간인 사망자가 군인보다 더 많았다는 사실은 큰 비극이었다. 전장만이 아닌 폭격으로 붕괴된 런던, 로테르담, 키예프, 베를린 등 유서 깊은 도시들에서의 참상도 말로 표현할 수 없을 정도였다. 전쟁은 피해 규모뿐 아니라 나치 독일의 점령과 그에 대한 협력, 유대인 학살 등으로 유럽에 전례 없는 상처를 남겼다. 각국은 암울하고 수치스러운 과거사에 대한 청산 작업을 해야만 했다. 그리고 근 200여 년 동안 세계사의 주역으로 군림해왔던 유럽이 권좌에서 내려왔다는 현실 또한 받아들여야 했다.

대전 이후 승전국이든 패전국이든 유럽 열강은 몰락의 길로 접어든 반면 전쟁을 승리로 이끈 미국과 소련은 초강대국으로 올라섰다. 비록 국제연합이 창설

1945. 10되어 국제 평화와 안전유지를 도모하기 시작했지만 미국과 소련의 경쟁관계는 세계적인 위기를 초래했다. 유럽의 식민 지배가 해체의 길로 접어들면서 아시아와 아프리카에서의 독립 투쟁이 소련에게 도움을 요청하는 쪽으로 변화했기 때문이다. '냉전'과 '탈식민지화'는 종전 이후 약 반세기 동안 세계사를 규정하는 특징이 되었다.

냉전의 막이 오르다

나치 독일이라는 적에 맞선 자본주의와 공산주의 국가의 불편한 동맹은 전후 국제질서 수립 과정에서 무너졌다. 미국과 소련은 종전 직후부터 대립했고 세계는 다시금 전쟁에 돌입하는 것처럼 보였다. 그러나 이들을 중심으로 서유럽서방과 동유럽동구권 두 진영 사이의 군사적, 정치적, 이념적 대립은 실제로 벌어진 열전Hot War과는 달랐다. 독특하고도 새로운 전쟁이었다. 1947년 미국 정치평론가 월터 리프먼의 『냉전, 미국외교 연구』라는 소책자가 나온 뒤 '냉전Cold War'은 1991년 소련의 해체에 이르는 기간까지 두 세계의 대립을 지칭하게 되었다.

냉전의 시작이 어디서부터고 누구 탓인지에 대해 미국과 소련 양국은 오랫동안 상대방을 비난하며 책임을 전가해왔다. 그러나 실제 냉전은 양측 모두에게서 비롯되었다고 평가된다. 상대방에 대해 켜켜이 쌓인 불신과 두려움으로 오판하는 일이 생겼고, 상황은 종종 과장되었다. 이에 따른 반응들이 서로를 대치국면으로 몰아갔다.

1945년 2월 얄타회담이 열렸고, 독일로부터 해방될 유럽에 민족자결의 원칙과 민주적 절차에 따른 독립국가 수립이 합의되었다. 그러나 동유럽에 진주한 소련군은 서방의 기대와 달리 공산주의 세력의 확대를 도모했다. 소련은 히틀러를 패배시키고 유럽을 해방시키는 데 가장 큰 역할을 했기 때문에 동유럽을 통제할 합법적인 권리가 있다고 주장했다. 1946년 폴란드, 헝가리, 루마니아, 불가리아 등지에서는 선거도 치르지 않은 채 공산 독재 정권이 수립되었다. 유일하게 자유선거를 치른 체코슬로바키아에서도 결국 쿠데타로 공산 정권이 들어섰다1948.

이런 동유럽의 공산화 과정은 실상 유럽 전역의 공산화를 노렸던 소련의 팽창주의 전략이라기보다 방어체제 구축으로서의 성격이 짙었다. 미국의 패권을 우려한 소련이 동유럽을 서방의 공세에 대비한 완충지대로 삼으려 한 것이다. 소련에게 동유럽은 자신의 영역이자 방패인 셈이었다. 그러나 이를 지켜본 서방은 공산화의 물결이 곧 유럽 모두를 덮을지도 모른다는 두려움에 빠져들었고, 소련은 이전의 연합국들이 자신에게 반대하자 의심을 품고 침략적으로 바뀌었다. 처칠은 1946년 3월 총리직에서 물러난 직후 미국 미주리주 풀턴의 대학 졸업식에서 소련의 팽창 정책을 "철의 장막이 유럽을 가로지르고 있다"고 표현하며 경고했다.

소련의 서아시아와 동지중해에서의 정책 또한 적대감을 키웠다. 대전 중 영국군과 함께 이란을 점령했던 소련군은 은밀하게 공산 게릴라 세력을 지원했다. 풍부한 석유를 지닌 서아시아 지역을 세력권에 편입시키고자 했기 때문이다. 특히 소련이 지원해 1949년까지 지속된 그리스의 피비린내 나는 내전은 공산주의 팽창에 대한 미국의 공포심을 극도로 증가시켰다.

1947년 3월 미국 대통령 해리 트루먼1945~1953재임은 공산주의에 대항하는 '자유 국민'을 지원해야 하는 미국인의 사명에 대해 의회에서 연설했다. 이에 그리스와 터키에 군사 및 경제적 원조가 제공되었다. 공산주의 봉쇄와 자유 진영 원조를 발표한 '트루먼 독트린'은 소련이 볼 때 명백한 선전포고였다. 미국 공세에 대한 맞대응으로 같은 해 소련은 공산주의 정책과 프로그램을 조정하는 국제 정치 기구인 코민포름을 창설한다. 창립총회에서 소비에트 정치국 의장 안드레이 즈다노프1896~1948는 세계가 제국주의적 반민주주의 진영과 반제국주의적 민주주의 진영으로 양분되었으며, 공산주의자들은 제국주의에 맞서 투쟁해야 한다고 천명했다. 트루먼 독트린에서 즈다노프 독트린으로 이어진 1947년, 본격적으로 냉전의 막이 오른다.

트루먼 정부는 곧 이어 국무장관 조지 마셜1880~1959이 구상한 '마셜 플랜'을 통해 전후 유럽 경제의 부흥을 위한 대대적인 원조를 시작했다. 1948년에 시작된 마셜 플랜은 4년에 걸쳐 130억 달러를 제공했는데, 서방 국가 간에는 이의 실행을 위해 유럽경제협력기구OEEC가 설립1948되었다. 유럽에 대한 미국의 개입을 심각한 눈으로 바라보던 소련은 마셜 플랜의 원조 제공을 거부하면서 동유럽의 마셜 플랜으로서 경제상호원조회의Comecon를 결성했다1949.

반복되는 대립과 경쟁

냉전 초기 양 진영의 대립은 '베를린 봉쇄'와 '한국전쟁'으로 격화되었다. 본래 독일의 점령 지역은 공식적인 평화적 해결이 있을 때까지 임시로 설정된 것이었다. 1948년 서방 3개 연합국은 관할 구역에 단일 정부를 세우고 물가 상승 문제를 해결하기 위해 새로운 통화를 도입했다. 이에 스탈린은 서방 연합국 관할지에서 서베를린으로 가는 모든 도로, 철도, 강 등의 접근로를 차단하는 베를린 봉쇄로 응수했다. 서방 연합국은 베를린에 대한 지배권을 넘기길 거부했고, 고립된 서베를린에 11개월 동안 매일 수백 편의 항공기로 소련 점령 지역을 넘어 총 232만여 톤의 생필품과 물자를 공수했다. 1948년 6월에서 이듬해 5월까지 계속된 베를린 봉쇄는 결국 2개의 독일서쪽의 독일연방공화국인 서독, 소련 점령 지역의 독일민주공화국인 동독이 탄생하는 것으로 끝을 맺었다. 베를린 봉쇄는 독일 분단과 동서 유럽 간 적대전선의 형성을 알리는 시발점이었다.

유럽에서의 충돌은 동아시아의 전쟁으로 이어졌다. 1949년 마오쩌둥이 이끄는 공산당은 미국의 지원을 받은 장제스의 국민당을 물리치고 중화인민공화국을 세우는 데 성공한다. 중국이 공산화됨에 따라 자유주의 진영의 위기 의식은 더 강화되었다. 그런 가운데 한국전쟁1950~1953이 일어났다.

1945년 8월 15일 한반도에는 36년간의 일제 강점기를 끝맺는 광복이 찾아왔다. 그러나 김구를 비롯한 많은 독립운동가와 한국인들의 통일을 향한 염원에도 불구하고, 38선을 기점으로 남에는 이승만1875~1965의 친미 정부가, 북에는 김일성1912~1994의 친소 정부가 수립되었다1948. 북한이 1950년 6월 25일 새벽 남침을 감행하자 전쟁 준비가 미비했던 한국군과 소규모 미군 수비대는 낙동강 전선까지 후퇴했다. 미국은 이를, 아시아를 공산화하려는 소련이 북한을 사주해 벌인 침략전쟁으로 간주했다. 그리고 소련이 보이콧하던 틈을 타 북한의 침공을 유엔 안전보장이사회에 상정, 유엔군을 이끌며 즉각 참전했다. 그리고 당시 일본 점령지 군정 총독이었던 더글러스 맥아더1880~1964에게 지휘권을 주었다.

맥아더는 인천상륙작전을 성공시킨 뒤 북한군을 중국과의 국경까지 몰아냈고, 미국은 중국을 응징하고 공산화를 되돌리기를 희망하며 원폭 사용까지 고려하는 공격을 감행하고자 했다. 그러나 38선을 넘은 북진을 경고해왔던 중국이 참전했고, 양측은 진퇴를 거듭한 끝에 교착 상태에 빠지게 된다. 전쟁은 평화 회담이 시작된 이후에도 2년을 끈 뒤 1953년 휴전 상태로 돌입했다.

한국전쟁은 5만 3,000명의 미국 군인과 100만 명 이상의 한국인, 중국인 사망자를 낳았다. 남한을 '잃어버리지'는 않았지만 중국이나 미국 그 어느 쪽도 결정적인 승리를 거두지 못했다. 냉전기 두 진영 사이에 벌어진 최초의 군사충돌이었던 한국전쟁은, 한국인에게는 동족상잔의 비극이 되었고 세계사적으로는 냉전 블록 형성을 촉진하는 결정적 계기가 되었다.

한편 북대서양조약기구NATO, 1949, 바르샤바조약기구WTO, 1955 등과 같은 군사동맹체제가 형성되는 가운데 1950년대 냉전체제 구축에 큰 역할을 했던 것은 미국과 소련 사이의 군비 경쟁이었다. 특히 미국의 원폭 투하 후 4년 만에 소련도 원폭 실험에 성공함으로써 핵무기 경쟁이 본격적으로 시작되었다. 1953년 양국은 히로시마에 투하된 원폭보다 천 배나 강력한 수소 폭탄을 과시했다. 수 년 이내 이를 소형화시켰으며 운반 체계도 개발했다. 핵무기 경쟁은 핵전쟁이 일어나면 아무도 승리할 수 없다는 인식에 기초했다. 실제 사용하기 위해서라기보다 상대방의 핵무기 사용을 억제하는 무기라는 명분으로 개발된 것이다. 이는 냉전을 더욱 양극화시켰는데, 핵무기를 보유하지 못한 국가들은 양국의 동맹 중 하나에 가담해야 보호받을 수 있다고 여기게 되었기 때문이다.

1957년 대륙간탄도미사일 개발에 성공한 소련은 최초의 인공위성 스푸트니크를 지구 궤도에 쏘아 올렸다. 그리고 같은 해 스푸트니크 2호에 라이카 품종의 강아지 쿠드랴프카를 실어 위성 궤도로 진입시켰다. 라이카는 살아서 돌아오지는 못했으나 이를 통해 지구 생명체가 지구 궤도에 진입하는 과정과 무중력 상태에서 견딜 수 있음이 확인되었다. 이는 유인 우주선 보스토크 1호 비행 성공에 큰 기여를 했다1961. 소련의 우주비행사이자 군인이었던 유리 가가린은 우주로 간 최초의 인간이 되었다.

미국은 장거리 핵미사일 분야에서 소련과의 미사일 격차로 불안감에 휩싸인 데다 우주 개발에도 앞선 소련에 충격을 받았다. 그리고 곧 소련을 따라잡았다. 유리 가가린의 비행 한 달 후 미국도 유인 우주선을 쏘아 올렸고, 1962년 2월 존 글렌은 거의 5시간 동안 지구 궤도를 돌았다. 미국 대통령 존 F. 케네디1917~1963는 소련보다 먼저 달에 도착할 것을 국민들에게 약속했는데, 결국 1969년 7월 20일 닐 암스트롱과 버즈 올드린은 인간이 달에 발을 내딛는 역사적 사건을 최초로 성공시킨다.

공존으로 가는 길

1953년 3월 스탈린이 사망한다. 니키타 흐루쇼프1894~1971의 집권은 3년 뒤까지 확고하지 못할 뿐 아니라 과정도 더뎠지만, 방향이 전환되는 신호탄임에 분명했다. 흐루쇼프는 서방에 대해 강한 적대감을 갖고 있었음에도 이전의 스탈린과는 달랐다. 크렘린에 박혀 있던 스탈린과 달리 세계 각지를 돌아다녔고 심지어 미국의 디즈니랜드에 놀러가기도 했다. 그는 반反미적 성향과 외교적 화해 사이에서 기민하게 대처함으로써 양측의 긴장 완화에 기여했다.

흐루쇼프는 1956년 유명한 '비밀연설'을 통해 스탈린의 잔학한 행위를 인정한 뒤 평화 공존과 탈스탈린주의를 선포했다. 흐루쇼프의 '해방'으로 수용소에서 많은 죄수가 석방되었다. 알렉산드르 솔제니친1918~2008이 수용소에서 겪은 경험을 토대로 쓴 『이반 데니소비치의 하루』가 출간1962될 수 있었던 것도 이런 배경 덕분이었다. 솔제니친은 편지에서 스탈린을 비판했다는 이유로 8년을 수용소에서 보내야 했다. 그러나 서방과의 평화적 공존 정책이 동유럽에 대한 위협 방치를 의미하지는 않았다. 스탈린 사망 후 긴장이 폭발하면서 체코슬로바키아와 동독에서, 몇 년 후에는 폴란드와 헝가리에서 봉기가 일어났다. 이는 공산당 독재와 소비에트화 정책에 대한 반대를 뜻하는 것이었는데 동맹국의 이탈을 막기 위해 흐루쇼프는 강경하게 대응했다.

한편 서베를린을 거쳐 동독을 탈출하는 동독인이 증가하는 것도 또한 소련에게는 고민이었다. 1946~1961년 270만여 명이 동독을 탈출했다. 이는 동독 정권이 인기가 없다는 명백한 증거였다. 1958년 11월 흐루쇼프는 베를린을 중립도시로 만들 것을 제안하면서 전승주둔국의 철수를 요구했다. 서베를린에 대한 동독 통제를 강화해 탈동독 행렬을 차단하고자 했던 것이다. 그러나 케네디 대통령은 베를린 주민의 자유 보장, 서방 군대의 주둔, 서베를린의 통행 보장이라는 3대 원칙을 고수하며 소련에 맞섰다. 양측에 전운이 감돌자 동독 정부는 소련의 동의를 얻어 1961년 8월 13일 베를린의 두 지역을 분리하는 약 3.6미터 높이의 장벽을 축조했다. 이로써 서독으로의 탈출로는 봉쇄되었고, 베를린 장벽은 1989년에 붕괴될 때까지 약 30년 동안 냉전기 독일과 유럽의 분할을 상징하게 되었다.

'베를린 위기'가 큰 충돌 없이 분할된 상태로 마무리된 반면 이듬해 벌어진 '쿠

📍 냉전 시대의 유럽

바 미사일 위기1962'는 미국과 소련을 핵전쟁 문턱까지 몰고 갔다. 쿠바는 19세기 이래 미국의 세력권에 속했었는데 1959년 피델 카스트로1926~2016가 사회주의 혁명을 일으킨 뒤 반미친소 국가로 변모했다. 미국은 망명 쿠바인 부대를 침투시켜 카스트로 정권을 전복시키려는 비밀군사작전을 시행했지만 완전히 실패했다1961. 케네디 정부는 쿠바를 국제기구에서 축출하고 무역을 금지시키는 등 봉쇄 정책을 이어갔다.

이에 흐루쇼프는 쿠바에 중장거리 핵미사일을 제공하기로 해 쿠바를 보호하고, 이미 터키에 미사일 기지를 설치함으로써 소련을 위협 중인 미국에 맞대응하고자 했다. 첩보기가 미사일과 관련된 쿠바 군사 시설을 확인한 뒤, 1962년 10월 22일 케네디는 소련에 기지 철거와 미사일 철수에 대한 최후통첩을 하며 핵전쟁도 불사하겠다는 입장을 밝혔다. 놀란 미국인들은 도시를 떠나 방사선 낙진 대피소에서 좁고 불편한 생활을 하며 총기류를 준비했다.

핵전쟁 발발 직전이었던 10월 28일 막후 협상이 극적으로 타결되었다. 소련이 쿠바에서 미사일을 회수하고 발사대를 철거한 대신 미국도 소련의 요구에 따라 터키에서의 탄도미사일 철수에 합의한 것이다. 그러나 양국 시민은 방공호에서 수없이 많은 걱정의 시간을 보내야 했고, 이를 지켜보던 전 세계인들은 핵으로 인한 세계 종말의 날이 다가왔다는 두려움에 떨었다.

이같이 쿠바 미사일 위기로 절정에 달했던 핵전쟁의 공포는 아이러니하게도 양측의 관계 개선과 대화의 필요성을 인식시켜주었다. 이후 양국 정상은 핫라인긴급통신연락망을 개설1963하며 인류 공멸의 위협을 막으려는 노력을 시작했다. 초강대국들이 냉전의 대립과 긴장을 넘어 공존으로 향해 가는 데탕트긴장 완화 시대가 다가오고 있었다. 세계사록

먼로는 괴로워

마릴린 먼로　　chu~♥

빛이 나는 먼로

사진 찍는 거 좋아해?
난 찍히는 걸 좋아해ㅎ

오늘 내가 일하는 공장에
카메라 취재하러 온대서
특별히 준비 좀 해봤어ㅋㅋ

직업탐구 4월호 촬영 현장(이라 쓰고, 어느 여공의 인터뷰라 읽는다)

마릴린 먼로 (2차세계대전 항공부품 공장직원)
...안녕하세요?
안녕하세요! 마릴린 먼로입니다. 그냥 먼로라고 불러줘요.
아. 네.

먼로워크

내 인터뷰가 인상 깊었나?
사람들 반응이 좋더라구ㅎㅎ

덕분에 유명해져서
영화에도 캐스팅 됐어ㅋ
나 이제 배우야, 배우!

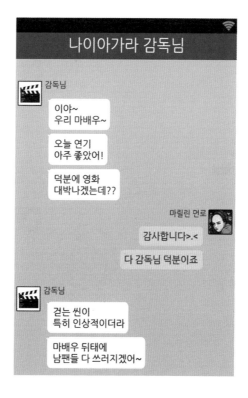

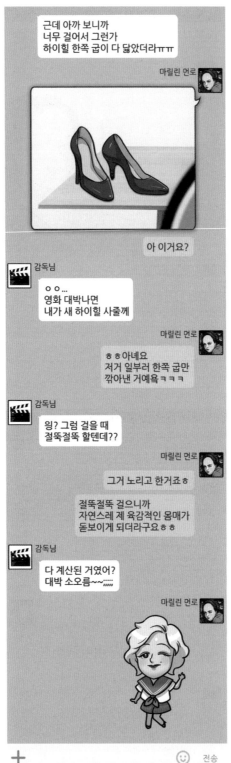

근데 아까 보니까
너무 걸어서 그런가
하이힐 한쪽 굽이 다 닳았더라ㅠㅠ

마릴린 먼로

아 이거요?

감독님

ㅇㅇ...
영화 대박나면
내가 새 하이힐 사줄께

마릴린 먼로

ㅎㅎ아녜요
저거 일부러 한쪽 굽만
깎아낸 거예욬ㅋㅋㅋ

감독님

잉? 그럼 걸을 때
절뚝절뚝 할텐데??

마릴린 먼로

그거 노리고 한거죠ㅎ

절뚝절뚝 걸으니까
자연스레 제 육감적인 몸매가
돋보이게 되더라구요ㅎㅎ

감독님

다 계산된 거였어?
대박 소오름~~;;;;;

마릴린 먼로

섹시 아이콘

섹시가 그냥 만들어지는 줄 알아?
다 노력해서 나오는 거라구!

근데 이런 날
욕하는 사람이 꽤 있더라.
머리가 텅 비어 보인대ㅜㅜ

존 누나 1+1 은? 귀요미?ㅋㅋ ♡

대니쉬 말하는 거 보니까 싸구려 같던데... ♡

제인 너무 무식해 보여요 ♡

애덤 태어나서 뉴스 본 적 업죠?ㅋㅋㅋ ♡

└ **제인** '없죠'겠죠 이 무식아 ♡

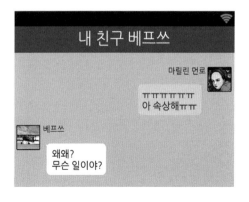

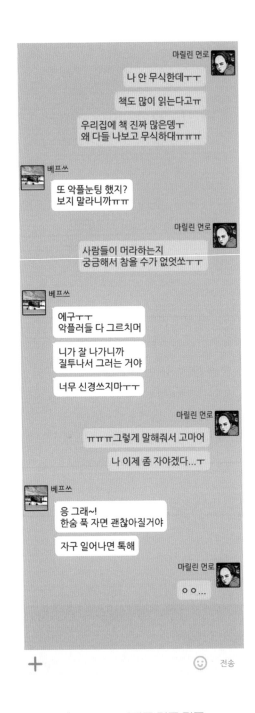

"1962년 수면제를 먹고 잠든
마릴린 먼로,
다시는 일어나지 못하다."

그랬다고 합니다.

• 1900년대 중반 미국. 마릴린 먼로는 먼로룩, 먼로워크, 먼로효과 등의 신드롬을 불러일으키며 대중들의 사랑을 받았다. 그리고 20세기 최고의 섹시스타가 되었다.

• 그러던 어느 날, 약물을 섭취하고 잠자리에 들었던 먼로는 다시는 깨어나지 못했다.

1962년 미국

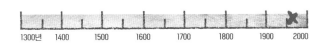

| 1300년 | 1400 | 1500 | 1600 | 1700 | 1800 | 1900 | 2000 |

talk 25

밥 나와라 뚝딱

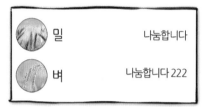

	밀	나눔합니다
	벼	나눔합니다 222

I

배고파요

꼬르륵…ㄲ 꼬꾸…꾸르륵ㄱ
배꼽시계 울리네;;
점심시간인가?

12:00

알람

알람 끄기

맞지? 역시 정확해ㅋㅋ

근데 진실을 고백하자면
내 배꼽시계는 하루 종일 울린다??

왜냐고?
24시간 내내 배고프니까ㅋㅋ
ㅋㅋㅋㅋ큐ㅠㅠㅠㅠ

쳐봐

그럼 공짜로 밥준다ㅋ

인디아

엥???
웬 도그사운드?

세상에 그런게 어딧어ㅜ

파키스

속는셈 치고 쳐봐

진짜 밥 나와

＋   ☺ 전송

식량봇

노먼 볼로그
친구 1970명

밥 잘사주는 예쁜 식량봇:D

채팅하   홈으로   친구 추가

찐으로 밥내놔 하면
밥 준다고???

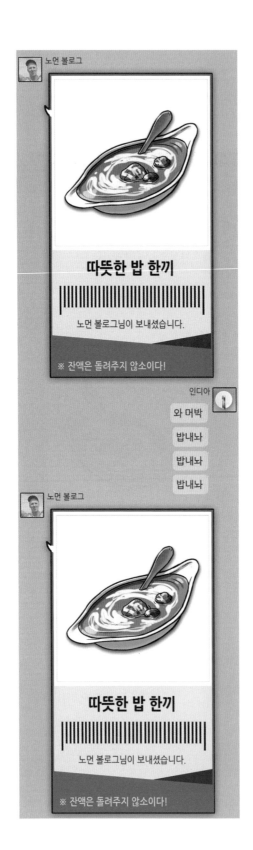

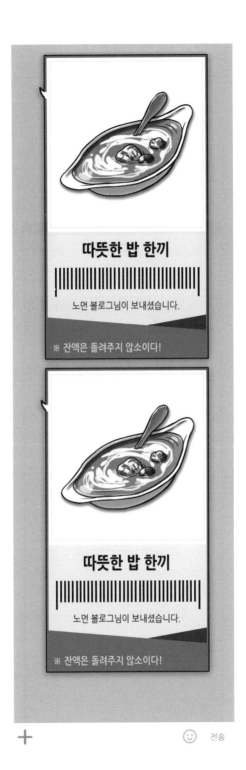

그린 레볼루션

와 머박…!
이거 실화냐?

이런 건 사람들한테
널리 알려야 해ㅎㅎㅎ

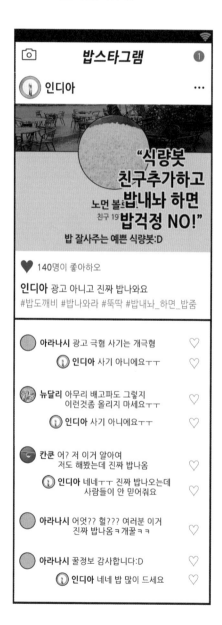

그랬다고 합니다.

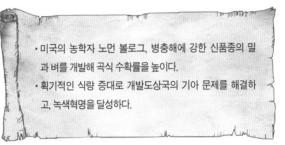

- 미국의 농학자 노먼 볼로그, 병충해에 강한 신품종의 밀과 벼를 개발해 곡식 수확률을 높이다.
- 획기적인 식량 증대로 개발도상국의 기아 문제를 해결하고, 녹색혁명을 달성하다.

20세기 후반

1300년 1400 1500 1600 1700 1800 1900 2000

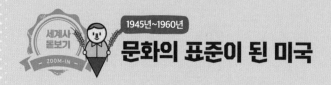

문화의 표준이 된 미국

밥스타그램

인디아

"식량봇 친구추가하고 노면 밥내놔 하면 친구 19 밥걱정 NO!"

밥 잘사주는 예쁜 식량봇:D

♥ 140명이 좋아하오

인디아 광고 아니고 진짜 밥나와요
#밥도깨비 #밥나와라 #뚝딱 #밥내놔_하면_밥줌

제2차 세계대전 이후 미국은 역사상 전무후무한 생산과 소비의 거인이 되었다. 1945년 전 인류의 6퍼센트만을 차지하던 미국은 세계 에너지의 거의 절반을 생산했고 40퍼센트를 소비했다. 세계 금 보유고의 70퍼센트 이상이 미국에게 있었다. 인구도 급속히 증가했는데, 대공황 시기 가족당 2.4명이었던 출생률은 1950년대에 3.2명으로 치솟았다. 일명 '베이비붐' 세대라 불리는 이들의 양육을 위해 뉴욕과 클리블랜드, 시카고, 로스앤젤레스의 교외 지역이 급속하게 팽창했다. 소비재 제조업은 베이비붐 세대에 힘입어 미국 경제가 번영하는 힘이 되었고, 1960년대까지 문화 상품을 포함한 거의 모든 미국 상품의 세계 시장 지배를 보장했다.

소비와 민주주의

미국의 상품 더 나아가 미국 자체가 하나의 상품이 되어 세계 시장을 지배했다. 이런 현상이 미국 외교 정책의 일부가 되면서 대전 직후에는 유럽이, 그리고 1970년대 이후에는 전 세계가 '미국'을 '소비'했다. 미국은 소비재 생산과 수출을 통해 세계 문화의 표준처럼 자리 잡았고, 이는 맥도날드로 상징되는 패스트푸드 체인점의 확산으로 적나라하게 드러났다.

맥도날드 형제가 로스앤젤레스 교외에서 창립1937한 맥도날드는 1950년대 레이 크록이 경영을 맡은 뒤 전국적으로 점포를 늘려갔다. 그는 포드의 자동차 생산 공정처럼 햄버거와 감자튀김을 생산 라인에 따라 조리하게 했다. 이 때문에 제품이 균일해지고 저렴해져 저소득층도 사 먹을 수 있었다. 베이비붐과 거주지의 교외 이동 덕분에 중·하류층 가족이 적극적으로 이용하면서 사업은 번창했다. 1960년대 해외 진출을 꾀한 맥도날드는 20세기 말 120개 국가에서 찾아볼 수 있게 되었다. 이들은 단지 상품만을 판 게 아니라 미국을 떠올리게 하는 생활양식까지 소비하도록 만들었다. 그 때문에 어떤 상표보다 미국 문화의 세계화를 상징하게 되었다. 그리고 이 같은 상품의 세계적 유통은 운송 기술뿐 아니라 오디오와 텔레비전 같은 통신 기술의 발달, 광고 산업의 확장에 힘입어 더욱 촉진되었다.

사실 세계적 소비가 20세기 후반에만 일어났던 것은 아니다. 미국이 초강대국으로 부상하기 전에도 진행되고 있었다. 유럽과 아시아를 잇는 교역로를 통해 오래 전부터 물자 교류가 활발하게 이루어져왔고, 향신료와 차, 커피, 옷감, 식품, 도자기 심지어 사상 등의 소비와 문화 변동은 자본주의가 발흥하기 훨씬 전부터 국제 교역을 통해 이루어지고 있었다.

그럼에도 소비가 학자들의 주목을 받게 된 것은 냉전 초기에 나타난 일명 '소비의 정치화' 현상 때문이다. 미국은 소련과의 이념 전쟁에서 소비의 자유를 주요하게 강조했다. 1950년대 미국 대중매체 속 광고는 미국의 마켓과 쇼핑몰에 진열된 휘황찬란하고 다양한 상품들과 소련 상점의 텅 빈 선반들을 대비시키며 소비와 민주주의를 연관시켰다. 서방의 민주주의에서 구매의 자유는 투표의 자유만큼 중요한 것처럼 보였다. 특히 독일에서 베를린 봉쇄 동안 물품이 공수된 것은 소비와 민주주의체제를 상징적으로 연결한 사건이었다. 봉쇄가 풀리고 독일 분단 후 치러진 1949년 선거에서 서독의 보수 여당인 기독교민주연합은 포스터에 "이제 다시 살 수 있어요"라는 구호를 넣었다.

냉전이 심화되면서 미국 정부는 세계적인 유통을 원하는 기업과 손을 잡고 정치에 소비를 이용했다. 일례로 코카콜라의 경우 이미 제2차 세계대전 중 미군이 가는 곳마다 제품을 실어 보냈다. 국내에서는 광고 캠페인을 통해 코카콜라 소비를 애국심과 자유, 미군에 대한 지지와 접목시켰다. 냉전 시대에는 자사의 제품 소비와 자유 민주주의를 결부시킨 국제 광고 캠페인을 제작했고 반공 메시지를 넣은 광고를 만들기도 했다.

이처럼 상품의 소비는 단순히 한 영역만의 문제가 아니었다. 그것은 미국 기업의 힘, 전 세계적 무역망에 대한 미국의 지배, 정치적 의도 등을 포함하고 있었다. 1944년 록펠러 재단의 전문가들로부터 시작된 '녹색혁명'의 품종 개량된 곡식을 포함해, '미국제'는 세계적이고 현대적인, 또는 발전을 나타내는 만능 상표를 의미하는 것으로 받아들여졌다.

청년 문화의 탄생과 확산

전후의 청년들은 다른 어느 시기보다도 국경을 초월해 음악과 패션, 언어, 행동 양식에 대한 취향을 공유하면서 문화세계화운동을 주도했다. 이는 이전 세대와의 갈등을 불러일으켰고 1960년대 미국과 유럽에서 기성 체제 자체에 대한 정치적 도전으로까지 이어졌는데, 그 시작은 미국의 대중문화였다.

미국은 양차 대전이 벌어지는 동안 대중 오락물의 제작과 배급에서 큰 역할을 해왔던 데다 전후 경제 호황과 높은 인구 증가율 덕분에 대중문화가 크게 발달했다. 특히 1950년대에 10대로 성장한 아이들은 독자적인 청년 문화를 주도하는 세력이 되었다. 이들은 전쟁을 겪었던 윗세대와 문화적 취향이 많이 달랐고, 국내 및 국제 소비 시장에서 그들의 구매력을 무시할 수 없었다.

부모 세대는 대공황과 전쟁 중에 성인이 되어 안전과 경제적 안정, 중산층의 지위를 위해 교외에 안주했다. 자신들이 누리지 못한 평화와 안정 속에서 자라는 자녀에게 부모는 기대를 가졌고 순응하기를 바랐다. 이 같은 기성세대에 대한 최초의 저항은 노동계급 청년들에게서 시작되었다. 그들은 더 높은 생활수준과 더 많은 고용 기회를 누리는 또래 중간계급 출신과 비교해 박탈감을 느끼고 있었다. 전쟁 후 몇 년 동안 이들은 독특한 옷차림과 언어, 아프리카계 미국 음악과 문화 등을 통해 중간계급의 관습과 행동규칙을 거부했다.

당시 할리우드를 중심으로 한 미국의 영화 산업은 유럽에 비해 상당히 유리한 위치를 점하고 있었다. 특히 거대한 국내 시장이 최대 이점이었다. 1939년 「바람과 함께 사라지다」에 열광했던 미국인, 1946년 어림잡아 1억 명의 미국인이 매주 영화를 보러갔다. 1950년대 할리우드는 1년에 500편의 영화를 만들었다. 화면이 총천연색으로 전환되었고 와이드스크린을 포함한 새로운 시각적 기술 혁신도 있었다. 물론 1950년대 초 미국의 반反공산주의 열풍인 매카시즘이 영화 제작을 크게 압박하기도 했다. 공산주의 동조자나 좌익 관련자로 몰려 수많은 사람들이 청문회로 불려갔다. 그리고 수백 명의 영화배우, 감독, 작가 등이 영화 스튜디오의 블랙리스트에 오르기도 했다. 그만큼 미국 사회에 대한 영화의 파급력이 컸음을 보여주는 일이다.

마릴린 먼로1926~1962라는 20세기 가장 유명한 연예인 중 한 명을 낳았던 이 시기 할리우드 영화는 청년 문화에도 큰 영향을 미쳤다. 말런 브랜도1924~2004가 오토바이 폭주족 우두머리로 분한 「위험한 질주」1953가 그 시작이었다면, 청춘의 우상 제임스 딘1931~1955의 「이유 없는 반항」1955은 젊은이들의 반항을 할리우드의 흥행 장르로 자리 잡게 한 영화였다. 부모의 사랑과 관심을 바라는 환멸에 찬 고등학생을 연기한 제임스 딘은 중간계급 청소년들을 청년 문화로 이끌었다.

영화와 더불어 미국인의 삶에 있어 중요한 또 하나의 요소는 텔레비전이었다. 1950년대 미국 소비자들의 거의 100퍼센트가 '집을 떠나지 않고도 새로운 곳을 볼 수 있게 해주는' 텔레비전을 소유하고 있었다. 그리고 로큰롤Rock'n Roll이라는 음악 스타일은 텔레비전과 라디오를 통해 전파되며 1950년대 이후 청년 문화의 한 축을 이루었다.

제2차 세계대전 이후 리듬앤블루스 흑인 음악가들과 남부 백인 로커빌리 연주자들은 전자 기타, 스튜디오 녹음과 대도시에서의 라디오 방송국 등을 통해 청중을 확보하기 시작했다. 여기에 레이스 뮤직흑인 연주 음악을 들었던 백인 청년의 문화적 도전이 더해져 로큰롤이 창조되었다. 전자 기타의 강력한 비트에 맞춰 절규하듯 부르는 로큰롤은 활력이 넘쳤으며, 가사들은 저항적이고 때로는 공격적이기도 했다. 젊은 청취자들은, 자신이 좋아하는 연주자의 최신 레코드 구입에 열을 올리며 문화를 형성해갔다. 그 가운데 척 베리1926~2017와 엘비스 프레슬리1935~1977 같은 전설적인 스타가 탄생했다.

공장에서 일하고 트럭을 몰았던 엘비스는 18세에 지역 레코드 스튜디오에서 어머니에게 줄 선물로 노래를 불러 음반을 제작했다. 2~3개의 음반을 더 만든 6개월 뒤 라디오에서 주목을 받기 시작했다. 1955년 시작된 엘비스 열풍이 전 미국을 휩쓸면서 생전에 그는 녹음된 음반 역사상 가장 높은 판매고를 기록한 전설이 되었다. 젊은이들은 그의 춤동작과 머리 모양, 옷차림을 따라 했고, 그의 스타일을 좇는 것만으로도 기성 사회의 규범과 관습에 대한 도전이 되었다. 대다수가 백인이었던 보수적 평론가들은 그의 음악, 춤동작, 공연에서 난무하는 무절제한 비명 등을 비난하기 일쑤였다. 그럼에도 불구하고 미국은 물론 해외 각지에서 엘비스의 인기는 상상을 초월했다.

로큰롤이라는 새로운 음악 장르의 등장으로 세대 간의 정서적 간격은 더욱 벌어졌다. 일부에서는 지속성에 의구심을 가졌지만 1950년대는 단지 시작에 불과할 뿐이었다. 로큰롤은 계속 발전해 새로운 음악들로 변화되었고, 할리우드 영화와 함께 유럽으로 건너가 영국과 아일랜드의 노동계급 사람들을 비롯한 수많은 청년들에게 파고들었다. 풍요로운 사회, 자동차, 반항적인 십대, 도로 위의 로맨스 등의 이미지는 할리우드 영화와 로큰롤, 그리고 텔레비전을 통해 퍼져나갔다.

그리고 이런 현상은 당연하게도 유럽의 기성세대에게 걱정과 충격을 안겨주었다. 유럽 청년들의 일상과 사회성에 영향을 미친 이런 현상은 '문화의 미국화'를 뜻했다. 이는 미국의 영향력이 음악과 영화를 통해 전파되는 것을, 한편으로는 기성세대에 대한 저항을 의미했다. 결국 이는 기성세대의 걱정처럼 단순히 문화적인 저항으로만 표현된 것이 아니라 1960년대 말의 정치적 저항으로까지 확대되었다. 세계사록

몽고메리 버스 안타요

로자 파크스		쳇
버스		ㅇㅁㅇ;;

백인석

아메리카 대중교통에는
특별한 좌석이 있어

노약자석? 임산부석?
ㄴㄴ 아니

백인석이야
#only_for_백인

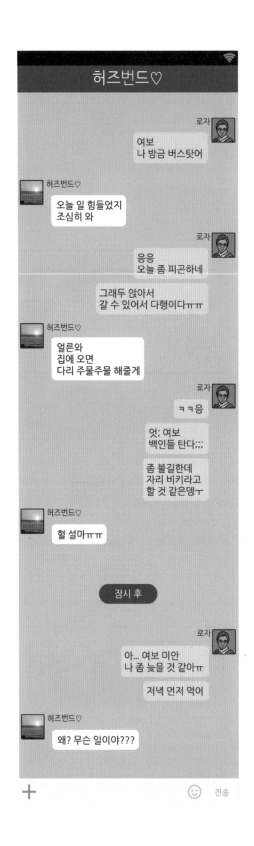

그날 버스 안에서
무슨 일이 있었냐면…

III
마플

내가 앉은 자리
백인석도 아니었다고ㅠㅠ

백인석 꽉 차니까 나더러 비키래,
내가 먼저 탔는데ㅜㅜㅜ

뭐ㅋ 덕분에 영상도 찍히고
핵인싸로 등극했지 머ㅋㅋㅋ

이거놔! 못 봐?? 내 자리라고!!!!

댓글 · 1.8 만개

샘
ㅋㅋㅋ와 아줌마 패기쩌시네ㅋ

밥
백퍼 버스기사 잘못

시에나
앞으로 버스 안 타고 다녀야지

    샘
    저도 22222

    밥
    333333333333

    애니
    저도요 4444

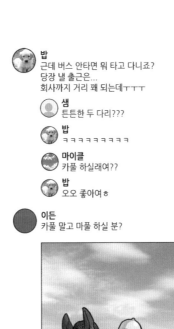

한 자리 비어요~ㅋㅋㅋ

그랬다고 합니다.

- 로자 파크스, 백인 승객에게 자리를 양보하라는 버스 운전 사의 지시를 거부하고 결국 경찰에 체포되다.
- 이 사건을 계기로 버스 보이콧이 시작되다. 흑인들은 버스를 이용하지 않고, 걷거나 카풀을 이용하는 등 불합리한 차별에 맞서 싸우다.

1955년 미국

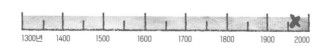

1300년 1400 1500 1600 1700 1800 1900 2000

talk 27

챔피언 챔피언

무하마드 알리   개명했어요:)
/ 구)클레이

I
복싱 맛집

슉~ 스슛~
이거슨 입에서 나는 소리가 아냐.

내 풀스윙 펀치가
바람을 가르는 소리지ㅋ

[경기 하이라이트] 금메달 무하마드 알리, 나비처럼 날아서 벌처럼 쏜다

▶ 조회수 19,422,016

크으~ 내가 봐도 참 멋지다!

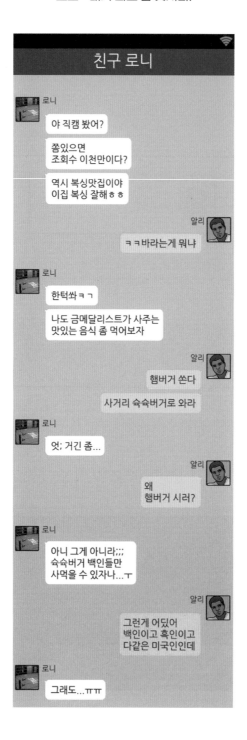

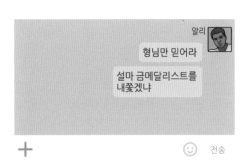

알리

형님만 믿어라

설마 금메달리스트를
내쫓겠냐

＋ 　　　　　　　　☺ 전송

II

미국인부심

목에 금메달도 걸었고
직캠 조회수도 이천 만이고
크으~ 알리뽕 차오른닿ㅎㅎ

▶ 조회수 28,182,818

백 백인이최고야
흑인이 저길 왜감? 저긴 백인만 가는 핫플인데;;

워 워싱턴핵인싸
이분 누구죠? 관종인가?

　　백 백인이최고야
　　복싱국가대표요;

뉴 뉴욕갱얼쥐
금메달 보여주면서 버거 달라고 그랬니?ㅎㅎ

시 시카고솜주먹
나라이름에 똥칠해도 유분수지

쑥 쑥쑥버거안머거본 1인
주인이 대처를 잘했네요ㅎ 쑥쑥버거 흥해라ㅋㅋ

화 화이트아메리카
ㅉㅉ노답 깜둥쓰 제발 깜둥이들은 나대지마라——

피부색 다르다고
햄버거도 못 먹게 하는 나라라니…ㅜㅜ

내가 이런 나라를 위해서
미국인의 의무를
다할 필요가 있을까ㅜㅜ

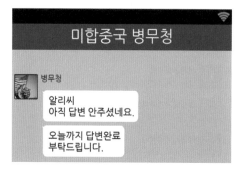

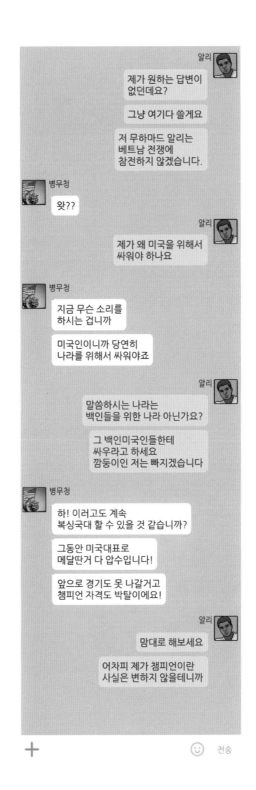

그랬다고 합니다.

- 미국의 복싱 선수인 무하마드 알리, 각종 챔피언 타이틀을 석권하다.
- 본명은 캐시어스 클레이였으나 이슬람교로 개종하여 무하마드 알리로 개명하다. 미국인들이 노예에게 부여한 성을 사용하지 않겠다는 의지를 담아 이름을 바꾼 것.
- 1967년 베트남전쟁 징집을 거부하다가 챔피언 및 선수 자격을 박탈당하다.

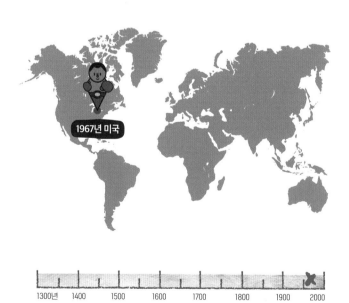

1967년 미국

1300년 1400 1500 1600 1700 1800 1900 2000

인권과 반전을 부르짖다

숙숙버거의 깡통이 참교육 후기

▶ 조회수 28,182,818

백 **백인이최고야**
흑인이 거길 왜감? 저긴 백인만 가는 핫플인데::

워 **워싱턴핵인싸**
이분 누구죠? 관종인가?

백 **백인이최고야**
복싱국가대표래요;

뉴 **뉴욕경얼쥐**
금메달 보여주면서 버거 달라고 그랬니? ㅎㅎ

1960년 존 F. 케네디가 미국 대통령에 당선된 것은 여러 모로 의미가 있었다. 참신하고 젊은 정치 지도자의 출현은 국민들에게 새 시대의 도래를 보여주는 것 같았다. 그리고 1961년부터 시작된 8년간의 민주당 집권은 실제로 미국의 대외 정책과 국내 정책 모두에 큰 변화를 가져왔다. 비록 케네디나 부통령 린든 존슨 1908~1973이 집권 당시 원하던 방식은 아니었지만 말이다.

아프리카계 미국인의 인권운동

1960년대 미국에는 당시 '흑인 문제'라고 불리던 현상이 확실하게 드러나고 있었다. 링컨에 의해 노예 해방이 선언된 지 100년이 다 되었지만 아프리카계 미국인은 백인들보다 가난했다. 국가보조에 더욱 의존했고 실업률은 훨씬 높았으며, 주거나 건강 문제도 열악했다. 이 문제는 해결될 수 없는 것처럼 보였고 더욱이 미국 전체의 문제가 아닌 남부 일부의 문제라고 여겨졌다. 그러나 1950~1960년대 무렵 이를 변화시켜야 한다는 목소리가 나오기 시작했다.

흑인의 이주가 그 움직임의 시작이었다. 제2차 세계대전의 영향으로 미국 남부에서 북부 도시들로 흑인들의 이주가 늘었다. 1940~1960년대 북부의 흑인 인구는 약 3배로 늘어났는데, 이런 현상은 1990년대 직전까지 계속되었다. 뉴욕주는 북부에서 아프리카계 미국인의 인구가 가장 많은 주가 되었다. 그리고 이는 남부 주들의 문제를 미국 전역의 문제로 만들었다. 흑인의 문제가 단순히 법적 권리 문제가 아닌 경제적, 문화적 박탈과 같은 복잡한 현상임이 드러났다.

대외관계 측면에서도 문제가 제기되었다. 당시 아시아와 아프리카, 카리브해에서 독립한 신생국들은 거의 유색인종 국가였다. 미국이 대외관계에서는 인종차별 반대 이념을 내걸면서 국내에서는 아프리카계 미국인을 차별한다는 사실은 당시 공산주의자들의 정치 선전에 좋은 빌미를 제공했다. 마침내 많은 아프리카계 미국인들이 행동하기 시작했다.

아프리카계 미국인의 평등한 지위를 향한 운동 초기에 가장 성공한 것은 '시민 평등권'을 위한 투쟁이었다. 이는 선거권 행사를 위해 가장 중요한 투쟁이었다. 흑인들은 법적으로는 선거권 행사가 가능했지만 실제 일부 남부주에서는 불가능한 상황이었다. 먼저 인종 분리 정책이 시행되던 학교와 공공시설 이용에 대한 동등한 대우를 요구한 싸움에서 승리했다.

브라운 대 교육위원회 재판1954이 최초의 획을 그었다. 여덟 살 흑인 소녀 린다 브라운은 가까운 학교가 아닌 1마일이나 떨어진 흑인 학교를 걸어 다녀야 했는데, 린다의 아버지가 캔자스 토피카시 교육청을 상대로 소송을 건 것이다. 이 재판은 미국 연방대법원의 획기적인 판례가 되었다. 대법원은 당시 백인과 유색인종이 같은 공립학교에 다닐 수 없게 하는 남부 17개주의 주법을 불법이라고 판결하며, 주정부에게 빠른 시일 내에 불평등한 인종 분리 교육을 통합하라고 명령했다. 물론 이것이 즉각적으로 효과를 발휘한 것은 아니었지만 입법에 의한 것이 아닌 법적 해석을 달리한 성공이었기에 의미가 있었다. 곧 많은 주들은 사회제도에 압력을 받기 시작했다.

1955년에는 앨라배마주 몽고메리에서 로자 파크스1913~2005가 백인 승객에게 자리를 양보하라는 버스 운전사의 요구를 거부해 경찰에 체포되었다. 이에 몽고메리의 아프리카계 미국인 교회 지도자들은 항의의 표시로 버스 보이콧운동을 전개했고, 운동을 이끌 모임의 회장으로 젊고 잘 알려지지 않았던 침례교 목사 마틴 루서 킹 주니어1929~1968를 선출했다. 몽고메리 버스 보이콧운동은 무려 382일 동안 진행되었고, 그 결과 1956년 대법원으로부터 버스 좌석 분리정책은 불법이라는 판결을 얻어냈다. 킹 목사는 이때를 기점으로 본격적인 인권운동에 뛰어들었다. 간디의 영향을 받은 그는 철저하게 비폭력 저항운동을 전개하며 가장 영향력 있고 두려움을 주는 지도자가 되어갔다.

1960년대 들어 아프리카계 미국인 지도자들이 54곳이 넘는 지역에서 연좌데모 농성에 성공했다. 이에 케네디는 분리와 여러 불평등을 제거하기 위한 프로그램들을 실시했다. 1963년 의회가 분리 정책을 종식하는 법안을 논의하기 시작했을 때, 이에 대한 지지를 보여주기 위해 킹 목사와 인권운동가들은 워싱턴 DC에서 '열린 직업과 자유를 위한 워싱턴 행진'을 조직했고, 여기에는 20여만 명이 참가했다. 1963년 8월 28일 링컨 기념관 앞에 설치된 연단에서 비흑인 지식인들을 인권운동에 참여시키는 데 일조하는 감동적인 연설이 시작된다. "I have a dream"으로 시작되어 흑인과 백인의 평등과 공존을 외쳤던 킹 목사의 연설은 케네디 대통령의 취임 연설과 함께 20세기 미국을 대표하는 명연설이 되었다.

1963년 11월 케네디가 암살된 후 대통령직을 승계한 린든 존슨 시기에도 불평등 해소를 위한 입법은 계속되었다. 그러나 불행하게도 아프리카계 미국인 문제의 깊은 뿌리는 법의 영역을 넘어 대도시 '빈민가'에서 첨예하게 나타나고 있었다. 1965년 로스앤젤레스 흑인 지역에서는 무려 1만 4,000명의 주 방위군이 투입되고서야 진압된 격렬한 폭동이 발생했고, 이러한 폭동은 현재까지도 주기적으로 반복되고 있다. 이는 흑인 문제의 핵심인 경제적 기회의 평등이 좀처럼 해결되지 않고 있기 때문이다. 인권법은 어느 정도의 평등과 학교에서의 인종 차별 철폐를 가져왔다. 하지만 주택과 일자리 같은 분야에서 인종 차별은 계속되었다. 경제 발전은 많은 아프리카계 미국인 공동체를 스쳐 지나갔으며 이후 행정부들은 존슨 시대의 프로그램에서 후퇴했다.

아프리카계 미국인의 인권운동은 20세기에 매우 중요한 의미를 지닌다. 그 어떤 운동보다도 미국 민주주의의 평등에 대한 약속과 정치 및 일상생활의 중심부에서 벌어지는 불평등 사이의 간격을 적나라하게 드러내기 때문이다. 이후 미국의 정치와 문화는 점차 피부색과 인종 문제에 강박증을 갖게 되었다.

미국의 반전운동

1950년대 후반 미국의 동남아시아에 대한 정책은 비공산주의인 남베트남이 동남아시아의 다른 국가가 공산화되지 않도록 서방에 속해야 한다는 전략에 기반을 두었다. 그래서 미국은 인도차이나 지역의 보수주의 정권을 후원하는 역할도 마다하지 않았다. 케네디 대통령도 이런 관점에 의문을 제기하지 않았고 다음과 같은 약속을 했다. '개발도상국에서 의회민주주의 정부와 자유 시장경제라는 미국적 모델의 승리를 보장하고 공산주의와 싸우는 데 필요한 어떠한 짐도 질 것'이라고 말이다. 그는 베트남에 엄청난 무기를 제공하며 대외 원조를 했고 '고문' 파견 등으로 약속을 지켰다.

케네디의 뒤를 이어 '위대한 사회 프로그램'을 실행하려던 존슨 대통령도 같은 정책을 폈다. 그러나 미국이 지원하고 있던 남베트남 정부는 개혁에 저항하며 국민의 지지를 상실해갔고 존슨은 1965년 초 남베트남이 무너질 것이라는 보고를 받았다. 그는 이전 해 '통킹만 사건북베트남 어뢰정이 통킹만에서 미 구축함들을 공격한 사건이지만 이후 존슨 정부의 조작으로 밝혀졌다'을 빌미로 베트남전쟁에 전면 개입할 권한을 이미 얻은 상태였다. 결국 존슨 대통령은 북베트남에 전략적 폭격을 개시했고, 신속하게 수십만 명의 미군을 베트남전쟁으로 몰아넣었다.

베트콩Viet Cong, 베트남 공산주의자이라고 불린 남부의 반란군은 견고한 참호를 이용하는 데 고도로 숙달된 게릴라 전사들이었으며 호찌민1890~1969 휘하의 전문적이고 잘 무장된 북베트남군의 지원을 받았다. 미국의 엄청난 물량 공세에도 불구하고 교착 상태는 계속되었다. 파리에서의 협상 시도도 제대로 이루어지지 않았다. 사상자와 함께 미국인의 불만도 급속도로 늘어나면서 존슨 정부는 정치적 재앙을 겪게 된다.

미국 청년들은 징집을 거부했다. 전쟁이라는 국가적 위기에서 민주주의 수호라는 대의명분에 따라 자원입대했던 아버지 세대와 달리 이들은 '이 전쟁이 과연 누구를 위한 것인가'라는 의문을 제기했다. 청년들에 대한 비자발적 징병이 확대되자 거부는 운동의 차원으로 발전했고, 청년 중에는 징집을 피하기 위해 신체 훼손이나 해외로의 이주 또는 감옥행을 택한 사람도 있었다. 프로권투 헤비급 세계챔피언이었던 무하마드 알리1942~2016도 그중 한 명이었다. 1967년 징집 명령이 떨어졌으나 베트남인은 자신을 흑인이라고 모욕하지 않았기 때문에 참전할 이유가 없다면서 징집을 거부한 그는 챔피언 타이틀을 박탈당하고 3년 이상 경기에 출전하지 못했다. 킹 목사가 지적했듯이 작은 유색인 국가에 대항한 것이라 여겨지지 않을 정도로 미국은 너무 많은 수의 흑인 병사들을 전쟁으로 내몰았다. 이 때문에 국내에서 인종 불평등은 더욱 드러났고 확대되었다.

많은 미국인들은 텔레비전 화면으로 전송되는 전쟁 장면을 보며 전쟁 비용을 계산했다. 그리고 이런 과정을 통해 외부 세계를 바라보는 그들의 시선도 변화되었다. 이전까지 미국인은 그들 조국의 힘이 두 차례 세계대전의 승패를 결정했다고 믿었다. 150년 이상 국가가 팽창해 초강대국이 되는 데 아무런 견제와 방해도 없었고 완전히 실패한 적도 없었기 때문이다. 이를 통해 '무한한 가능성'에 대한 막연하고도 무분별한 맹신이 자연스럽게 자라났다. 이런 사고는 한국전쟁을 통해 금이 가기 시작했고, 미국이 원하면 모든 것을 얻을 수 있다는 환상은 1960년대를 끝으로 막을 내린다.

내전에 간섭하지 말아야 한다는 주장과 공산주의가 확산되는 것을 막아야 한다는 여론이 치열한 공방전을 펼친 가운데 전쟁론에 대한 여론의 지지는 점차 약화되어갔다. 반전 캠페인이 모든 세대가 참가하는 대규모 반전시위로 확장되면서 대다수 도시에서 동시다발적으로 일어났다. 마침내 1968년 3월 반전 여론의 힘은 존슨의 재선 불출마 선언을 이끌어냈다. 민주당 연합은 해체되었으며 베트남전쟁의 종식을 공약으로 내건 공화당의 리처드 닉슨1913~1994이 대통령에 당선되었다. 세계사록

talk 28
전설이 된 리버풀 급식즈

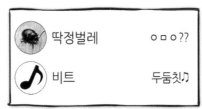

🪲 딱정벌레　　　ㅇㅁㅇ??

🎵 비트　　　두둠칫♩

I

롹앤롤

방팠는데…
아무도 들어오지 않는다.

< 　오픈채팅

채팅방 이름 / 소개, 태그 검색

🎸 **쿼리맨 롹밴드 가즈아!!**
#롹앤롤 #쿼리뱅크고 #밴드 #음악
#취미 #초보환영
👤 1

2030 리버풀인싸 친목 수다
#2030 #런던 #취미 #수다
#만남 #인맥
👤 234

★로우워치 아무말대잔치방★
#로우워치 #롭치 #친목 #수다
#성인유저만
👤 56

고독한강아지방
#강아지 #댕댕이 #수다금지 #사진
#소형견 #대형견 #댕댕
👤 920

세계사똑

388

나랑 같이 락앤롤 할 사람
어디 없나???

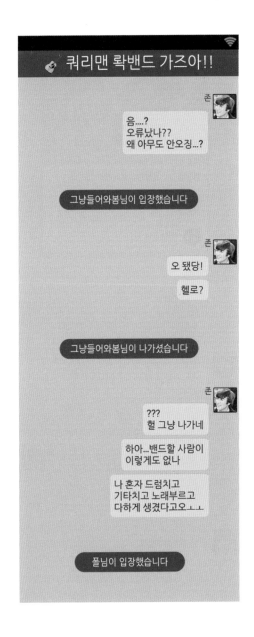

작곡 메이트

갸아악ㄱㄱㅋ
드디어 멤버가 나타났어ㅋㅋ

나랑 겁나 잘 통해ㅋ
음! 하면 악! 하는
소울프렌드 같아ㅎㅎㅎ

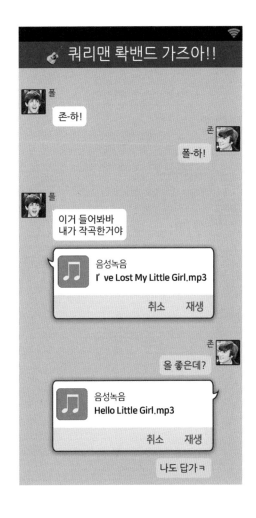

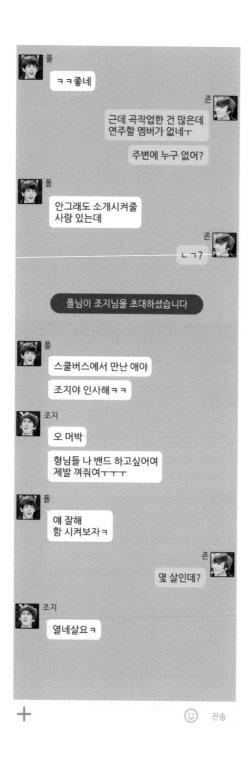

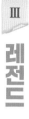

아… 애기자나ㅡㅡ
하… 중학생이 인생의 쓴맛을 알겠어?
나처럼 #고등학생은 돼야지, 후~

그래도 쪽수는 맞춰야 하니까ㅠㅠ
이제 드러머만 구하면 되나?

그 전에 밴드 이름부터
바꿔야 되는뎅….

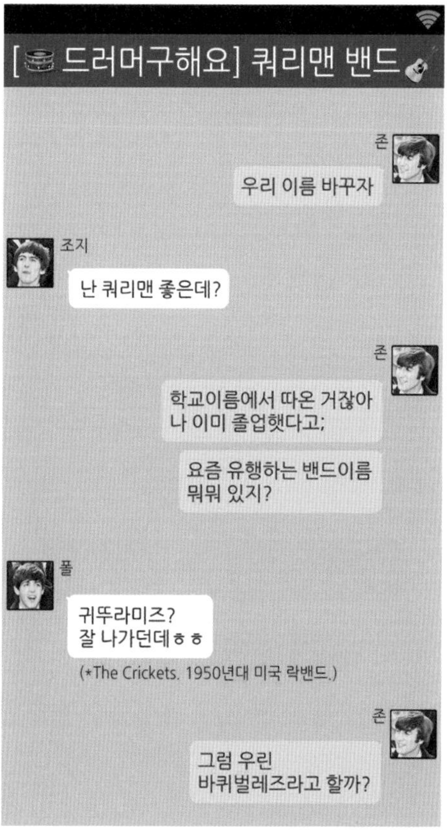

링고
드럼 칩니다

폴
오ㅋ
당신을 비틀즈의 드러머로
임명합니다ㅋㅋㅋ

링고
비틀즈?

조지
네ㅋㅋㅋㅋ
비틀즈ㄱ?

링고
ㅇ ㅇ.....ㄱ

존
오예에!!!!
비틀즈 가즈아!!!!

＋　　　　　　　😊 전송

그랬다고 합니다.

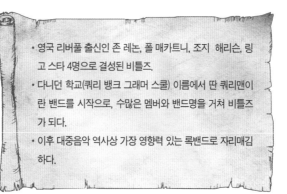

- 영국 리버풀 출신인 존 레논, 폴 매카트니, 조지 해리슨, 링고 스타 4명으로 결성된 비틀즈.
- 다니던 학교(쿼리 뱅크 그래머 스쿨) 이름에서 딴 쿼리맨이란 밴드를 시작으로, 수많은 멤버와 밴드명을 거쳐 비틀즈가 되다.
- 이후 대중음악 역사상 가장 영향력 있는 록밴드로 자리매김하다.

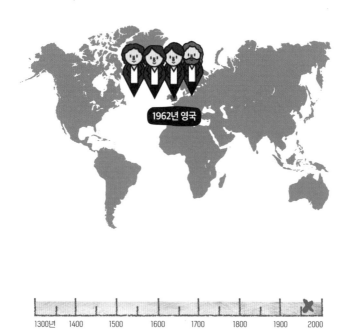

1962년 영국

1300년 1400 1500 1600 1700 1800 1900 2000

1968년, 또 다른 혁명의 날들

유럽의 1968년은 혁명의 물결이 일었다는 점에서 120년 전인 1848년과 흡사했다. 그러나 그때보다 훨씬 더 강렬하게 국제적 현상으로 나타났다. 대중매체들은 미국 인권운동의 양상을 전달했고, 텔레비전은 베트남전쟁에 관한 뉴스 화면을 중계방송하며 유럽 청년들을 자극하고 두들겼다. 미국에서 전파된 청년 문화는 집단적 동질감을 느끼게 했다. 동구권과 서방은 모두 청년들의 저항으로 흔들렸다.

유럽 청년들의 변화와 도전

유럽 도시 청년들은 미국 청년들의 옷차림, 음악, 언어 표현을 받아들이며 보수적이고 순응적인 부모 세대의 문화에 반기를 들었다. 재즈와 록음악, 청바지, 담배, 껌 등은 반항의 상징이 되었다. 자본주의, 공산주의 사회를 막론하고 청년들에게 미국화는 해방과 현대화, 때에 따라서는 민주화를 뜻했다.

영국에는 유행하는 옷을 입고 이탈리아제 스쿠터를 몰면서 도심의 커피 바로 모여들었던 청년들이 있었다. 독일에서조차 오토바이를 타고 배회하며 엘비스식 머리 모양에 제임스 딘처럼 청바지와 가죽 재킷을 걸친 '할프슈타르케'라 불리는 청년들이 증가했다. 심지어 동독 청년들은 서베를린의 미국 점령 지역 라디오 방송과 '미국의 소리' 같은 서방 라디오를 통해 미국에서 유행하는 최신 대중문화를 접했다. 그들은 서베를린으로 건너가 미국 영화를 보고 오곤 했다. 미국식 오토바이 폭주족도 빠르게 늘어났다. 동독 당국은 할프슈타르케의 행동과 옷차림을 비판했고 로큰롤이 동독의 국가 안보를 위협하려는 무정부주의와 자본주의의 공격이라고 선언했다. 이를 듣거나 지지하는 팬들에게 엄중한 처벌이 가해졌지만 속수무책이었다. 소련에서조차도 젊은이들 사이에서 미국 대중문화가 퍼져나가는 상황을 막지 못했다. 소련에서 '스틸랴기'라 불렸던 청년들은 폴란드에서는 '비키냐쉬'로, 체코슬로바키아에서는 '파섹'으로, 헝가리에서는 '얌펙'으로 불렸다.

그러나 유럽이 미국을 무조건 받아들이기만 했던 것은 아니다. 미국 문화의 지배력이 강화된 것처럼 보이는 가운데에서도, 유럽 근간의 다양한 문화적 원천을 통해 미국에 더욱 강력한 힘을 과시하는 경우도 있었다. 미국풍 음악을 받아들여 저항적으로 흥얼거리던, 재능이 충만했던 영국의 젊은이들이 미국 음악계에서 연주자나 밴드로 성공했다. 그 시초로 1957년 결성되기 시작한 영국의 밴드 비틀즈는 '비틀마니아'를 탄생시키며 자신들의 음악을 프랑스, 독일, 미국 등에서 히트곡 목록에 올렸다. 일명 '영국인의 침공'이었다. 이들은 도리어 미국 문화를 장악하면서 대중음악 역사상 가장 위대한 음악가의 탄생이라는 새로운 전설을 써나갔다.

5월의 파리와 수많은 저항들

유럽 청년들의 문화적 저항을 학교 밖 정치운동으로 확대시킨 기폭제는 반전운동이었다. 1950년대 말부터 알제리, 쿠바, 베트남에서 전쟁이 벌어졌는데 모두 기본적으로 민족해방운동의 성격을 띠었다. 청년들은 민족해방을 탄압하는 자신들의 정부에 저항하기 시작했고 이 시기부터 서서히 끓어올랐던 저항운동은 1968년에 폭발했다.

1968년은 북베트남이 일으킨 '구정설날공세'로 시작되었다. 일시적이긴 했지만 사이공의 미국 대사관이 점령되자 미국에는 패배의 그림자가 짙게 드리워졌고 반전운동의 물결은 더욱 거세졌다. 2월 독일 사회주의학생연맹은 서베를린 자유대학에서 베트남 문제에 대한 국제회의를 열었다. 프랑스와 독일, 이탈리아, 그리스, 노르웨이, 덴마크, 오스트리아, 캐나다, 영국 그리고 미국의 대표자를 포함한 1만 명의 운동가들이 베트남전을 성토했고, "호, 호, 호찌민!"이라는 구호를 외치며 시가전을 벌였다. 영국에서도 10만 명 이상이 베트남전쟁에 항의하는 시위를 평화적으로 벌였고, 시위자 3만 명이 미국 대사관 앞에서 경찰과 대치했다.

그러나 저항의 절정은 5월의 파리였다. 당시 프랑스공화국은 알제리전쟁을 둘러싼 갈등으로 혼란스러웠고 드골을 중심으로 한 통치 방식에 대한 저항이 커지고 있었다. 3월 낭테르 대학에서 학내 문제로 시위와 점거운동이 벌어지면서 파리의 5월이 준비되었다.

당시 학생운동은 전후 발전의 결과들이 그 배양지였다. 과거보다 더 많은 시간과 부富를 가진 청년 무리가 증가했다. 그리고 청년 문화에 대한 마케팅으로 세대 의식이 고조되고, 정작 청년들을 교육시킬 교육기관들은 수가 늘어났음에도 수준은 숫자에 비해 기대 이하였다. 본래 대학은 소규모 엘리트층 교육을 위해 창설되었던 터라 교수진과 시설 모두 어찌할 수 없는 상황에 빠져 있었다. 강의실은 만원이었고 수천 명의 학생은 같은 시간에 시험을 치렀다.

학생들은 민주 사회에서 엘리트 교육을 담당하는 대학과 지식 공장으로서의 대학 사이의 간극, 알제리와 베트남에서의 전쟁에 대해 문제를 제기했다. 그리고 대학에서의 개인 생활에 대한 규제 완화도 요구했다. 이에 대학 대표자들이 권위주의적 반동을 보임으로써 학생들의 폭발에 기름을 부었다.

낭테르 대학도 마찬가지였다. 1964년 대학생 정원을 늘리기 위해 관료들이 급조해 만든 이 대학은 일방적인 학사 운영과 미비한 시설로 학생들의 불만과 소요가 매우 잦았다. 특히 3월 반전시위 혐의로 수배된 학생이 대학을 점거해 농성을 벌이자 대학은 이들을 쫓아냈다. 이 사건은 묻히지 않은 채 소르본 대학의 시위와 파리의 바리케이드로 번져나갔다.

5월 초 소르본 대학에서 비슷한 사태가 재연되자 경찰은 대학에 진입해 학생을 체포했다. 학생들은 대학의 전통인 독립과 표현의 자유가 훼손된 것에 저항했다. 무질서가 확산되면서 파리의 대학은 문을 닫았고 학생들은 거리에서 경찰과 격렬하게 대치했다. 경찰의 무자비한 진압과 폭력적 대응은 거리의 시민들과 텔레비전을 보던 시청자들에게 경악을 안겨주었고 시위에 대한 시민의 지지를 끌어냈다.

5월 10일 고등학생까지 가세한 엄청난 수의 시위대가 그동안 잊힌 바리케이드를 다시 등장시켰다. 파리가 시위대의 물결로 뒤덮이자 공산당과 노동조합이 이에 가세했다. 르노 자동차 회사를 비롯한 대기업에서 총파업이 잇따라 일어났다. 학생과 노동자가 함께 싸우는, 상상할 수 없는 일이 벌어졌다. 자동차, 기술직 노동자, 가스와 전기 시설에서 우편과 라디오 및 텔레비전까지 공공부문의 피고용자들도 파업에 나섰다. 5월 중순경 일자리를 박차고 나온 프랑스 노동자들은 1,000만 명에 달했다. 서베를린에서도 이에 동조하는 학생들의 저항이 대규모로 일어났고, 이탈리아 도시에서도 시위로 26개 대학이 문을 닫았다. 런던 경제 대학도 학생들의 저항으로 문을 닫을 지경이었다.

드골 정권의 퇴진이 임박한 것처럼 보이는 순간이었다. 하지만 그것은 일종의 환상이었다. 독일로 날아가 그곳에 주둔하던 프랑스군의 충성심을 확인한 드골은 '합법적인 국가는 물러서지 않는다'는 입장을 고수했다. 정부는 임금 인상으로 파업자들을 만족시켰고 대중에게 질서 유지를 호소했다. 고립된 학생운동은 점차 소멸되었고 학생들은 결국 대학 생활로의 복귀에 동의했다.

그 무렵 미국은 킹 목사의 암살4월 4일과 대통령 후보 로버트 F. 케네디의 암살 6월 5일로 암울한 시기를 보내고 있었다. 킹 목사는 생전에 비폭력을 주장했지만 그의 죽음은 비폭력의 종말을 보여주는 것 같았다. 전국적으로 흑인 청년들과 저항운동 지도자들은 시위를 일으켰고 8월 민주당 전당대회로 모여들어 저항했다. 그러나 민주당은 이에 개의치 않고 베트남전 철수에 대한 결의안을 통과시키지 않았다. 운동가들은 실망했으며 정치에 환멸을 느끼기 시작했다.

멕시코에서도 마찬가지였다. 올림픽을 앞두고 낮은 생활수준과 정권의 억압적인 정책에 반기를 든 민주화운동이 벌어졌다. 학생운동 조직은 올림픽 개최보다 시급한 국내 정책에 세금을 사용할 것을 요구했다. 10월 2일 뜨레스 꿀뚜라스 플라자 광장에 1만 명의 군중이 모였다. 그러나 디아스 오르다스 대통령 1964~1970재임의 직접 명령을 받은 군대가 군중을 향해 발포해 350여 명이 사망하며 저항은 실패했다. 청년들의 피로 물들며 치러진 그해 멕시코 올림픽은 당시 정치적 논쟁을 그대로 반영했다. 아프리카 국가들은 인종 차별 정책을 펼치던 남아프리카 공화국이 참가한다면 올림픽 참가를 거부하겠다고 했다. 2명의 아프리카계 미국인 메달리스트는 시상식에서 검은 장갑을 낀 팔을 들어 인종 차별 반대를 표명했고, 올림픽 위원회는 그들을 곧장 귀국시켰다.

한편 1968년의 저항과 퇴조의 움직임은 동구권에서도 벌어지고 있었다. 이는 체코슬로바키아에서 알렉산드르 둡체크1921~1992가 이끄는 자유주의적 공산주의 정부가 등장하면서 시작되었다. 둡체크는 '인간의 얼굴을 한 사회주의'를 옹호했다. 당 내에서의 토론, 학문 및 예술의 자유, 검열의 완화 등을 권장한 그에 대한 지지는 국외에도 많은 영향을 미쳤다. 폴란드와 유고슬라비아에서도 학생들의 지지 시위가 일어났다. 한층 더 독립적인 유고슬라비아의 요시프 브로즈 티토1892~1980와 루마니아의 니콜라에 차우셰스쿠1918~1989가 둡체크를 방문했다.

소련에서는 1964년 흐루쇼프가 실각한 대신 레오니트 브레즈네프1906~1982에게 실권이 넘어갔다. 그는 흐루쇼프보다 보수적이었고 서방과의 교섭에 소극적이었으며 소련을 지키기 위해 더 방어적이었다. 브레즈네프는 이 모든 상황을 바르샤바조약과 소련의 안보에 대한 위협으로 간주했다. 마침 미국의 베트남전쟁 개입이 반공 활동의 증거로 여겨져 불안하던 차였다.

둡체크가 공산당을 민주화하고 바르샤바조약 회원국 회합에 불참하려 하자 소련은 1968년 8월 프라하에 탱크와 군대를 보냈다. 세계인들은 체코 난민이 조국을 떠나고 소련 보안군이 세운 억압적인 정부가 권력을 장악하는 것을 지켜보았다. 둡체크와 지지 세력은 투옥되거나 유형에 처해졌다. '프라하의 봄'은 진압되었고, 소련은 브레즈네프 독트린에 따라 어떤 공산주의 국가도 공산주의 이해관계를 위태롭게 하는 정책을 채택할 수 없으며 이를 위협할 경우 언제라도 그 국가에 개입할 수 있음을 천명했다.

1968년이 남긴 것

1968년의 결과 드골 정부는 회복되었다. 공화당의 리처드 닉슨은 미국 대선에서 승리했다. 미국은 1973년까지 베트남에서 철수를 했으며, 이후 베트남에서는 전쟁 결과로 난민 위기와 지역 갈등이 폭발했다. 프라하에서 소련의 탱크는 봉기를 진압했고 브레즈네프 독트린을 통해 소련은 위성국들에 대한 통제를 강화했다. 한반도에서는 북한이 21명의 무장간첩을 보내 청와대 근처에서 교전을 벌이고 미 해군의 정보함 푸에블로호를 나포해 당시 박정희1917~1979 정권에게 불안을 안겨주었다.

1968년을 기점으로 폭발했던 혁명운동은 이미 가을부터 소강 상태에 들어섰다. 폭발이 그러했던 것처럼 불길이 잦아지는 속도도 빨랐다. 왜 그랬을까? 무엇보다 당시 분출된 혁명은 전 세계적이었지만 조직적이지는 않았다. 연좌농성이나 캠페인과 같은 시위 방식에서 보이듯 저항의 형태도 전략적이지 않았다. 즉흥적이고 비조직적이었다. 이들의 저항은 동일한 계급이 뭉쳤다기보다 그에 공감하는 감성에서 비롯된 것이었다.

이에 반해 그들이 저항했던 기성 집단의 체제는 견고했다. 국가 기구라는 공권력이 아니라 국가 기구를 둘러싼 시민 사회가 강력했다는 의미다. 1960년대의 시민 사회는 학생이나 저항 세력에 어느 정도 공감을 표명했지만 기존의 국가체제에 대한 굳건한 수호 의지가 있었다. 저항으로 국가체제를 흔들기는 했지만 시민 사회는 체제의 존속에 대해서는 의문의 여지가 없었다. 폭력에 대해서도 마찬가지였다. 텔레비전을 통해 베트남전쟁의 참상을 느낀 시민들은 반전운동에 나섰지만 자국 내의 폭력에는 민감했다. 초기에는 공권력의 대응에 분노했으나, 폭력이 계속되자 점차 시위 자체에 염증을 느꼈다. 여러 암살은 위기의식을 불러일으켰고 시민들은 폭력을 원하지 않았기에 이내 시위에 등을 돌렸다.

결국 정치적인 1968년 혁명은 급격하게 쇠퇴했다. 얼마 지나지 않아 저항의 세대였던 이들도 대학을 졸업하고 취직을 하며 기성세대에 편입되었고 저항정신도 무뎌졌다. 저항자 대부분은 방황의 시기를 거친 후 다시 일상의 삶으로 돌아갔다. 그러나 장기적으로 보면 저항자들의 요구는 무의미하지 않았다. 동유럽과 소련에서 의견 반대자는 패배했으나 제거되지 않았다. '프라하의 봄'은 1989년 '벨벳 혁명'의 성공과 소련 지배력 붕괴에 대한 예표였다. 서유럽과 미국에서도 저항자들이 지적한 논점들은 본질을 유지하면서 여성운동과 반핵운동, 환경운동, 평화운동 등 다양한 사회운동으로 확대되었다.

저항 세대가 정치 영역에서 다시 주목을 받게 된 것은 1990년대 미국에서 민주당, 영국에서 노동당, 독일에서 사회민주당이 정권을 잡으면서부터였다. 빌 클린턴 1946~은 1968년 혁명의 소용돌이 속에 있었고 토니 블레어1953~와 게르하르트 슈뢰더1944~도 비슷한 또래였다. 베이비붐 세대의 지지자들이 이들에게 권력을 주었고, 이들은 정부 요직에 1968년 혁명의 중심인물들을 포진시켰다. ■세계사록

talk 29

영원한 쿠바의 친구

 체 게바라　　　불좀 빌립시다

I

그란마

난, 잘 다니던 의대 때려치우고
쿠바의 혁명전사로 다시 태어난
아르헨티나 사람, 체 게바라!

쿠바인이 보기엔 외국인이지만,
뜻을 함께하는 데
내 나라 니 나라가 어디 있겠어ㅎ

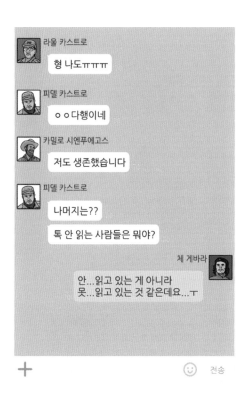

ㅠㅠㅠㅠㅠㅠㅠ
그때 이상과 현실이 다르다는 걸
처절히 깨달은 것 같아ㅜㅜㅜ

그래도 포기할 수 없었어.
우리에겐 꼭 세상을 바꾸리란
의지가 있었거든!

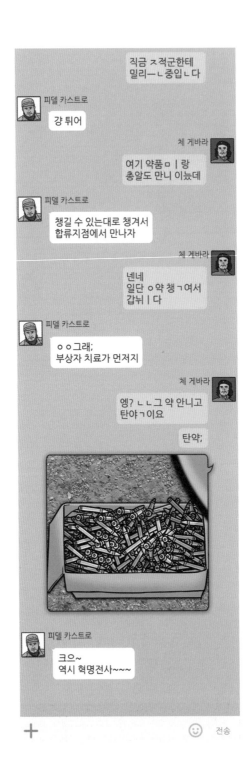

III

어이 게바라

혁명에 성공하지 못하면
죽음뿐이라고 생각해.
그런 마음가짐으로 덤볐더니
희망이 보이더라!

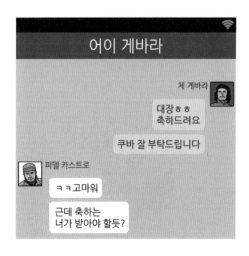

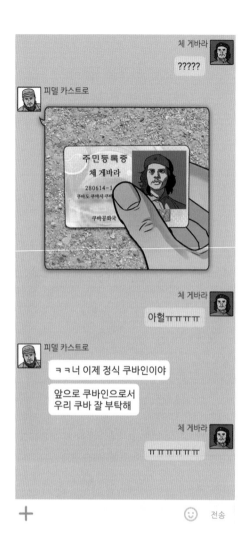

그랬다고 합니다.

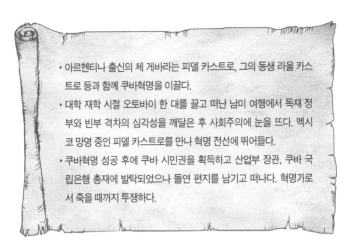

- 아르헨티나 출신의 체 게바라는 피델 카스트로, 그의 동생 라울 카스트로 등과 함께 쿠바혁명을 이끌다.
- 대학 재학 시절 오토바이 한 대를 끌고 떠난 남미 여행에서 독재 정부와 빈부 격차의 심각성을 깨달은 후 사회주의에 눈을 뜨다. 멕시코 망명 중인 피델 카스트로를 만나 혁명 전선에 뛰어들다.
- 쿠바혁명 성공 후에 쿠바 시민권을 획득하고 산업부 장관, 쿠바 국립은행 총재에 발탁되었으나 돌연 편지를 남기고 떠나다. 혁명가로서 죽을 때까지 투쟁하다.

20세기 중반 쿠바

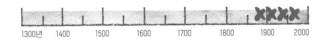

| 1300년 | 1400 | 1500 | 1600 | 1700 | 1800 | 1900 | 2000 |

혁명일보

**독재자 바티스타,
급히 도주한 것으로 밝혀져…**

피델 카스트로, 새로운 쿠바 총리로 등극…

19세기 초 중남아메리카는 독립을 얻었지만 사회구조의 근본 변혁은 이루지 못한 채 카우디요의 정권과 군부 쿠데타, 자유주의와 보수주의의 대립 등으로 혼란을 겪었다. 거기에 강대국으로 부상한 미국이 유럽 열강 대신 영향력을 확대해나갔다. 1920년대까지 농산물과 목축 등의 수출로 경제적 발전을 이루기도 했지만 대공황의 여파는 중남아메리카에서도 심각했고 경제 기반이 무너진 각국에 쿠데타와 독재로 대표되는 정치적 혼란이 찾아왔다.

루스벨트 대통령은 취임 연설에서 20세기 첫 20년 동안의 중남아메리카에 대한 직접 개입 대신 내정에 대한 불개입을 뜻하는 '좋은 이웃'이 되기를 선언했다. 외교와 제도적 협력의 시대는 볼리비아와 파라과이 간의 잔인한 '차코전쟁 1932~1935'을 종결시켰다. 그리고 1939년 제2차 세계대전에서 중남아메리카의 중립 선언을 이끌어냈다. 중남아메리카가 빈곤과 불만으로 공산주의화될 것을 염려한 미국은 냉전기 동안 대규모의 경제 지원을 아끼지 않았고, 사회 개혁을 추구하는 정부에 찬사를 보냈다. 그러나 미국 정부의 걱정은 기우로 판명되었다. 중남아메리카에서의 혁명은 쉬운 일이 아니었으며, 쿠바혁명은 예외적인 것이었다.

브라질, 삼바와 축구의 나라가 되다

브라질은 포르투갈로부터 독립한 후 왕정을 거쳐 제1공화정 시기1889~1930를 맞았다. 이는 허약한 중앙 정부 아래서 자치적 권한을 누리는 강력한 주 정부들의 연합 과두 지배체제였다. 특히 경제적으로 부유하고 인구가 가장 많았던 상파울루주와 미나스제라이스주가 브라질의 정치적 주도권을 장악했다. 상파울루주는 '커피'로, 미나스제이라스주는 '우유레이치'로 대표되는 목축업으로 번영해 당시 양 주 출신의 대통령이 타협하며 번갈아 통치하는 '카페 콩 레이치밀크 커피 정치'의 중심이었다.

그런 와중에 호황을 누리던 커피 산업마저 대공황으로 불황의 늪에 빠지자 사회의 전반적인 변화에 대한 요구를 수용할 수 있는 정치체제가 필요해졌다. 이에 1930년 혁명을 통해 뛰어난 정치적 조정 능력을 가진 제툴리우 바르가스1883~1954가 등장해 대통령에 당선되었다. 그는 사망할 때까지 몇 년을 제외하고 19년 동안 독재자로 혹은 민주적인 지도자로 거듭나기 위해 노력하는 정치인으로 브라질을 통치했다.

바르가스는 상파울루 대학을 설립1934했고 브라질의 정체성 형성을 위한 문화 정책을 실시했다. 그는 '삼바'를 브라질의 대표적 문화 아이콘으로 성장시키면서 국가의 통일성을 형성시키고자 했다. 삼바는 정부의 정책적인 지원과 라디오의 보급으로 리우데자네이루 지역을 중심으로 유행해 카니발의 대표 음악이 되었다. 1935년은 삼바학교의 카니발 팀들이 처음 행진을 시작하면서 삼바 카니발이 브라질의 대표적인 공연문화로 세계에 알려지기 시작한 해였다.

한편 축구는 19세기 말 영국의 무역업자와 선원들을 통해 브라질에 유입되었다. 백인들은 클럽 운영을 통해 수익을 올리고 자신들만의 여가 공간을 확보하기 위해 축구를 했다. 축구는 바르가스 집권기 브라질의 국기國技로 자리 잡기 시작했다.

바르가스의 죽음 이후 브라질의 대통령들은 경제 발전에 총력을 기울였다. 하지만 인플레이션, 파업 확산 등 어려움은 계속되었고 1964년 군부 쿠데타가 일어났다.

아르헨티나와 페론, 그리고 에비타

1870년부터 유럽에 대한 농산물 수출로 비약적인 경제 성장을 이루었던 아르헨티나는 1900년경 세계에서 가장 부유한 국가 중 하나였다. 제1차 세계대전 기간 동안에도 번영은 유지되었지만 대공황 이후에는 그렇지 못했다. 농축산물의 수출이 급격히 줄고 대외부채나 자본 유출이 증가하면서 심각한 재정 적자에 시달렸으며 실업률도 증가했다. 1930년 이후 쿠데타를 통한 지속적인 군부의 정치 개입이 시작되었다.

1943년 후안 페론1895~1974을 주축으로 한 청년 장교들이 쿠데타로 정권을 잡았다. 노동계의 파업과 분열을 해결한 페론은 노동계급의 대변자를 자임하며 이들을 중심세력으로 편입시켰다. 이듬해 부통령 및 노동복지부 장관까지 겸하게 된 페론은 반대파와 그의 민족주의적 성향을 불편하게 여긴 미국에 의해 축출되어 마르틴가르시아섬에 유배되기도 했다. 그러나 수많은 노동자가 부에노스아이레스 대로를 메우고 "페론 만세!"를 외치는 등 광범한 저항운동을 벌여 결국 석방된다.

석방 이듬해인 1946년 페론은 자신을 지지하는 노동계급의 지도자를 주축으로 노동자당을 만들어 대통령에 당선되었고, 노동자당 후보들은 주지사 선거까지 모두 휩쓸었다. 그의 집권기 동안 미국과의 불편한 관계도 해소되었고 5개년 경제계획을 통해 국민총생산을 29퍼센트가량 늘려 외환 보유고도 증대되었으며, 노동자들에게도 많은 혜택이 돌아갔다.

한편 페론은 첫 번째 부인을 암으로 잃은 후 '에비타작은 에바라는 뜻으로 에바 페론의 애칭'로 알려진 여배우 출신 마리아 에바 두아르테1919~1952와 결혼했다1945. 삼류 단역 배우를 전전하며 하층계급의 인생을 살던 에비타였지만 자신보다 2배나 나이가 많은 페론과의 결혼 후 페론 못지않은 카리스마와 열정으로 1949년까지 페론 정부의 2인자로서 활동했다. 병원, 학교, 고아원, 양로원 등의 건립을 주도해 노동자들에게 인기를 얻은 그녀는 자선단체 '에바 페론 재단'을 운영해 빈민구제에도 힘썼고, 여성에게 참정권을 부여하기도 했다.

그러나 '가난한 이들과 노동자들의 기수', '페론의 방패', '데스카미사도스셔츠를 입지 않은 자들이란 뜻으로 보통 노동자나 빈민계층을 말한다의 전권대사' 등의 칭호를 얻었던 에비타는 1952년 33세의 나이에 자궁암으로 사망한다. 그녀의 죽음은 아르헨티나를 비탄 속에 빠뜨렸다. 장례식은 국장으로 무려 한 달 동안이나 치러졌다. 1978년 영국에서 초연된 뮤지컬 「에비타」에 삽입된 'Don't cry for me Argentina'라는 곡은 그녀를 세계적으로 유명하게 만들었다.

1955년 군부는 페론을 축출하고 정권을 잡았는데, 이후 1983년까지 15명의 대통령과 여덟 차례의 쿠데타가 발생하는 등 아르헨티나는 극도의 정치 혼란을 겪게 된다.

미국을 긴장시킨 쿠바혁명

카리브해의 작은 섬나라 쿠바에서 일어난 혁명은 1910년의 멕시코혁명, 1979년 니카라과의 산디니스타혁명과 함께, 혁명이 드물었던 20세기 중남아메리카의 3대 혁명으로 불린다.

쿠바는 미국과 매우 가까운 위치에 있었고 미국은 쿠바가 의존하던 단 한 가지 작물인 사탕수수의 유일한 판매처였다. 이 같은 경제적 관계는 양국 관계를 가까우면서도 불편한 '특별한' 관계로 만든 이유 중 하나였다. 1898년 미국과 에스파냐의 전쟁에서 미국이 승리하면서 쿠바는 에스파냐로부터 독립했다. 하지만 3년간 미국의 군정하에 놓였고 미국의 경제적 식민지로 변해갔다. 미국은 쿠바에 해군기지를 두었다. 쿠바 도시의 자산과 시설에 미국인들은 막대하게 투자했고, 쿠바의 빈곤과 낮은 물가는 도박을 즐기려는 미국인들을 끌어 모았다. 이런 상황을 고려하면 쿠바에서 반反미운동이 지지를 받는 것은 놀라운 일이 아니었다.

미군정 이후 1920년대 정권을 잡은 헤라르도 마차도 이 모랄레스1871~1939는 중남아메리카에서 가장 악명 높은 독재자였다. 마차도의 전횡이 심해지자 학생, 노동자들을 중심으로 저항이 시작되었다. 1925년 결성된 쿠바 공산당의 개입과 세계 공황의 여파에 따른 경제상황 악화, 파업의 확대 등으로 쿠바의 혼란은 극에 달했다. 미국도 마차도의 사임을 강요했지만 그는 자신의 정적을 바다에 빠뜨려 상어의 먹이를 만들 정도로 권력에 집착했다.

결국 마차도는 사임했고, 1933년 풀헨시오 바티스타1901~1973 등 하사관들은 쿠데타를 일으켜 미국의 지원을 받는 산 마르틴 정부를 붕괴시킨다. 바티스타는 1934~1944년 집권기 동안 쿠바에 정치, 경제적 성장을 안겨주기도 했다. 그러나 표면적인 안정 이면에는 바티스타 개인의 치부와 부패가 심각했고 이는 쿠바가 미국의 향락가와 경제적 식민지로 전락하는 상황과 무관하지 않았다. 특히 1952년 재집권한 뒤의 바티스타는 노골적으로 치부에만 힘써 대규모 도박 산업을 유치하면서 미국 기업으로부터 수억 달러를 제공받았는데, 이로 인해 아바나에는 수없이 많은 호텔과 바, 나이트클럽이 만들어졌다. 권력기관을 이용해 비판하는 국민에 대한 탄압도 전 지역에 걸쳐 자행했다. 이러한 모든 부패와 폭정이 쿠바혁명의 촉발을 가져왔다.

1926년에 태어난 피델 카스트로는 아바나 대학 법대에 진학하면서 정치에 관심을 갖는다. 쿠바인민당의 영향을 받으며 정치 경험을 쌓은 그는 1948년 미 해군들이 아바나 시내에 있는 쿠바 영웅 호세 마르티의 동상에 방뇨하는 동상 모욕 사건을 일으키자 반미 시위에 앞장섰다. 이를 통해 대중들은 카스트로의 존재를 인식하기 시작했다. 1952년 실시될 예정이었던 선거가 바티스타의 쿠데타로 취소되자 법적 투쟁에 나섰지만 '혁명은 쿠바법의 원천'이라는 이유로 기각되었다. 이 일이 있은 후 카스트로는 폭력에 의한 혁명으로 방법을 선회하게 된다.

1953년 카스트로와 156명의 동료들은 7월 쿠바 제2의 군 기지 몬카다 병영을 습격했으나 진압되었고, 다수는 시가전에서 희생당했다. 체포된 카스트로는 15년형을 선고받고 수감되었는데, 법정에서 "역사가 나를 사면하리라"고 하며 농지개혁과 노동자 문제 등 일련의 혁명 이념을 제시했다. 대통령에 당선된 바티스타는 투옥 21개월 된 카스트로와 동료들을 석방한다.

카스트로는 자유로운 활동을 위해 멕시코로 망명했고 쿠바 침공 계획을 세운 그곳에서 체 게바라1928~1967를 만나 혁명을 준비한다. 1956년 12월 2일 80여 명의 혁명가들은 무기와 탄약을 실은 그란마호를 타고 쿠바 동남부 알레그리아 델 피오 해변에 도착했다. 그러나 예상보다 시간이 오래 걸린 데다 암초에 부딪혀 좌초되었고, 발각된 혁명군들은 사살되거나 체포되었다. 카스트로와 그의 동생 라울, 그리고 부상당한 체 게바라를 포함한 12명만이 시에라 마에스트라로 피신할 수 있었다.

그 후 카스트로는 미국 언론과의 인터뷰로 국내외 여론의 주목을 받으면서 바티스타 정권에 대한 미국의 지지를 약화시켰다. 게릴라군은 12명에서 200명으로 증가했으며 게릴라 활동 지역을 해방구로 설정한 카스트로의 활약은 계속되었다. 1958년 7월 마침내 카스트로는 바티스타에 대한 전면적인 공격을 개시하면서 아바나로 향했고 산토도밍고에서 정부군을 항복시켰다. 그해 마지막 날 바티스타는 도미니카로 망명했다. 1959년의 첫날 카스트로의 혁명군은 아바나에 입성해 새로운 혁명 정부를 수립했다.

체 게바라는 피델 카스트로와 함께 쿠바혁명을 이끈 인물로 저항적이고 자유로운 청년 문화를 상징하는 아이콘이다. 원래 에르네스토 게바라 데 라 세르나였지만 '어이! 친구'라는 뜻의 '체'를 붙인 이름으로 불린다. 1928년 아르헨티나 로사리오에서 태어난 그는 암으로 할머니를 잃은 뒤 암 정복의 꿈을 안고 부에노스아이레스 의대에 입학했다. 대학 재학 중 자전거로 아르헨티나를 여행하며 비리와 부패가 만연한 조국의 현실을 목격한다. 1951년 '포데로사강력한'라고 이름 붙인 오토바이를 타고 중남아메리카를 여행했는데, 여행길에서 소외된 이들의 참담한 삶을 마주하게 된다. 또 부와 향락의 도시 마이애미에서 가난한 이들을 착취해 돈을 버는 미국 자본의 실상을 목격한다. 이에 분노한 그는 헐벗고 굶주린 자들의 편에 설 것을 다짐하게 된다. 두 번의 여행으로 혁명가로서 태어난 체 게바라는 병원을 그만두고 볼리비아, 과테말라를 거쳐 멕시코로 넘어갔다.

당시 멕시코시티는 에스파냐 내전 후 망명한 에스파냐의 정치가와 지식인, 그리고 트로츠키를 비롯한 많은 사회주의 정치인과 지식인들의 활동 무대였다. 이곳에서 게바라는 마르크스와 레닌 사상을 탐독하며 본격적인 혁명가의 길을 준비했고 카스트로를 만났다. 그와의 만남으로 '낭만주의 청년'에서 '총을 든 게릴라'로 변신한 그가 쿠바혁명의 꿈을 이루었던 것이다.

그 후 쿠바 국립은행 총재와 산업부 장관 등의 자리에 올라 경제 분야를 관장했던 체 게바라는 유럽과 아프리카를 누비며 쿠바의 자립 경제와 전 세계적인 반제국주의 투쟁 지원을 위해 동분서주했지만 큰 성과를 거두지는 못했다. 사회주의 지도자들의 소극적 태도와 미국의 쿠바 봉쇄령 같은 횡포만을 경험했을 뿐이다. 결국 체 게바라는 자신의 모든 것을 버리고 1965년 카스트로에게 '제국주의가 있는 곳이면 어디든 가서 싸워야 한다'는 사명감이 담긴 작별의 편지를 남긴 채 아프리카의 콩고로 떠났다. 그리고 볼리비아에서 혁명을 위해 끝까지 투쟁하다 사살

1967된다. 이로써 그는 베트남의 호찌민과 함께 1968년 청년 세대에게 저항 정신을 일깨운 전설이 되었다.

한편 카스트로는 혁명에 성공한 뒤 국민에게 약속했던 전면적인 농지개혁과 산업의 국유화, 국민 소득의 공정한 분배, 교육의 확충 등을 실천하려 했다. 이를 위해 1960년부터 쿠바에 있던 미국인 소유 기업과 은행들을 모두 국유화시켰는데, 특히 석유 산업의 국유화는 미국과의 갈등을 일으켰다. 미국은 즉각 쿠바산 설탕 수입의 제한으로 응수했지만 그는 이에 맞서 미국의 전기 및 전자 회사, 주요 설탕 가공 공장들까지 몰수했다. 그 후 외국인 소유의 호텔과 카지노까지 국유화해 1961년 중반 쿠바 내 거의 전 산업은 국유화되었다. 농지개혁도 실시해 바티스타의 농지를 몰수하고 대농장주의 토지를 수용해 각 농가에 배분했다.

이 같은 급진적인 개혁 정책에 미국이 경제 제재를 가하자 쿠바는 소련으로부터 1억 달러의 차관을 제공받았다. 소련과의 관계는 쿠바혁명을 유지하는 기반이 되었고 공산주의화는 탄력을 받았다. 카스트로를 무너뜨리고 싶었던 미국은 1961년 4월 과테말라에서 훈련시킨 바티스타의 잔존세력과 용병 연합군 약 1,500명을 쿠바에 침투시켰다. 그들은 미중앙정보부가 제공한 각종 화기와 장비를 가지고 아바나와 가까운 피그만에 상륙했다. 그러나 시기를 잘못 맞춘 탓에 상륙도 못한 채 쿠바군으로부터 공습을 받았다. 치열한 전투 끝에 약 100명이 전사했다. 나머지는 쿠바군에 이끌려 목에 팻말을 달고 아바나시를 행진해야 했다. 국제적 창피를 당한 미국은 5,300만 달러의 몸값을 제공한 후에야 그들을 미국으로 데려올 수 있었다. 이로 인해 쿠바와 미국과의 관계는 더욱 악화되었고 핵미사일 기지 건설을 둘러싼 미국과 소련 사이의 위기가 촉발되기도 했다.

쿠바혁명은 중남아메리카 각국의 청년들에게 깊은 인상을 주며 혁명의 토양을 마련했지만, 체 게바라의 실패한 볼리비아혁명 기도에서 드러나듯 중남아메리카에서 혁명은 쉬운 것이 아니었다. 중남아메리카를 뒤흔든 진정한 문제는 1970년대와 1980년대에 드러날 만성적인 경제 문제였다. 세계사록

참새는 인민의 적

참새　　　　(ㅇㅁㅇ???)

하나요

라면 먹고 갈래

안녕? 난 대륙의 청년농부
왕웨이라고 해.

왕웨이

내가 요즘 사랑에 빠졌거든ㅋ

맨날 의미 없는 선톡만 날렸는데
오늘은 적극적으로
대시해보려고ㅋㅋ

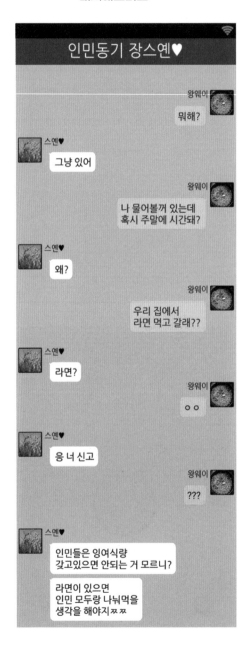

왕웨이

ㄴㄴ 난 그게 아니고...;;;;;

스옌♥

님 차단——
ㅅㄱ링

+   ☺ 전송

둘이요

인식이

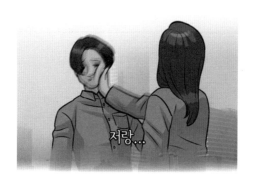

저랑...

차.였.다.

하긴; 라면이 있어도
끓여 먹을 냄비도
먹을 수저도 없으니까ㅠㅠ

왕스타그램

왕웨이 ···

❤ 23명이 좋아하오

왕웨이 뒷간에서 찾은 요강도
용광로에 투척합니다ㅎ;
#강철로거듭나기 #깨끗이닦았어요
#요강 #후라이팬 #냄비 #숟가락
#용광로투척후기

철이란 철은 죄다 용광로행이야ㅜ
혼자 쓰지 말고, 녹여서
모두를 위해 쓰자던데?

끼니가 걱정인데 뭐…
인민 식당에서 공짜밥 나오니까ㅎ;

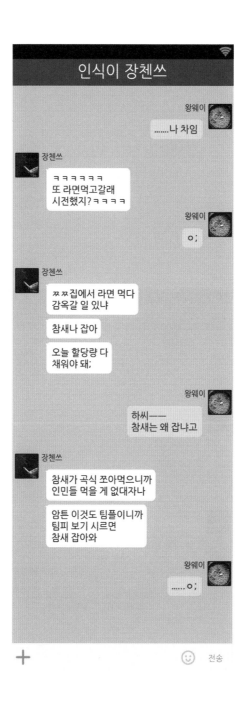

왕웨이

.......나 차임

장첸쓰

ㅋㅋㅋㅋㅋㅋ
또 라면먹고갈래
시전했지?ㅋㅋㅋㅋ

왕웨이

ㅇ;

장첸쓰

ㅉㅉ집에서 라면 먹다
감옥갈 일 있냐

참새나 잡아

오늘 할당량 다
채워야 돼;

왕웨이

하씨———
참새는 왜 잡냐고

장첸쓰

참새가 곡식 쪼아먹으니까
인민들 먹을 게 없대자나

암튼 이것도 팀플이니까
팀피 보기 시르면
참새 잡아와

왕웨이

......ㅇ;

전송

일단 하라는 대로 하긴 하는데…
잘하는 건지 모르겠다;;;;

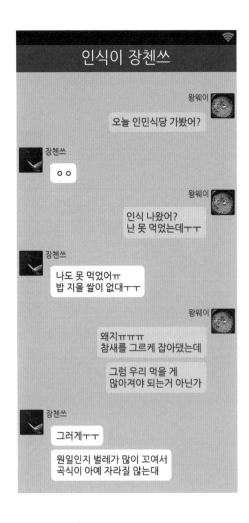

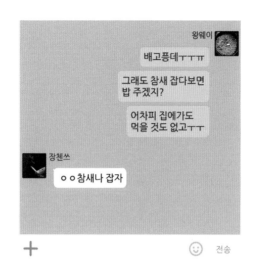

"마오쩌둥,
곡식을 쪼아 먹는 참새를 보고
'해로운 새'라고 한마디 하다."

"대대적으로 참새잡이에 나서다."

"참새를 너무 많이 잡는 바람에
해충이 번식해 대흉년이 들다."

그랬다고 합니다.

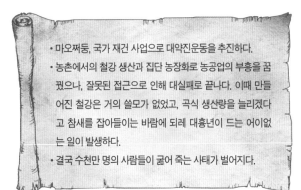

- 마오쩌둥, 국가 재건 사업으로 대약진운동을 추진하다.
- 농촌에서의 철강 생산과 집단 농장화로 농공업의 부흥을 꿈 꿨으나, 잘못된 접근으로 인해 대실패로 끝나다. 이때 만들 어진 철강은 거의 쓸모가 없었고, 곡식 생산량을 늘리겠다 고 참새를 잡아들이는 바람에 되레 대흉년이 드는 어이없 는 일이 발생하다.
- 결국 수천만 명의 사람들이 굶어 죽는 사태가 벌어지다.

20세기 중반 중국

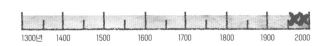

1300년 1400 1500 1600 1700 1800 1900 2000

1945년~1976년
중국, 마오쩌둥의 시대

왕스타그램

왕웨이

♥ 23명이 좋아하오

왕웨이 뒷간에서 찾은 요강도 용광로에 투척합니다®;
#강철로거듭나기 #깨끗이닦았어요
#요강 #후라이팬 #냄비 #숟가락
#용광로투척후기

중화인민공화국의 수립

제2차 세계대전이 일본의 항복으로 막을 내린 후 중국 본토에서도 8년간의 지옥 같은 전쟁이 끝난다. 중국인은 평화를 갈망했지만 오랜 동안 극단적으로 대립해오며 불신의 골이 깊어진 장제스와 마오쩌둥의 국공합작은 이어질 수 없었다. 미국이 중재한 평화 협상이 실패로 돌아가며 결국 국공내전은 다시 발발했고 1946년 본격적인 전쟁에 돌입하게 된다.

100만의 병력이었던 공산당에 비해 당시 장제스는 400만 정규군과 무기가 있었고, 심지어 미국으로부터 20억 달러에 달하는 군사 원조를 받는 등 모든 측면에서 압도적이었다. 그러나 능력이나 정직성보다 자신에 대한 충성도를 기준으로 사령관을 임명했던 장제스 군대의 힘은 오히려 악화일로에 놓였다. 사령관들은 종종 부대원의 명단을 부풀려 더 많이 지급받은 배급 식량을 암시장에 내다팔았으며, 부대원들을 굶주리게 방치하고 무기도 지급하지 않았다. 재중 미국 외교관들이 중국 공산당 군대의 높은 도덕성과 규율을 국민당 군대의 부정부패 및 무능과 비교할 정도였다. 국민당군이 부패해 인민의 지탄을 받은 반면 토지 개혁을 실시한 공산당에 대한 인민의 지지는 튼튼했다.

1947년 중반 공산당은 만주에서 주도권을 장악했고 철도와 통신망을 차단했다. 1948년 11월 만주 랴오선선양 전투를 시작으로 승기를 잡은 공산당군은 창장강 중류 화이하이화해 전투에서 200만 명에 달하는 국민당군을 궤멸시켰다. 국민당은 역전에 총력을 기울였지만 마침 국민당 통치 지역을 휩쓴 초강력 인플레이션 때문에 상황은 걷잡을 수 없이 흘렀다. 1946년 1월부터 2년 6개월 동안 물가가 67배 급등했고, 1948년 말 국민당 정부에 대한 신뢰는 완전히 추락했다. 당시 물가는 6개월 만에 8만 5,000배 폭등이라는 기록을 세웠다.

1949년 1월 베이징 점령과 4월 국민당의 수도 난징 점령에 성공한 마오쩌둥은 10월 1일 톈안먼에 올라 중화인민공화국 수립을 선언했다. 이로써 베이징은 다시 공식적인 통일 중국의 수도가 되었다. 장제스는 국민당 관료와 가족, 병사들과 함께 청두성도를 거쳐 타이완으로 건너갔다1949. 12.

인민 통제와 대약진운동

마오쩌둥과 저우언라이는 중화인민공화국 건국 직후인 1950년 초 모스크바로 날아가 스탈린과 동맹을 맺었다. 당시 다른 지역의 냉전 전개와 국민당의 붕괴를 고려했을 때 새로운 중국은 외부 위협에 대한 동맹이 필요하지 않았다. 장제스 세력은 미국의 보호를 받아 제거는 불가능했지만, 타이완에 갇혀 더 이상의 위협은 되지 않았기 때문이다.

중국의 새로운 통치자에게 절실했던 것은 산업화 및 현대화라는 지난한 과업을 위한 소련의 도움이었다. 청 붕괴 이전부터 계속적인 변화에 노출된 중국은 경제 및 사회 발전이 매우 미비했다. 그나마 중화민국 시대1911~1949에 이룩되었던 경제 발전도 중일전쟁으로 대부분 파괴되었고 빈곤은 도처에 널려 있었다.

그런 와중에 소련의 지원만이 중국이 외부에서 얻을 수 있는 유일한 동력원이었다. 결국 소련과의 동맹 체결로 2만 명의 중국 청년이 기술 교육을 받기 위해 소련으로 갈 수 있었고, 소련은 1만 명의 과학자와 기술자를 중국에 파견했다. 그들은 도로, 댐, 교량과 공장 건설에 기술 원조와 자문을 제공했다. 그러나 마오쩌둥은 소련을 존경하고 모방하려 하면서도 소련에 의해 통제당하는 것은 원치 않았다. 그는 1920년대 소련이 정의한 공산주의의 국제적 이익 때문에 중국 공산당이 어떤 운명에 처했었는지 매우 잘 기억하고 있었다. 마오쩌둥은 스탈린 사망 후 흐루쇼프의 집권기부터 소련에 노골적인 경쟁심을 드러낼 예정이었다.

군사적 전략가로서 권력을 장악했던 마오쩌둥 주석은 정치도 전쟁과 마찬가지로 간주하며 도전 세력의 출현 여부를 지속적으로 관찰했다. 공산당은 정부와 군대의 모든 영역과 통신 매체를 장악했고 마오쩌둥은 내부의 적을 찾아 숙청하고 추방하고 처형했다. 당시 모든 인민은 '단위'에 속했다. 공장, 학교, 마을, 농장 등은 모두 단위로 조직되었고 공산당의 감독을 받았다. 단위는 모든 측면에서 인민의 삶을 관리했는데, 심지어 단위의 허락을 받지 않고는 누구도 이주하거나 직업을 바꾸거나 타지로 여행할 수 없었다. 중국 공산당은 과거 중국의 어느 황제도 이룰 수 없었던 인민의 삶에 대한 통제에 성공했다.

'백화제방百花齊放'의 자유와 그에서 180도 전환된 '반反 우파 투쟁'으로 수십만 명의 지식인들을 쳐내며 통제한 마오쩌둥은 경제 분야에서도 문제점을 지적하며 통제를 통해 조속한 성과를 거둘 것을 요구했다. 당시 중국은 농업 경제가 압도적이었다. 그런 상황에서 정부는 농업 생산으로부터 잉여 생산물을 최대한 확보해 산업화에 투자해야 했다. 그러나 경제는 마오쩌둥이 기대했던 것만큼 빠른 성장세를 보이지 못했다. 그는 도시 공업과 농촌 농업 경제 사이의 격차가 계속 벌어지는 상황에 심기가 불편했다. 게다가 흐루쇼프가 사망한 스탈린을 비판하자 더욱 조바심이 났다. 베이징에 있는 자신에게도 같은 일이 벌어질 수 있었기 때문이다.

이에 1958년 마오쩌둥은 '대약진운동'의 실시를 선언하며 이를 통해 중국을 수년 내에 가장 산업화된 국가들과 같은 반열에 올려놓겠다고 약속한다. 마오쩌둥의 유토피아적 상상력에서 나온 대약진운동에 따라 중국 공산당은, 그나마 농민이 보유할 수 있던 사적인 텃밭을 없애고 가축들도 모두 집단화시켰다. 농촌 간부들은 겨울철 몇 개월 동안 농민을 동원해 댐, 도로, 관개수로를 건설하고 토지를 개간해야 했다. 밑바닥부터 일거에 산업화를 이룩하기 위해 농민들은 인민공사의 뒤뜰마다 설치된 토법고로용광로에서 무려 '강철'을 생산해야 했고 직접 트랙터를 조립해야 했다. 전반적인 위생개선운동이 벌어져 참새, 쥐, 모기, 파리 등 해로운 벌레와 짐승들 박멸에도 동원되었다. 생산의 효율성을 위해 모든 여성을 부엌일에서 해방시키고 모두 인민 식당에서 식사를 하도록 했다. 육아 또한 완전히 집단화해 더 많은 어머니들이 생산 노동에 자유롭게 종사할 수 있도록 했다.

당 조직이 너무나 견고했고 그물망처럼 촘촘했기 때문에 대약진운동이 얼마나 허무맹랑한 것인지 아무도 세심하게 주의를 기울일 여력이 없었다. 모두 더 많이 노동해 생산성을 높여야 한다고만 생각했다. 지방 간부는 1958년 생산량을 부풀려 보고했고 국가는 지방에서 보고한 대로 곡물 할당량을 정했다. 때문에 도시로 곡물을 보내고 나면 농촌에는 식량이 없었다.

생산량은 파멸적으로 줄었다. 농민은 텃밭을 잃은 상실감에 분노했고 자신이 기르던 가축을 집단 농장에 넘겨주지 않고 도살했다. 작물을 먹는 참새 약 2억 마리가 사라지면서 해충의 폭발적인 증식을 낳았다. 인민 식당이 제공하는 식사는 형편없었고 낭비도 심했다. 철광석을 구할 수 없어 냄비, 프라이팬 등 철로 된 물건을 다 부어 넣고 태운 토법고로는 강철 더미를 만들어냈지만 형편없이 부서지는 쓸모없는 쇠뭉치 말고는 아무것도 생산하지 못했다. 농민들은 동원 때문에 농번기에 농사를 지을 수 없었다. 이런 착오가 켜켜이 쌓여 두 차례의 세계대전을 제외하고 인류 역사상 인간이 초래한 가장 거대한 재난이 일어났다. 1959~1961년 일명 '고난의 3년'은 약 4,500만 명의 중국인이 기아와 질병, 영양실조로 죽어간 기간이었다.

대약진운동의 광기와 마오쩌둥의 노골적인 비판에 흐루쇼프는 1960년 중국에 대한 원조, 경제와 기술 지원 등을 모두 철회했다. 소련 기술자와 과학자는 자신들의 청사진, 전문 기술을 들고 귀국해버렸다. 이는 중국에 대단히 모욕적인 행동이었고 큰 타격을 주었다. 마오쩌둥은 미국을 비난할 때만큼이나 격렬하게 소련을 비난했다.

여러모로 대약진운동은 마오쩌둥의 지도력에 상처를 입힌 최초의 재앙이었다. 1959년 펑더화이는 마오쩌둥에게 개인적인 편지를 보내 대약진운동의 착오를 비판했다. 마오쩌둥은 '반역을 꾀했다'는 이유로 펑더화이의 사퇴를 요구했고 그는 받아들였다. 마오쩌둥은 주석 류사오치유소기1898~1969와 부주석 덩샤오핑등소평1904~1997에게 권력을 넘기고 주석에서 물러났다. 그들은 대약진운동의 정책들을 완화하고 인민 식당을 해산했으며 텃밭을 회복시켰다. 마오쩌둥이 자신의 망상적 정책에서 물러서자, 잠시일지라도 중국 경제는 완만한 회복세를 보였다.

외교적 고립과 문화대혁명

1950년 벌어졌던 한국전쟁은 중국과 미국 관계에 큰 영향을 끼쳤다. 미국과 중국은 직접 교전했는데 각자가 상대방의 참전 동기에 대해 최악의 가정을 한 상태였다. 이후 20년 동안 미국은 중화인민공화국을 인정하지 않았고 미국 시민의 중국 여행이나 교역 종사를 금했다. 같은 기간 장제스 정부는 유엔 안전보장이사회 상임 이사국의 지위를 누렸다. 마치 중화인민공화국은 국제 사회에 존재하지 않는 것 같았다.

중국 공산당도 미국을 중국의 주적으로 설정했다. 그런데다 1960년 소련과도 결렬했는데, 흐루쇼프가 미국과 평화적 공존을 모색하자 이를 신랄하게 비난했다. 1962년 중국은 히말라야산맥에서 벌어진 국경 분쟁에서 몇 년 전 제3세계 국가로 우의를 다지던 인도에 승리를 거두고 2년 뒤 원자 폭탄 실험에 성공했다. 이를 지켜본 서방 세계는 인구 규모를 비롯한 중국의 힘과 팽창 의도에 공포심을 느꼈다. 1960년대 내내 중국은 서방과 소련 양측으로부터 외교적으로 고립되었다.

한편 류사오치와 덩샤오핑은 집권 후 중국인에게 질서와 안전을 회복시켜주기 위해 노력했다. 이 몇 년 동안 경제의 회복과 함께 베이징 지식인은 마오쩌둥에 대한 비판적이고 풍자적인 글을 써도 될 만큼의 안전함을 느낄 수 있게 되었다. 마오쩌둥은 이러한 변화 추이를 예의 주시하면서 군 내부에서 자신의 위상을 높이는 데 주력했다.

1966년 마오쩌둥은 공산당 내의 권력을 되찾기 위해 마침내 극적인 운동을 전개한다. 자신을 지지할 상하이 세력과 손을 잡은 그는 베이징 대학교의 한 학생이 대자보를 통해 교수들이 공산주의 사상을 강조하지 않는 반동적 행태를 보인다고 비판하자 직접 대자보를 써 학생들에게 '반역은 정당하다'라는 메시지를 전했다. 마오쩌둥은 소련의 스탈린식 철권통치가 약화되어 관료들에게 당에서의 부패와 타협의 길이 열렸다고 생각했다. 청년들에게 홍위병을 조직해 대학과 사회 전반에 퍼져 있는 소비에트식 개량주의나 수정주의의 본보기를 찾아내 폭로하라고 부추긴 그는 특히 공산당 내의 권력자들을 지목했다. 마오쩌둥과 상하이의 급진적인 동지들은 이 전국적인 운동을 '문화대혁명'이라고 명명했다.

그해 모든 학교가 폐쇄되었다. 젊은이들은 무제한의 자유를 부여받아 구舊사상, 구문화, 구풍속, 구습관이라는 '4대 구습'을 타파하는 운동을 전개했다. 누구든지 언제든지 반혁명 사상이나 행동으로 비판받을 수 있는 최악의 상황에서, 홍위병들은 각 가정에 쳐들어가 개량주의, 반마르크스주의적 정황의 증거가 될 만한 것들을 모조리 찾아내 불태우고 파괴했다. 서로 자신들이 더 혁명적임을 입증하려고 한 홍위병들의 극렬한 경쟁으로 말할 수 없는 참상이 벌어졌다.

1968년 류사오치는 직위에서 쫓겨나 당에서 제적되었다. 구타를 당했지만 치료조차 받을 수 없었던 그는 이듬해 감옥에서 폐렴으로 죽었다. 덩샤오핑은 '노동을 통한 자아 개조를 위해' 남중국으로 유배되어 트랙터 공장에서 일했고, 큰아들이 모진 고문 끝에 추락해 장애인이 되는 것을 보아야 했다. 문화대혁명은 1966~1969 국가와 사람들을 찢어놓았다. 수정주의로 몰려 수백만 명이 투옥되거나 직위를 박탈당했고 제거되었다. 그리고 약 100만 명의 사람들이 사망했다. 수많은 문화재가 파괴되었으며, 특히 문화 예술 관련 인사들은 구타당한 뒤 집단농장에 감금되어 노예처럼 일해야 했다. 이 몇 년 동안 중국은 완전히 퇴보했다.

한동안 마오쩌둥은 홍위병이 초래한 대혼란을 묵묵히 지켜만 보았다. 그러다 1968년 여름 무정부 상태와 내전이 임박한 듯이 보이자 질서를 회복하기 위해 인민해방군을 동원했다. 그는 문화대혁명이 위대한 승리를 거두었다고 선언하면서 홍위병이 너무 멀리 갔다고 했다. 마오쩌둥은 모든 홍위병에게 농촌으로 가서 힘든 노동을 통해 자아를 개조하라고 촉구했다. 홍위병의 일원이었던 수천 명의 젊은이들이 영광스러운 꿈에서 깨어나라는 소리를 듣는 청천벽력 같은 순간을 맞았다. 버림받은 청년들은 궁핍한 농촌에서 중국이 실제로 얼마나 가난한지 깨달았고, 부드러운 손과 도시적 생활 방식을 가진 그들을 불청객으로 여기는 농민들의 비난을 받아야 했다.

충격적인 사건들은 계속되었다. 1969년 길고 긴 중국과 소련의 국경에서 양군 간 총격 사건이 일어났다. 소련의 위협에 대응하기 위해 마오쩌둥과 저우언라이는 그동안의 외교노선을 버리고 대미 관계를 개선하기로 결정한다. 결국 1972년 초 20세기의 가장 극적인 외교적 반전이라고 불릴 만한 사건이 일어났다. 미국 닉슨 대통령이 베이징을 방문해 마오쩌둥과 대화를 나눈 것이다. 미국은 베트남전쟁

⚲ 중화인민공화국 건국과 아시아의 탈식민지화

에서 품위 있게 철수할 방법을 찾는 중이었고 중소대립에 그 해답이 있다고 여겼다.

1970년대 초부터 마오쩌둥의 건강이 루게릭병으로 악화되면서 후계자 문제가 주요해졌다. 문화대혁명 시기 파괴 위험에 몰린 각종 문화유산 보호와 반동으로 몰릴 뻔한 인물들을 비호했고, 미중 수교에 큰 역할을 했던 총리 저우언라이는 문화대혁명의 혼란을 수습하는 과정에서 얻은 지병으로 마오쩌둥보다 먼저 사망1976.1했다. 마오쩌둥은 거의 알려지지 않은 지방 관료 화궈펑화국봉1921~2008을 후계자로 지명한 뒤 1976년 9월 9일 사망한다. 화궈펑은 문화대혁명을 추진했던 상하이 세력4인방에게 유죄를 선고했지만 당 내에 강력한 지원 세력이 없었다. 결국 정치적 유배에서 풀려난 덩샤오핑이 당 지도자의 자리에 오르며 마오쩌둥의 실책으로 수많은 과제가 산적한 중국의 1980년대를 떠맡게 되었다. 세계사록

호찌민길만 걸어요

호찌민	통일소취
베트콩	타도미국

하나요 통킹만

여기는 쌀국수와
아오자이의 나라, 베트남ㅋㅋ

원래는 하난데,
지금은 좀 다퉈서
남북으로 갈라졌어ㅜㅜ

호스타그램
통킹만에서

♥ 2,547명이 좋아하오

호스타그램 ㅋㅋㅋ
#오빠배_뽑았다_널_뿌시러가

근데 이때다 싶었나?
기회를 틈타 남베트남에 붙어서
베트남을 날로 먹으려는 놈이 있넹~?

우습게 보고 덤빈 것 같은데
생각만큼 쉽진 않을걸??

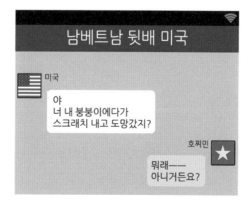

남베트남 뒷배 미국

미국
야
너 내 붕붕이에다가
스크래치 내고 도망갔지?

호찌민

뭐래——
아니거든요?

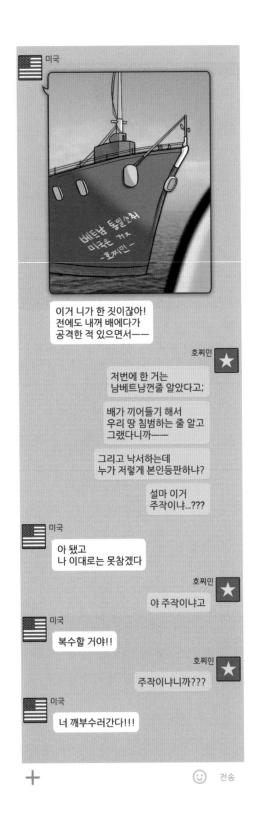

하아..ㅅㄲ..
주작이네 주작이야ーー

저거 빌미로 애들 모아서
쳐들어올 생각인 것 같은데,

참나, 프랑스꼴 나고 싶나ㅋㅋ?

*디엔비엔푸 전투, 베트남 독립군이 프랑스군을 물리친 전투

전쟁은 숫자로 하는 게
아닌 거 몰라? ㅉㅉ

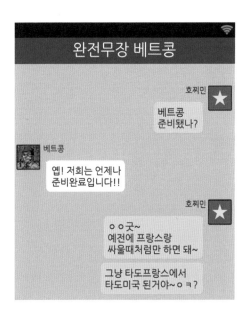

베트콩

옙옙!

호찌민
ㅋㅋ굿굿~

근데 지금 어디야?

베트콩

호찌민루트입니다ㅎㅎ

길이 험해서
양키놈들 쉽게
공격 못할 거예요~

호찌민
ㅋㅋㅋ산악지대라 그른가
사진보니까 풀이 많네ㅋ

베트콩

앗 저건 제 셀칸데;;;;;;

호찌민
허헐????
위장갑ㅋㅋㅋㅋ

베트콩

이대로 호찌민길만 걸을께요ㅎㅎ

＋　　　　　　　　☺　전송

죽음의 비

ㅋㅋㅋ오래전부터
우리 베트남 사람들이 갈고 닦은
호찌민길에서 존버하면
승리는 우리의 것!

ㅋㅋㅋ미국은 못 이길걸??
못 이기게찌~이?
ㅋㅋㅋㅋㅋ

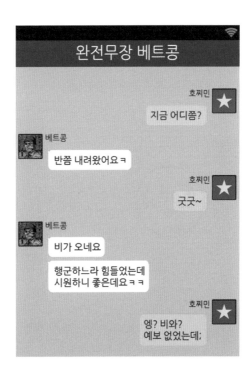

그랬다고 합니다.

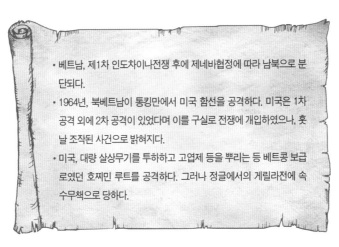

- 베트남, 제1차 인도차이나전쟁 후에 제네바협정에 따라 남북으로 분단되다.
- 1964년, 북베트남이 통킹만에서 미국 함선을 공격하다. 미국은 1차 공격 외에 2차 공격이 있었다며 이를 구실로 전쟁에 개입하였으나, 훗날 조작된 사건으로 밝혀지다.
- 미국, 대량 살상무기를 투하하고 고엽제 등을 뿌리는 등 베트콩 보급로였던 호찌민 루트를 공격하다. 그러나 정글에서의 게릴라전에 속수무책으로 당하다.

20세기 중반 베트남

| 1300년 | 1400 | 1500 | 1600 | 1700 | 1800 | 1900 | 2000 |

인도 아대륙과 인도차이나반도, 그 회복의 길

인도와 파키스탄, 방글라데시

인도는 제2차 세계대전 동안 영국에게 즉각적인 독립을 요구했다. 영국은 1942년 반란을 세포이 항쟁 때보다 더 신속하게 진압했지만 그들의 의도와 상관없이 영국의 인도 통치는 점차 종말을 향해 가고 있었다. 루스벨트 대통령이 스탈린과 인도 독립의 필요성을 비밀스럽게 논의하고 있었기 때문이다. 논의 대상에는 아시아의 다른 영국 식민지와 프랑스의 식민지 인도차이나반도도 포함되어 있었다.

인도와 버마 독립을 정강의 일부로 삼았던 영국 노동당이 1945년 정권을 잡았다. 그리고 힌두교도와 이슬람교도 사이의 폭동 때문에 분열되고 있던 인도에 1946년 3월 14일 영국 정부는 완전한 독립을 부여했다. 1948년 6월까지 권력 이양이 선언된 힌두교도와 이슬람교도 사이의 대립은 1947년 더욱 심각해졌다. 결국 8월 15일 인도와 파키스탄이라는 2개의 영연방 자치국이 서로에 대한 증오 속에 탄생하는 비극적 결과로 이어졌다. 간디의 암살은 당시 수많은 민족주의자들의 정신적 상처를 대표하는 듯했다. 간디는 폭력 사태가 격화되는 불행을 막고자 노력했지만 이 때문에 1948년 1월 힌두교 급진주의 무장단체에 의해 암살당한다.

신생 인도에서는 영국 지배 아래 1947년 이전부터 훈련된 공화주의 전통에 따라 각료 및 헌법체계, 중앙과 지방 정부 권력의 분립, 공공질서와 안보체계 등이 시행되었다. 식민지 권력이 남겨준 행정제도와 사회기반 시설, 교육제도는 적어도 초창기에는 도움이 되었다. 영국령 인도제국보다 더 오래된 번왕국들과 인도 아대륙에 남아 있던 프랑스와 포르투갈 거주지들이 민족주의 명목으로 수년 만에 흡수되었다. 치안 유지군은 새로운 공화국 내의 분리주의 움직임이나 지역의 자치권을 원하는 움직임에 대해 강력하게 억압했다. 그러나 지배층에 대한 도전보다 인도 정부에게 더 심각하게 다가온 것은 경제의 쇠퇴, 빈곤과 문맹, 사회와 종족 및 종교 분열, 독립에 따른 과도한 기대감 등의 문제였다.

인도 최북단에 1,600킬로미터도 더 떨어진 파키스탄과 동파키스탄 두 영토로 나뉘어 인위적으로 건국된 파키스탄에서의 정국 불안은 더욱 심각했다. 이슬람 국가로 탄생한 파키스탄은 이웃 인도보다 훨씬 미약했고 숙련된 관리의 숫자도 적었으며 건국과 거의 동시에 가장 유능한 지도자인 진나를 잃었다. 파키스탄은 주로 권위주의적 군인들에 의해 통치되면서 인도와 치르는 전쟁에서의 생존, 경제개발, 이슬람 율법의 수호 등이 통치체제의 목표가 되었다.

국가 건국에 집중하던 인도에게도 대량 빈곤과 사회 분열은 쉽게 해결할 수 있는 문제가 아니었다. 특히 식량 생산이 인구 증가를 따라잡지 못했다. 인도 아대륙의 산업은 20세기 괄목할 정도로 성장했고 제2차 세계대전 동안 비약적인 발전을 이룩했지만 전염병과 기근이라는 위험에 항상 노출되어 있었다. 거대한 도시를 벗어나면 대부분의 인도인은 소작농으로 연명하고 있었다. 지주들은 집권당인 인도 국민회의에 자금을 댔고 의회를 장악해 자신의 부에 부정적 영향을 끼칠 모든 토지개혁에 반대했다. 1950년의 새로운 헌법은 인도의 당면 과제들을 해결하지 못했고 독립 후 20년이 될 때까지도 문제는 계속 심각해져갔다.

이에 더해 카슈미르를 사이에 둔 파키스탄과의 분쟁으로 인도의 불안함은 더욱 깊어졌다. 카슈미르는 다수를 차지하는 무슬림 백성들을 힌두 번왕이 다스리던 지역이었다. 전쟁은 1947년 이미 시작되었는데, 당시 카슈미르의 무슬림들은 파키스탄과 연합을 시도했다. 번왕은 인도에 도움을 요청했고 인도 공화국에 속하게 되었다. 인도는 국제연합 안전보장이사회가 추천한 국민투표 시행을 거부했다. 카슈미르의 3분의 2는 인도에 속하게 되었으며 인도와 파키스탄 관계에 계속 악영향을 미쳤다. 1949년에 멈춘 전쟁은 1965~1966년과 1969~1970년에 재개되었다. 인도와 파키스탄의 전쟁은 1971년 동파키스탄무슬림이지만 벵갈어를 사용하는 지역이 인도의 후원하에 방글라데시라는 신생 국가로 떨어져나가면서 새로운 국면으로 접어들었다. 그리고 방글라데시는 인도나 파키스탄보다 심각한 경제 문제에 직면하게 된다.

인도 지도자들은 언젠가 인도 아대륙을 다시 통일한다는 거대한 야망을 갖고 있었고, 이로 인해 야기된 혼란은 냉전과 얽혀들기 시작했다. 네루는 인도가 자본주의 진영이나 공산주의 진영 어느 한쪽 편에 서서는 안 된다고 주장했다. 이는 1950년대 인도가 미국보다 소련이나 중국과 더 친밀한 관계였음을 뜻했다. 실제로 네루는 미국의 행동을 비판함으로써 이에 동의하는 국가들에게 인도가 진보적이고 평화로운 '비동맹' 민주국가라는 이미지를 심어주었다.

1955년 인도네시아의 반둥에서 중국과 인도를 비롯한 아시아와 아프리카의 29개 대표단 모임이 개최되었다반둥회의/아시아·아프리카회의. '세계평화와 국제 협력증진에 관한 선언반둥 10원칙'을 채택한 이들은 중립 혹은 '비동맹' 노선을 표방하는 국가들의 연합 결성을 추진했다. 결국 1961년 인도, 이집트, 유고슬라비아를 중심으로 미국 및 소련과 동맹을 맺지 않은 국가들 간의 제1차 비동맹회의가 개최되었다.

프랑스 시사평론가 소뷔가 1789년 프랑스 시민혁명의 원동력이 되었던 '제3계급'에서 가져온 용어로 이들을 지칭했고1952 이들은 자본주의 진영의 제1세계, 공산주의 진영인 제2세계와 다른 '제3세계' 국가들로 불리게 된다. 제3세계는 대체로 경제적으로는 빈곤했고 정치적으로는 강대국들에게 존중받지 못하던 국가들이었다. 1950~1960년대 이들 간의 상호연대, 개발, 비동맹의 원칙은 제3세계의 개념을 확고하게 만들었고, 강대국들은 이 약소국의 모임을 동원할 만한 가치가 있다고 평가했다.

1960년경 소련과 중국은 각각 비동맹 노선의 국가들 사이에서 리더십을 획득하려고 하면서 서로 엇갈리기 시작했고 전 세계에 걸친 경쟁중소 분쟁에 나섰다. 시간이 흐르면서 파키스탄은 중국과 가까워진 반면 인도는 소련과 가까워졌다. 파키스탄은 1965년 인도와의 전쟁으로 미국에 무기를 요구했으나 거절당한 뒤 중국으로부터 지원을 받았다.

한편 인도가 반둥회의 이듬해인 1956년부터 3년간이나 중국과 국경 문제로 분쟁을 겪고 있었다는 사실이 1959년에 알려지면서 인도에 우호적인 국가들은 충격에 빠졌다. 심지어 1962년 말 대규모 전투가 시작되자 인도 정부는 미국과 소련에 군사적 지원을 요청해 성공했다. 그러나 이는 1950년대 중반 최고조에 달했던 네루의 명망을 순식간에 무너뜨렸다. 그리고 이 같은 중국과 인도의 국경 분쟁, 중소 분쟁 등이 지속되면서 알제리에서 개최될 예정이었던 제2차 아시아·아프리카회의는 무산되었다.

베트남의 독립과 통일

인도차이나반도는 19세기 후반 이래 프랑스의 식민 지배를 받고 있었다. 20세기 베트남에서는 서구의 지식을 수용한 지식인이 주도하는 근대 민족주의가 성장했다. 특히 판보이쩌우1867~1940는 신해혁명의 영향을 받아 베트남 광복회를 조직해 민주공화국 건설을 꾀했다. 그러나 베트남 민족운동은 제1차 세계대전 이후에도 상황이 나아지지 않자 급진적이 되었고 혁명 투쟁으로 선회했다. 베트남 국민당의 무력쿠데타가 실패한 1930년 호찌민은 베트남 공산당을 창당했다. 그리고 민족운동은 이후 호찌민이 결성1941한 사회주의자 중심의 민족전선조직인 베트민베트남독립연맹Viet Minh에 의해 주도되었다.

제2차 세계대전 발발 후 프랑스 세력이 약화되자 일본은 1941년부터 인도차이나반도에서 군사 통제권을 행사했지만, 1945년 3월까지는 프랑스의 통치권을 공식적으로 교체시킬 수 없었다. 3월 이후 일본은 안남 지방과 코친차이나 지방, 통킹 지방을 병합해 안남 황제 치하의 베트남Vietnam 제국을 건설했다. 일본 항복 후 '베트남 8월혁명'이 발발해 황제가 퇴위됨으로써 베트남을 143년간 통치하고 있던 최후의 왕조 응우옌은 명목상으로도 완전히 멸망했다.

베트민은 이미 1943년 말 잠입해 일본군을 상대로 게릴라전을 펴며 베트남 북부의 상당 지역을 해방시키고 있었다. 호찌민은 1945년 9월 하노이를 점령하고 베트남 민주공화국의 독립을 선포한 뒤 모든 외국군의 철수를 요구했다. 호찌민은 이미 일본과의 싸움에서 미국의 원조와 지원을 어느 정도 받았고 중국 정부로부터도 지지를 받고 있다고 생각했다. 베트남 혁명운동이 확산되는 동안 중국군은 베트남 북부에 입성했고 영국군은 남부로 진군했다. 프랑스가 베트남에 다시 자리 잡기를 원하면서 영국은 프랑스에 협력했지만, 중국은 비협조적이었다. 프랑스는 대규모 원정부대를 인도차이나에 파병하며 베트남 공화국을 캄보디아, 라오스와 함께 프랑스 연합에 속한 자치국가로 인정하는 타협안을 제시했다. 그러나 주요 곡창지대로 독립적 지위를 누리던 코친차이나의 귀속 문제는 모든 시도를 무위로 돌렸다.

1946년 11월 23일 프랑스가 하이퐁 항구를 폭격해 베트남 시민 6,000명을 죽게 하고, 하노이를 다시 점령하며 제1차 인도차이나전쟁1946~1954이 일어난다. 프랑스는 베트민과의 전쟁을 반공 전쟁이라 선언하면서 베트민 무장 게릴라들을 철저히 색출 소탕하는 작전을 펼쳤다. 그러나 그들이 수립시킨 바오다이 1913~1997 정권은 민심을 제대로 수습하지 못한 반면, 호찌민은 민족주의를 강조해 지지기반을 확대시켜나갔다. 주요 도시를 중심으로 세력을 확보한 프랑스에 비해 호찌민은 지방과 농촌을 장악해갔고, 베트남 사회는 '낮에는 프랑스, 밤에는 베트민'이라는 현상을 띠어갔다. 이 시기 즈음 제3자들이 관심을 가지며 인도차이나반도에서도 냉전이 시작되었다. 소련과 중국은 호찌민 정부를 인정했고 영국과 미국은 프랑스의 지원을 받는 안남 황제를 인정했다.

프랑스와 베트민은 1954년 3~5월 하노이 서쪽 디엔비엔푸에서 결전을 치르게 된다. 처음에는 견고한 방어 진지를 구축한 프랑스의 승리로 보였지만, 베트민은 프랑스 수비대의 4배가량 되는 병력과 우세한 화력으로 공격을 개시해 승기를 잡았다. 프랑스는 후방의 증원이 어려운 가운데 고립되어갔고, 56일을 버티다 항복했다. 이미 1953년 캄보디아와 라오스를 포기한 데 이은 디엔비엔푸의 상실은 프랑스의 위신과 전쟁 수행 의지에 결정적 영향을 주었다.

1954년 제네바에서 열린 회담 결과 프랑스는 떠났고 베트남은 북위 17도선을 경계로 남베트남 정부와 공산주의 북베트남으로 나뉘었다. 이후 선거를 통해 국가를 통일하기로 합의했지만 총선거는 열리지 않았다. 베트남은 통일을 위해 한 번 더 새로운 이방인 세력과의 전쟁베트남전쟁, 제2차 인도차이나전쟁1955~1975을 치러야 했다. 그 상대는 과거의 식민 제국이 아닌 미국이었다. 인도차이나반도의 공산주의자, 민족주의자, 개혁가들은 소련과 중국의 후원을 받아 미국에 대적했다.

미국은 남한과 필리핀 정부를 지지했던 것처럼 응오딘지엠1901~1963 대통령의 반공 남베트남 정부베트남 공화국를 지지했다. 중국이 공산화된 마당에 베트남마저 공산화된다면 동남아시아가 위험하다는 논리가 미국 정책의 기저에 있었다. 그러나 불행하게도 라오스나 남베트남, 캄보디아까지 미국이 지지한 정권에는 심각한 합법성의 문제가 있었다. 국민들은 미국이 후원한 정부들을 자신이 그

⦿ 베트남전쟁

토록 증오하는 서방 세력과 동일하게 여겼다. 이로 인해 정권 입장에서는 국민을 통합하는 여러 개혁 조치들을 실행할 수 없었다.

베트남에서 특히 심했던 이런 현상 때문에 남베트남 지역에서 제대로 된 안정적인 정부를 구성하는 것은 불가능했다. 종교자들 간의 불화, 토지개혁의 실패로 농민들은 정권에서 더욱 멀어져갔고, 이러한 상황은 오히려 공산주의자들에게 도움이 되었다. 남북총선이 불발된 후 남부의 베트콩남베트남 민족해방전선들은 응오딘지엠 정권 타도를 목표로 게릴라전을 벌이기 시작했는데, 베트민은 이들에 대한 지원을 계속했다.

1960년경 베트콩이 남부의 다수 지역을 장악하기 시작했고 이로 인해 1962년 케네디 대통령은 중대한 결정을 내렸다. 재정적, 물질적 지원 이외에도 미국 '고문들'을 남베트남에 파견해 남베트남 군대의 기강을 바로잡게 했다. 트루먼의 다짐을 깨고, 트루먼이 절대로 하지 않기로 한 아시아 본토 지역에서 전쟁에 개입하는 첫 단계를 시작하고 만 것이다. 존슨 시기 '통킹만 사건'을 계기로 적극 개입한 1965년 말 파견 병력은 18만 명에 이르렀고, 1968년 베트남에는 50만 명 이상의 미군이 주둔하게 된다.

베트민에 대한 공격이 중국이나 소련의 개입을 불러일으킬 우려가 있었기 때문에 미국은 지상군 작전 지역을 남북 경계선인 북위 17도선 이남으로 제한했다. 남부 베트남에서 게릴라전을 전개하는 베트콩을 상대로 미군은 지루한 소모전을 전개해야 했다. 일정한 전장이나 전선 없이 베트콩이 출현한 곳에서 전투하는 비정규전 방식에 익숙하지 않은 미군들은 악전고투했다. 1965년 2월부터 북베트남에 폭격을 시작해 무려 700만여 톤의 폭탄을 퍼부은 미국은 2만 번에 걸친 고엽제 살포라는 비윤리적인 전술까지 사용했다. 하지만 베트콩은 북베트남과 라오스, 캄보디아, 남베트남을 연결하는 호찌민 루트를 통해 병력과 물자를 지원받으며 자신이 원하는 시간과 장소에서의 전투로 전세를 유리하게 끌고 갔다.

베트민이 1968년 초에 일으킨 '구정 공세'는 전환점이 되었다. 대대적인 구정 축제가 열린 틈을 타 베트콩들을 도시 지역에 잠입시켜 행정관서나 방송국들을 점령해 민중봉기를 꾀한다는 계획이다. 구정 전날인 12월 29일 고향을 찾는 사람들로 베트남이 크게 혼잡한 틈을 타 베트민들은 도시들로 잠입했다. 그리고 구정부터 해안 도시 냐짱을 비롯한 사이공과 주요 도시에서 본격적인 공격을 가했다. 미국 대사관을 필두로 베트남 관공서와 정부 시설물을 공격했는데, 6개 직할시 가운데 5개와 대부분의 지방 수도였다. 베트남 정규군과 민병대는 2~3일 내에 평정했지만, 사이공과 후에처럼 격렬하게 전투가 전개된 곳에서는 약 1개월 동안 게릴라 소탕작전을 벌여야 했다.

베트콩은 1월 30일~2월 11일 전투에서 약 절반에 가까운 35,000명이 사살되고 5,800명이 생포되는 등 엄청난 손실을 입었다. 한순간 도시를 장악했을 뿐 점령하지 못했다. 기대했던 베트남인들의 총 봉기를 일으키는 데도 실패했다. 많은 병력과 함께 대부분의 간부를 상실해 사실상 그 후 조직력을 잃었다. 그럼에도 이들은 정치 심리적으로 미국인에 대해 대승리를 거두었다. 미국인들은 사이공에서 미국 대사관이 습격당한 사실에 경악했으며, 베트콩의 기습 공격 능력을 텔레비전을 통해 목격하고 베트남전의 현실을 깨달았다. 구정 공세 이후 미국의 반전운동은 더욱 격화되었고 철수는 피할 수 없는 일이 되었다.

1969년 닉슨 독트린 발표와 닉슨 대통령의 중국 방문1972이라는 놀라운 외교적 사건을 추진한 미국은 1973년 파리평화협정베트남평화협정 체결 후 베트남에서 '명예로운 철수'를 완료했다. 2년 뒤에는 남베트남에 대한 지원을 완전히 종료했다. 모든 영토를 잃은 남베트남 정부는 막다른 상황으로 몰렸고 동시에 캄보디아의 공산군은 한때 미국의 지원을 받던 다른 정권을 무너뜨렸다. 미국 의회는 해당 지역에 다시 파병하는 것과 재정적 지원을 제공하는 것에 반대했다. 북베트남 군대는 1975년 4월 사이공에 입성하며 베트남전쟁의 종결과 통일을 알렸고, 이듬해 베트남 사회주의공화국 수립을 선포했다. 세계사록

20세기의 결말

1970전후 ≫ 2000전후

지구야 흘러가방

이산가족 김철수

 마야 달력 제작중,,
세계종말 전에 다시 써야지
___
이분 어디가셨죠?

저 말 끝으로 사라지셔서
지구 종말하는 거 아니냐고 난린데;;;

지구 망하기 전에
전쟁 때 헤어진 가족들 볼 수 있으려나요ㅠ

 베를린

너무 걱정마세요ㅜㅜ
한국도 벽을 부술 수 있으면 좋으련만ㅠ

이산가족 김철수

저희는 마음의 벽이 넘 두꺼워서..

 넬슨 만델라(인종차별반대)

걱정마십시오
세상이 달라지고 있답니다

 덩샤오핑

맞아요~ 중국도 달라져야 할 때입니다

우리 인민 여러분~
그동안 팀플하기 힘들었죠?

팀웍만큼 중요한건 아웃풋!
조별과제라도 개인결과 좋으면 A+ 줍니다

  전송

talk 32
오조오억 번 사과하기

● 독일	미안해

ㅎ
ㅌ
ㄹ

우리가 아는
유명한 빌런캐들 있잖아?

배트맨의 조커
해리포터의 볼드모트
어벤져스의 타노스 같은….

하지만 다들
이 읍읍에 비하면
애기지, 애기ㅎ;

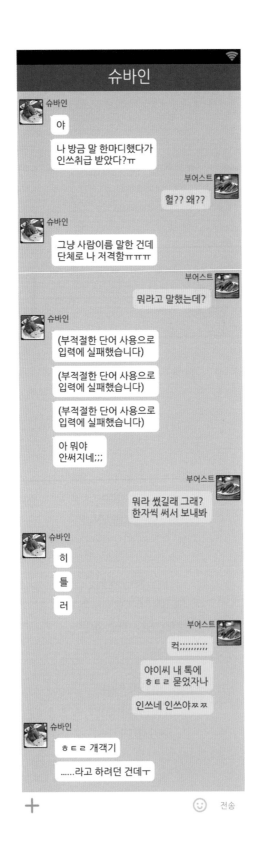

II

미안해

사람들 모두 전쟁 끝난 후로
히읍읍의 히도 안 꺼내;

히틀러

🛡 **부적절한 검색결과를 포함하고 있습니다.** X

<u>히틀러</u> 인물

역대급 현실 빌런이라
다들 쉬쉬하는 분위기라구ㅜㅜ

이런 인간이 독일 출신이라니
독일 사람으로서
참 수치스럽고 미안해ㅠㅠ

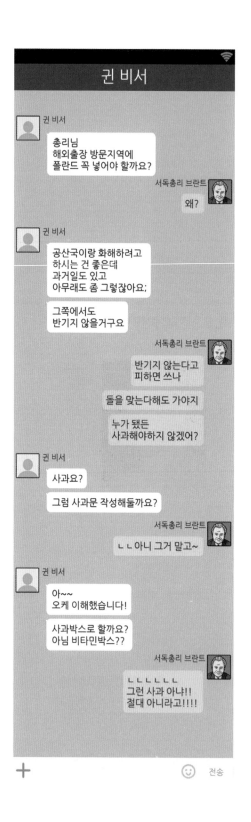

찐사과

사과하고 싶은데
그냥 말로만 하면 진심같이
안 느껴질 것 같았거든ㅠㅠ

그래서 진심을 다해
성의를 표현해봤어ㅜㅜ

바르샤바 방문한 서독총리 브란트…

댓글 · **2.9 만개**

비엘리치카
왜 왔냐…?

크라쿠프
ㄲㅈ

바르샤바
대충 고개만 숙이다 가겠지

바르샤바
쯔쯔…

오시비앵침
아님 너는 감이다..할껄?

크라쿠프
알ㅋㅋㅋㅋ유감표명ㅋ

크라쿠프
도랏….ㅋㅋㅋㅋㅋ

바르샤바 방문한 서독총리 브란트…

댓글 · **3.1 만개**

 크라쿠프
??????????

 오시비앵침
엥?????뭐지????

 비엘리치카
다리에 힘 풀렸나?

 비엘리치카
왜저래????

 바르샤바
헐.....

 바르샤바
독일 대표로 사과하나봄ㅠㅠ

 오시비앵침
아...............

 크라쿠프
ㅜㅜㅜㅜ

"1970년 12월 7일
서독 총리 빌리 브란트,
폴란드 바르샤바 위령탑 앞에
무릎을 꿇다."

"나치 독일이 저지른
제2차 세계대전에 대한
반성의 의미로 사과하다."

그랬다고 합니다.

- 빌리 브란트는 독일연방 총리로 재임하는 동안 공산국가들과의 화해를 시도하는 동방정책을 시행하다.
- 공산국이었던 폴란드를 방문하던 도중, 과거 나치 독일의 전범 피해를 입은 바르샤바 게토 봉기 희생자를 추모하기 위해 만들어진 기념비 앞에서 무릎을 꿇다.

1970년 폴란드

1300년 1400 1500 1600 1700 1800 1900 2000

바르샤바 방문한 서독총리 브란트…

댓글 · 2.9 만개

비엘리치카
왜 왔나…?

크라쿠프
ㄲㅈ

바르샤바
대충 고개만 숙이다 가겠지

바르샤바
ㅋㅋ…

1968년의 세계인에게 공산주의 체제 붕괴는 상상하기 힘든 것이었다. 그럼에도 중남아메리카 국가와의 관계를 통해 드러난 미국의 불안함과 동유럽의 불안정, 그와 함께 맞물린 중소 대립은 점차 세계가 양극화에서 '다극화'로 나아가고 있음을 예측하게 했다. 냉전의 논리는 서유럽에서도 복잡하게 얽히고 있었다. 서유럽은 민족주의의 고향이었지만 그것이 사회에 끼치는 잠재적 영향력은 점차 줄어들고 있었다. 민족과 이념 간 갈등을 넘어 공존과 평화를 찾으려는 변화의 물결은 유럽 역사의 변곡점마다 중심에 서 있었던 독일에도 예외 없이 밀려들었다.

독일의 변화
1968년 유럽에 불어닥쳤던 혁명의 바람은 독일에 변화를 가져다주었다. 독일 사회민주당은 1890년대 정당으로 확립되었고 바이마르공화국 성립을 주도하기도 했다. 그러나 대공황과 나치의 탄압을 받으며 오랜 기간 야당으로 세력이 약화되고 있었다. 이들은 마침내 1969년 총선에서 승리하고 빌리 브란트1913~1992를 전후 최초의 총리로 탄생시켰다.

1974년까지 서독 총리를 지낸 빌리 브란트는 오스트리아의 브루노 크라이스키

1911~1990, 스웨덴의 올로프 팔메1927~1986와 함께 당대 유럽에 평화를 정착시키고자 했던 20세기의 탁월한 정치가였다. 이들은 '사회민주주의'에 입각해 자본주의 사회의 위기 극복을 모색했다. 본래 수정주의적 마르크스주의로 불렸던 사회민주주의는 1870년대 독일에서 본격적으로 등장했다. 사회민주주의자들은 혁명에 의한 체제 전복이 아닌 기존 체제 내에서 점진적 개혁을 통해 사회주의로의 이행이 가능하다고 주장했다. 폭력 혁명이나 프롤레타리아 독재 대신 정치적으로는 의회를, 경제적으로는 노동조합을 통해 합법적으로 사회주의를 실현하고자 했다.

자본주의 사회의 소득불평등에 주목한 세 총리는 더 많은 민주주의와 국가 개입이 필요하다고 판단했다. 기업과 경제는 국가의 민주적 통제를 받고 사회에 책임을 져야 한다고 주장했다. 그러나 자유의 중요성 또한 간과하지 않으면서 소련식 사회주의와도 비판적 거리를 유지했다. 이들은 정치 노선이 같을 뿐 아니라 서로를 아꼈고 공동의 사명을 인식해 협력했는데, 특히 사회적 연대와 신뢰 구축을 중시했다. 스웨덴의 유명한 복지 시스템은 이를 기반으로 탄생한 것이다.

빌리 브란트는 1970년 12월 7일 폴란드 바르샤바의 옛 유대인 게토에 세워진 저항 투사 추모지 앞에서 무릎을 꿇어 20세기 후반 현대사의 가장 인상적인 장면 중 하나를 남겼다. 이에 대해 서독 내에서는 '어리석고 불필요했다'는 부정적, 냉소적 반응이 우세했다. 폴란드인 희생 장소가 아닌 유대인 희생자 추모지에서 무릎을 꿇었기 때문에 폴란드인들에게도 환영받지 못했다. 그러나 브란트는 헌화를 하는 순간 "고개를 숙이는 것만으로는 부족하다고 느꼈으며 말로는 더 이상 어찌할 수 없을 때 사람들이 행하는 그것을 했다"고 고백했다. 이처럼 한 정치 지도자가 진정성과 용기를 보임으로써 독일의 양심은 다시 살아났다. 그의 행동은 독일이 과거 역사를 비롯해 유럽 국가들과 화해해가는 귀중한 정치적 자산이 되었다.

한편 세 지도자들은 냉전의 갈등을 극복하고 평화를 정착시키기 위해서도 노력했다. 브란트는 이미 1963년 "공산주의를 변화시키려면 대결이 아닌 협력이 필요하다"고 주장하면서 냉전을 종식시키기 위한 해법을 제시했다. 그리고 총리직에 오르자마자 현실적이고 실용적인 동방정책을 통해 동유럽과의 화해를 시작했다. 동독과 서독이 서로의 체제를 존중할 수 있는 분위기를 마련해 1972년 12월 외교관계를 수립했고, 이듬해 9월 국제연합에 동시 가입했다.

오스트리아가 중립국으로서 주권을 되찾는 데 결정적 역할을 했던 크라이스키1977~1981재임 총리는 1979년 당시 미국 대통령 지미 카터1977~1981재임와 소련 공산당 서기장 브레즈네프를 빈으로 초대해 핵 재무장 통제에 관해 협정을 맺도록 중재했다. 또한 1969~1976년, 1982~1986년 두 차례 스웨덴 총리를 역임했던 팔메도 유럽 데탕트 정치를 추구하며, 북유럽과 남유럽을 잇는 비핵 평화 지대와 유럽 공동안보를 대안으로 제시했다.

유럽 평화의 조정자 역할을 자임했던 이들은 서아시아 지역에서도 미국으로부터 벗어난 독자적인 외교정책을 모색하면서 팔레스타인과 이스라엘의 갈등을 해결하고자 했다. 서아시아 지역의 종교, 영토 갈등이 해결되어야 유럽에도 평화가 보장될 수 있다는 사실을 예견했기 때문이다. 아프리카에도 관심을 가진 팔메는 아프리카 문제를 조정하는 역할도 맡고자 했다. 서아시아 및 아프리카의 국가 해체, 전쟁으로 인한 정세 불안으로 난민이 발생하면서 21세기 유럽인들이 함께 고통을 당하는 현재의 문제들을 팔메는 이미 수십 년 전에 예견했다.

대리전쟁과 데탕트

이런 문제들은 냉전의 '대리전쟁'이라고 불리는 충돌들이 유럽 외부, 특히 아시아와 아프리카, 중남아메리카에서 빈번하게 발생했기 때문에 생겨난 것이었다. 1960년대 중반 이후 유럽은 데탕트로 방향을 잡기 시작했다. 그러나 미소 관계의 긴장 완화 국면이 세계적 갈등의 종결을 의미하지는 않았다. 양측은 자칫하면 공멸할 수 있는 상대방에 대한 직접적인 공세는 자제했다. 대신 제3세계에서 자신에게 우호적인 국가와 정권을 지지하며 적을 타도하려 했다. 그러자 대립의 주 무대는 제3세계로 옮겨졌다. 이런 이유로 서방 세계가 역설적이게도 냉전 기간의 오랜 평화를 누릴 때 제3세계에서는 오히려 열전이 끊이지 않았다.

식민지 종주국에 맞선 탈식민지화 운동이거나 부패한 독재 정권에 맞선 투쟁, 종족 갈등과 국경 분쟁 등 내전 또는 국가 간 전쟁의 발생 원인은 다양했다. 그러나 여기에 세력 확대를 꾀했던 미국과 소련이 개입하면서 분쟁은 더욱 확대되고 심각한 양상을 띠게 되었다. 양국은 정치 간섭, 경제 원조, 무기 제공과 같은 방법을 통해 간접적으로 개입하거나 직접 군대를 투입하기도 했다. 때문에 제3세계의 분쟁은 오래 지속되면서 많은 희생자를 냈다. 동남아시아에서의 베트남전쟁, 아프리카의 앙골라와 모잠비크에서의 충돌, 중남아메리카의 과테말라 쿠데타와 니카라과 내전, 팔레스타인에서의 갈등 등 셀 수 없이 많은 전쟁이 계속되었고, 사람들 사이에는 회복하기 힘든 상처가 남았다. 1945~1990년 제3세계에서 발생한 크고 작은 전쟁들로 무려 2,000만 명 이상의 사망자가 발생한 것은 이 같은 현상의 통계적 일례일 뿐이다.

반면 중심부 세계에서는 1970년대에 접어들면서 데탕트 분위기가 무르익었다. 미국과 소련 사이에서 군축협상이 성사된 것이 그 시작이었다. 1972년 5월 브레즈네프와 닉슨이 전략무기제한협정에 조인함으로써 과열된 핵무기 경쟁을 가라앉힐 수 있게 되었다. 긴장완화 기류는 독일에서 특히 뚜렷하게 나타났다. 빌리 브란트의 동방정책이 빛을 발하면서 서독과 동독은 상호방문과 우편 교류가 가능해졌다. 1973년 이후 북대서양조약기구와 바르샤바조약기구 회원국이 협상 테이블에 마주앉기 시작했다. 비록 법적 구속력을 가진 조약은 아니었지만, 1975년 35개국이 서명한 '헬싱키 최종합의'에 의해 회원국은 평등한 주권, 국경선의 존중, 분쟁의 평화적 해결 등이 의무화되며 공존과 평화를 향한 의지를 서로 확인했다.

그러나 안타깝게도 이 같은 평화가 안정적이거나 영속적인 것은 아니었다. 1970년대 중반 불안하게 유지되던 데탕트는 1977년 소련이 동유럽에 신형 중거리 미사일을 배치하면서 급격하게 흔들리기 시작했다. 소련은 정당한 군사 근대화라고 주장했지만 미국과 북대서양조약기구는 소련이 철수하지 않을 경우 이에 대적할 미사일을 배치하겠다고 결정했다.

이 와중에 감행된 소련의 아프가니스탄 침공은 냉전이 다시 격화되는 신호탄이었다. 아프가니스탄에서는 쿠데타가 일어나 친소 공산주의 정권이 들어섰다. 이에 무자헤딘 반군인 이슬람 세력이 정권 타도를 외치며 무장 항쟁을 벌였다. 소련은 친소정권을 지원하려 대규모 군대를 투입했고, 미국과 영국은 물론 이란, 파키스탄 등 이슬람 국가들은 반군을 지원하기 시작했다. 아프가니스탄전쟁1979~1989은 소련이 자기 진영을 넘어 군대를 투입한 사례였기 때문에 다시금 소련의 팽창에 대한 서방의 두려움을 증폭시키기에 충분했다. 이로 인해 국제 정세는 급속히 냉각되었다.

　미국은 군비 축소에서 선회해 국방 예산을 대폭 증액했으며, 서방은 1980년 모스크바 올림픽에 불참하는 것으로 항의를 표시했다. 1981년 '강력한 미국'을 주창하며 대통령에 당선된 로널드 레이건1981~1989재임은 소련을 '악의 제국'이라고 명명했고, 미국은 소련에 대항하는 '자유의 투사'라면 누구든지 세계 어느 곳에서든 지원할 것이라고 공개적으로 선언했다. 미국의 군비 확장과 대소 강경노선은 소련을 자극했고, 소련 역시 감당할 수 있는 한계를 넘어선 군비 증강에 돌입했다. 차갑게 얼어붙은 1980년대 초반의 국제 정세는 '신냉전'으로 불리며 20세기의 끝을 넘어 영원히 계속될 것만 같았다.

　그러나 놀라운 일이 벌어졌다. 전 세계인들의 예상과 달리 냉전은 불과 몇 년 후 갑자기, 그것도 평화로운 방식으로 종식된다. 1985년 미하일 고르바초프1931~ 소련 공산당 서기장의 등장. 누구도 예상치 못했던 갑작스러운 변화는 이 젊은 서기장과 함께 시작된다. **세계사록**

우리 사이의 벽은 허물기로 해

 벽	와르르-

I 만날 수 없어

몸이 멀어지면
마음도 멀어진다고 하자나??
근데 우리 커플은 아냐ㅎㅎ
날이 갈수록
더 애틋해지고 있다구ㅋ

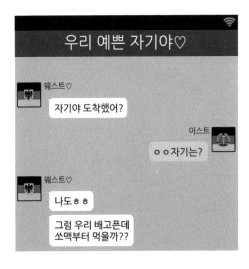

우리 예쁜 자기야♡

웨스트♡
자기야 도착했어?

이스트
ㅇㅇ자기는?

웨스트♡
나도ㅎㅎ

그럼 우리 배고픈데
쏘맥부터 먹을까??

벽

벽 하나만 없으면
언제든지 만날 수 있는데…ㅜㅜ

그놈의 이념이 뭐라고
사랑하는 사람들끼리
생이별하게 만드냐고ㅠㅠㅠ

하… 진짜 우리 자기가 사는
서베를린으로 도망갈까?
살기는 서독이 좋다던데ㅜㅜ

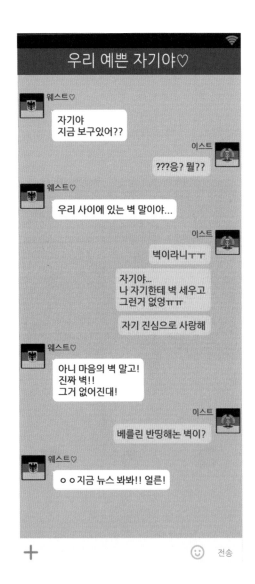

우리 예쁜 자기야♡

웨스트♡

자기야
지금 보구있어??

이스트

???응? 뭘??

웨스트♡

우리 사이에 있는 벽 말이야…

이스트

벽이라니ㅜㅜ

자기야…
나 자기한테 벽 세우고
그런거 없엉ㅠㅠ

자기 진심으로 사랑해

웨스트♡

아니 마음의 벽 말고!
진짜 벽!!
그거 없어진대!

이스트

베를린 반띵해논 벽이?

웨스트♡

ㅇㅇ지금 뉴스 봐봐!! 얼른!

전송

어엇??? 이거 실화야?
베를린 장벽이 무너진다고??
그럼 우리 자기 만날각인가??

"동독사람들, 베를린 장벽으로 모이다.
손수 장벽을 파괴하다."

그랬다고 합니다.

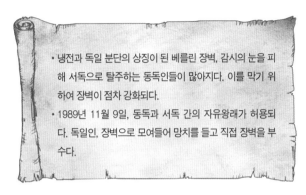

- 냉전과 독일 분단의 상징이 된 베를린 장벽, 감시의 눈을 피해 서독으로 탈주하는 동독인들이 많아지다. 이를 막기 위하여 장벽이 점차 강화되다.
- 1989년 11월 9일, 동독과 서독 간의 자유왕래가 허용되다. 독일인, 장벽으로 모여들어 망치를 들고 직접 장벽을 부수다.

1989년 독일

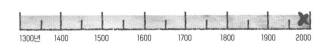

1300년 1400 1500 1600 1700 1800 1900 2000

1985년~2000년

냉전이 끝나고, 유럽이 통합되다

소련의 속사정

고르바초프가 공산당 서기장으로 선출된 1985년 당시 소련은 아프가니스탄 침공으로 인한 군사비 증대와 미국과의 군비 경쟁으로 심각한 위기에 처해 있었다. 전임자 콘스탄틴 체르넨코1911~1985가 1년을 버티지 못하고 지병으로 사망한 뒤였는데, 소련의 사회·경제적 과제는 그의 집권기 훨씬 전부터 누적되어온 모순들이 만들어낸 결과물이었다.

흐루쇼프 축출 이후 집단지도체제를 구축했던 브레즈네프는 당원의 직업 안정성을 보장하는 것으로 관료들에게서 충성을 얻고자 했다. 이 때문에 조직 지도자 대부분이 60, 70대 남성들이 되면서 이른바 '노인정치' 시대가 되었다. 이런 조직은 변화에 적대적이기 마련이었고, 보장된 권력 위에서 부정부패가 발생하기 쉬웠다. '노멘클라투라'는 본래 당과 정부 및 소비에트 사회 기관의 권한을 정밀하게 규정한 리스트를 가리켰지만 점차 직책을 이용해 특권을 누리는 정치 사회 엘리트를 지칭하는 말로 의미가 확장되었다. 1980년대 초 그 규모는 소련 인구의 1.2퍼센트에 달하고 있었다.

고소득을 올리며 고급 주택에 살면서 운전사가 딸린 리무진을 타고 호화 상점과 병원 이용 등의 특권을 누리던 신 '귀족' 계급의 지배체제를 유지하기 위해 인민들의 생활 개선을 위한 정책이 시행되기도 했다. 그러나 계획 경제구조의 태생적인 비효율성 때문에 일반 인민들 삶의 질이 실질적으로 개선되는 데는 한계가 있었다. 만연한 소비 제품 부족 현상은 '제2경제'라고 표현되었던 암시장에 의해 해결되었다. 부족한 소비재와 서비스 등을 제공해 부를 축적한 지하의 백만장자들이 등장했다. 한편 개선의 여지가 보이지 않는 현실에 절망해 술에 의지하려는 인민들이 늘어났고, 알코올 중독은 심각한 사회 문제가 되었다.

이 같은 문제들에 대해 내부에서 비판의 목소리가 없었던 것은 아니다. 당시 소련 인민들은 여행이나 '미국의 소리' 같은 방송을 통해 서방 세계에 대한 정보를 얻고 있었다. 자신들의 생활수준이 자본주의 세계보다 뒤떨어져 있다는 사실도 알고 있었다. 브레즈네프의 보수주의에 안주하려고 했던 구시대 사람들에 맞서 신세대들은 변화 욕구를 표출하고자 했다. 그러나 국가보안위원회KGB, 1954~1991는 체제를 위협하는 민주주의 개혁운동이나 소수 민족의 민족운동 지도자들을 억압하며 이들을 무력화했다.

브레즈네프가 1982년 11월 10일 사망했을 때 그가 남긴 것은 심각한 구조적 위기 상황에 봉착한 소련이었다. 석유 등 자원 수출 가격의 하락으로 농업이나 산업 재건을 위해 필요한 자본을 마련하기 어려웠다. 소련에 대한 반체제적 감정 또한 소수 민족 사이에 더욱 광범위하게 퍼져 있었다. 아프가니스탄을 침공한 것은 단시일 내에 반군을 분쇄하고 생존 가능한 괴뢰정부를 세우기 위해서였다. 하지만 전쟁은 지루하게 이어지며 충격적인 수의 사상자만 낳았고 적도 제거하지 못했다. 게다가 이로 인해 다시금 미국과의 군비 경쟁에 불이 붙었고, 이는 소련 경제에 치명타를 입혔다.

브레즈네프의 뒤를 이은 유리 안드로포프1914~1984나 체르넨코는 둘 다 위기 상황을 타개할 만한 능력이 없었다. KGB 수장 출신 안드로포프는 중앙 관리와 지방 당서기의 4분의 1을 교체함으로써 체제에 활력을 불어넣으려 했다. 하지만 1984년 심장병으로 돌연사하면서 그의 시도는 무위로 돌아갔다. 이후 1년여 만에 사망한 체르넨코도 무력하기는 마찬가지였다.

체르넨코 사망 이후부터 블라디미르 푸틴1952~의 대통령 취임까지 약 15년의 시간은, 러시아 역사에서 로마노프 왕조가 개창되기 직전인 '혼란의 시기1598~1613'

의 재현이라고 표현되기도 한다. 고르바초프가 이런 급격한 변화의 물꼬를 튼 인물이었다. 권좌에 오른 젊은 서기장은 국내외 위기를 타개하기 위해 과감한 개혁을 고려할 수밖에 없었다.

동유럽의 민주화와 소련의 붕괴

고르바초프는 대내적으로 '개혁페레스트로이카'과 '개방글라스노스트'이라는 기치를 내걸고 억압적인 정치체제와 낙후된 경제 구조를 개혁하고자 했다. 페레스트로이카는 온건한 변화에서 근본적인 혁신까지를 모두 포괄했으며, 정치·경제뿐 아니라 사회관계 및 공직자의 삶의 방식에 이르기까지 공공생활의 모든 측면을 재편하는 것이었다. 이는 특히 정치 영역에서 다당제 도입으로 나타나 지방 소비에트 선거1987, 인민대표자 대회 선거1989에서 경쟁을 통한 선출 방식이 시행되었다. 또한 스탈린 체제의 과오를 명백하게 드러내고자 한 글라스노스트를 통해 고르바초프는 반대파의 저항을 누르고 자신의 개혁 노선에 대한 정당성을 확보하려 했다.

대외적으로는 '신사고 외교'를 표방함으로써 탈냉전의 행보를 보였다. 대미협조 노선을 취해 미국과 적극적으로 대화에 나서 군비 축소를 제안했다. 미국을 비롯한 서방 세계도 협상에 임했고, 1987년 12월 미국과 소련은 유럽에 배치된 모든 단거리 및 중거리 미사일 폐기 합의에 도달했다. 이후 재래식 무기와 전략 핵무기 감축에 대한 논의도 뒤따랐다. 이와 함께 고르바초프는 제3세계 국가들이 스스로의 힘으로 사회주의를 건설해야 한다고 선언했다. 그리고 국제연합 연설1988에서 동유럽 국가들에게 독자적 주권 행사를 허용할 뜻을 밝혔다. 쿠바에 대한 원조가 삭감1989되었고 아프가니스탄으로부터 군대도 철수했다. 아시아, 아프리카 국가들에 대한 소련의 지원은 크게 줄어들거나 중단되었고 동유럽에 배치된 주요 무기들도 철수했다.

동유럽에서 공산 정권의 지배를 거부하는 민주화 시위가 촉발된 데는 이 같은 소련의 행보가 결정적 배경이었다. 1989년은 폴란드, 헝가리, 동독, 체코슬로바키아, 불가리아, 루마니아 등 동유럽 국가에서 민주화의 열망이 폭발한 해였다. 반체제 민주주의 변혁의 거센 소용돌이는 동유럽 사회주의 정권들을 긴장하게 했다. 이들은 1968년과 달리 폭력 사용에 따른 정치적 책임과 부담을 의식했는데, 특히 그해 6월 발생한 중국 톈안먼 사건의 유혈 사태에 충격을 받았기 때문이다. 소련의 지원조차 기대할 수 없었던 이들은 결국 순식간에 붕괴되었다. 대체적으로 평화적으로 진행되었고 폭력 사태는 예외적이었던 평화혁명, 일명 '벨벳혁명'의 승리였다. 이러한 동유럽의 민주화 열기는 국가마다 소요시간은 달랐지만 서로 영향을 주고받으며 동시에 진행되었고 그 영향도 컸다.

폴란드는 연대노조의 10년 투쟁 끝에 1989년 봄, 원탁회의를 통해 정권 교체를 이루었다. 1988년부터 공산당 내부에서 개혁의 물결이 일었던 헝가리는 위로부터 혁명에 성공한 뒤 오스트리아로의 국경을 개방함으로써 10개월 만에 냉전의 장벽을 허물었다. 동독 주민들은 1989년 여름, 헝가리와 오스트리아 국경을 통해 동독을 탈출하기 시작했다. 10주 뒤인 10월 초 탈출하는 대신 대규모 시위로 에리히 호네커1912~1994 공산 정권을 붕괴시킨 이들은 11월 9일 냉전의 상징이던 베를린 장벽마저 무너뜨렸다. 곧이어 이에 영향을 받은 불가리아, 체코슬로바키아, 루마니아 등도 11월 중하순 며칠 동안 평화적인 권력 교체에 성공했다. 그리고 마침내 1990년 10월 독일은 분단 40년 만에 통일을 이루어냈다.

한편 고르바초프가 추진한 개혁은 '인간의 얼굴을 한 사회주의'를 성취함으로써 사회주의를 강화하는 데 근본 목표가 있었다. 사회주의체제의 부정 없이도 소련 사회의 구조적 문제를 해결할 수 있다고 믿었기 때문이다. 다만 이를 이루기 위해서는 당 최고 지도자에 대한 신뢰와 권위가 필수적이었지만 상황은 그렇게 흘러가지 못했다.

글라스노스트로 탄생한 독립적인 언론들이 스탈린 시대의 폭정을 연일 폭로하고 이를 제대로 견제하지 못한 당의 무력함에 대한 비판의 목소리가 커지면서 당은 개혁의 주체가 아닌 대상이 되었다. 결국 당 지도부는 인민들로부터 고립되었고 고르바초프의 개혁 정책은 당 지도부에서조차 지지를 받지 못했다. 서기장의 정치적 권위에 대한 도전이 심화되자 소련체제하에 억압되었던 민족주의 감정 또한 폭발하기 시작했다.

대내외의 비판에 직면한 고르바초프는 개혁의 강도를 약화시키며 보수 세력에게 의존하고자 했다. 국민투표를 통해 국민 다수가 소련체제 유지를 원한다는 것을 강변하려 했던1991.4 그는 소련의 외형을 지속하기 위한 마지막 시도로 '신연 방조약'을 채택하고자 했다. 이는 외교와 국방에 대해 책임지는 대통령 아래 소련을 느슨한 연방체로 전환시키는 내용이었다. 그리고 1991년 8월 20일 공식적인 조인식을 가질 예정이었다.

그러나 이를 소련의 해체와 같다고 여긴 부통령, KGB 수장 등을 포함한 공산당 보수파는 고르바초프 축출을 위한 쿠데타를 감행한다. 이 시도는 3일도 지나지 않아 실패했고, 이 과정에서 고르바초프의 미온적 개혁에 반대의 목소리를 키워왔던 보리스 옐친1931~2007이 탱크에 올라 쿠데타의 부당함을 연설하며 국민적 영웅으로 부상했다. 옐친은 1991년 12월 21일 소련 내 공화국 대표들과 만나 연방을 해체하고 11개 공화국의 느슨한 형태인 '독립국가연합' 결성을 선언했다. 이로 인해 신연방조약 체결을 준비하던 고르바초프는 사임했고1991.12.25, 소비에트 연방은 70여 년 역사의 막을 내렸다.

1989년 이래 여러 차례 종결이 선언된 냉전은 사실 승자도 패자도 없는 전쟁이었다. 이는 냉전의 한 축이 붕괴되면서 맞은 종말이었고, 양 진영의 대결 끝에 두 체제가 어우러져 새로운 세계 질서가 창출되는 방식으로 극복되지는 못했다. 그랬기에 냉전 이후 세계 질서는 유일한 초강대국이자 보편 제국으로 남은 미국이 일방적으로 주도하는 체제로 개편되고 말았다. 게다가 미국의 패권주의는 어떤 면에서는 계속 냉전적 사고를 기반으로 하고 있다. 미국 중심의 동맹체제의 존속과 핵무기의 존재는 차치하고라도 자유와 인권이라는 명목으로 '테러와의 전쟁'이나 '악의 축'을 외치며 전쟁에 뛰어드는 논리는 냉전 시기와 그 모양새가 다르지 않다.

유럽의 통합

제2차 세계대전 이후 서유럽은 생존과 발전을 위해 새로운 방향을 탐색해야 했다. 공포에 질렸던 프랑스가 독일의 패배와 분할로 진정되면서 독일을 둘러싼 무력 충돌의 가능성은 희박해졌다. 대신 근 40년 동안 동유럽의 운명을 결정한 소련의 정책에 서유럽 국가들은 충격을 받았다. 미국이 물러가고 자신끼리 반목한다면 서유럽에서도 동유럽과 같은 일이 벌어질 수 있다는 우려가 급격하게 퍼졌고, 이는 통합에 당위성을 부여했다.

북대서양조약기구 설립 이후 통합을 위한 움직임 중 가장 중요한 결정은 프랑스의 제안으로 시작되었다. 이는 1952년 '유럽 석탄 철강 공동체'로 서유럽 산업에 새로운 활력을 불어넣고자 한 것이었지만 프랑스, 이탈리아, 베네룩스 3국에 서독을 회원국으로 참여시킨 점은 특히 중요했다. 서독을 참여시킨 최초의 국제조직 결성은, 소련의 위협을 받고 있는 서유럽에서 반드시 필요한 서독의 힘을 부활시키면서도 이를 내부적으로 억지할 수 있는 수단이 되었다. 모두에게 탁월한 선택이었다. 이는 결국 프랑스와 독일이 적대 요인을 극복하고 평화 실현을 위한 단계로 나아가는 출발점이 되었다. 이후 1957년 '유럽 경제 공동체EEC'가 결성되었고 정치 통합체인 '유럽 공동체EC'로 나아가면서 유럽은 상호간 의사 결정에 무력을 이용하지 않겠다는 다짐을 확인해나갔다.

한편 영국 정부는 이런 대륙의 움직임에 일찍 참여할 기회를 잡지 못했다. 특히 경제 공동체 가입에 두 번이나 거절당했는데 프랑스의 반대 때문이었다. 드골은 유럽 경제 공동체가 프랑스의 경제적 이익을 보호하는 방향으로 움직여야 한다고 믿었다. 전시 경험으로 앵글로 색슨에 대한 깊은 불신을 갖고 있던 그는 영국이 유럽 대륙과의 통합보다 미국을 포함한 대서양 공동체와의 통합을 원한다고 생각했기에, 영국의 가입을 막았다. 드골은 1964년 있었던 미국의 중국과의 외교 대표단 교환을 못마땅하게 여기며 미국에 대한 프랑스의 의존을 멈추어야 한다고 주장했다. 결국 프랑스는 북대서양조약기구를 탈퇴했고, 이는 서방에서 다극화의 신호탄이 되었다.

1969년 국민투표로 드골이 사임하면서 서유럽의 불확실성과 분란을 초래하던 주요 정치적 요소가 사라진 뒤 1973년 영국이 유럽 경제 공동체에 가입했다. 이는 보수적인 민족주의 국가가 20세기에 내린 가장 놀라운 결정이라는 평가를 받는 사건이 되었다. 당시 영국은 제국 해체의 보완이 필요했다. 제2차 세계대전 후 경제성장과 복지 증진, 고용률 증대를 함께 이루고자 했지만 실패했다. 경제력과 경제성장률 모두 다른 선진국에 비해 계속 뒤처지고 있었다. 이에 더해 1970~1980년대 북아일랜드 사태로 수천 명이 사망했다. 그리고 1979년부터 2년 간 인플레이션 비율이 113퍼센트가 넘는 상황에서 석유 파동으로 인한 경제적 상황 악화 등 문제들은 계속 쌓여갔다. 마거릿 대처1979~1990재임가 유럽 최초의 여성 수상이 되면서 영국의 거대 정당보수당을 이끌게 된 시기가 바로 이때였다.

그녀는 임기 초기인 1982년 영국의 마지막 식민지 전쟁을 치렀다. 아르헨티나 군대가 잠시 점령했던 포클랜드 제도에 대한 재정복 문제였는데, 국제법 원리에 기반을 두고 포클랜드 주민의 권리를 존중하는 등 여론에 부합하는 방식으로 승리를 거머쥐었다. 게다가 외교적으로도 미국, 국제연합, 프랑스 등으로부터 지지를 얻으며 승리한지라 대처 수상의 입지는 영국 국민의 기세와 함께 해외에서도 높아졌다. 1990년까지 20세기 영국 수상 중 가장 오랜 임기를 누린 그녀는 영국에 실업과 좋지 않은 재정 상태를 남겨둔 뒤 사임했다. 하지만 이후 영국의 정책은 유럽 공동체 및 그와 관련한 일에 접근하는 데 있어 좀 더 부드러워졌다.

마거릿 대처가 영국 수상이 된 1979년 유럽 의회에 대한 직접선거가 치러졌다. 1981년 그리스가, 1986년 에스파냐와 포르투갈이 유럽 공동체에 참여했다. 영국은 찬성하지 않았지만 1987년 유럽공동통화와 화폐 제도의 토대가 만들어졌고, 동유럽이 민주화를 이룩한 뒤인 1992년이 진정한 단일 시장을 시작한 해로 결정되었다. 이제 회원국 간의 국경을 통해 재화, 사람, 자본 및 서비스가 자유롭게 이동할 수 있게 되었다.

회원국들은 영국과 프랑스의 강한 의혹에도 불구하고 유럽 정치 연합에 관한 생각에 합의했다. 결국 1993년 11월 1일 발효된 마스트리흐트조약을 통해 유럽연합EU이 이듬해 1월 12개 회원국으로 창립되었다. 1999년 1월 1일 공식 통화인 유로화까지 도입되면서 근 50년 넘게 추진된 경제적, 정치적 유럽 통합 작업이 결실을 맺었다. 28개국으로 확장된 유럽연합은 단일 시장과 단일 통화 실현으로 유럽의 경제·사회 발전을 촉진시키고, 공동 안보와 외교를 통해 국제적 위상을 높이겠다는 목적을 공유하고서 21세기의 발걸음을 함께 내딛고 있다. 세계사록

talk 34
희망의 프리즈너

 넬슨 만델라 　　차별 없는 세상

I 긴급신고

살면서 경찰에 신고할 일이
얼마나 일어날까 싶지만
여기 남아공에선 일상이야.

불공평하고 억울한 일 투성이거든;

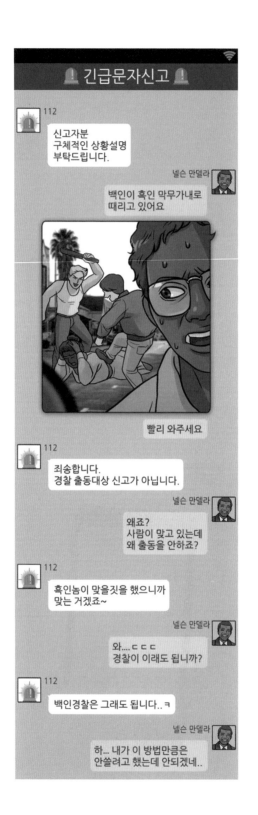

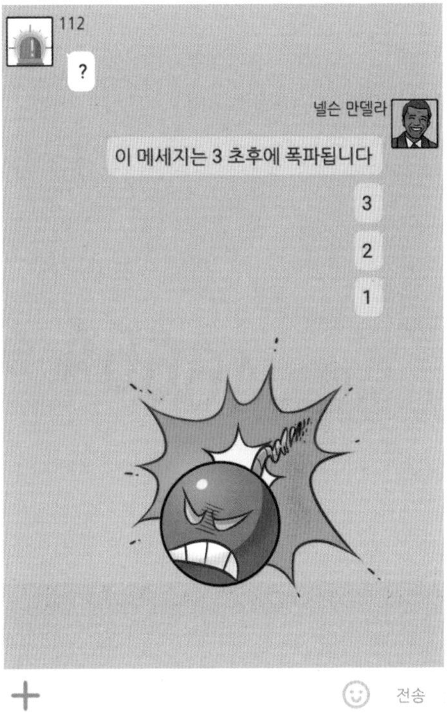

112

?

넬슨 만델라

이 메세지는 **3** 초후에 폭파됩니다

3

2

1

＋ ☺ 전송

Ⅱ
감옥섬

처음엔 좋게 좋게 말로 해봤는데
안 통하더라고ㅎ;

그래서 똑같이 싸워줬지ㅋ
좀 과격하게ㅋㅋㅋ

근데 총알 좀 빵야 빵야 쐈다가
진짜로 빵에 가게 됐어;

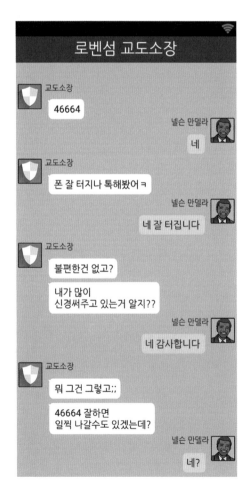

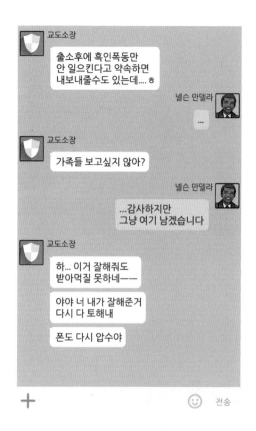

교도소장
출소후에 흑인폭동만
안 일으킨다고 약속하면
내보내줄수도 있는데.... ㅎ

넬슨 만델라
...

교도소장
가족들 보고싶지 않아?

넬슨 만델라
...감사하지만
그냥 여기 남겠습니다

교도소장
하... 이거 잘해줘도
받아먹질 못하네ㅡㅡ

야야 너 내가 잘해준거
다시 다 토해내

폰도 다시 압수야

전송

III
아즈위

외부랑 아예 단절되고
면회도 쉽게 안 되고ㅜㅜ

가족들이랑 연락하는 것도
1년에 한두 번 될까말까(?) 해ㅜㅜ

그래도 가족들한테 근황 알릴 때는
말끔한 모습이어야지.

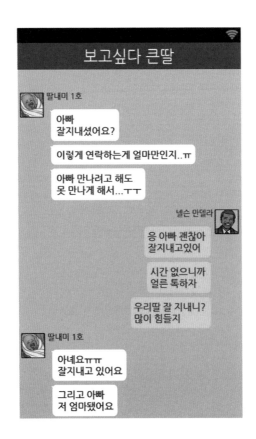

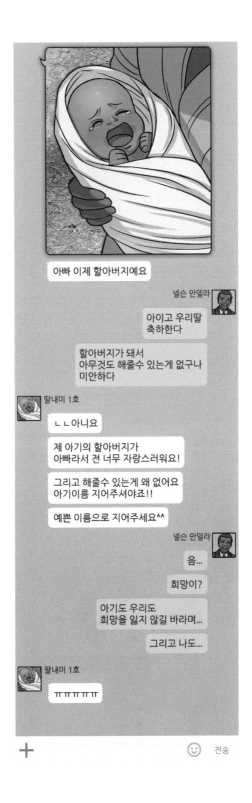

아빠 이제 할아버지예요

넬슨 만델라

아이고 우리딸
축하한다

할아버지가 돼서
아무것도 해줄수 있는게 없구나
미안하다

딸내미 1호

ㄴㄴ아니요

제 아기의 할아버지가
아빠라서 전 너무 자랑스러워요!

그리고 해줄수 있는게 왜 없어요
아기이름 지어주셔야죠!!

예쁜 이름으로 지어주세요^^

넬슨 만델라

음...

희망이?

아기도 우리도
희망을 잃지 않길 바라며...

그리고 나도...

딸내미 1호

ㅠㅠㅠㅠㅠ

+ ☺ 전송

483

그랬다고 합니다.

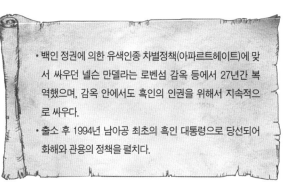

- 백인 정권에 의한 유색인종 차별정책(아파르트헤이트)에 맞서 싸우던 넬슨 만델라는 로벤섬 감옥 등에서 27년간 복역했으며, 감옥 안에서도 흑인의 인권을 위해서 지속적으로 싸우다.
- 출소 후 1994년 남아공 최초의 흑인 대통령으로 당선되어 화해와 관용의 정책을 펼치다.

20세기 중후반 남아프리카공화국

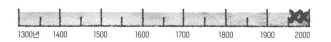

| 1300년 | 1400 | 1500 | 1600 | 1700 | 1800 | 1900 | 2000 |

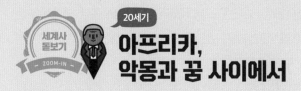

20세기

아프리카,
악몽과 꿈 사이에서

20세기에 들어설 무렵 아프리카의 90퍼센트 이상은 유럽 열강이 차지하고 있었다. 1950~1960년대 아프리카는 매우 빠르게 탈식민지화가 진행되었는데 이는 500년 동안 계속된 착취와 노예 매매, 제국주의 지배 역사와의 결별을 의미했다. 매우 희망적이고 고무적인 순간이었다. 하지만 외부인에 의해 500년 이상이나 억지로 중단되었던 역사 발전을 다시금 잇는 것은 다른 식민 대륙의 그것보다 더욱 어려운 선택의 연속이기도 했다.

아프리카에서는 거대하고 견고한 토착 문명이 대륙 전체를 아우르는 영향력을 발휘한 적이 드물었다. 때문에 제국주의 철수 이후 단결력이 약한 수많은 국가들의 난립이 시작되었다. 신생 민족국가들은 식민지 시기 확정된 경계로 나뉘었는데, 이 국경선은 다양한 언어, 전통과 관습을 가진 부족들을 하나로 묶었다. 식민지 행정은 이들을 단순히 통합한 정도에 불과했고 부족의 역사와 문화가 무시된 채 형성된 국가는 국민의 실질적 삶과 괴리되었다.

신생 국가 지도자들이 정의나 민주가 아닌 독재를 택했던 경우도 많았다. 풍부한 지하자원에 눈독을 들인 외부 국가들과 다국적 기업들이 부패한 지도층을 지지하며 산업 구조도 기형적으로 변형되었다. 그 사이에서 범죄 집단의 세력이 확대되기도 했다. 결과적으로 아프리카는 많은 내전과 기아, 질병으로 신음하는 최빈국들이 자리 잡은 대륙이 되었다. 소말리아의 해적, 에이즈 창궐, 르완다 및 콩고의 내전 등은 아프리카인의 악몽이 현재 진행형임을 보여준다.

그럼에도 아프리카가 걸어왔던 길이 어두운 것만은 아니었다. 그 속에서도 아프리카만의 독자적인 길을 찾고 해묵은 과거를 청산하며 미래의 화합을 향해 나아가려 애쓰는 지도자와 국가들이 있었다. 악몽 속에 허우적거리는 것처럼 보이는 아프리카가 새롭게 꾸는 꿈이 희망적인 이유다.

어둠 속에서도 길을 찾다

제1차 세계대전 기간 동안 아프리카인들은 영국과 독일 양측에 고용되어 싸웠다. 전쟁에서 패한 독일은 아프리카의 식민지를 내놓아야 했고 국제연맹이 형식적으로 행정을 맡았지만 식민지 상황이 변한 것은 아니었다. 대공황으로 아프리카는 약탈이 넘쳐났고, 다른 대륙 못지않은 빈곤을 가져왔다. 아프리카 식민지를 되찾겠다는 욕망까지 장착한 히틀러의 나치가 제2차 세계대전을 일으킨 뒤 북부 아프리카는 전장이 되었다. 그리고 서로 적이 된 유럽인들의 명령에 따라 수십만 아프리카인들이 서로를 향해 총부리를 겨누었다.

양차 대전을 지나는 가운데 아프리카 대표자들의 목소리가 들리기 시작했다. 주로 유럽 국가에서의 유학을 통해 민주주의와 민족주의 등의 세례를 받은 젊은 아프리카인들이었다. 1919년 파리에서 열린 범아프리카 회의는 식민 세력이 없는 아프리카의 미래를 상의하기 위해 아프리카인들이 처음 만난 자리였다. 회를 거듭한 끝에 1945년 맨체스터의 제5차 범아프리카 회의에 참석한 대표들은 식민지 해방을 호소하는 결의문을 채택하기에 이른다. 그리고 그곳에는 곧 등장할 새로운 아프리카 국가들의 수장이 상당수 있었다. 벤저민 은남디 아지키웨나이지리아, 1904~1996, 케네스 카운다잠비아, 1924~, 조모 케냐타케냐, 1894경~1978, 콰메 은크루마가나, 1909~1972, 줄리어스 니에레레탄자니아, 1922~1999 그리고 아메드 세쿠 투레기니, 1922~1984 등이 그들이었다.

북부 아프리카에서 가장 먼저 탈식민지화가 시작되었다. 1943년 이미 이탈리아가 리비아에서 물러간 뒤 이집트에서 영국이 쫓겨났다1946. 1956년 모로코가 프랑스와 에스파냐에서 독립했고, 튀니지는 프랑스, 수단은 영국으로부터 독립했다. 알제리는 상황이 좀 고약했다. 프랑스는 1954년부터 100만 명 이상 알제리인의 목숨을 앗아간 잔인한 전쟁을 치른 후 1962년에야 알제리의 독립을 받아들였다.

1957년 영국이 지배하던 황금해안을 시작으로 사하라 이남의 '검은 아프리카'에도 독립의 신호탄이 올랐다. 미국, 영국에서 유학하며 인권운동가들의 영향을 받은 콰메 은크루마는 가나의 헌신적인 독립운동가가 되었다. 1947년 창설한 '통일 골드코스트 회의'를 중심으로 독립을 쟁취1957했는데 중세의 영광스러웠던 가나 왕국의 이름을 따 국명을 정했다. 초대 대통령으로 당선된 그는 아프리카 민족주의운동을 이어간다. 국영기업체를 만들어 산업을 촉진시키고 대학과 학교를 건립했다. 댐 건설도 시작했는데, 이후에 실망스러운 모습을 보이기는 했지만 대부분의 가나인, 특히 가난한 사람들에게 그는 영웅이었다.

은크루마 이후에도 대통령직은 이어졌다. 카카오 농장들과 풍부한 황금, 다이아몬드 광산을 기반으로 상당히 안정된 가나는 독자적인 길을 걸었고, 자랑스러워해도 좋을 정도의 업적을 쌓으며 성공한 아프리카 국가의 한 예가 되었다. 1997년 가나 출신 코피 아난1938~2018은 가나인의 환호 속에 제7대 유엔 사무총장에 선출되었고 2001년 노벨 평화상을 받았다.

이후 1960년 한 해 동안에만 사하라 남쪽에서 17개국이 독립했는데 세네갈도 프랑스로부터 평화적으로 독립을 얻은 국가 중 하나였다. 레오폴 상고르1906~2001는 독립한 세네갈이 독자적인 길을 성공적으로 가는 데 기여한 대통령이었다. 유복한 집안 출신인 상고르는 파리에서 유학한 뒤 아프리카 언어 교수가 되었다. 그는 새로운 아프리카 이념을 주장하는 아프리카 문화 전통주의 소속 작가로 활동하기도 했으며 작품들도 인정받았다. 프랑스 국회에서 세네갈 대표 국회의원으로 활동했던 상고르는 세네갈에 정당을 설립했고 대통령에 당선되었다.

독립 이후에도 프랑스에 적극적으로 협조할 수 있도록 책임감을 가질 것을 촉구했던 상고르는 타 대륙과의 교류 속에서도 아프리카만의 독자적인 길을 찾아내야 한다고 주장했다. 그는 가톨릭교도였지만 주민의 90퍼센트에 달하는 이슬람교도에 대해 상호존중 정책을 펼쳤다. 이웃 감비아와 분쟁이 있을 법했음에도 오히려 현명하게 위기를 타파했다. 1982년 이후 양국에 경제적 이익을 주면서도 독자성은 확보된 연방을 구성했다. 이로써 세네갈은 아프리카에서 가장 평화로운 국가 중 하나로 꼽히게 된다.

1961~1963년 탕가니카1961, 우간다1962, 케냐와 잔지바르1963 등 동아프리카에서도 독립이 이루어졌다. 탕가니카와 잔지바르는 줄리어스 니에레레 대통령 아래 통합되어 새로운 탄자니아공화국이 되었다1964. 줄리어스 니에레레도 부유한 집안 출신으로 영국 유학 후 탕가니카로 돌아와 정당을 설립했고 민주적인 선거에서 승리를 거둔 뒤 평화적인 정권 이양을 통해 독립을 달성했다. 그는 독립적인 정치·경제와 공정한 사회를 목표로 한 아프리카 사회주의 이념을 기반으로 통치했는데 그 중심에는 '우야마가족공동체'가 있었다. 탄자니아의 120개 민족들은 종족이나 출신과 관계없이 농업을 위해 만든 우야마에서 평화롭게 함께 사는 법을 배웠다. 탄자니아는 아프리카 언어인 스와힐리어를 영어와 함께 공식적인 국어로 채택한 아프리카 유일의 국가이다.

화해와 협력을 향해

1963년 아프리카의 모든 독립 국가가 참가하는 아프리카 통일기구OAU가 아디스아바바에서 창설되어 서로의 국경선을 인정했다. 9개국으로 결성된 아프리카 해방운동 위원회는 아프리카의 마지막 식민지에서 군사적 저항을 조직했고, 1975년까지 기니비사우, 앙골라, 모잠비크 등 포르투갈 식민지들이 해방 전쟁에서 승리했다. 제일 처음 아프리카에 발을 디뎠던 국가가 가장 마지막에 짐을 싼 셈이 되었다.

1980년 백인 통치하의 로디지아가 흑인이 통치하는 짐바브웨로 바뀌었는데, 이는 당시 남아프리카공화국의 정책을 변화시키는 배경 중 하나가 되었다. 남아프리카공화국은 제2차 세계대전 이후 영국계보다 수적으로 우세였던 보어아프리카너계가 주축이 된 우익 정당인 국민당이 집권했다1948. 이들은 종래의 차별 관행을 제도화한 인종 분리 정책인 '아파르트헤이트'를 실시했다. 아파르트헤이트는 모든 사람을 백인, 흑인, 컬러드흑백 혼혈인, 인도인의 등급으로 분류인종등록법, 1950하고 인종별로 거주지 및 출입 구역 분리, 인종 간 통혼 금지 등의 내용을 골자로 하는 정책이다. 흑인의 통행증 소지를 강제하고 백인 구역의 출입 금지는 물론, 케이프 식민지나 나탈에서 일몰 이후 거리에 있는 것조차 금지시킨 아파르트헤이트는 극도의 인종 차별 정책이었다. 이 때문에 남아공에서는 유색 인종들에 대한 폭력이 일상이 되었다.

그러나 이 같은 인종 차별 정책은 국내외적으로 점차 많은 비난에 시달렸고 남아공은 올림픽 같은 국제 행사에 참가할 수 없을 정도로 고립되었다. 결국 프레데리크 빌렘 데클레르크1936~가 이끄는 소수 백인 정부는 흑백 분리 정책을 종결해야 했다. 정부는 1990년 2월, 반反 아파르트헤이트운동으로 종신형을 선고받고 27년 동안이나 수감 중이던 넬슨 만델라1918~2013를 석방했으며, 민주적인 남아프리카의 미래에 대해 협상을 시작했다.

1994년은 남아프리카공화국 역사상 첫 보통 선거가 치러진 해이자 첫 흑인 대통령으로 넬슨 만델라가 선출된 역사적인 해이다. 넬슨 만델라는 특히 민족의 화해와 협력을 호소하면서 아파르트헤이트를 종결, 흑백 대립과 격차를 시정하기 위한 노력을 경주했다. 그는 '진실과 화해 위원회TRC'를 결성해 용서와 화해를 강조하는 과거사 청산에 집중했다. TRC는 수많은 과거사 관련 자료들을 조사하면서 흑인에 대해 국가 폭력을 가한 가해자가 진심으로 죄를 고백하고 뉘우치면 사면했다. 또한 피해자 가족의 요청에 따라 피해자 무덤에 비석을 세워 국가 폭력 피해자가 잊히는 일이 없도록 했다. 그는 1999년 임기를 마쳤을 때 장기 집권의 유혹에 빠지지 않고 당시 부통령이었던 타보 음베키1942~를 대통령 후보자로 지명하고 물러났는데, 많은 국민들은 이를 서운해했다.

남아프리카에서 만델라가 대통령에 취임한 그해 르완다에서는 3개월 동안에 80만 명의 투치족이 그때까지 억압을 받아왔다고 느끼는 후투족에 의해 야만적으로 살해되었다. 1996년 아프리카 경제를 옥죄는 '부채의 덫'이 구체적인 숫자로 입증되었는데, 아프리카에서 빚을 갚느라 빠져나가는 금액이 개발지원금으로 들어오는 액수보다 1.5배나 많았다. 아프리카의 사회와 경제에 드리운 과거의 그늘이 여전히 어둡고 깊음을 보여주는 일례다.

그럼에도 2002년 남아프리카 더반에서 50개국이 넘는 아프리카 국가들은 아프리카 연합AU을 창설하며 과거를 극복하고 문제들을 해결하기 위해 힘을 모으려 하고 있다. 이들은 최초로 인권과 민주주의를 결의하고, 이를 지키지 않을 경우 국가에 간섭할 권한도 결의하면서 함께 희망으로 가는 길을 선택했다.

근대 유럽 역사에서 보듯 자유와 민주, 경제 발전으로 가는 길은 매우 멀고 험하다. 영국이 입헌군주체제를 갖추는 데에만도 400년이 넘게 걸렸고, 프랑스혁명도 시종을 100년에 걸쳐 반복했다. 그럼에도 500년 넘게 역사 발전의 단절을 겪은 후 '50년' 동안 정상화되지 못하는 것을 두고 부정적인 평가를 하는 것은 아프리카인에게 또 다른 형태로 가해지는 부당한 폭력이 아닐까. 세계사록

♀ 아프리카의 탈식민지화

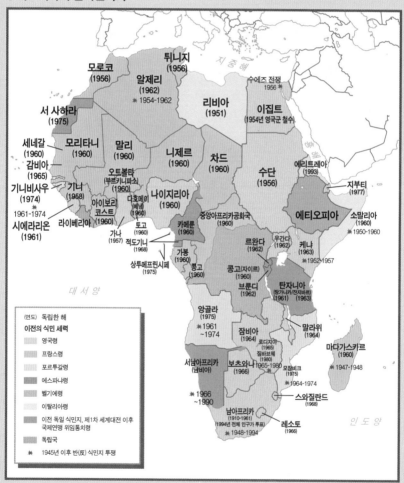

사막의 다굴전

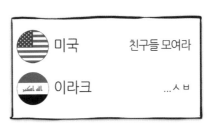

🇺🇸	미국	친구들 모여라
	이라크	...ㅅㅂ

I

내
놔

나 아랍인싸, 이라크ㅋㅋ
핵인싸로 거듭나고 싶은데
나한테 투자할 돈이 없네ㅍ

그래도 나한텐 얘가 있으니까ㅋㅋㅋ

쿠웨이트   휴우...

491

얘가 좀 살거든ㅎ
석유부자야ㅋㅋㅋ
근데 얘 완전 쪼다다!ㅋㅋ

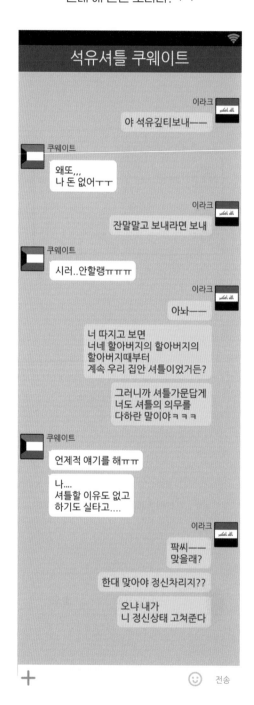

석유셔틀 쿠웨이트

이라크
야 석유깊티보내——

쿠웨이트
왜또,,,
나 돈 없어ㅜㅜ

이라크
잔말말고 보내라면 보내

쿠웨이트
시러..안할랭ㅠㅠㅠ

이라크
아놔——

너 따지고 보면
너네 할아버지의 할아버지의
할아버지때부터
계속 우리 집안 셔틀이었거든?

그러니까 셔틀가문답게
너도 셔틀의 의무를
다하란 말이야ㅋㅋㅋ

쿠웨이트
언제적 얘기를 해ㅠㅠ

나....
셔틀할 이유도 없고
하기도 실타고....

이라크
팍씨——
맞을래?

한대 맞아야 정신차리지??

오냐 내가
니 정신상태 고쳐준다

전송

II

발라버려

ㅋㅋㅋ쪼렙 주제에 반항하기는!
어차피 나한테 발릴 거면서ㅋ

앞으로 또 말 안 들으면
이 사진 보내줘야지ㅋㅋ
보험용으로다가
저장해둬야겠다ㅋㅋㅋㅋ

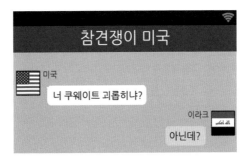

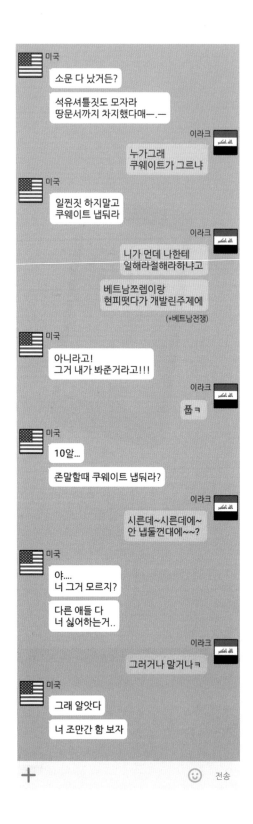

그래 봐라, 봐!
내가 얼마나 잘나가는지ㅋㅋ

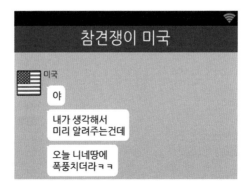

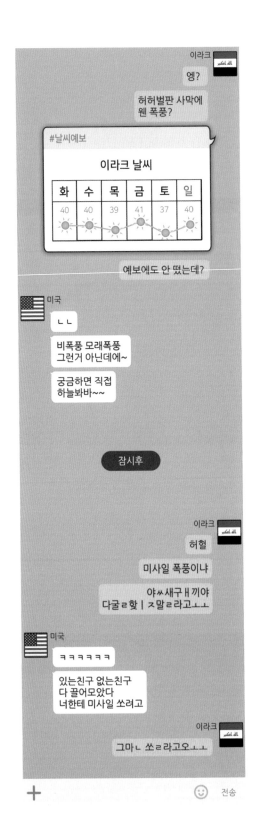

그랬다고 합니다.

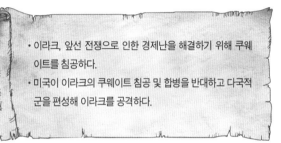

- 이라크, 앞선 전쟁으로 인한 경제난을 해결하기 위해 쿠웨이트를 침공하다.
- 미국이 이라크의 쿠웨이트 침공 및 합병을 반대하고 다국적군을 편성해 이라크를 공격하다.

1990년~1991년 이라크

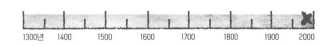

1300년 1400 1500 1600 1700 1800 1900 2000

문제적 서아시아

이라크타그램

이라크
쿠웨이트에서

♥ 319명이 좋아하오

이라크 쨍쨍한 햇볕 흩날리는 모래바람
#아 #조타
#쿠웨이트꺼_내꺼 #내꺼도_내꺼
#다내꺼 #사막스타그램

서아시아도 제2차 세계대전 이후 유럽의 지배에서 벗어났지만 그 과정은 모두의 예상을 깨며 진행되었다. '중동'이라 불리는 이 지역의 문제들은 오스만제국의 해체로부터, 해체를 이어받은 유럽 열강들의 대립과 뒤를 이어 거대하게 성장한 미소 초강대국, 그리고 석유에 의존하게 된 국가 간의 이해에서 발생한 다양하고 복잡한 힘의 관계 속에 놓이게 되었다. 그리고 그 시작점에 20세기의 역사적인 순간이라고 평가되는 이스라엘 건국이 있었다.

팔레스타인 문제

1948년 신생국 이스라엘이 팔레스타인에 모습을 드러내면서 서아시아의 미래를 예측하는 것은 더욱 힘들어졌다. 이는 대전 중 영국의 외교, 나치의 유대인 절멸정책, 유대인의 대규모 이동, 그리고 그에 반대하는 이집트, 시리아, 레바논, 이라크, 사우디아라비아, 예멘, 요르단으로 이루어진 '아랍 연맹'의 설립1945에다 냉전까지 결합된 결과였다.

영국은 1945년부터 팔레스타인에서 유대인과 아랍인이 벌이는 테러와 게릴라 투쟁에 직면했다. 한반도 9분의 1 정도 되는 면적의 주도권을 두고 벌인 양측의 싸움은 격렬했고 협상의 여지는 없었다. 영국은 국제연합에 이 문제를 회부하고 팔레스타인에서 철수하기로 결정했다. 그리고 영국이 철수한 1948년 5월 14일 당일, 이스라엘은 건국을 선포한다. 건국 선언 16분 후 미국은 이스라엘을 인정했으며 소련도 뒤를 이었다. 이 문제를 제외하고 사반세기에 걸친 서아시아와 관련된 모든 문제에서 미소 양국은 의견 일치를 보지 못했다.

이스라엘은 네 차례의 전쟁을 비롯해 건국에 대한 대가를 계속 치러야 했다. 실망과 치욕에 빠진 아랍 국가들은 이스라엘을 향해 계속 적개심을 표출했고 강대국들은 이를 빌미로 중동 관계에 개입했다. 독립을 선포한 다음 날부터 이스라엘은 '독립전쟁', 아랍에서는 '알 나크바재앙의 시작'라고 부르는 제1차 중동전쟁을 치러야 했다. 당시 인구가 65만 명에 불과했던 이스라엘에 비해 아랍의 인구는 최소 1억 4,000만 명에 달했다. 게다가 첨단 무기까지 갖추고 있었기 때문에 아랍 측의 승리가 예상되었다. 하지만 예상을 뒤엎고 이스라엘이 승리했고 심지어 영토 확장에도 성공한다.

한편 시온주의 극단론자와 이스라엘 군대가 1948~1949년 벌인 군사 활동으로 아랍인 난민의 대이동이 일어나면서 정세가 바뀌었다. 아랍 난민 75만 명이 이집트와 요르단의 난민 캠프에 수용되면서 세계는 양심의 가책을 느끼게 되었고, 아랍 민족주의자들은 이를 군사, 외교적 무기로 사용하기 시작했다. 아랍의 땅이라 여겨졌던 영토를 '부당'하게 취득한 것, 팔레스타인 난민들에 대한 박해, 강대국들의 도의적 책임 등을 외치며 아랍 세계의 통치자들은 단결했다. 이스라엘은 과거 영국과 비교가 되지 않을 정도로 아랍의 적대감을 하나로 모았고, 범아랍주의는 이스라엘과의 갈등으로 실체가 분명해진 것 같았다.

여기에는 특히 아랍 연맹의 선두 세력이었던 요르단과 이집트의 변화가 크게 작용했다. 요르단은 이스라엘과 휴전 협상을 맺고 서안 지구를 자국의 영토로 합병했는데, 이를 추진한 국왕 압둘라 1세1882~1951가 아랍인에게 배신감을 안겨준 대가로 팔레스타인 민족주의자에 의해 암살되었다1951. 이집트에서는 쿠데타가 일어나 공화정이 수립1953되었고, 대통령이 된 장교 가말 압델 나세르1918~1970의 행보는 아랍 세력에게 희망처럼 보였다.

반이스라엘 정서를 갖고 있던 나세르는 민족주의 사상 위에서 사회개혁을 추진하며 영국에게 수에즈 군사기지에서 물러날 것을 종용했다1954. 면화 확보를 조건으로 체코슬로바키아와 무기를 거래했고 중화인민공화국을 국가로 인정했다. 이에 불쾌해진 미국과 영국이 아스완하이댐 건설을 위한 재정 지원을 거둬버리자 나세르는 수에즈 운하를 소유·운영하던 민간기업의 자산을 몰수하는 등 국유화를 단행1956했다. 이에 동방과의 교역로를 잃을 위험에 빠진 영국과 프랑스가 이스라엘과 은밀하게 연합해 전쟁에 나섰다.

1956년 10월 이스라엘이 이집트를 기습 공격하며 일명 '수에즈전쟁'이라고도 불리게 될 제2차 중동전쟁이 시작되었다. 이스라엘은 정착을 방해한 게릴라들의 기지 파괴를 구실로 삼았다. 영국과 프랑스는 곧 정전을 요구했고 나세르가 거부하자 공습을 시작했다. 이에 흐루쇼프가 핵미사일을 언급하며 초강경 반응을 보였는데, 때문에 아이젠하워는 국제연합을 통해 영국과 프랑스에 철수압력을 가해 소련의 개입을 차단했다.

이스라엘 철군 후 수에즈 위기는 일단락되었고, 영국과 프랑스의 모험은 수치스럽게 끝난 셈이 되었다. 영국은 이로 인해 영연방 내에서의 신뢰에 심각한 타격을 입었다. 영국이 제국에서 물러날 것이라는 말의 진정성도 훼손되었고 이스라엘에 대한 아랍의 증오는 더욱 강해졌다. 이스라엘과 서방이 서로 연관되어 있다는 의심은 아랍 세계를 소련 측으로 이동시켰다. 소련은 영국을 곤란하게 만들 도구로서의 가치가 떨어진 이스라엘에 대한 지원을 멈추었다. 점차 친아랍 노선을 취한 소련은 아랍 세계의 분노에 계속 기름을 부었다.

중동 지역에 범아랍주의를 더욱 촉발시키며 아랍 세계의 영웅으로 떠오른 나세르는 시리아의 합병에도 성공하면서 범아랍 세계의 통일을 꿈꾸었다. 1962년 프랑스로부터 독립한 알제리가 새 아랍 국가로 출현하면서 아랍 세계는 더욱 확대되었다. 여기에 팔레스타인의 아랍인들은 자체 조직인 '팔레스타인해방기구PLO'를 조직해1964 이스라엘과 아랍 간의 긴장 국면에 또 다른 변수로 등장했다.

이같이 아랍에 포위된 상황은 심리적으로 이스라엘 정치를 안정화시키는 데 도움을 주었다. 정치 지도자들은 입지를 확고히 했고, 불모지를 경작지로 변화시키고 산업을 일으키면서 놀라운 경제 발전을 이뤘다. 이스라엘과 그보다 훨씬 더 많은 인구를 가진 아랍 국가들 사이의 1인당 소득 격차는 점차 벌어졌다.

아랍 국가들은 외국 자본을 도입했으나 이스라엘과 같은 변화를 일으키지 못했다. 산유국들은 1950년대와 1960년대 경제적 성공을 누렸지만 그로 인해 아랍 국가 간의 경제력 차이와 국가 내부 계층 사이의 간극은 점점 더 벌어졌다. 대부분의 산유국들 지도층들은 인구가 많고 빈곤한 이웃 국가의 농민들이나 빈민가 거주자들에게는 관심이 없었다. 그런 상황에서 사실상 이스라엘만이 아랍 세계에서 공통의 표적이 되었고 집단행동을 일으킬 수 있는 원동력이었다.

석유와 페르시아만 문제

서아시아에서 문제의 맥락이 변화하기 시작한 계기는 석유였다. 이전과 비교도 되지 않을 정도로 많은 석유가 페르시아만 남부, 사우디아라비아에서 발견되면서 아랍 국가 내에서 상대적인 부와 서열에 큰 변화가 일어났다. 석유 붐으로 가장 큰 혜택을 받은 국가들은 사우디아라비아, 리비아, 쿠웨이트였고 이란, 이라크가 뒤를 이었다. 미국을 비롯한 서구 국가들에서 에너지 소비가 급격히 늘어났기 때문에 중동산 석유에 의존하는 국가들은, 예컨대 미국, 영국, 서독, 곧이어 일본까지 외교에서 아랍의 관점에 크게 신경 써야 했다.

사실 1950~1960년대 이들은 중동 지역에서 값싸고 확실하게 석유를 공급받아 왔다. 미국은 이란에서 석유 국유화를 추진하던 모사데크 총리 정부를 전복시켰고1953, 친서방주의자 팔라비 2세1919~1980를 복귀시켜 석유에 대한 접근에 위협이 될 만한 상황을 제거했다. 1963년까지 이라크에 대해서도 비공식적 통제력을 행사했으며 사우디아라비아와 우호적 관계를 유지하는 데 큰 어려움이 없었다. 그러나 욤-키푸르전쟁제4차 중동전쟁, 1973을 끝으로 이 시대는 막을 내린다.

이 전쟁은 6일전쟁이라고도 불리는 제3차 중동전쟁1967이 발발의 배경이었다. 이때 이스라엘 공군은 제공권을 완전히 장악해 3일 만에 수에즈 운하를 점령했으며 가자 지구, 서안 지구, 시리아의 골란 고원까지 모두 영토로 편입하는 엄청난 승리를 거두었다. 영토를 빼앗기고 절치부심한 이집트와 시리아의 기습 공격으로 시작된 욤-키푸르전쟁은 아랍의 우위에 대해 미국의 원조를 받는 이스라엘이 항전하며 진행되었다.

이 과정에서 사우디아라비아를 필두로 한 아랍 국가들은 자신들에 대한 지지를 호소하며 유럽, 일본, 미국에 석유 공급을 끊겠다고 발표했다. 결국 이 같은 석유 무기화 정책 때문에 이스라엘과 아랍국은 휴전을 맺게 된다. 이스라엘은 항상 중동 외부에서 외교적 지지를 받았지만 이제 그것을 기대하기 힘든 상황에 직면했다. 유대인 홀로코스트에 대한 죄책감이나 저개발 지역에서 발전한 국가로서의 지지와 존경, 미국 내 유대인 공동체의 영향력 등은 더 이상 이스라엘의 방어막이 되기 힘들어졌다.

석유 외교의 충격은 중동 지역을 넘어 멀리 뻗어나갔다. 세계 원유 가격이 치솟는 이른바 석유 파동으로, 석유 수입에 의존하는 국가들은 모두 국제 수지 문제의 위기를 겪었다. 심각한 인플레이션과 해외 채권자들의 부채에 대한 이자 지불로 애써 벌어들인 돈이 사실상 공중분해되곤 했기 때문이다. 이는 대규모 경기 후퇴를 맞은 유럽과 일본만의 문제가 아니었다. 베트남전쟁의 늪에서 허덕이던 미국도 심각하게 흔들린 것은 매한가지였다.

이에 더해 미국은 1970년대 말 이란에서 심각한 상황에 처했다. 1979년 2월 '이란혁명'이 촉발되어 미국이 오랜 기간 후원한 국가이자 믿음직한 동맹이었던 팔레비 정권이 분노한 자유주의자들과 이슬람 보수주의자들에 의해 전복되었다. 이는 서구화와 현대화에 대한 약속이 실패한 데 대한 아랍 지역의 분노가 표출된 대표적 사건이었다. 다른 지역과 달리 중동에서 민족주의나 사회주의, 자본주의는 모두 그들의 문제를 해결하는 데 실패했다. 결국 이슬람의 가르침이 모든 정치적 문제들에 해결점을 제시한다고 믿는 '이슬람주의자'의 세력은 점차 강성해졌다. 이들이 주장하는 '이슬람 근본주의'는 아랍의 산적한 문제들에 대한 해결책으로서 여러 아랍 국가에 영향을 미치게 되고, 이후 수많은 폭력과 분쟁의 중심에 서게 된다.

이란혁명으로 시아파 이슬람 공화국이 등장했고, 아야톨라 호메이니1900경~1989를 중심으로 한 급진주의 성향의 성직자들이 권력을 장악했다. 미국은 재빨리 새로운 정권을 승인했다. 하지만 이란인에게 미국은 이미 축출된 팔레비 왕조의 후원자로서 증오의 대상이었으며 서구의 자본주의와 물질주의의 화신이었다. 혁명 직후 테헤란 학생들은 분노를 미국 대사관을 향해 분출했고 외교관들을 포함한 다수를 인질로 삼았다. 이는 외교관에게 해를 가해서는 안 된다는 것을 문명국가의 전통으로 여겨왔던 유럽의 관점에서 볼 때 경악스러운 일이었다. 이란 정부는 학생들을 지지하며 인질들을 구속했고, 도망간 국왕을 이란으로 귀국시켜 재판정에 세우려는 학생들의 요구에 찬동했다. 지미 카터 대통령은 이란과 단교하고 경제 제재를 가했으며, 이후 구출작전을 실시했으나 실패했다. 인질들은 교섭을 통해 미국 내 이란 자산의 반환이라는 몸값이 지불된 후에야 풀려날 수 있었다.

이 때문에 메소포타미아의 수니와 페르시아 시아 무슬림 간의 오래된 적대감이 폭발해 이란이 이라크와의 분쟁에 휘말리자 미국은 이를 긍정적으로 여겼다. 1979년 미국의 안보 전문가들은 페르시아만에서 이란의 위협을 상쇄할 만한 존재로 이라크의 사담 후세인1937~2006을 고려하게 되었다. 결국 1980년 이란을 향한 이라크의 공격은 8년간 지속된 전쟁으로 이어졌고 100만 명이 넘는 사망자가 나왔다. 아이러니하게도 '이란-이라크전쟁'의 장기화와 양국이 입은 피해에 다른 아랍 국가들은 안도했다. 다른 아랍국들은 이란과 이라크 모두를 두려워했는데 이 전쟁으로 이란의 혁명가들이나 위험한 이슬람 사회주의자 등이 동시에 몰락하는 상황이 벌어졌기 때문이다. 1989년 호메이니가 사망한 뒤 그의 뒤를 이은 새 지도자는 팔레스타인 문제나 이슬람 근본주의에 대해 좀 더 신중한 입장이었고, 덕분에 이란에서 비롯된 긴장 국면은 누그러지기 시작했다.

이란-이라크전쟁 기간 동안 이슬람 근본주의자들의 위험을 경계한 미국은 이라크 편에 섰다. 후세인은 미국의 후원을 받았고 중동 지역에서 많은 분쟁의 원인이 되었다. 그는 오직 전술이나 실용적인 면에서만 이슬람을 이용하곤 했다. 결국 페르시아만에서 진정한 적으로 미국이 정면 대립하게 된 것은 이라크였다.

1990년 사담 후세인은 쿠웨이트의 영지에 대한 오랜 영토 분쟁 문제를 거론하면서 석유 쿼터 및 가격 문제로 쿠웨이트의 지도자와 언쟁을 벌였다. 이는 쿠웨이트의 막대한 석유 자원을 가로채려는 후세인의 야심을 보인 것이었다. 더욱 압박을 가하던 그해 여름 8월 2일, 이라크군은 결국 쿠웨이트를 침공했고 침공한 몇 시간 뒤 제압에 성공했다.

후세인은 자신의 야망을 이스라엘에 대한 아랍의 증오와 결부시키려고 시도했으나 실패했다. 팔레스타인 해방기구와 요르단만이 그를 공식적으로 지지했을 뿐 소련은 묵인했고 국제연합 안전보장이사회는 이라크의 행동을 비판하며 쿠웨이트 해방을 위해 이라크에 대한 무력 사용을 인가했다. 마침내 34개국의 막대한 군대가 미국의 지휘 아래 사우디아라비아에 집결했고, 1991년 1월 17일 '사막의 폭풍'이라는 작전명의 군사행동이 개시되었다. 1개월간 10만여 회에 걸친 공중 폭격으로 이라크의 주요 시설은 거의 파괴되었다. 2월 24일 전개된 지상 작전은 쿠웨이트에서 이라크군을 축출시켰으며 지상전 개시 100시간 만인 2월 28일 전쟁 종식이 선언되었다.

'걸프전쟁'이라 명명된 이 전쟁은 최첨단 과학 무기가 동원된 초 현대전이자 '디지털 전쟁'의 개막을 알리는 신호탄이었다. 미국 방송 CNN이 생방송으로 중계하는 전쟁을 마치 안방에서 게임을 관람하듯 보았으며, 전 세계로부터 미국의 첨단 무기에 대한 주문이 폭주했다.

그럼에도 이는 후세인의 입지를 위협하지 못했고 중동에 변화의 순간은 오지 않았다. 걸프전쟁은 아랍의 혁명가와 서구의 중재자들 모두를 실망시켰다. 다만 걸프 전쟁으로 인해 사람들이 우려했던 석유 위기가 터지지 않으면서 그동안 선진 국가들에 타격을 입히던 석유 무기의 위력이 줄었음을 보여주었다.

그러나 세계 평화를 위협할 새로운 무기들은 계속 출현하고 있으며, 서아시아에서의 문제들이 근본적으로 해결되지 않는 한 평화는 요원한 듯 보인다. 2001년 9월 11일 뉴욕 세계무역센터를 대상으로 벌어진 알카에다 테러 이후 조지 W. 부시 대통령2001~2009재임은 이라크가 대량 살상 무기를 보유하고 있다는 구실로 제2차 걸프전쟁이라크전쟁을 일으켰다2003. 이라크는 미국에게 점령당했고 후세인은 권좌에서 끌어내려져 처형되었다. 세계사록

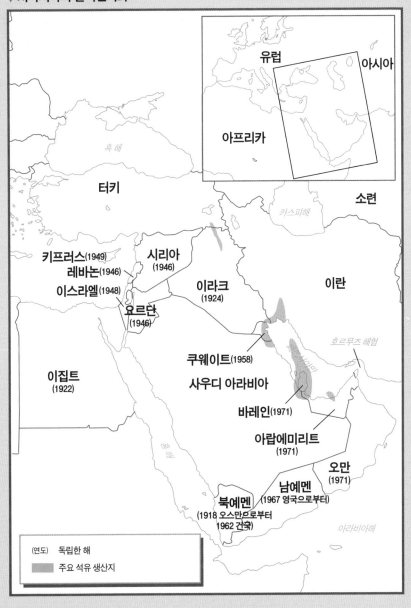

서아시아의 탈식민지화

유럽

아시아

아프리카

흑해

터키

소련

카스피해

키프러스(1949)
레바논(1946)
이스라엘(1948)
시리아 (1946)
요르단 (1946)
이라크 (1924)
이란
호르무즈 해협

쿠웨이트(1958)

이집트 (1922)

사우디 아라비아

바레인(1971)

아랍에미리트 (1971)

오만 (1971)

북예멘 (1918 오스만으로부터 1962 건국)
남예멘 (1967 영국으로부터)

아라비아해

(연도) 독립한 해

주요 석유 생산지

갠플만이 살길이다

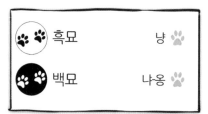

🐾🐾 흑묘		냥 🐾
🐾🐾 백묘		냐옹 🐾

하나요

핵발암

사회주의 국가에선
팀플이 법이고 규칙인 거 알지?

팀플해봤으면 알겠지만,
지 할 일 안 하고
다른 팀원들한테 민폐끼치는
🐶 💩 들이 있곤 해.

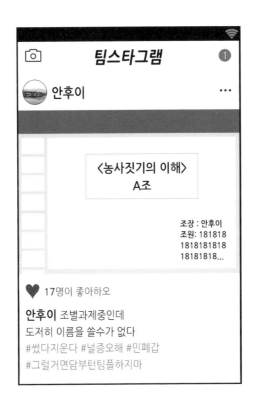

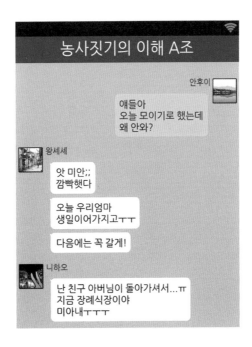

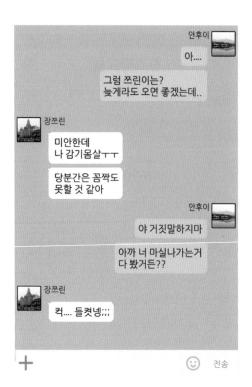

안후이
아....

그럼 쯔린이는?
늦게라도 오면 좋겠는데..

장쯔린
미안한데
나 감기몸살ㅜㅜ

당분간은 꼼짝도
못할 것 같아

안후이
야 거짓말하지마

아까 너 마실나가는거
다 봤거든??

장쯔린
컥.... 들켯넹;;;

전송

둘이요

개플합시다

이것들이ㅡ^ㅡ!!!
일은 내가 하고
공은 나눠가지시겠다?

그 꼴은 절대 못 보지!

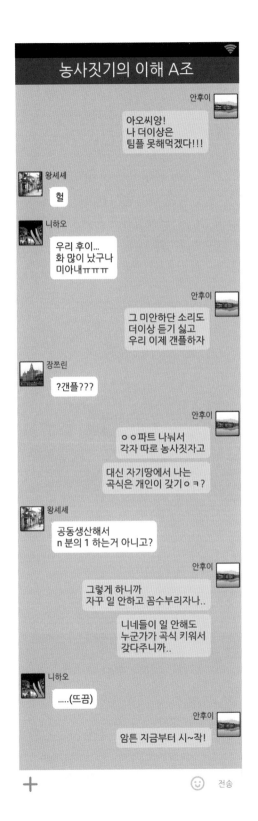

와… 진작에 이렇게 할걸.

곡식 수확량도 늘었어ㅎㅎ
다들 책임감이 생겨서
열심히 하더라고ㅋ

근데 국가에서도
이걸 인정해줄까??

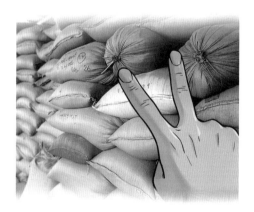

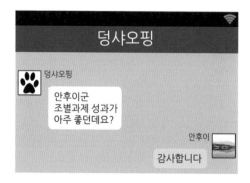

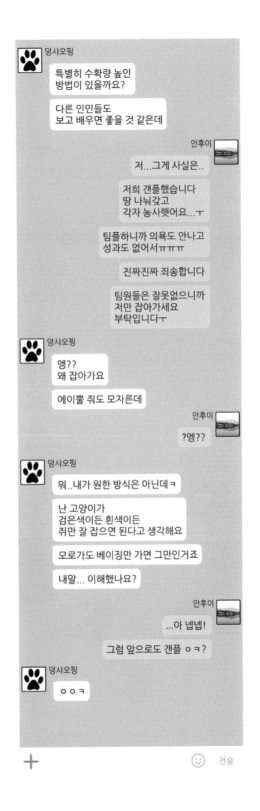

덩샤오핑

특별히 수확량 높인
방법이 있을까요?

다른 인민들도
보고 배우면 좋을 것 같은데

안후이

저...그게 사실은..

저희 갠플했습니다
땅 나눠갖고
각자 농사했어요...ㅜ

팀플하니까 의욕도 안나고
성과도 없어서ㅠㅠㅠ

진짜진짜 죄송합니다

팀원들은 잘못없으니까
저만 잡아가세요
부탁입니다ㅜ

덩샤오핑

엥??
왜 잡아가요

에이뿔 줘도 모자른데

안후이

?엥??

덩샤오핑

뭐..내가 원한 방식은 아닌데ㅋ

난 고양이가
검은색이든 흰색이든
쥐만 잘 잡으면 된다고 생각해요

모로가도 베이징만 가면 그만인거죠

내말... 이해했나요?

안후이

...아 넵넵!

그럼 앞으로도 갠플 ㅇㅋ?

덩샤오핑

ㅇㅇㅋ

전송

511

그랬다고 합니다.

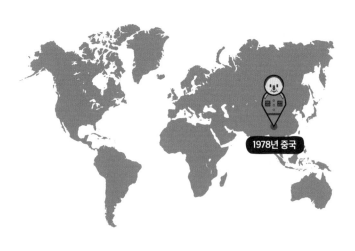

• 1978년 안후이성의 한 시골 마을 농민들, 감옥에 갈 각오를 하고 협동농장의 땅을 나누어 따로 농사짓고 거기서 생산한 것을 각자 갖기로 하다.
• 덩샤오핑은 이 사실을 알고도 처벌하지 않다. 현실을 인정하고 적극적인 시장경제와 개방 정책을 시도하다. '검은 고양이든 흰 고양이든 쥐만 잘 잡으면 된다'는 흑묘백묘론을 내세우다.

1978년 중국

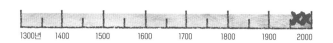

1300년 1400 1500 1600 1700 1800 1900 2000

중화의 부활?

팀스타그램

안후이

〈농사짓기의 이해〉
A조

조장 : 안후이
조원 : 181818
1818181818
18181818...

♥ 17명이 좋아하오

안후이 조별과제중인데
도저히 이름을 쑬수가 없다
#썼다지운다 #널중오해 #민폐감
#그럴거면담부턴팀플하지마

중국의 현대화

1977년 마오쩌둥 시기, 두 번이나 실각했던 전 부주석 덩샤오핑이 돌아왔다. 숙청, 파행, 박해 등의 마오쩌둥 시대를 지나온 지도부에게 가장 시급한 과제는 중국 공산당에 대한 대중의 신뢰를 회복하는 것이었다. 덩샤오핑은 문화 대혁명 희생자들의 무죄를 입증해 공산당원으로서의 지위를 회복시키면서 마오쩌둥의 정치 운동을 끝냈다. 그는 마오쩌둥 사상에 노골적으로 반대하지는 않았지만 실제로 거의 모든 정책을 뒤집었다. 이와 함께 중국이 오랫동안 기다려온 경제 복구에 착수했다.

덩샤오핑은 미국과의 관계 정상화가 공식적으로 확정된 1979년 "검은 고양이든 흰 고양이든 쥐만 잘 잡으면 된다"며 공산주의나 자본주의에 관계없이 인민들의 생활수준 향상을 이끌어낼 수 있는 것이면 그것이 제일이라는 의미의 말을 남겼다. 미중 합의에서 미국은 타이완에서의 미군 철수와 국민당 정부와의 공식적 외교관계 단절을 약속하며 큰 양보를 했다. 이때 덩샤오핑도 미국이 타이완에 대해 무기 판매를 포함한 다른 여러 분야에 개입하는 것을 중지해달라 요구하지 않았다. 이 시점의 덩샤오핑에게는 중국의 현대화가 타이완 수복보다 훨씬 더 시급한 문제였기 때문이다. 마르크스 이념은 여전히 중국 정부의 기본정신이었지만, 자본주의가 중국 경제를 발전시키는 원동력이 되었다.

중국의 번영을 이룩하는 것이 공산당의 주요 목표임을 천명한 덩샤오핑은 농업, 산업, 기술과 국방 분야에서 4대 현대화로 불리는 개혁을 주창했다. 비록 변화의 흐름 대다수는 혼란스러워 보였고 엄격하게 진행된 계획은 도중에 실패하기도 했지만, 생산 분야에서 국가 관리로부터 개별 생산자 역할에 중점을 두는 방향으로 변화한 것은 확실했다. 특히 농업 분야에서는 '농업 생산 책임제'가 실시되어 농민이 토지를 평생 경작하고 상속도 할 수 있게 되었다. 국가에서 할당한 최소한의 세금 납부 후에는 수요와 공급 법칙에 따라 시장에서 잉여 농산물을 판매하는 것도 가능해졌다. 덩샤오핑은 외국 투자가의 투자 유치와 경제성장을 위해 법률을 제정했고 해안 지역에 경제 특구도 신설했다. 최초의 자유무역 지대는 역사적으로 서구와의 무역 중심지였던 광저우 근처였다.

물론 인플레이션이나 외채 상승, 범죄의 증가 등 대가들도 따랐다. 계획경제로의 회귀나 정치적 민주화 또한 현대화의 일부이기를 바라는 사람들도 있었다. 덩샤오핑은 정치적 수완으로 그런 비판자들을 제거했고, 경제성장만큼은 논란의 여지가 없었다. 1980년대 이후 중국은 예상을 뛰어넘는 성장률로 향후 30년간 이어질 고도 경제성장에 들어섰다. 1986년 중국은 세계에서 두 번째로 많은 석탄을 생산했고 철 생산량은 네 번째였다. 1978~1986년 국내총생산은 매년 10퍼센트 이상 증가했으며 산업생산량은 2배, 농민 1인당 소득은 3배 가까이 증가했다.

중국 인민들은 마오쩌둥 시기까지 길고 헐렁한 바지와 치마를 입어 모두 농민과 구분되지 않았고 남녀 구분도 마찬가지였다. 화장품이나 보석이 사치품으로 지탄받는 것은 물론이었다. 그러나 자본주의식 광고와 원하는 의복의 구매가 허가되자 중국인의 생활에도 변화의 바람이 불었다. 서구식 의복이 유행했고 화장품 산업이 급속도로 성장하기 시작했다. 대도시에 패션쇼가 개최되었으며 일부 여성들은 서구적으로 보이기 위해 쌍꺼풀 수술을 받기 시작했다.

교육 부문에서는 특히 대학 성장이 가속화되었다. 대학이 중국 최고의 학생 교육기관으로 거듭나면서 학생들은 계급적 배경이나 정치 이데올로기가 아닌 학과별 입학시험 성적으로 선발되었다. 수만 명의 학생이 미국과 유럽에 유학을 다녀왔고, 정부의 부패를 비판하고 개혁을 꿈꾸는 학생들이 등장하며 정치에서도 변화를 요구하는 물결이 일렁이기 시작했다.

톈안먼 사건과 좌절된 민주화

1980년대 중반 베이징을 비롯한 도시에서 개인의 자유 확대 요구와 공산당 내 부정부패 반대 시위가 학생들을 중심으로 일어나곤 했다. 덩샤오핑은 주동자를 체포하는 등 엄중히 탄압하는 한편 자신의 동료이자 고위급 관료인 후야오방후요방1915~1989을 실각시켰다. 학문 연구의 자유 확대를 주장해온 그에게 학생 시위의 책임을 물은 것이다.

동유럽의 민주화가 승리한 1989년은 중국도 나아갈 방향에서 큰 혼란을 겪은 해였다. 많은 분야의 성장이 완만해지면서 경제 발전이 주춤해진 기색을 보였다. 임금 인상률이 물가 상승률에 미치지 못했고 경영자들이 비용 삭감을 위해 노동자를 해고하자 실업이 증가하며 불만이 높아졌다. 학생들은 공산당의 부정부패와 졸업 후에도 직업 선택의 자유가 없다는 것에 좌절감을 느끼기 시작했다. 이런 불만들은 공산당이 무력 사용으로만 억누를 수 있었던 민중들의 심각한 도전을 촉발시켰다.

4월 15일 후야오방이 심장마비로 사망하자 그동안 쌓였던 학생들의 불만과 좌절감이 한꺼번에 폭발했다. 대학생들은 후야오방 추모 집회를 열었고 그를 실각시킨 중국 공산당을 비판하며 개혁을 촉구했다. 덩샤오핑의 후계자 자오쯔양조자양1919~2005은 학생들을 달래는 방향으로 문제 해결을 모색해야 한다고 생각했다. 학생들은 자오쯔양의 너그러운 태도에 시위의 수위를 높였고, 당내 강경파는 자오쯔양의 접근 방식이 역효과를 초래할 것이라고 단언했다.

베이징에서 광범위한 민중의 지지와 공감을 얻는 대규모 단식투쟁이 전개되었다. 단식투쟁은 고르바초프가 양국 관계의 개선을 위해 베이징에 국빈 방문을 하기 직전에 시작되었다. 당은 평범한 시민 수십만 명이 거리로 쏟아져 나와 학생들에 대한 지지 의사를 밝히는 최악의 상황과, 정부의 통제 불능 상태에서 새로운 문화대혁명이 도래할 것을 두려워했다. 덩샤오핑은 고르바초프의 방문을, 개혁을 위한 중요한 기회로 여겼다. 때문에 몇 주 동안 점증하는 위기에 효과적으로 대응하지 못했고, 자신의 리더십에 대한 비판을 보인 것에 모욕감을 느꼈다. 이와 함께 정치 자유화 정책이 소련에 미친 영향에 대해 다시 한번 숙고하게 되었다.

　5월 18일 고르바초프가 떠난 뒤 덩샤오핑은 강경파의 손을 들어주었다. 시위에 대한 무력 진압이 결정되면서 자오쯔양은 계엄령 선포에 반대하다 당에서 축출되었다. 5월 20일 계엄령이 선포되었고 마지막까지 톈안먼 광장의 사수를 결정한 학생들을 향해 6월 2일 군부대가 베이징 교외를 통해 진입했다. 즉흥적으로 만든 무기와 바리케이드로 거센 저항이 이루어졌지만 군부대는 이를 무시하고 이동을 강행했다. 6월 3일 시위대는 광장을 뒤덮은 소총 사격, 최루 가스, 대규모 체포에 직면해야 했다. 무장하지 않은 군중을 향해 실탄이 발포되자 시민들은 돌과 직접 만든 화염병으로 맞서 싸웠다. 공포와 유혈의 밤 동안 시위 참가자는 모두 체포되었다. 새벽 무렵 탱크와 부대가 진입하기 직전에 학생들은 광장을 떠났기 때문에 정부가 신속히 발표한 그대로 광장에서의 사망자는 없었다. 그러나 베이징 도처의 거리에서 400~800명의 시민이 사망해 피로 물들었고, 1만 명가량이 체포되었다.

　시위 진압 상황이 전 세계로 생중계되는 것을 막기 위해 중국 정부는 위성 방송을 차단했다. 그러나 당시 고르바초프의 중국 방문을 취재하기 위해 베이징에 와 있었던 세계 언론에게 '톈안먼 사건'은 충격적이었다. 기자들은 끔찍한 대학살 장면을 보도하기 위해 비디오테이프를 몰래 해외로 유출했다. 사실상 전 세계가 이에 분노했고 중국 내에서 공산당의 권위는 심각하게 손상되었다. 그럼에도 덩샤오핑과 그의 후계자들은 이후 동유럽 사회주의권의 몰락과 소련의 붕괴를 지켜보며 5월의 결정이 옳았다고 확신했다. 중국은 동유럽이나 소련의 민주화 전철을 밟지 않을 것이 분명해졌다. 정부는 시위에 참가했을 것 같은 친구와 이웃들을 고발하라고 부추겼지만 문화대혁명을 통해 교훈을 얻은 중국인들 대다수가 마녀사냥에 협력하지 않았다. 평범한 시민 수천 명은 당국의 눈을 피해 학생이나 시위 주동자를 숨겨주었고 그들이 국외로 무사히 빠져나갈 수 있도록 도왔다.

　10년 전 경제개혁을 기획한 85세의 덩샤오핑은 1989년 위기의 시기에 정치 일선으로 돌아왔고 그의 마지막 활동을 시작했다. 덩샤오핑은 정치적 위축이 경제적 후퇴와 같다고 보는 사람들을 비판하면서 개혁을 가속화하고 사기업에 더욱 큰 자유를 허용해야 한다고 주장했다. 1992년 남방을 순회하면서 개혁·개방을 촉구한 그의 '남순강화' 이후 중국은 다시 초고속 성장기에 접어들었다.

중국의 현재와 과제

1997년 덩샤오핑이 사망한 해 홍콩이 영국에서 중국으로 반환되었다. 이는 모든 중국인이 자부심을 느낀 대단히 상징성이 큰 권력 이양이었다. 덩샤오핑의 후계자는 1989년 덩샤오핑을 지지했던 장쩌민장택민1926~이었다. 그는 덩샤오핑의 엄격한 정치 통제와 폭넓은 경제 개방이라는 정책 노선을 따르면서 과감한 수출 정책과 적극적인 대외 투자를 단행해 경제를 급속하게 성장시켰다. 2005년까지 모든 공직에서 물러나며 후진타오후금도1942~에게 권력을 승계했는데 중국인민공화국 역사상 최초의 매끄러운 세대교체였다. 후진타오가 물러난 2012년 시진핑습근평1953~이 최고지도자가 되었다.

중국의 폭발적 경제성장은 1990년대 이후 발생한 국제적 사건들 가운데 가장 중요한 사건이라고 할 수 있다. 유럽연합 평균 수준의 구매력을 가진 4억 명의 내수시장을 보유하게 된 중국은 국내총생산 세계 2위로 경제대국이 되었다. 제조업에서 엄청난 수의 노동력을 동원함으로써 세계 시장에 수요를 창출하는 한편 전 세계 제품들의 생산 가격을 낮추기도 한다. 천연자원과 각종 귀금속 가격을 끌어올리고, 이산화탄소 배출량에서도 미국과 순위를 다툰다. 현재 중국은 환경을 포함한 세계인의 삶에 그 어느 때보다 막대한 영향을 끼치고 있다.

그러나 중국의 미래가 다른 국가보다 불확실한 것도 사실이다. 1979년 이래 한 자녀 정책을 실시하고 있지만 인구는 계속 증가하고 있다. 2020년 기준으로 중국에는 미국의 4배이며 전 세계 77억 인구의 5분의 1인 14억 이상의 인구가 살고 있다. 소련 붕괴 후 세계에서 가장 권위주의적이라 평가받는 국가에서 그 정도의 규모에 맞는 행정력을 계속 유지할 수 있을지가 관건이다. 전통적으로 비한족계 민족의 거주 지역, 특히 무슬림이 사는 신장 지구와 불교도가 사는 티베트 지역, 내몽골 지역민들의 불만도 공공연한 중국의 문제이다. 불교나 이슬람교에 대한 신앙의 자유는 허용되어 있지만, 1994년 파룬궁에 대한 탄압처럼 중국 정부에 도전하는 징후가 있으면 어느 곳에서든 즉시 혹독한 억압이 가해진다. 타이완 문제도 중국에게는 뇌관이다. 1990년대 타이완에서 독립을 부르짖는 소리가 들려오는 동안, 공산당은 타이완 및 홍콩, 마카오를 통합하려는 정책을 고수했다.

중국의 경제 안정에 가장 심각한 위협은 1억 명이 넘는 농촌 출신 이주자다. 그들은 일자리를 찾아 도시로 몰려들었지만 여전히 가난에서 헤어나지 못하고 있다. 이들의 고용을 위해 매년 수많은 일자리를 새로 창출해야 하기에 경제성장률이 일정 수준 이하로 떨어질 경우 심각한 사회 문제가 발생할 수 있다. 환경 문제 역시 매우 중요한 과제다. 현대화 추진 과정에서 중국은 매장량이 풍부한 저급 석탄 등 가용한 모든 에너지를 이용했다. 저급 석탄은 자동차 산업의 발달에 편승해 오늘날 중국의 주요 도시를 세계에서 가장 심각한 오염지대로 만들었고 이로 인해 이웃 국가들의 환경도 위협받고 있다.

9·11 테러 이후 미국이 서아시아와의 대립에 집중하는 사이 중국의 경기 호황과 미국의 재정 위기가 동시에 찾아왔다. 이는 많은 아시아 국가가 제2차 세계대전 이후 처음으로 미국보다 중국을 정치·경제적으로 더 중요한 나라로 인식하는 계기가 되었다. 이후 2008년 개최된 베이징 올림픽에서 중국은 늘어난 풍요와 발달된 최첨단 기술을 전 세계에 과시하고자 했다. 하지만 중국 공산당 일당 독재하의 정보 통제와 정치적 반대파에 대한 억압이 눈에 띄게 변화한 것은 아니다. 그런 문제들은 현재에도 중국에서 쉴 새 없이 유행하는 질병, 빈발하는 엄청난 자연재해 등에 대응하는 중국 정부 모습에 그대로 반영된다.

19세기 이후 허약하고 빈곤한 국가로 인식되어왔던 중국이 현재 세계 최고의 강대국으로 다시 부상하며 중화의 부활을 외치고 있다. 엄청난 에너지를 가진 거대한 인구 보유국이지만 그만큼 당면 과제도 산적해 있다. 정치제도의 변화나 심각한 불안정 없이 지금까지 이뤄온 가파른 경제성장을 이후에도 계속 유지할 수 있을지, 그 과정에서 환경적인 재앙을 피할 수 있을지 의문이다. 또 투명성이 의심받는 국내 상황과 마찬가지로 국제 관계에서도 보이는 도덕성과 신뢰성 결여 문제를 어떻게 극복할 수 있을지 등은 조심스러운 태도로 지켜보아야 할 일이다. 세계사록

우리 가족 위치 찾기

 위치앱   **X**추적불가**X**

 철수   보고싶읍니다

하나요

찰나에

흐헿헿헤헿ㅎ헤
나도 드뎌 폰 생겨땄ㅎㅎ

요즘 급식이들 중에
폰 없는 사람 나밖에 없다고
엄빠한테 졸랐더니 결국 사주심ㅋㅋ

어? 근데…
엄빠랑 누나랑 어디 갔지??
방금까지 같이 있었는데…?

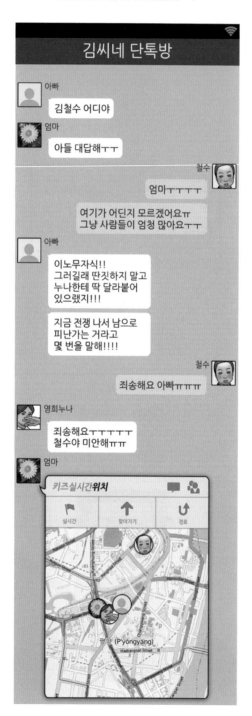

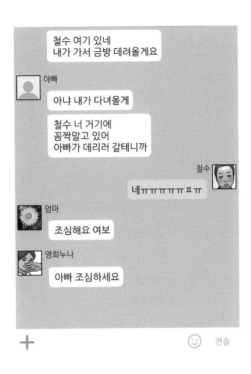

연락두절

여기서 기다리면
데리러 온댔는데…ㅠㅠㅠ

근데 왜 안 오지??
30년 넘게 기다렸는데ㅜㅜ
왜 아무도 안 오지???

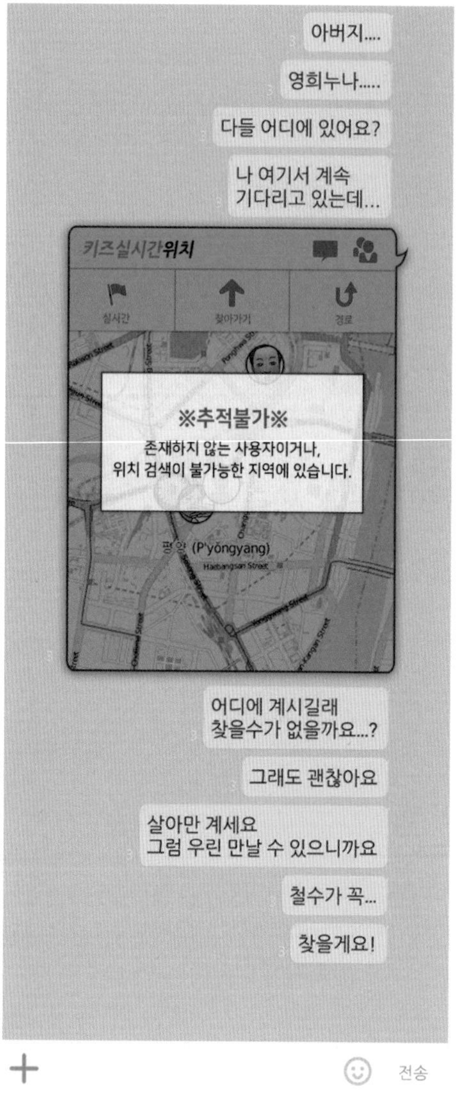

아버지....

영희누나.....

다들 어디에 있어요?

나 여기서 계속
기다리고 있는데...

키즈실시간위치

🏳 실시간   ↑ 찾아가기   ↻ 경로

※추적불가※
존재하지 않는 사용자이거나,
위치 검색이 불가능한 지역에 있습니다.

평양 (P'yŏngyang)
Haebangsan Street

어디에 계시길래
찾을수가 없을까요...?

그래도 괜찮아요

살아만 계세요
그럼 우린 만날 수 있으니까요

철수가 꼭...

찾을게요!

＋   ☺ 전송

셋이요

어디 있어

내가 그때 한눈만 팔지 않았어도…
우리 가족 손만 놓지 않았어도…
이렇게 생이별하는 일은
없었을 텐데…ㅠㅠ

톡　　　　　　　　　　　지금

알수없음 : 김철수씨 되십니까?

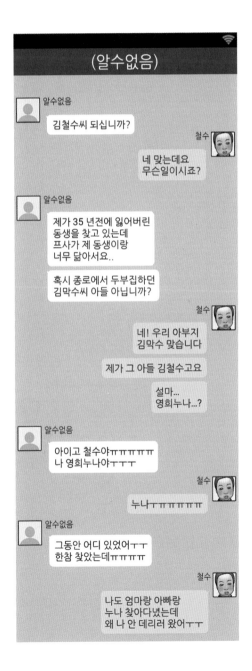

그랬다고 합니다.

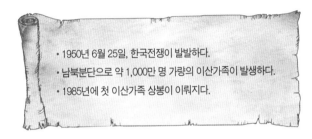

- 1950년 6월 25일, 한국전쟁이 발발하다.
- 남북분단으로 약 1,000만 명 가량의 이산가족이 발생하다.
- 1985년에 첫 이산가족 상봉이 이뤄지다.

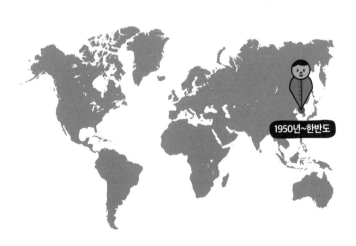

1950년~한반도

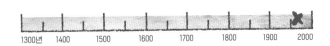

1300년 1400 1500 1600 1700 1800 1900 2000

세계는 오늘도 흘러갑니다

마야인	콘치즈처돌이	
노스트라다무스	아님 말고ㅋ;	
컴퓨터	00:00:00	

I

카
더
라

요즘 분위기 참… 흉흉해ㅠ
지구가 곧 망한대.

그래서 다들 난리도 아냐ㅜㅜ
나도 큰일났고ㅠㅠㅠ

M 지식iN

←

예언   멸망   +

Q 지구가 진짜 망하나요…???
50 영희미래남친 모바일로 작성

답변 1

사람들이 지구 멸망한다고 하는데
진짜진짜루 망하나요ㅁㅁ?

저 아직 썸녀한테 고백도 못했는데;ㅅ;
담주에 사귀자고 할라구 그랬눈데
그때까진 안 망하게죠???

지구 망하는 날 아시는 고수님들..
멸망날짜 좀 알려주세요오...ㅠ

질문요약
1. 지구 렬루다가 망하나요?
2. 망한다면 언제 망하나요?

 야한입만님 답변
파워 내공남남 · 유머 · 채택답변수 12만+
활동분야 | 예언, 과학, 역사

지구가 이 글을 싫어합니다.

 옥수수털ㄴ업님 답변
파워 농업 · 역사 · 채택답변수 14만+
활동분야 | 농사, 옥수수, 달력, 과학, 역사

오래전에 마야인이 예언했어요~
2012년에 지구 망한답니다.
썸녀랑 옥수수 많이 드세요~~

오늘만사는놈님 답변
중수 · 내공냥냥 · 유머 · 채택답변수 1만+
활동분야 | 예언, 과학, 역사

지구 : 너땜에 망한다——

미래예언가A님 답변
파워 · 내공냥냥 · 유머 · 채택답변수 12만+
활동분야 | 예언, 과학, 역사

안녕하세요.
요즘 지구 종말 관련해서 많은 분들이
예언문의 주시고 계시는데요.

노스트라다무스(<-100발 100중 쪽집개예언가로
이름 날리셨던 분) 예언에 따르면
1999년 7월에 세상은 망하게 됩니다.
작성자님 고백하시려면 그 전에 하시길
추천드리고요.
고백 꼭 성공하시길 바랍니다.

저는 다년간의 노하우를 바탕으로
미래를 예언하는 미래예언가 A였습니다.
자세한 상담이 필요하신 분들은
쪽지로 상담 도와드립니다.

전교뒤에서일등님 답변
파워 · 내공냥냥 · 유머 · 채택답변수 12만+
활동분야 | 예언, 과학, 역사

저희 컴활쌤이 그러셨는데
2000년 1월 1일 00분 00초에 망한대요;

각종 기계들이 리셋되가지구
전산오류로 경제마비온다나 뭐라나;;;

암튼 지구는 망뻘ㅋㅋㅋ
채택부탁ㅋ

아ㅠㅠㅠㅠㅠㅠ
정말 지구가 망하려나봐ㅜㅜ

어쩌지~?
난 아직 준비가 안 됐는데ㅠ
고백도 멸망도ㅜㅜ

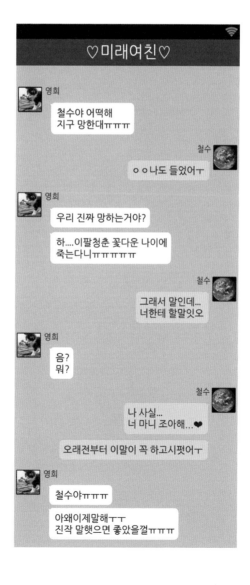

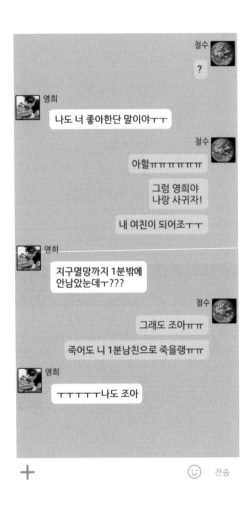

III

하아… 이렇게 가는구나…
내 첫사랑도…
내 인생도…

안녕… 지구야…ㅠㅠ

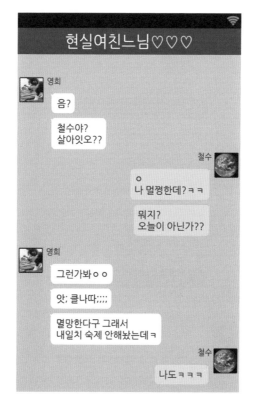

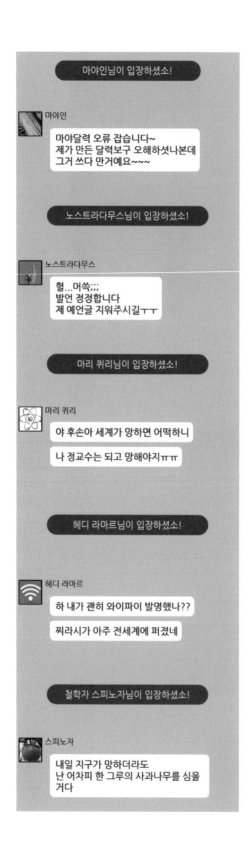

마야인님이 입장하셨소!

마야인
마야달력 오류 잡습니다~
제가 만든 달력보구 오해하셧나본데
그거 쓰다 만거예요~~~

노스트라다무스님이 입장하셨소!

노스트라다무스
헐...머쓱;;;
발언 정정합니다
제 예언글 지워주시길ㅜㅜ

마리 퀴리님이 입장하셨소!

마리 퀴리
야 후손아 세계가 망하면 어떡하니

나 정교수는 되고 망해야지ㅠㅠ

헤디 라마르님이 입장하셨소!

헤디 라마르
하 내가 괜히 와이파이 발명했나??

찌라시가 아주 전세계에 퍼졌네

철학자 스피노자님이 입장하셨소!

스피노자
내일 지구가 망하더라도
난 어차피 한 그루의 사과나무를 심을
거다

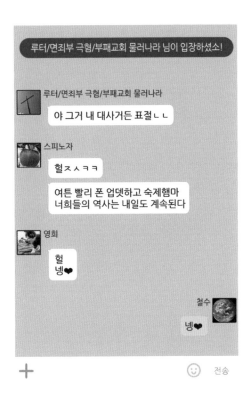

세계사 업데이트 중…

오늘, 당신의 역사 기록 중…

os 핑크잼.

Since 17.08.19

톡은 종료되어도
세상은 흘러갑니다.

그랬다고 합니다.

그동안 감사했습니다!

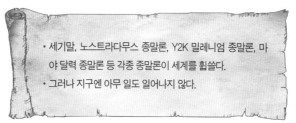

- 세기말, 노스트라다무스 종말론, Y2K 밀레니엄 종말론, 마야 달력 종말론 등 각종 종말론이 세계를 휩쓸다.
- 그러나 지구엔 아무 일도 일어나지 않다.

20세기 말 지구

1300년　1400　1500　1600　1700　1800　1900　2000

1948년~21세기

따로 또 함께, 대한민국

대한민국의 발전

한반도에서 대한민국 역사는 냉전의 산물로 시작되었다. 제2차 세계대전 후 전범 국인 일본이 미국의 간접 통치 아래 민주화의 길에서 비교적 순탄하게 회복된 반 면, 한반도는 미소 양국의 분할 점령 이후 혼란과 분단의 상황에 처하며 이념 대립 의 희생양이 되었다. 결국 1950년 한국전쟁이 발발했고, 전장이 대패질하듯 순식 간에 밀고 밀리면서 많은 사상자와 이산가족들을 남겼다.

　대한민국에는 전쟁의 폐허를 극복해나가는 중에도 1960년 4·19혁명을 통해 학 생과 시민들로부터 민주화의 씨앗이 뿌려졌다. 1960~1970년대 박정희 정권 아 래서 본격적인 경제개발에 돌입했는데, 이 시기 냉전과 데탕트는 남한과 북한에 서 박정희와 김일성 정권의 권력을 공고히 하는 데 이용되었다. 5·18광주민주 화운동을 탄압하며 정권을 장악한 전두환1931~ 대통령의 시기였던 1980년대에 는, 통일과 관련된 제안이 어느 때보다 많이 나왔지만 대부분 자신들의 권력 유 지를 위한 장치였다. 소련에 의한 대한항공 여객기 격추사건1983.9, 미얀마 아웅 산 묘소 폭파사건1983.10 등이 연속적으로 발생하며 한미일 반공군사동맹은 더 욱 강화되었다.

　그런 와중에 1984년 9월 한국이 북한의 수해 구호물자를 받아들임으로써 남북 관계는 호전의 기미를 보였다. 이후 역사적인 남북이산가족 상봉이 성사되면서 한 반도의 데탕트가 준비되었다1985. 그리고 그 직전 남남 이산가족의 상봉이 이루 어졌다. 1983년 6월 30일 「KBS 이산가족 찾기 생방송」이 시작되었는데, 방송 7일째 8,400명이 참여할 정도의 폭발적인 호응에 이산가족 찾기 추진본부가 설치되었다. 이는 138일 동안 이어졌으며, 5만 3,536명의 출연자 중 1만 189명이 상봉한 생방송을 전 국민의 50퍼센트 이상이 시청하며 울고 웃었다.

1980년대 중반 대한민국은 3저 호황 시대를 거치며 급속도로 경제 발전을 이룩했고 86아시안게임을 성공리에 개최하는 것으로 이를 증명했다. 1987년 노태우1932~ 대통령 후보의 '6·29선언' 발표로 대통령 직선제와 5년 단임제를 골자로 하는 헌법 개정이 이루어진 것은 대한민국 민주화의 결정적 장면으로, 학생과 시민들의 목숨을 건 항쟁6월 민주항쟁의 결과였다. 이후 제24회 올림픽을 개최1988한 대한민국은 '한강의 기적'이라는 이름으로 화제를 모으며 경제발전과 민주화에 있어 전 세계의 관심을 받았다. 88서울올림픽은 해외여행의 전면 자유화1989 실시와 함께 대한민국이 세계화라는 거대한 흐름에 편승하는 계기가 되었다.

1989년 베를린 장벽이 붕괴되고 냉전이 종결되면서 한국도 공산 정권과의 정치경제적 교류의 물꼬를 트기 시작했다. 노태우 대통령은 북방정책의 선봉에 서서 이를 적극적으로 추진해 헝가리, 폴란드, 체코, 루마니아 등 동구권 국가를 비롯해 몽골, 베트남 등 37개국과 수교를 맺었다. 1990년 한소 수교가 맺어졌고 1991년 남북한의 유엔 동시 가입을 성공리에 추진했으며 이듬해 중국과도 수교를 맺었다.

1990년대 후반 IMF 구제 금융으로 경제 면에서 구조적으로 큰 변화를 겪으며 다시 한번 발전의 기틀을 마련한 대한민국은 2002년 월드컵을 성공리에 개최하고 세계 속에 '한류'를 수출하는 문화 강국으로 도약했다. 또한 2016~2017년 전 세계에 유례가 없는 시민들의 평화적인 촛불집회를 통해 정권 교체를 이룩했다. 이는 민주화운동을 억압하는 중국이나 미국으로부터 일방적으로 민주화를 이식받은 일본과 비교가 되었다. 나아가 남북통일이라는 남겨진 과제 또한 평화적으로 해결해나가려는 대한민국의 의지를 엿보게 했다.

가깝고도 먼 이웃 일본

1945년 패망한 일본의 도쿄에는 연합국 총사령부GHQ가 설치되었다. 최고사령관 맥아더는 자신의 통제 아래 일본 정부를 운영하는 간접 통치 방식을 채택했다. 쇼와 덴노를 전범 재판정에 세우지 않는 대신 통치에 이용하기 위해 덴노의 경제적 힘과 신적인 권위를 제거했다. 덴노의 "나는 인간일 뿐 신이 아니다"라는 인간 선언은 덴노의 혈통이 태양신 후손인 진무 덴노 이래 한 번도 바뀌지 않고 이어졌다고 믿어왔던 일본 국민을 충격에 빠뜨렸다.

이후 연합국 총사령부는 '비군사화'와 '민주화'를 대일본 정책의 핵심 방향으로 삼고 정책 실시를 압박했다. 종전 직후 군사적 무장 해제를 통해 진행되던 비군사화 조치가 이어졌고 선거연령은 20세로 낮아졌으며 남녀 보통 선거가 실시되었다. 학교에서 전쟁 옹호 교사들은 추방되었으며, 교과서에 실려 있는 군국주의적 내용에는 먹칠을 해 삭제했다. 이와 함께 1946년 11월 덴노는 상징적으로만 국가를 대표하며 일본은 영원히 전쟁을 포기한다는 내용의 기본적 인권 보장을 강조한 평화헌법인 '일본국 헌법'이 공포되었다. 이처럼 일본의 민주화는 일본 국민들의 자발적인 노력으로 성취한 것이 아닌 외부로부터 이식된 것이다.

하지만 이마저도 오래가지 못했다. 종전 후 세계는 냉전에 휩싸이게 되었고 특히 중국이 공산화된 데다 한반도의 공산화 가능성이 높아지자 동아시아에서 자유주의 진영의 요충지로서 일본의 중요성이 부각되기 시작했다. 미국은 일본을 '반공의 방벽'이 될 안정된 자본주의 국가로 재건하기로 방침을 바꾸었다. 결국 한국 전쟁 발발 직후 맥아더는 비군사화 정책에 반대되는 경찰예비대현 자위대를 창설했다. 미국의 대일본 정책이 전환되자 전범들은 슬그머니 정계로 복귀했고 군수 공장이 가동되면서 재무장은 순조롭게 진행되었다. 이와 함께 1952년 샌프란시스코조약 발효로 연합국의 일본 점령은 종결되었고 일본은 국제 사회에 다시 등장했다.

한편 진보 정당인 사회당의 탄생으로 심각한 위기감을 느낀 보수 세력은 경제 단체들의 후원을 받아 결집했다. 자유민주당자민당이라는 거대 정당으로 뭉친 이들은 의석 3분의 2를 차지한 최대 정당이 되었다. 이로써 1955년 '헌법 개정'과 '재군사화'를 주장하는 자민당과 '민주화'와 '비군사화'를 주장하는 사회당이 대립하는 '55년 체제'가 시작되었다. 이는 1993년 자민당 집권이 막을 내릴 때까지 38년간 지속되었다.

미국은 일본의 경제적 역할 또한 중시해 동아시아 반공 국가들에게 경제적 도움을 주길 원했다. 특히 한국과의 국교 수립을 위해 정치적 압력을 가했는데 베트남전쟁에 한국군을 파병하기 위해서는 박정희 정권이 안정될 필요가 있었기 때문이다. 결국 1965년 한국 국민의 극렬한 반대에도 불구하고 '한일협정'은 체결되었다. 일본으로부터 무상으로 3억 달러, 유상으로 2억 달러 차관을 받았지만 식민 지배에 대한 일본의 배상과 사과는 없었다.

일본은 1950~1960년대 한국전쟁과 베트남전쟁 등의 특수 속에서 모든 역량을 경제성장에 집중시켜 경제 대국으로 성장했다. 1968년 국민총생산이 미국을 이어 세계 2위로 도약할 정도였다. 1964년 제18회 도쿄올림픽은 전후 일본의 복구와 부흥을 전 세계에 알리는 역할을 했다. 컬러텔레비전, 자동차, 에어컨은 1960년대 일본인의 소비 생활을 대표하게 되었고, 데즈카 오사무1928~1989가 선보인 텔레비전 애니메이션 「우주소년 아톰」1963을 시작으로 애니메이션 대국으로 가는 길이 열리기 시작했다.

기술집약적 첨단 산업을 중심으로 산업 구조의 고도화를 꾀했던 1970년대를 넘어 1980년대까지도 일본 경제는 세계를 이끄는 것처럼 보였다. 그러나 1980년대 말부터 상황이 달라지기 시작했다. 미국이 엔화 가치를 올릴 것을 일본에 강력히 요구하면서부터였다. 일본 정부의 저금리 정책으로 발생한 자산에 대한 투기와 생산과 관련 없는 활동, 적은 수입을 창출하는 영역에 대한 막대한 투자 거품이 꺼졌다. 그러자 일본인이 은행과 금융기관에 심각한 빚을 지고 있다는 사실이 드러났다. 시장 상황이 점차 나빠졌지만 리더십이 부재한 일본 정부는 해결책을 제대로 내놓지 못했다. 디플레이션과 실업의 발생으로 일본의 호황은 주춤하기 시작했고 1991년부터 수입이 감소하면서 소비가 줄어드는 악순환이 10년 넘게 지속되었다. 경제성장률이 10여 년간 0에 가까운 극심한 장기 침체기간인 일명 '잃어버린 10년헤이세이 불황'이었다.

정부는 이런 흐름을 저지하는 데 힘겨워했고 몇몇 정권은 민족감정을 자극하면서 권력을 유지하고 권위를 강화하는 데 초점을 맞추었다. 계속되는 불황에 자신감이 상실되고 미래가 불안해진 가운데 국가주의를 내세운 우익 세력은 군사 대국화의 길을 주창하기 시작했다. 일본을 강하게 묶을 수 있는 정체성과 명분이 절박해지자, 이에 역사 교과서 왜곡이나 총리의 야스쿠니 신사 참배 등이 이용되었다. 일본 우익 세력은 민족과 국익을 최우선한다는 명분 아래 평화헌법 개정을 주장하는 한편 영토 확장과 해양 자원 확보를 위해 주변국과의 영토 분쟁, 충돌도 불사하려 하고 있다. 일본은 여전히 자신의 문제를 내부적, 평화적으로 해결하려고 하는 것이 아닌 외부에 문제를 발생시켜 폭력적으로 해결하려 하는 것이다. 이는 국민 스스로 피땀 흘려 이루어내지 못한 민주화가 얼마나 허약한 것인지 다시금 확인시켜주는 대목이다.

무엇을 선택할 것인가

영국 역사가 에릭 홉스봄은 동유럽 사회주의권의 붕괴와 냉전 종식으로 '단기 20세기'의 종언을 고했다. 그 이후부터 현재까지 인류가 겪은 약 30년은 21세기가 얼마나 위험하고 복잡할지 선보이는 것 같았다. 21세기 세계 곳곳에서 평범한 일반인의 일상과 삶을 위협하는 것은 2000년 직전 유행했던 수많은 종말론이 아닌 2001년 뉴욕과 2015년 파리 IS 테러로 대표되는 무차별적 살상이다.

21세기에도 여전한 서아시아, 아프리카의 내전과 전쟁들은 인종 청소와 대량 살상으로 나타난다. 그 와중에 발생하는 난민 문제는 세계인의 양심을 두들기지만 그 결과를 실질적으로 안고 가야 하는 유럽에게는 부담스러운 문제일 수밖에 없다. 이에 더해 2008년 금융위기는 유럽연합에 대한 회의론을 확산시켰다. 결국 2016년 영국은 국민투표를 통해 브렉시트영국의 유럽연합 탈퇴를 결정했고 2020년 1월 31일 시행했다.

냉전의 종결 이후 제3세계의 의미와 위상도 달라졌다. 제10차 비동맹 정상회담이 개최된 1992년에 비동맹회원국은 100개국을 넘어섰지만 더 이상 '비동맹'이라는 정치적 지향은 의미가 없어졌다. 이미 북반구에 위치한 선진 산업국들과 남반구에 위치한 빈곤국 사이의 경제 격차인 '남북 문제'의 해결을 주된 방향으로 삼고 나아가는 중이다.

전 지구를 병들게 한 환경오염으로 인한 기후변화 문제, 실체가 불분명한 질병의 전 지구적 유행과 지속적인 경제위기 발생, 이를 해결하기 위해 인간 사회에 근본적 패러다임의 변화가 요구되고 있다. 이는 대한민국이 세계와 함께 처해 있는 역사적 상황의 현주소이다. 게다가 대한민국은 현재 냉전의 마지막 산물로서 분단을 안고 살아가는 지구상의 유일한 국가다.

그런 상황에서 우리는 무엇을 선택할 것인가? 선택한 것을 어떻게 책임지고 얼마나 바르게 살아낼 것인가? 우리 삶과 상관없이 오늘도 역사는 흘러가고 있는 것 같지만 때로는 우리가 한 선택에 따라 21세기가 흐르는 방향이 달라질 수 있다. 앞으로 일어날 일을 예측하는 것은 역사의 과제가 아니다. 그럼에도 과거부터 현재까지 걸어온 길 굽이굽이마다의 선택에 따른 결과를 보면서 미래를 향한 새 길을 트고 밝히는 것이 역사의 의무가 아닐까.

순간순간 결정된 세계의 역사를 돌아보며 다른 삶을 사는 사람들이 서로를 포용하고 자연과 공존하며 평화롭게 살아가는 방식을 선택할 수 있길. 비록 개개인이 따로 살아내야만 하는 시대가 도래할지언정 국경의 담장이 사라진 현대 세계에서 인류의 모든 문제는 함께해야만 풀릴 수 있음을 깨닫고, 한마음으로 나아가는 우리일 수 있길 진심으로 바란다. 세계사록

일본의 영토 분쟁

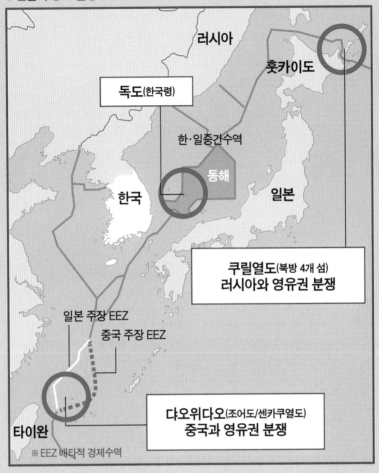

러시아

홋카이도

독도(한국령)

한·일중간수역

동해

한국

일본

쿠릴열도(북방 4개 섬)
러시아와 영유권 분쟁

일본 주장 EEZ

중국 주장 EEZ

댜오위다오(조어도/센카쿠열도)
중국과 영유권 분쟁

타이완

※ EEZ 배타적 경제수역

무적민트(박은아)

수많은 희생을 낳고, 때로는 반성하고, 또다시 실수를 반복하며 여기까지 왔네요. 아쉬움보다는, 앞으로 인류가 어떤 선택을 하며 다양한 이야기를 만들어갈지 기대가 되는 톡이었습니다!

무적퍼플(한애라)

마지막 5권으로 마무리 인사를 하게 되었네요. 어려웠던 세계사를 지금은 『세계사톡』의 재미있는 에피소드로 기억합니다. 평생 잊지 못할 것 같아요! 코로나 바이러스로 나가기 어려운 요즘, 『세계사톡』으로 여러 나라를 여행 다닐 수 있어 힘이 납니다. 『세계사톡』을 사랑해주신 모든 분들께 감사드리며 항상 건강하세요!

무적그린(강세윤)

『세계사톡』의 마지막 단행본이라니 실감이 안 나네요. 많이 아쉽지만 지금까지 함께해주신 독자님들의 책꽂이에서 영원히 살아 숨 쉬는 『세계사톡』이 되기를 바랍니다. 항상 감사합니다!

무적블랙(임민지)

드디어 대망의 『세계사톡』 5권! 1권이 나오던 때가 엊그제 같은데 벌써 5권이라니 감회가 무척이나 새롭습니다. 페이지는 멈추더라도 각자의 역사는 계속 쓰여진다는 마음으로 마무리해봅니다. 모두 수고하셨습니다!

웹툰 〈세계사톡〉 크레딧

STAFF	YLAB	코미코
기획/총괄 프로듀서 | 무적핑크	제작총괄 | 오세정 박은정	책임총괄 | 박동훈
글 | 무적민트	책임편집 | 성빛나	담당편집 | 김형준
콘티 | 무적퍼플	도움 | 정윤하	온라인 배급 | 코미코
삽화 | 무적그린		제작 | 핑크잼
편집 | 무적블랙		

세상의 모든 잼없는 것들에 잼을 바르는 핑크잼!